U0520527

信心与动能

未来中国经济增长动力与改革前瞻

贾康 著

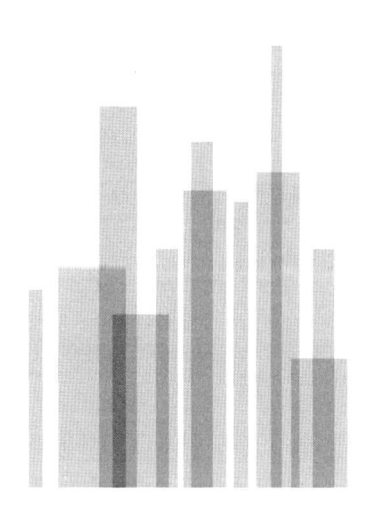

中信出版集团|北京

图书在版编目（CIP）数据

信心与动能 / 贾康著. -- 北京：中信出版社，
2024.7
ISBN 978-7-5217-6306-5

Ⅰ.①信… Ⅱ.①贾… Ⅲ.①中国经济－研究 Ⅳ.
①F12

中国国家版本馆 CIP 数据核字（2024）第 009302 号

信心与动能

著者：　贾康
出版发行：中信出版集团股份有限公司
　　　　　（北京市朝阳区东三环北路 27 号嘉铭中心　邮编　100020）
承印者：　北京盛通印刷股份有限公司

开本：787mm×1092mm 1/16　　印张：30.5　　字数：342 千字
版次：2024 年 7 月第 1 版　　　　印次：2024 年 7 月第 1 次印刷
书号：ISBN 978-7-5217-6306-5
定价：88.00 元

版权所有·侵权必究
如有印刷、装订问题，本公司负责调换。
服务热线：400-600-8099
投稿邮箱：author@citicpub.com

目 录

前 言 / I

第一章 宏观经济：增长动力与改革路径

- 对"中国式现代化"的理解与认知 / 003
- 中国经济的长期成长具有确定性 / 026
- 对中国经济问题的一些认识 / 033
- 中国经济发展的增长动力 / 043
- 对经济增速的基本认识 / 052
- 对"改革思维和改革方法"的思考 / 058
- 稳增长、扩内需、优结构的有效投资及其机制创新 / 065
- 中国能避免"日本式衰退" / 078
- "十四五"与 2035 年、"双循环"、"中美关系"和中国发展前瞻 / 083
- 以制度型高水平对外开放推进内外贸一体化 / 093

- 中国发展离不开"外循环" / 098
- 于新发展格局中主动形成双循环相互促进的良性发展机制 / 104

第二章 财政分配、管理改革与债务

- 共同富裕是中国式现代化的鲜明特征：优化三层次分配系统论 / 117
- 如何优化收入分配 / 141
- 国家治理现代化与财政现代化取向下的财政全域国家治理 / 147
- 中国省以下财政体制改革如何深化 / 171
- 健全省以下财政体制和防范、化解地方隐性债风险 / 191
- 中国政府预算绩效管理改革：系统化思路与基本要领 / 195
- "十四五"时期地方财政事权动态调整：现实与展望 / 220
- 财政加力提效及地方债、房地产税 / 235
- 地方公债：认识框架与相关辨析 / 250
- 中国地方债的强国功能和创新发展 / 261

第三章 数字经济与建设现代化产业体系

- 追求高质量发展中的产业升级 / 283
- 数字经济创新潮流中的高质量发展 / 291
- 科技创新引领加快建设现代化产业体系 / 302
- 数字经济如何促进高质量就业 / 308

- 如何进一步打开实体经济的新局面 / 314
- 减税费为制造业增动能 / 317
- 中国制造与中国经济发展韧性 / 320
- "以数治税"强化统一大市场 / 324
- 合理重塑数字化时代的政府与企业关系 / 327
- 关于现代产业集群的对策建议 / 332

第四章　民营经济：理论探源与发展逻辑

- 发展中的股份制：以"重建个人所有制"的资本社会化达成资本私有制的积极扬弃 / 337
- 依基本原理扩展的"剩余价值"认知框架及"管理劳动"的相关辨析 / 361
- 民营经济发展新逻辑 / 388
- 支持民营企业发展需要思想观念、基础理论的创新 / 394
- 有关民营企业的错误言论可以停止了 / 402
- 企业家精神是最稀缺的资源 / 406
- 提振市场信心，改善民营企业的预期 / 410
- 影响民营企业信心的关键问题 / 416
- 应针对性地批驳澄清错误言论 / 419
- 警惕"要公平、不要竞争"心理 / 426

第五章　房地产：未来新趋势

- 房地产业在国民经济中究竟扮演什么样的角色 / 433
- 对房地产业发展的一些认识 / 443
- 关于房地产税的访谈 / 450
- 关于房地产及相关问题的访谈 / 460

参考文献 / 471

前　言

2023 年，我把近年来的一些研究成果和访谈、文章结集，形成了此书。在整理完书稿后，恰逢我要离京到贵州做调研，然而为此书写一份前言的念头一直萦绕心间。

关于中国实现"中华民族伟大复兴"宏伟目标的信心与动能，我一向认为：客观上认知并理解中国在工业化、城镇化发展进程中仍存在的客观的"成长性"，与从主观上"做好自己的事情"所必须坚持的市场化、国际化、信息化和法治民主化的结合，使"中国经济长期向好的基本趋势"没有被一段时期内的经济增速下行、世界逆全球化倾向抬头、美国遏制中国举措等不利因素所颠覆。相关论述是围绕上述"六个化"所代表的人类文明发展进步的主潮流及其内含的客观规律，结合"中国式现代化"而展开的。我在贵州调研之行中的所见所闻，加上一系列鲜活的感性认识，印证了自己已有的理性认识框架，我更加坚信，中国克服阻力与困扰继续推进现代化的信心，就深植于千千万万社会成员对于美好生活的向往与追求中，而支撑这种追求的不竭动力，就坚韧地生发于基层广泛存在的生机与活力、前行中不断拓展的创新与创造空间之中。

我多次到过贵州，一二十年间贵阳和毕节等地"改天换地"

般的变化，给我留下了极深的印象。这次是到黔东南苗族侗族自治州的首府凯里，以及周边的几处地方政府辖区。此地的外部知名度不高，但其"从发展中走向繁荣"的景象令人印象深刻，人气之旺甚至达到了从贵阳至凯里的火车票一票难求的程度，不少"网红打卡地"的停车场没有任何空余车位，且在当地大巴、中巴摆渡车运营的高峰时段，排队者达近千人。

应该说，这是新冠疫情过后，国人热衷于场景消费，文旅市场反弹的直观景象！而这种现象背后还有很多故事值得我们思考。比如，在不到一年的时间里闻名遐迩的"村BA"（乡村篮球赛），就起源于台江县这个常住人口12万余人，被称为"天下苗族第一县"的台盘乡台盘村。据当地人介绍，此地虽被视为边远欠发达地区，但村民打篮球却是一种传统爱好。2020年，在疫情期间，县政府层面即有胆识、有创意地支持了从NBA（美国男子职业篮球联赛）概念套用过来的"村BA"，在很短的时间内，这一赛事就因为人们的高昂热情而开展得如火如荼，而其产生的影响、辐射、带动作用，从体育、大众娱乐、相关服务业和商业销售拓展到相关地域的农业综合开发（如启动"休闲农业示范区"建设，连片大棚等农业设施升级发展，农家乐、民宿、民族风情旅游一条龙服务），以及特色产品加工业、产业集群的勃兴，还有随滚滚人流而至的信息流、资金流、种种商机，连带着更多片区的开发，乡村振兴方案不断酝酿、谋划和形成。

千百年来，这里居民的生活习惯与居住条件，也在迅速优化和改善（如旱厕改造已全面完成），生活环境得到了美化。在贵州"县县通高速，村村通公路，组组通硬路"基础设施建设的支撑下，现代生活质量意识、商品经济、市场规则等观念正以异乎寻常的传播速度在黔东南扩散。我所看到的众多场景，大多风格独特、造型优美，建筑工艺精湛，令人叹为观止！未来，这里将会使更多慕名而来者发出感叹，触动情愫，并沉浸于斯，进而想要有所作为。由此来看，"城乡一体化"的全局发展难道还会远吗？

山清水秀、空气清新、风情独特、景色迷人，这些自然生态、边地禀赋，由于融入了别出心裁的"村BA"、村超联赛，进而在中国市场发展潜能的支撑下，奏出一部恢宏壮阔的"升级发展"交响乐，再交织成奋进于现代化征途的史诗。这次的贵州黔东南调研就是对我这一"信心与动能"主题的例证。而这种发展方面的草根冲动、基层机遇、民间智慧，在中国大地上绝不是特例——全国各地都有自己独特的优势，只要顺应人类文明主潮流，释放各自潜力，则必将创意连连，生机无限。

国人从不缺乏勤劳、聪慧，但近现代的落伍，却是值得我们深刻反思的历史性"天问"。破解难题冲过"历史三峡"的现代化之信心与动能，就存在于中华儿女已被改革开放强劲激发出来的向美好生活奋进的征程中。谨将此感想作为前言，以引出本书众多理性思考成果奉献给读者。

贾　康
2023年
于贵州凯里

第一章

宏观经济：增长动力与改革路径

对"中国式现代化"的理解与认知[①]

新郑是人文始祖——黄帝的故乡。回顾中华民族源远流长的灿烂文明，我们要继承其中的精华，如今为推进"中国式现代化"目标的实现，必须把硬实力和软实力有机结合在一起。从助力黄帝故里新郑发展，到助力河南发展，再到推动中原与中部崛起，最后实现中国更高水平的发展，从而使中华民族伟大复兴的"中国梦"梦想成真！

围绕这次论坛的主题，我想以研究者的身份，谈谈自己对"中国式现代化"的理解。"中国式现代化"在党的二十大报告中被反复提起，3万多字的报告内容非常丰富，中央最高决策层给出了方方面面的指导意见、工作要领，如果要提炼一个代表性的主题，那就是：如何推进中国式现代化。当下和以后，我们的中心任务就是实现"新的两步走"。这是一个有时间表的中国式现代化进程，我们要以中国式现代化全面推进中华民族伟大复兴，实现第二个百年奋斗目标，全面建成社会主义现代化强国——这是第二步。第一步就是到 2035 年基本实现社会主义现代化。"新的两步走"的现代化，关系着全体中国人民的根本利益，承载着

[①] 根据 2023 年 4 月 20 日在河南新郑"第十六届黄帝文化国际论坛"上的演讲整理。

人民对美好生活的向往，是值得我们反复领会、齐心协力实现的中心任务。那么，在经济社会发展的实践中，要怎样一步一步地、有后劲地去完成这个任务呢？

建成社会主义现代化强国是落在"中国式现代化"的表述上的，中央的文件清晰地指出：中国式现代化，既有各国现代化的共同特征，更有基于自己国情的中国特色。它首先必须反映"共同价值"，这个共同价值，就是无论各个国家的国情怎样千差万别，无论有多少个民族国家，也不论各自不同的文化传统如何，在最基本的、以人性为基础所形成的对于价值认知与诉求的一些概念上，必然有共性。我认为，现代化其实就是一个不同的民族国家一定要有的横向对比的概念。我们必须承认，在工业革命以后，中国曾经落伍，被一些发达经济体甩在后面，现在必须奋起直追。

在推进中国式现代化的过程中，中央给出了明确的指引，这也是其精华之所在。比如，24个字的"社会主义核心价值观"，对应的就是我们必须去追求的共同价值，即共性因素。中国共产党领导的社会主义现代化，当然也具有现代化的共性。

共性、个性这两个词源于哲学理论，我们在学习《矛盾论》《实践论》，以及社会科学的一些基本知识的时候，会经常接触到。在现实生活中，只讲共性，或者只讲个性，都是片面的、不妥当的。而我们现在特别需要研究的，就是在充分认识共同价值、普遍性的基础上，认识到中国特色的社会主义所对应的中国式现代化的个性是什么。中国式现代化有基于国情的中国特色。党的二十大报告清晰地总结出了中国式现代化的五个特征。

第一，中国式现代化是人口规模巨大的现代化。

经济学家做研究总是喜欢构建一些模型（从理论模型到数量模型），我们讨论中国的发展、中国的现代化，这个模型会是一个非常独特的"巨国模型"。经济学模型中既可以有小国模型，也可以有大国模型，但中国一定是"巨国模型"，非常独特。因为从横向比较来看，那些发达的、具有现代化特征的所谓先发国家（指已经被认为处于发展前列、具有现代化形态的民族国家）总的人口是10亿多人，而中国是14亿多人（中国曾经是世界第一人口大国，现在已经被印度超越了），远远超过了所谓发达经济体的人口总和，14亿多人整体迈进现代化社会对于人类进步的贡献不言而喻。但是，其复杂性和艰巨性也是显而易见的。带领14亿多人实现现代化，实现共同富裕，首先要认识到，"贫穷不是社会主义"，必须让老百姓富起来，来体现社会主义的优越性；而广大人民群众富起来不可能齐头并进，必须允许一部分地区、一部分人先富起来，这就是邓小平勾画的现代化必须分"三步走"的战略，是一个高水平的、理性的发展路径。破除原来的大锅饭、平均主义等僵化、落后、不利于解放生产力的思维框架，允许一部分地区、一部分人先富起来，只有这样才能实现共同富裕。事物发展不平衡的规律决定了必须选择这样的路线。但是邓小平又特别强调共同富裕是社会主义的本质特征，鼓励一部分地区、一部分人先富起来，先富带动、帮助后富，最终达到共同富裕。① 在这一过程中，怎么解决其中的一些矛盾、克服相关的难题呢？在现实生活中，可能大家都有切身的感受。许

---

① 参见中共中央党史和文献研究院：https://www.dswxyjy.org.cn/n1/2019/0625/c427785-31187717.html。

多年前我们在做国际比较的时候就注意到，其他国家也有不平衡问题，但是中国不平衡与差异巨大的问题比较突出。20世纪90年代，有学者收集各地的统计年鉴，按照几十万人口的规模（也就是一个县域的规模），计算出人均GDP[①]（国内生产总值）进行排序（不考虑北上广深等一线城市，都是县或者县级市）。那么，人均GDP水平最高的是哪里呢？是广东省珠海经济特区的斗门区。最低的是哪里呢？是贵州省的晴隆县。这两地的人均GDP相差多少？差82倍。以澳大利亚为例，其人口总共2 000多万人，主要集中在几个大城市，如悉尼、墨尔本等，每个城市都是几百万人。而在澳大利亚一个非常偏僻的"北方领土地区"，地广人稀，总共只有20多万人，但这里跟悉尼、墨尔本等人口密集区域的人均GDP相差多少呢？只有约40个百分点（极端的两头，是比该水平高或低20个百分点）。

由此可知，从国际横向对比来看，中国区域差异之大，是其他经济体难以想象的，这是我国的国情。怎么样才能在这个"巨国模型"框架之下，领导这样一个区域差异极端明显的国家实现共同富裕，让大众共享改革开放的成果，一起走向现代化呢？这是一个极具挑战性的任务。我们正在采取各种积极措施：既要促进发展，也要促进共同富裕；既要使先发展起来的地方继续有积极性"做大蛋糕"，也要使欠发达的地方、中低收入群体更快地积累财富，从而更好地分享改革发展的成果。

我国有56个民族，多民族国家中"国家的统一，民族的团结"事务繁杂，有些是经济问题，但若处理不好就会社会化甚至

[①] 在我国，人均GDP与人均国民总收入差距不大。

政治化。国外的一些敌对势力也在拼命煽动、怂恿搞"藏独""疆独",特别是我国台湾还有顽固的"台独"势力。诸如此类的问题都是考验,在实现现代化的过程中,必须控制住和排除这些分裂的风险和威胁。

还有,从整个资源配置来看,用学术语言说就是资源禀赋,按人口密度划分有一条不容我们忽视的"胡焕庸线"。20世纪30年代初,胡焕庸教授(一位地理经济学家)在我国的地图上,从黑龙江瑷珲(现在叫黑河)向左下方到云南的腾冲,画出了一条大概呈45度角的斜线。斜线的右下方占中国面积的一小部分(当时不到40%),左上方占大约60%,即现在所说的西部和西北、西南合在一起的广大区域。人口分布情况是什么样的呢?96%的中国人生活在右下方的东南半壁,在另外那片大约2/3——后来虽然有一些调整但也有近60%的国土上,只生活着我国4%的人口。

经过近100年的演变,中华人民共和国成立以后,组织过多次支边,也给予了西部很多的优惠政策,比如西部大开发,即便如此,现在的人口分布和当年的统计数据相比,并没有发生大的变化,仍然有94%~95%的人口生活在"胡焕庸线"右下方的东南半壁。可想而知,在发展的过程中,单位国土面积随着开发而来的资源承载的压力——物理学上叫"压强",一定会是另外一大半国土的很多倍。怎么改变中国长时间、多种变动因素都未能改变的"胡焕庸线"的基本格局,实现生态环境的有效保护,控制和化解发展过程中的各种矛盾,从而实现和谐、可持续的发展?这当然是中国国情之下又一复杂的问题、严峻的挑战。在过去传统体制下,毛主席就注意到了这一问题,称中国是"汉族

'人口众多',少数民族地区'地大物博'"。① 在"人口众多、地大物博"的中华民族的现代化发展过程中,必须处理上述一系列复杂的问题。

第二,中国式现代化是全体人民共同富裕的现代化。

党的二十大报告提出,"实现全体人民共同富裕",这是中国式现代化的本质要求。共同富裕要靠什么?首先要"做大蛋糕",然后是"分好蛋糕",这是一个系统工程。这是通盘考虑走向共同富裕要掌握的思路和要领,其中还有见仁见智的各种不同思想和观点的交锋。

比如,要区分出初次分配、再分配和以公益慈善为主要特点的第三次分配,那么每次分配都应该强调什么?应该形成什么样的政策组合?这些都需要进一步探讨。在实践中,我个人特别强调的是,初次分配显然应该首先确立一个发展观念,就是要调动一切积极因素,先把蛋糕做大,没有"做大蛋糕"这个大前提,怎么切分蛋糕呢?这几年经历了经济下行,遇到了很多困难和挑战——地方困难、企业困难,年轻人感觉没有出路,甚至很多人想要躺平,年轻人想"脱掉长衫",等等,我们不能忽视这些矛盾和挑战,这些都与"做大蛋糕"遇到的困难有关——2022 年经济增速仅 3%。

所以一定要强调,解决所有问题的大前提是解放生产力,把蛋糕做大。我国的长三角、珠三角地区,早年就形成了一种非常朴素但正确的发展观:"大发展小困难、小发展大困难、不发展最困难。"2022 年 11 月我国防疫政策进行了重大调整后,经济社会

---

① 参见《毛泽东选集》(第五卷)。

生活已趋于恢复常态，地方政府层面都在牢牢抓住机会，大家不约而同地沿着"全力以赴拼经济"的思路发展。这就对了：抓发展是硬道理。坚定不移贯彻以经济建设为中心的党的基本路线，就要先"做大蛋糕"，把我们的经济运行维护在合理区间——首先要恢复到合理区间。2022年我国经济增速只有3%，前三年的复合平均增速约为4.2%，已经滑出了中高速区间。所以，"做大蛋糕"，即初次分配是我们思考问题前置的、最基本的取向。

因此，为了解放生产力、"做大蛋糕"，就需要激励与供给侧所有生产要素相关的主体，充分调动和发挥大家的积极性。所有参与分配的生产要素要各得其所，建立相应的激励机制，以统一大市场、产权保护、公平竞争来支撑高标准法治化的营商环境。只有这样，"做大蛋糕"才有希望。

政府在这方面要注重保护劳工权益，引导建立公平合理的劳资关系，按照现代化的取向，以及在辛亥革命时期就已形成的"走向共和"的认识，来动态实现关系的协调。各种生产要素、供给方的主体，各得其所地参与分配，"做大蛋糕"，这应该是初次分配里面最主要的一个逻辑关系。

再分配就不一样了。政府在初次分配阶段，主要是以比较中性的流转税收入来支持自身运转，因此不能特别强调政府的调节作用。到了再分配阶段，政府必须发挥积极作用，就是要以必要的政府干预手段，优化分配结构，防范和遏制收入悬殊的问题。这时所采取的重要的调节手段主要有两种。一是转移支付，比如低收入人群有低保，以及对于一些有特别需求的社会成员的抚恤、救济，对于欠发达地区，中央政府和省级政府有自上而下的转移支付支持，这些都是非常重要的再分配，是政府牵头做的工作。二是直接税，比如房地产税，其比重要提高。中国现在走向现代化，在怎么建立"现代财税制度"方面面临着一种考验，这是个难啃的硬骨头：中央说要逐渐提高直接税的比重，那么什么时候实施？首先要实施的是，与我国地方税体系建设直接相关的房地产税。社会大众的心态，完全合乎经济学的认知，即"税收厌恶"，说到房地产税，大多数人都不希望它出现。但放眼看去，全球处于现代化状态的国家，都有直接税，而且房地产税，或者也可称为财产税或不动产税，在其中发挥着非常重要的作用。这个再分配调节机制，怎样在中国从无到有地建立起来，怎样逐渐优化？一开始只能是柔性切入，比如上海、重庆在做房地产税改革试点。以后怎么办？2021年8月，中央重要会议在强调要实现共同富裕时，说要双管齐下，推进房地产税的立法和扩大它的改革试点覆盖面，就是试点扩围。后来由于需求收缩、供给冲击、预期转弱三重压力的问题，2022年，中央要求凡是收缩性的政策都要审慎出台，暂时没有考虑双管齐下去推进。但是一旦具备条件，这个改革是势在必行的。在中国式现代化进程中，实现共同富裕谈何容易？大家的共识是，这是一个在改革深水区攻坚克难、"啃硬骨头"的系统工程。

第三，中国式现代化是物质文明和精神文明相协调的现代化。

中央强调，中国式现代化要物质文明和精神文明相协调，在解放生产力的努力中，厚植物质基础，发展社会主义先进文化，在传承中华文明中实现人的全面发展。正如我们这次论坛的主题所探讨的：中华儿女怎样继承中华文明五千年灿烂文化的精华？中华文明在传承中要实现的，就是符合人类社会进步主潮流的、趋向于人的全面发展的境界，要达到这种境界任重道远。但是中国式现代化的推进如果按"新的两步走"逐步实现，就一定要先补足我们在物质文明、精神文明发展过程中不尽如人意的短板，破除相关的一些制约。

在新郑这个人文始祖黄帝的故乡，我们要更加积极地承担社会责任和历史使命，这也是这个已经开了十几届的论坛的一条主线，正好对接到党的二十大所强调的中国式现代化上。

第四，中国式现代化是人与自然和谐共生的现代化。

如果人与自然不和谐，就谈不上可持续发展。在这方面，前些年我们已经感受到了非常明显的危机和压力。比如2010年，我们成功抵御了全球金融危机以后，年度经济增长速度就又到了10.6%，这是一个延续着改革开放30多年高速发展特征的"两倍数"发展的年度。但是，那一年中央经济工作会议上提出的却是带有哲理意味的"稳中求进"，自此"稳中求进"就经常被提起，年年讲、季季讲、时时讲。当下，李强总理在"六稳"的基础上，又特别强调突出做好三个"稳"：稳增长、稳就业、稳物价。首先，使经济运行处于合理区间，是对于现代化战略的"保证速度"；其次，就业是整个国计民生的底盘，老百姓有没有稳定感，首先就要看就业的支撑；最后，物价是老百姓过日子最敏感的坏境因素。

此外，还有什么要注重的呢？就是国民经济这个大系统出现了不能忽视的、威胁到可持续发展、必须克服的生态环境挑战问题。2010年中央提出稳中求进，简单地说，一是从物的视角，二是从人的视角。首先，物的视角。物质生活上，大家可能还清晰地记得雾霾对我们的生活造成的影响，雾霾污染曾涉及大半个中国,从北京到河北再到河南——有一次我在河南郑州,站在千玺广场"大玉米"高楼上,严重的雾霾导致能见度只有5~10米。雾霾不仅造成了大气污染,还有水流的污染、土壤的污染、食品安全问题,以及孩子健康成长问题。不克服这些问题,谈何可持续发展和现代化?其次,人的视角。人际关系上,收入分配是最典型的问题。有些学者不断抨击收入悬殊的问题,甚至直接称其为两极分化。虽然从指标上来看,人均收入不断提高,但是在老百姓的感受上,获得感、幸福感没有明显提升,说到收入分配,似乎存在不正之风。这方面的问题如果不解决,也完全无法想象可持续发展。

这些年按照"绿水青山就是金山银山"的理论,推进环境保护,推进绿色低碳发展,已经取得了明显的进步。当然,往后我们还要有打持久战的思想准备,一直到2060年实现碳中和的目标。人与自然和谐共生、永续发展对于实现中国式现代化是一个非常重要的条件,是要紧紧抓住、几十年如一日地贯彻下去的指导方针。同时,人和人之间的关系,也涉及共同富裕、物质文明和精神文明相协调的问题,要一并处理好。

第五,中国式现代化是走和平发展道路的现代化。

这一点实际上就是把眼界拓宽到全球、整个人类社会——中国式现代化,既有个性的现代化,又跟人类共性诉求有必然的逻辑联系,就是要寻求和平发展,要在合作共赢的取向下构建人类命运共同体,实现和平崛起。以和平发展、和平崛起,使中国式现代化的梦想成真——这是压倒一切的,是中华民族全体社会成员、人民大众最根本利益之所系。

我们现在碰到的一系列明显的压力问题,比如世界上最重要的双边关系——中美关系似乎回不到从前了，美国在全力遏制和打压中国。那我们怎么处理好中美关系？既要做最坏的打算，也要争取最好的结果。在做最坏的打算方面，我们要准备应对意料之外的惊涛骇浪；在争取最好的结果方面，我们仍有诸多理由继续和美国处理好关系。当年美国带着它所谓的西方盟友制裁中国时，邓小平举重若轻地说："中国度量是够大的，这点小风波吹不倒我们。"[1] 美国的遏制和打压只是历史长河中的一场小风波，我们要继续和美国以及其他西方国家处理好关系，这是真正从大局出发，考虑到和平发展，有理、有利、有节地去争取维护最有利于实现现代化的和平环境。当前仍然有这种可能性：我们争取与美国的关系"斗而不破"，并利用多边关系来反制中美双边关系。比如，我们和欧盟之间有两轮签订大单的举动。2022年，俄乌冲突爆发之后，美国好像信心满满，但是就在北约峰会结束后不久，中国和欧盟传出重要消息，签订了一个价值300多亿美元的大单，要陆续进口260架以上的空客大飞机。2023年4月，法国总统马克龙访华，又签订了一个大单，涉及260多亿美元、200架以上的空客大飞机。这些消息传出以后，美国波音公司的高层就坐不住了，不顾美国政府方面的不愉快，坚持要到中国来，商谈发展合作关系。这是在生产力基本盘方面我们要抓住的机遇，中美共享一个全球产业链的格局为我们争取"斗而不破"提供了条件。

诸如此类，归结为一句话就是：构建人类命运共同体，是中国对于人类社会应该做出的贡献，实现中国式现代化，也离不开

---

[1] 参见人民网：http://dangshi.people.com.cn/n1/2022/0118/c436975-32333649.html。

打造人类命运共同体的这种努力，这是一枚硬币的两面——中国式现代化，以及中国对全世界、全人类做出进一步贡献。

在以上五个方面，中央清楚地勾画了中国式现代化的基本要领。这是一个系统工程，党的二十大报告提供了通盘的指导意见，对方方面面都做了具体要求。在这五个方面之后，又特别强调了中国式现代化的本质要求："坚持中国共产党领导，坚持中国特色社会主义，实现高质量发展，发展全过程人民民主，丰富人民精神世界，实现全体人民共同富裕，促进人与自然和谐共生，推动构建人类命运共同体，创造人类文明新形态。"这是一套成体系的表述，可以提炼出8个关键词：党的领导、社会主义、高质量、人民民主、精神丰富、共同富裕、人与自然和谐、人类命运共同体。

这些概念合成的系统工程，即中国式现代化，既遵循了现代化的一般规律，又有与中国必须坚持的社会主义基本概念相关联的社会主义现代化的规律，还有"中国特色"的社会主义的个性和特殊规律（如果说还有其他类型的社会主义，那它们也会有不同的个性）。我们要在这种通盘把握推进现代化的过程中，顺势而为，顺应整个人类文明发展的主潮流，把中国特色社会主义建设好。

就我自己而言，我的人生经历中有一个记忆非常深刻的时点。1977年秋天，传来消息说将恢复高考，我非常兴奋。我在少年和青年时代随父母到湖北干校，在湖北农村生活过，后来又到了江西部队。从部队回到北京以后，我在北京矿务局（俗称门头沟矿务局）机电厂当了4年多的装配钳工，那时经常有支援高产日的下井作业，井下掌子面上的工作我都做过。但我的求知欲特别强烈，特别想圆大学梦。那时的原则是"工农兵推荐上大学"，依我在班组和车间的表现来看，推荐不成问题，但是到了"走后门"成风的厂部，有限的名额根本就轮不到我。这时候听说靠考试就有希望上大学，我非常高兴。为了学习，我每天跑到历史博物馆去看展览，令我印象特别深刻的是孙中山先生当年海宁观潮以后的一幅题词，写的是"世界潮流，浩浩荡荡，顺之则昌，逆之则亡"。我看了以后非常感慨，在以后几十年的研究工作中，我反复想，孙中山先生当年面对的是一个满目疮痍的中国，他首先提出振兴中华，这个逻辑跟我们现在讲的现代化只是表述不同而已——振兴中华就是要现代化，而他认为要振兴、要现代化，只能顺应而不能违逆世界潮流。我作为研究者，把这个世界潮流表述为人类文明发展中由客观规律决定的主潮流。这个主潮流是什么？我认为涉及以下"六个化"的概念。

第一，工业化和城镇化。

这是所有追求现代化的国家都必须经历的发展过程。工业革命以后我国严重落伍，必须迎头赶上，而在工业化方面的追赶，必然伴随城镇化水平的提高。14亿多中国人，将来大多数会生活在中心区域，即大中小城镇，而且要最便捷地让他们取得市民身份。目前我国户籍人口的城镇化率还不到46%，换句话说，14亿多中国人中的大多数还没有取得市民身份，近几十年已经进城的3亿多人还被俗称为"农民工及其家属"，有关文件将他们称为"进城务工人员及其家属"，但老百姓约定俗成叫他们"农民工"。他们在城市工作、生活、居住了十几年、二十几年甚至三十几年了，跟农民身份、农村的活计早已没有直接关系，只是户籍还在农村。为什么进不了城？大家看看北上广深就知道了，这些城市的地方政府如果要放松户籍管理，将会使人口如潮水一般涌入，当地政府是完全招架不住的。这些人拿不到户籍，在基本公共服务均等化的住房、养老、医疗、子女教育等方面就要受歧视，因为城市的有效供给不足。因此客观判断，现在中国的工业化推进虽已有很大的进展，成为"世界工厂"，但是工业大而不强，同时伴随着的城镇化，不能只看到超过65%的常住人口城镇化率，而要看户籍人口、不掺水的城镇化率，只有45%~46%。因此，要意识到我们在发展中有值得肯定的进步、成绩，也有十分明显的短板，但还有相当可观的潜力和发掘空间，我们必须坚定不移地、高质量地推进工业化和城镇化，不断升级发展。

第二，其他四个化：市场化、国际化、高科技化、法治民主化。

首先是基本国策"改革开放"所说的市场化、国际化，其次是"科学技术第一生产力"表现的信息化或者叫作高科技化，最后是中央"五位一体"总体布局里超越经济视角、党的二十大报告里反复强调的"全面依法治国"和"全过程人民民主"所提炼出来的法治民主化。我认为法治民主化是一个合成的概念：只讲民主，非常容易落入所谓"多数人的暴政"，因此必须讲法治化，这个法治必须是"水治"，而不是只讲制度条文的"刀制"。学者们已经反复强调了这个概念，如果讲"刀制"，秦始皇的时候就有秦律，那时的制度是"法制"，而我们要的是法居于所有权力之上、体现人民公意的这种治理，这个法治要框着我们的民主，框着我们的总体"走向共和"。

总之，以上"六个化"合在一起、一个都不能少的发展过程，就是我们推进中国式现代化必须顺应的人类文明发展的主潮流。

再回到中国自身的个性和特色的问题。要调动一切积极因素，统筹整个发展进程，把这个系统工程掌握好。按照中央的表述，既要集中力量办大事，又要激发地方企业和基层的首创精神，在坚持党的基本路线，深化改革之路上，我们要攻克一个又一个难关、险关。"行百里者半九十"这句话，现在有特殊的意义。从鸦片战争拉开中国近现代史的帷幕，到现在180多年了，我们终于看到了"从未如此接近"的民族伟大复兴的曙光，但是在接下来的不到30年里，我们面临的挑战性和历史考验性，与前100多年相比，至少要等量齐观，甚至可以说更有决定性的意义：我们必须冲过这个"历史三峡"，现在正是爬坡、过坎之时，不进即退。"十四五"期间，我们要解决的问题是能不能使中国跨越"中等收入陷阱"，在"十四五"末期使人均国民收入按照可比口径达到高收入经济体的水平。接受这样的历史考验，只是一个铺垫，到2035年使经济总量折为人均GDP，比2020年全面建成小康社会之年再翻一番，那又是再上一个台阶的铺垫。到"第二个百年"，和邓小平所说的21世纪中叶相一致，中国的现代化建设要见眉目。这个过程中的难关和险关，是当下所不能忽视的——改革进入深水区，攻坚克难的事情是最难的，必须"啃硬骨头"。

比如，在实际生活中，在促进共同富裕方面，房地产税到底能不能够按照现代化的取向，由粗到细一步一步、不引起社会过大震动地实行？其他各式各样的改革，怎么冲破利益固化的藩篱？即"冲破既得利益的阻碍"，这是非常不容易的。

在这方面还有一些需要正本清源的重要认识。党的二十大报告特别重申了"百花齐放、百家争鸣"八字方针。我觉得讨论这个问题时加入必要的争鸣有现实意义。在党的二十大报告公布之后，对中国式现代化的解读，出现一种听起来似乎有理但实际上会产生严重误导的说法，那就是有人把中国式现代化简单概括为"不是资本推动下的现代化"，甚至有人说，西方的现代化是"以资本为中心的现代化"，中国的现代化是"以人民为中心的现代化"。以人民为中心，是中央反复强调的一个非常重要的基本原则。上面这个观点听起来没有问题，以人民为中心的现代化当然是要坚持的，但是它实际上否定的是作为对立面的"以资本为中心的现代化"。这样一来，它就隐含了一个不容忽视的认识误区。如果充分领会党的二十大报告关于中国式现代化的指导精神，就要避免以一些看起来有道理但似是而非的话语，引出片面化的认识，而实际上落入误区，从而影响实际推进现代化的进程。

资本是供给侧的要素之一，它和其他要素——劳动与土地代表的自然资源、科技成果、制度与管理，都是生产要素供给体系不可或缺的组成部分。如果从理论联系实际来看待资本，那么首先就要与时俱进地针对现实生活中对资本概念不当的贬义化、污名化、妖魔化，进行正名和澄清。在现代经济生活中，资本作为生产要素的一种，既有国有资本，也有非国有资本，还有外资，它们都是生产要素，都必然要发挥要素供给的动力功能、推动作用，并且参与按要素分配的过程，这是不以人的主观意志为转移的。我们应特别尊重实践，中国在改革开放实践中建设社会主义市场经济，是一个千辛万苦的过程，邓小平"南方谈话"之后确立改革目标模式，党的二十大报告强调了要构建高水平的社会主义市场经济体制，在这样的进程中，其实资本早已经被正名了。例如，过去的国营企业，在20世纪80年代已经被改称为国有企业，这代表什么呢？经营权跟所有权一定要适当分开，国营企业变为国有企业，就是承认它有经营的自主权，国家有产权，但是没有必要维护国家"一竿子插到底"对于这些企业的经营权。国有企业掌握的资源有什么？当然有资产，就是钱和物，这些资源的运用理所当然是要做好做大做强这些企业。而改革中不可避免地涉及国企的改革，从原有的"管人管事管资产"的表述，已经非常鲜明地上升到了深化改革必须强调"管资本"。这里需要注意，管的是什么资本？是国有资本。"管资本"讲的是国有资本，没有贬义，那么为什么到了非国有资本的时候，就认为它是贬义的呢？在一些人的观念里，涉及非国有资本时有贬义——但不要忘了，统称"资本"的时候，不能排除国有资本。国有资本概念必然引出其应有的价值形态的腾挪运营。"管资本"是在市场经济环境之下我们必须追求的更好适应生产力解放的机制，还要大力发展国资、非国资的混合所有制，这里不可能有贬义。

同时，政府履行职能必须建立财政——"以政控财、以财行政"的分配体系，一步一步地建立起现代预算制度体系，有一个一开始就被称为"国有资本预算"的组成部分。那么，这个"国有资本预算"有贬义吗？可能有贬义吗？没有。

一定要从系统论角度来认识资本的概念。国有资本之外不仅有民间资本，还有国外资本。对外资应该怎么认识？它也是生产要素，参与中国"做大蛋糕"的过程。一开始我们没有别的选择，必须积极引进外资，"三来一补""两头在外""大进大出"，后来才逐渐发展自己的商品经济乃至市场经济，从知道有这么一套商业文明体系，到对接国外的商业化规则与法治化环境，再到引入国外的一些已经在市场上得到验证的、能销得出去的产品的供给方案，同时学习国外的资金、管理经验以及商业文明思想意识，这些都对中国的发展有很大的帮助。比较中肯地说，就是不能把资本落到外资概念时把它妖魔化了。现在中央强调，要继续积极引入外资。因为外资有可能成为积极的推动力量，是有利于中国式现代化的生产要素的组成部分。

在高标准法治化营商环境中，20世纪80年代已有外资进入中国的PPP（政府和社会资本合作），这些年又有作为创新"重中之重"的中国本土的大量国企、民企和政府合作的PPP，官方用语就是政府和"社会资本"的合作。所以这里的资本不能作贬义理解。

为什么这样一个应该中性看待的概念，却被认为和以人民为中心相对立呢？这就是我说的认识误区，于是就显示出了更新思想观念的重要性。如果从资本要素来看，应该是以市场竞争中的"竞争中性"，对应"资本中性"这个概念，这是完全合乎逻辑的。那么相应的就是统一市场、公平竞争，竞争中性和资本中性，这就是对于我们应该以理性看待资本的一种清晰表述。

在现代经济生活中，各个生产要素表现的合力作用，不宜直接关联现代化概念，避免陷入内涵模糊的"谁为主导、谁为中心"的标签式选择的讨论，这样容易误导社会舆论。这种误导会导致什么？就是还没有很好地被解决的中国民营企业的"定心丸"怎么吃到位的问题，社会对这个"吃到位"的问题有很多议论，使民营企业一直惶恐不安甚至心有余悸。说美国的、西方的现代化是以资本为中心的，听起来观点很鲜明，好像有批判之意，但是反过来是什么意思呢？就是上文说到的认识误区，它实际上是不利于我们早已不止具有"五六七八九"特征的民营企业改善预期、树立信心的。这样一种舆论场上的压力，它的逻辑偏差和导致的紊乱，可以从学理角度来分析。

发展市场经济，各个供给侧的要素需要综合发力，在价值取向上是不宜以中心和非中心来区分这些要素的高低贵贱的。经济活动中的一些直观特征，比如资本密集型、劳动密集型，早已有这样的表述，主要是科技含量方面的差异：一般认为劳动密集型的经济活动科技含量少一些，资本密集型要素的科技含量多一些。但不应该说，所有的场合都一定是要劳动密集型的，经济发展的趋势还是需要资本密集型越来越多，特别是现在随着数字化的发展，以及人工智能的突飞猛进。如果把这个技术性的概念拿来，贴上"主义"标签和"中心"标签，就会荒谬地引出一些根本不符合常识的概念。比如我们不能说，凡是资本密集型的经济活动就是以资本为中心的、资本主义的，凡是劳动密集型的就是以人民为中心的、社会主义的。这里根本不涉及所谓的东方西方、姓资姓社。

实质性的问题，就是从资本的本性来说，国有资本、民间资本、外资，它们都要寻求发展，都有推动经济发展的内在诉求，同时资本就是要带来资金增值的力量，如果不能保值增值，它就丧失了资本的属性。所有的资本，无论是国有的还是非国有的，都是这样的。从本性来说，它们都参与发展，都要以保值增值为目的进行扩张，都要参与和推动经济生活，关键就是，怎么处理资本的功能和作用的双重可能性：它既可能无序扩张和发展，也可能有序扩张和发展。民营资本存在无序扩张的问题，比如前几年必须做的纠偏和整改。国有资本也存在无序发展的问题。近年来，研究国有企业改革的学者不断提出，要克服弊端、消除缺陷，要改造，要改革，首先要解决的就是无序的问题。

所以，关键不在于简单地去讲资本必然是无序扩张的，而是要怎么把它处理好，遏制和防范无序扩张，引导和鼓励有序扩张和发展，这才是一个中肯的命题。在这方面，中央已经有了非常好的表述，那就是"红绿灯"。有一段时间社会上只讲遏制无序扩张，中央就给出了"红绿灯"的概念："红灯"就是指制止无序的，"绿灯"就是指引导和鼓励有序的。这样一来，我们在推进中国式现代化时，对资本的态度就明确了，按照这样一种资本"红绿灯"的设置，在分配方面当然也要以优化初次分配、再分配和第三次分配形成的分配体系，来处理好应有的激励和约束机制。

所以我认为，合乎基本学理的理性认识，应该是中国式现代化绝不排斥和否定资本的推动作用，应该在全面依法治国、国家治理现代化的轨道上，以动态优化的良法为准绳，形成"开红灯或开绿灯，到底开哪边"的合理调控的标准，以促使资本要素的功能、作用在健康有序的扩张中得到发挥。

那么，这个标准是什么？我认为大的原则是非常清楚的。全面依法治国，就一定要加快法律法规体系的建设，让这些经济活动、资本要素涉及的方方面面，不仅有法可依，而且有良法可依，并且执法必严，违法必究。中国的现代化，就必须坚定不移地贯彻全面依法治国，这是准绳和标准。

还有学者提出，法律的建设和完善一般来说是有时滞的，创新往往就是要突破原来的白纸黑字的法律法规的条条框框，那么是不是还应该考虑设一个黄灯？这也是一个比喻。依据已有的法律规则，可以明确设置红灯、绿灯。但是有些创新领域，开始时还不知道怎么设置规则，我觉得可以用"黄灯"这个比喻，可以理解为需要一个弹性的试错区间。好比交通信号灯有一个黄灯，用来缓冲、调节。但任何比喻都是"跛脚"的，只是用这个比喻说明，"在规范中发展"和"在发展中规范"是一对矛盾。在创新概念之下，我们要时时注意，需要留出一定试错和创新的弹性空间，否则，如果所有的事情都是规则非常清楚，按规则执行，那将是一个没有动态创新观念的、容易陷入僵化认识的守成，即只讲规则，守住它，而不讲怎样创新发展——这个创新发展，很有可能要通过试错来冲破原来的一些条条框框。

我们的改革开放就是这样一个不断解决问题的过程。从某种意义上来讲，在创新的、看不准的领域里，首先应该有一定的容忍度、包容性，让它先试错式发展起来，然后寻求规范，等基本看准了，再赶快建立规范，以寻求更好的发展。"在规范中发展"和"在发展中规范"这一对概念，并不是哪个更重要、哪个不重要，但我认为在"以创新作为第一动力"的发展中，排序不能颠倒，一定是要先讲"在发展中规范"，接着差不多看准了，再"在规范中发展"。如果反过来，那么可能创新发展就成空话了，还怎么可能有空间去试错呢？怎么可能去冲破过时的、不合理的条条框框呢？我认为这值得方方面面一起思考，特别是有调控管理职责的政府方面要注意把握好。

李强总理在2023年记者会上讲过，"提高创造性执行能力""不能尽设路障、不设路标"①。因此，政府看不准的那些细节的东西，要允许企业家去探索，通过试错，及时跟踪，等有八九不离十的把握了，政府再推出必要的规则。这些都是值得探讨的。对于中国式现代化，我举以上这些例子，是想说明思想认识层面的创新必不可少。结合我们继承的几千年黄帝文化的精华，形成中国发展的软实力，它的意义是非常重要的。实务当然要紧抓不放，思想观念的创新也不可缺少。

所以，我们当下要特别注意改善市场预期，争取把经济运行恢复和维持在合理区间，对接长远的"新的两步走"战略目标，使中国梦梦想成真。从警惕右、防止左的角度综合考虑，我们应该在问题导向之下，高度重视提振市场信心，改善企业特别是广大民营企业的预期。在当下，各地正在不约而同、全力以赴地拼经济，很有希望出现一个对接高质量发展的新局面。

2023年第一季度的数据出来了，虽然有一些不尽如人意的地方，也要警惕未来的一些新的困扰，但总体而言，中国经济向好这个局面，第一季度已经表现出来了。对于第二季度，我预计相关的主要指标会比较好看，②因为2022年的基数太低了，只有0.4%，稳经济大盘、开十万人大会、多路督导，做了那么多的努力，才有0.4%的正增长，2023年第二季度主要数据出来以后，很可能同比指标升得较高。它的客观影响是什么？就是市场人士、企业界，无形之中会提振信心，预期就会向好。我们应该乘势把第三、四季度的发展在贯彻中央精神、深化改革进一步解放

---

① 参见人民网：http://lianghui.people.com.cn/2023/n1/2023/0313/c452948-32643320.html。

② 后来统计局报为6.3%。

生产力、创造性贯彻中央方针的过程中，稳定在中高速区间，对接高质量发展，并在"十四五"时期的后两年，维持这个局面。我觉得这是我们当下在务实方面前瞻性的、可以勾画的前景。

要卓有成效地推进中国式现代化，就一定要同时认识到，对中国式现代化的正确理解需要大家共同讨论。要正本清源，在制度创新、管理创新、科技创新的同时，还应该有思想观念的创新，因此学者们还要致力于对相关基础理论的创新研究。

中国经济的长期成长具有确定性[①]

我想从一个研究者的角度出发,从宏观层面认识在推进我国现代化进程中的动力源问题,必然联系到市场人士、企业界在"取势、明道、精术、择时"的认识框架下,应该如何树立长期主义的信心。

现在,我们站在历史的新起点上,已经锁定了实现现代化"新的两步走"战略目标,这是实现中国人民对"美好生活的向往"的基本路径,是中华民族根本利益之所系。在这个战略目标推进的过程中,必然会出现新旧动能转换的问题。2010年,在之前改革开放30多年解放生产力、实现了超常规发展的基础上,中国战胜了全球金融危机的冲击,还取得了两位数的增长。2010年报出了10.4%的GDP增长速度,也成为中国经济起飞、高速发展阶段的最后一年。在基本的运行态势上,从2010年到现在,我们进入了一个以经济增速为主要指标的经济下行时期,直观地看,这个下行时期并没有完结,2022年的年度增速只有3%。直言不讳地讲,3%的增速已经滑出了中央所说的必须维护的"经济运行合理区间"。我们要牺牲一些速度而追求高质量发展,要

[①] 根据2023年4月15日在"2023(第十五届)中国商界木兰年会"上的开幕演讲整理。

把"高速"转换为更高质量发展状态下的"中高速",而中高速一般也应达到5%以上。2023年是一个非常重要的向上提升增速的契机。

2010年以后,有一些推动经济发展阶段转换的因素,这是在进入中等收入经济体以后必然要发生的。在推进供给侧结构性改革引领新常态取得一定成绩以后,又有突然到来的中美关系恶化(所谓贸易摩擦已经演变成科技战、金融战、外交战等问题),再加上新冠疫情冲击,以及2021年中央经济工作会议明确指出的"三重压力"问题,种种因素使经济运行总体处于下行区间,还没有达到我们所希望的"L型转换"。"L型转换"是一个比喻,权威人士在《人民日报》发表长篇文章说,我们要经历的经济发展阶段转换,不可能是"V型"反转,下来又上去,也不可能是"U型"反转,下来走一段又上去,而只能是一个"L型"的转换。"L"表示有一个向下的调整,但是尾巴一定要拉出来,这样就表示由"新"入"常",要进入一个平台期运行的状态,在这个平台期,关键是要有由结构优化支撑的高质量,而这个平台期的运行时间越长越好。我们现在的契机是什么?2023年两会只提出了5%的增速目标,但是一般认为大概率增速会高于5%,国际上的一些机构也预测能够达到5%以上。我们一般认为,如没有太大的意外,会达到目标,甚至更高。[①] 在这个过程中,我们还要克服一系列的不确定性。2023年如果能如愿恢复到中高速,在追求高质量发展的同时,直到"十四五"的最后两年稳定下来,不再像2020—2022年低一年、高一年、低一年。我们

---

① 2023年GDP同比增长5.2%。

在"十四五"时期如果能够把五年的年均增速提升到5.5%左右，就能为"十五五""十六五"打下基础，基数提高以后速度重心会有所下调，但是要使"十五五"不击穿5%，"十六五"不击穿4.5%，那么15年后算总账，就可以实现"十四五"和2035年远景目标规划的"第一步"，到2035年实现中国经济总量折为人均再翻一番这个非常重要的阶段性目标。学者预测（这里有一个假定前提，比如2022年人口已经开始出现负增长），15年的平均增速应该接近5%。

在市场人士之中，这几年从不同视角来看，也产生了种种情绪。中央也特别强调，问题导向之下，要坚定不移贯彻以经济建设为中心的党的基本路线，抓好发展的硬道理。2023年这个新局面的打开，使大家看到了契机，2023年，我参加了一些调研和一些地方的论坛活动，注意到地方层面几乎众口一词，现在要"全力以赴拼经济"。我认为这就对了。李强同志强调要"提高创造性执行的能力"。那么在2023年这样一个要抓住契机，确立市场信心、改善市场预期的当口，我们还要看到，从短期衔接到中期和长期，中国推进现代化过程中的动力源问题。从理论上来讲，还是要坚定不移以制度创新为龙头，激发科技创新、管理创新，从而解放生产力。

如果将2010—2022年的GDP增速指标制成一个曲线图，就可以很直观地发现其走势，而2022年只有3%，2023年已经出现了转折。说到中长期，我们并不否定在"百年未有之大变局"的背景之下，还有很多必须应对的挑战。"上有打压"，中美关系回不到从前了，美国上下一致认为必须全面遏制中国的发展；"下有追击"，这几年新兴市场国家中的越南、印度、印度尼西亚等国的经济增速已经超过或者有可能超过中国。在上有打压、下有追击的情况下，我们怎么"做好自己的事情"，应对所有的不确定性，从而实现分两步走实现现代化的目标？在这种严峻的形势下，我想特别强调一个需要看清中国发展的根本动力及其资源供给可持续性的问题。

简单地说，一方面，在新旧动能转换中，我们要看清楚，从长期而言，既有不确定性，也有中国经济客观的成长性；另一方面，我们必须努力地、坚定不移地贯彻党的基本路线，"把中国自己的事情做好"，正确把握主观性，这也是我们要有意而为之的确定性。合在一起，从看大势而明规律、取势明道的角度，我谈谈作为研究者的一个基本认识框架。

这几十年我一直做研究工作，也在反复地想，孙中山先生当年面对一个满目疮痍的中国，认定要"振兴中华"——这是他首先提出的四字口号，同时认定必须顺应而不能违拗世界潮流。那么，这种客观规律决定的、只能顺应不能违拗的世界潮流是什么？我认为可以提炼出至少六点。第一，工业化。中国就是工业革命以后落伍，被人家甩在身后的，我们没有别的选择，必须完成工业化。第二，城镇化。第三，市场化。第四，国际化。第五，信息化，即我们都知道的科技是第一生产力。第六是什么？党的二十大反复强调的"全面依法治国"和"全过程人民民主"，可以概括为法治民主化——这也是辛亥革命时期国人已有的共识："走向共和"（光讲民主远远不够，简单只讲民主很容易出现"多数人的暴政"，必须是法治和民主的结合，即"走向共和"）。将这六个潮流结合起来看，我国的工业化发展到了哪个阶段，城镇化推进到了什么程度，是显而易见的。我们在工业化方面已取得了长足的进步，被称为"世界工厂"，而制造业规模位居全球第一，但仍然"大而不强"，我国的制造业在前沿技术、科技创新能力方面，还在追赶第二阵营。美国以硅谷引领潮流牢牢占据第一阵营，欧盟、日本、以色列等一些发达经济体位于第二阵营。总体来说，中国仍然是世界上最大的发展中经济体的这个国际地位没有变，从全国来看，工业化处于从中期向中后期、后期转变的过程中，一方面要看到自己确实有短板，另一方面要看到这正说明我们还有巨大的发展潜力有待发掘。这两方面可以由城镇化这个指标来佐证：中国的城镇化绝对不能只看常住人口城镇化率，2022年常住人口城镇化率超过了65%，有的同志认为中国的城镇化快触及天花板了，中国不能再将房地产业当作支柱产业了，这个观点是不对的。中国国情之下，户籍人口城镇化率实际上只略高于45%，也就是说，14亿多中国人里的大多数，还没有取得市民身份，这表明了我们现在发展中的不足。北上广深这些地方，大量迁徙入城的农民工及其家属，在其中居住十几年、二十几年，甚至三十几年了，就是拿不到户籍，而如果拿不到户籍，那么在基本公共服务方面，待遇是不同的，不是故意要歧视他们，是我国目前的有效供给水平达不到——这些地方的政府，如果稍微放松一下政策，说要考虑放松户籍管理，人们马上就会如潮水般涌来，这些地方政府是完全招架不住的。这就是我们发展中的真实情况。这两个化——工业化和城镇化，其发展是由客观规律决定的，是一定要往前推进的，但在推进过程中我们要实现升级发展——这是客观的动力源。对成长性而言，14亿多中国人在完成工业化和城镇化的过程中，所要满足的需求和得到有效供给回应的这个经济循环的动力，在经济学上只有以非常独特的"巨国模型"才能分析、描述和解释。当然，这也是我们作为研究者的责任，应该进一步理论联系实际来更好地研究中国式现代化的相关重大问题。只要我们坚定不移地坚持党的二十大所强调的构建高水平社会主义市场经济体制，推进制度型的高水平对外开放，构建好以内循环为主体、内外循环相互促进的新发展格局，我们就能进一步解放生产力。在发展高科技方面，我们万众一心，积极参与国际合作与竞争。再加上法治民主化，未来几十年在中国大地上最可能的图景是什么？即使在种种不确定性、种种不愉快、种种干扰因素存在的情况下，我国现在已经有将近700个建成区，即大、中、小城镇区域。未来，我们仍然要建设好城乡接合部，准备接纳要从农村迁徙到城镇的3亿多人，对原来已经进城的3亿多人，还要给予他们基本公共服务待遇。这表明未来在中国大地上，不仅要不断地进行基础设施建设，还要建设更多的新区，加上中央现在特别强调的都市圈、城市群的建设，以及产业互动、产业升级，在产业升级的过程中，生产力布局随之优化，人力资本水平和国民素质进一步提高（当然，我们中国的女性是"半边天"）。在这方面，整个中华民族顺应这样一个以成长性为客观基础的发展过程，就是党和国家领导人所说的"中国经济长期向好的基本趋势没有被颠覆，没有改变"，我们有着客观上必须认识到的韧性、回旋余地和巨大潜力。从这个角度来说，伴随经济发展不确定性而来的确定的客观成长性，再加上我们主观上的努力，即使与世界头号强国美国相比，我们也能保持追赶的态势。在可以预见的未来，中国和美国的差距肯定会持续缩小。2017年美国的GDP与1900年的GDP相比，118年间，美国的GDP是翻了 36 倍。中国如果也把 2017 年作为时间点，GDP 的 1/36，是 1987 年，改革开放已经走到第八年了。同样都是 36 倍 GDP 的成长，时间上为 1∶3.9，中国以一个时间单位，走过了美国近 4 个时间单位才走完的成长性过程，而且这个发展态势现在仍然在继续。比如新冠疫情蔓延的 2020 年，中国出现了近几十年最低的增长速度，为 2.3%，美国 2020 年 GDP 增速是多少呢？−2.5%。两相比较，中国高出了 4.8 个百分点。中国的经济总量是在一步一步接近美国的。当然，我们还要在硬实力、软实力、综合国力、创新水平上有所提高。在发展过程中，我们要承认，2022 年有点儿特殊，我们的增速只有 3%，而美国是正的，大约是 2%，然而还有一个美元计价的可比性问题：2022 年人民币对美元贬值了接近 10 个百分点，所以，2022 年是一个很特殊的年份，中国追赶美国的步伐在这一年似乎有所停滞，但 2023 年的契机出现以后，我认为我们又回归到了缩小和美国差距的正轨。

  总的来讲，上述是一些框架性的分析。我认为企业界人士也有自己主观上的判断。在 2022 年经济下行的情况下，有些市场人士似乎感觉信心不足。但是如果我们客观地看我前面所说的"成长性"，加上我们主观上的努力，中国一定会克服种种困难，去穿越"历史三峡"，实现中华民族伟大复兴。既然有这么一个伴随着不确定性的大概率的确定性，那么我国的企业家、市场人士，应该考虑建立一个所谓长期主义的行为模式，这种长期主义行为模式，就是有长期的行动战略和耐心，以长期行为实现自己的人生价值，不负时代、不负人民。

对中国经济问题的一些认识①

2023年中国第一季度GDP同比增速达到4.5%，整个态势在向我们意愿中的"运行合理区间"靠近。所谓"合理区间"，是中高速概念，虽然中央的文件中没有直接给出"中高速"的量值，但我认为它应该是在5%以上，比如5%~8%。

依据2023年4—5月的一些经济运行信息，从消费视角来看"五一"劳动节假期的表现，可知老百姓参与现场的消费活动，如餐饮、旅游方面，已逐渐回归了新冠疫情之前比较正常的状态。但是根据统计数据，消费规模还是不尽如人意，是下降的，也就是出现了所谓的"消费降级"。比如，比较活跃的，像淄博烧烤这样以年轻人为主的欢乐嘉年华式的活动，一次消费可能也就是每人几十元，这个情况合乎逻辑。因为三年来居民平均收入增长态势并没有逆转，收入数据上升的幅度有点小，关键就是民众预期上也有更多的不确定性，所以表现为一定的"消费降级"。

从相关数据来看，新冠疫情影响了人们的中长期考虑，2022年下半年到2023年初，居民储蓄明显上升，说明老百姓并不是

---

① 2023年6月17日与日本财务省财务综合政策研究所中国研究交流顾问田中修、日本驻华大使馆参赞藤岛正信等的交流谈话整理稿。

没钱，而是越来越不敢花钱。到了 2023 年四五月，储蓄却出现了回调，那么四五月间储蓄方面减少的钱到哪儿去了呢？可能一小部分是用于"五一"假期这样的旅游等消费，但更多的，一部分是用于解决住房的提前还贷问题，因为老百姓算来算去，可能还是觉得提前还贷对自己来说更合适（有了利率的调整变化，通盘考虑后提前还贷，就动用了储蓄）；另一部分应该转入了一些开始活跃起来的理财产品中，老百姓的金融意识提升了，开始更多地考虑理财。在创业创新方面，有一些小微企业也有吸引资金的可能性。一些研究报告认为，2023 年四五月小微企业总体的发展趋势是积极性在提高，5 月的财新 PMI（采购经理人指数）先行指标表明，中小企业的采购经理人指数已经到了荣枯分界线的上方。

从逻辑上来讲，如果 2023 年能够使经济景气回升到中高速区间，总体的市场信心能够趋于恢复、预期能够向好，那么居民的收入应该能跟着经济基本盘、就业的稳定和增加等往上走，那么未来的消费升级这个特征可能还会再出现。但是在这个过程中有很多的不确定性，特别要关注最基层的社会成员，以及年轻人的感受，比如从就业来看，16~24 岁的年轻人的就业率持续下降了一段时间，一定要采取针对性的措施来缓解矛盾。

在投资方面，从 2023 年第一季度来看，全社会固定资产投资的增速还是在 10% 以上，问题在于民间的投资增速非常低，只有 0.9%，这说明民营企业、民营经济信心明显不足，不敢投资。从这里也可以理解中国决策层三令五申，反复强调"两个毫不动摇"，是希望提振民企信心，支持企业家更好发挥作用。

在工业方面，虽然工业增加值还在上升，但却不够强劲，特别是现在有一个值得关注的利润水平问题。国家统计局公布的2023年1—4月规模以上的工业企业利润是大幅下降的（20%左右），但财政部公布的信息表明，2023年1—4月国有企业的利润率是大幅上升的，由此可知，在国有企业大幅上升的利润被非国有企业（民营企业，可能也包括外资企业）的明显下降的利润对冲以后，规模以上工业企业的利润降幅在20%左右。这非常值得关注：为什么这些非国有企业的利润下降幅度如此大？这也从另外一个角度印证了，非国有企业有亟待解决的问题。

在对外贸易方面，虽然总体来说还是正增长，但是到四五月间似乎增长的幅度明显走低了。一些分析表明，世界各个主要经济体都有类似问题，但对中国来说，2022年国外的很多主体不再考虑对中国的增长极区域（比如长三角）下更多订单了，而这个空窗期正体现在2023年的第一、二季度——有没有这个因素？在逻辑上不排除这个可能。当然，国外主要预测主体纷纷调高对2023年中国经济增长的预期值，那么接下来，在逻辑上，国外主体又会重新考虑把订单下在中国，特别是下在增长极区域。这个可能性还有待今后去印证。当下，外贸方面的表现不尽如人意，要尽量调动各方力量来应对挑战。如果中国经济2023年真的会出现上升新局面，这个问题就解决了，但是更复杂的国际影响因素，还要另当别论。

针对2023年四五月以来整个经济运行回升态势不够强劲的问题，中国政府现在已经有所动作，最明显的是在货币政策上，进一步降息、降准。另外，还利用其他一些政策工具，比如"中期借贷便利"等，扩大一些"流动性"的供给。财政政策总体还是在按年度的基调，加力提效，但在四五月间没有看到更多的具体举措。我个人的观点是，在 2023 年 6 月的快报出来以后，从财政服务全局的必要性上来看，还是应该积极考虑适当采取一些加码措施。但如何决策，不好预计，因为从这一两年对财政政策的期待及其实现来看，社会方面的想法跟实际决策的动作还是有差异的。

如果不出大的意外，2023 年中国经济增速同比达到 5% 以上的概率很大，关键就是 2023 年的这个向合理区间恢复的态势在 2024—2025 年是不是可以延续下去，一直有好的表现。2020 年和 2021 年是一低一高，2022 年和 2023 年又是一低一高，希望 2024 年和 2025 年不再出现新低。当前应该抓住契机，更好地调动潜力，把 2024—2025 年的经济潜在增长率体现出来——这个潜在增长率，一般认为可以达到 6%，或接近 6%。

从这个角度来考虑，当下中国的中心任务和战略诉求，是要通过"新的两步走"实现现代化，要重视中国怎么解决"形成中长期发展内生动力"的问题。这个内生动力还是要强调制度创新——中国仍然走在经济社会转轨的道路上，现在面临着改革深水区的攻坚克难问题，这是最大的历史性考验。

从客观因素来看，我认为中国经济的成长空间还是相当大的，它体现在中国的工业化还可以向纵深发展上，虽然中国现在是"世界工厂"，但大而不强。一方面，说明中国在某种意义上还是最大的发展中经济体，在创新能力方面连第二阵营都没有进去，必须在工业化上进一步升级，完成工业化过程，其伴随的城镇化也有相当可观的空间，一大半中国人还没有取得市民身份；另一方面，则是工业化、城镇化合在一起，客观的动力源是有的，也就是说发展中"成长性"的引擎是客观存在的。主观因素也非常关键，就是要怎么进一步解放生产力，在改革的深水区要"啃硬骨头"，克服既得利益的阻碍。

所以，概括起来，我的观点是中国的中长期发展内生动力，应该是在客观和主观上，将工业化、城镇化，以及市场化、国际化、信息化和法治民主化相结合。这种结合实际上也是顺应人类文明发展的主潮流，必须在这种系统工程式的中国式现代化道路上实现高质量发展。这个动力源，不仅要落到务实的方面，还要以制度创新为龙头，激发管理创新、科技创新、观念创新，当然这几个创新之间还要互动。作为第一动力的"创新"，应该就是这方面的关键词。

具体来说，这种创新如果以制度创新为"纲举目张"的龙头，那么该怎么落到现实生活中呢？其实已经有了一套很好的始于上海自贸区的原则体系，简单来说，就是企业应该认准负面清单，法无禁止即可为；政府应该约束自己的行为边界，制定正面清单，法无授权不可为，而且有权必有责，以事权清单配上责任清单，再配上绩效考评，实施问责制，把政府的权力关进法治的"笼子"。这样才能真正实现解放生产力。对于这种解放生产力，在理论联系实际方面，改革开放之初就强调，现在已然要面对改革深水区的攻坚克难。党的二十大报告提出，要"构建高水平社会主义市场经济体制"，要"推进高水平对外开放""稳步扩大规则、规制、管理、标准等制度型开放"。改革和开放实际上是互动的，我们也特别注重以开放来催化和倒逼改革。当然这样的取向，在实际操作中有相当大的难度，但我认为中国别无选择，这是历史冲关期最具考验的阶段，事关能否最后达到现代化的战略目标。

在这样的考虑之下，需要重视的是，当前在中国的思想界和舆论场，对于我强调的这个由制度创新带出整个系统化创新的认识框架，存在着明显不同的看法。虽然党的二十大报告的表述非常清楚，领导人早就强调要"啃硬骨头"，改革必须处在"进行时"，开放的门应该越走越开阔、越开越大，但是社会上也有一些悲观的说法，例如"改革已死，实际上没有推进的空间"，甚至有人说要以"人民经济"的概念来取代和救赎市场经济。这种思想交锋在中国实际生活中的影响可想而知，民营企业的预期不好、信心不足，也与这种在社会上很有影响力的把资本污名化、把民营企业污名化的思潮有着不可分割的联系，"使一些民营企业家内心感到忧虑"，不能形成长期主义的坚定信心。

所以，我们作为研究者，也要有一种社会责任意识，就是要以自己建设性的努力配合整个创新方面必须开展的思想观念创新，在基础理论层面的正本清源上，提供有价值的认识成果。比如，在中国社会很有影响的，是有些人援引《共产党宣言》中"消灭私有制"这样一个概括性的命题，认为民营企业是不符合终极目标和方向的。我们研究以后，写了一篇论文公开发表，结论就是——这是对于《共产党宣言》德文版原著的一种误译，正确的翻译应该是"扬弃私有制"，这个"扬弃"在《共产党宣言》里被表述出来以后，在《资本论》里得到了印证，就是我们现在称为"现代企业制度"代表形式的股份制，带来了"资本社会化"，这是对资本私有制的"否定之否定"的扬弃。在这个基础理论层面需要正本清源，形成中肯的认识，对应于现实，坚定民营企业发展信心，总体来说是要按照股份制的原则，走向和其他的经济成分共存、共荣、共同发展的未来，我觉得这是很有意义的。当然，这也引起了另外一些人的攻讦，尽管他们没有充满说服力的论据，但这是中国社会思想碰撞的一个现实例子。

与民营企业紧密相关的，还有一个重要概念，就是民营经济，现在民营经济已经不止占据"半壁江山"，但在很多人的认识里，民营经济是资本家的阵营，是与私有制、资本家概念一起形成的一个社会领域，而资本家是剥削的主体，他们剥削、攫取剩余价值——对于这种观点，我们也专门做了一次正本清源。因为按照马克思和古典经济学的劳动价值论，占有生产资料的主体所从事的管理劳动、决策劳动、指挥劳动，同样也是人类劳动的组成部分，而且是相当重要的组成部分，他们当然也创造价值，也参与创造剩余价值；而在现代社会里，资本家和非资本家早已经不是原来的概念：中国有几亿股民，有员工持股企业，拿着股权证的人都可以被认为学术意义上的"资本家"。所以，就不能把剥削、攫取剩余价值的帽子简单地扣在这些社会成员的头上，这样大家才能真正理解在社会主义市场经济的发展过程中，是各种劳动者一起创造价值，劳动也包括管理劳动、决策劳动、指挥劳动、科研劳动等，按照马克思的分析，还应是简单劳动的倍加，在收入分配方面，就得合理考虑这样的差异。

关于怎么考虑中国今后的战略和政策的方向，概括地讲，就是在当下反周期操作的视角上，一定要坚定不移扩大内需；而从更长期的跨周期的视角上，一定要坚持供给侧结构性改革。这两个视角的结合，是现在总体的战略和策略、政策结合的基本主题。按照中央文件的表述，供给侧结构性改革是建设现代化经济体系的主线，那就意味着它会贯穿"新的两步走"现代化全过程，而扩大内需是着眼当下阶段，中国并没有结束经济下行的过程，因此必须继续扩大内需，把经济运行恢复到合理区间——中高速的状态，当然还必须是高质量的发展。在这样一个方向之下，有很多重大现实问题。

下面我讲一下关于共同富裕的问题。

在进一步寻求中国式现代化发展的过程中，还必须解决一些明显的矛盾。怎样实现共同富裕，是一个非常重大的命题。中国在 2018 年以后，曾经强调要发力推进共同富裕，而实际生活中的一些认知偏差，引起了民营企业和外资的担心，比如提到"三次分配"概念，人们就担心会不会出现"逼捐"，以行政手段让企业做公益慈善，这实际上是违反实现共同富裕的客观规律的。

由于这段时间更多经济运行问题成为热点，在中国的官方媒体和文件里，"共同富裕"这个主题词出现的频率降低了，但并不意味着这个方向有什么调整，"共同富裕"作为社会主义的本质要求，是一个长期目标，客观上说也是个慢变量，我们要以整个系统工程式的制度建设，引领和推进这个过程。其中涉及的具体问题相当多。

例如，个人所得税问题，2018 年，中国的个人所得税改革，与过去多轮改革相比还是有明显进步的，最突出的是在提高"起征点"的同时，推出了把几类收入综合成一个税基、接受超额累进税率调节的机制，这种综合调节机制提了多年，在 2018 年终于迈出了第一步。但同时，它也有明显的局限性，只是把四种劳动收入综合了，非劳动的收入根本就没有涉及，实际上在税收上就形成了对劳动收入的一种歧视，这是令人遗憾的。在综合推进的方向上，我们认为应该积极考虑，如金融资产收益等收入是不是可以在下一轮改革中纳入综合的税基，这样就会减少现在的税基。虽然有综合调节，但只是综合了劳动收入的偏差。当然，直接投资的资本利得，按照国际惯例可能还得另外处理，比如金融资产利息等收入，是不是可以首先纳入"综合"的范围。其他的一些设计也都得通盘考虑：现在七级超额累进税率的最高边际税率是45%，从国际比较来看还是太高了，而且由于一些厂主型富豪有种种办法避开这种高税率，实际落实的纳税人，在中国社会里是一些知识分子型的专家、创新人士，他们除工薪之外的劳务、稿酬，以及发明创造专利的特许权收入，都是躲不开这个超额累进调节机制的。45%的最高边际税率对他们来说太高了，会逼着这类高素质的创新型人士"用脚投票"。粤港澳大湾区、深圳、海南都不得已采取了打补丁式的权变措施，经国务院同意，以特定的处理办法，把最高边际税率再压回到15%~25%。

简单地说，下一轮个人所得税改革不可回避以下几个问题。第一，回应公共诉求，进一步提高起征点。第二，根据现在社会的老龄化、少子化特征，应该是在专项扣除方面对多子女家庭给予税收优惠。第三，一定要考虑在综合的税基方面加入前文提到的非劳动收入，即财产性收入里的某些部分。第四，培养纳税人意识，积极考虑让更多的大众具有个税的纳税人身份，进一步培养"财政民主主义"这样一种良性机制。因此，应该考虑不过高地提升"起征点"，而是把第一档3%的税率再调低一些，调到2%或者1%，这样纳税人的数量不会明显、急剧地减少，避免把个人所得税过于边缘化。第五，至于最高边际税率，我们建议，考虑至少调低到35%，也有一些有影响力的人士提出最好调低到25%，与企业所得税的标准税率拉平。总之，这几个方面都要通盘考虑，逐渐让个人所得税成为一种直接税，更好地发挥它应有的调节作用。

这是一个系统工程。关于整个税务信息问题，这方面中国管理部门高度重视，1994年就开始的"金税工程"，现在已经推进到了第四期。"金税四期"的覆盖面更广，不仅使所有和税收直接相关的信息都电子化、数字化，而且其他经济活动的信息也与税务信息打通，努力扩展到全覆盖。所以，从技术手段来说，我们有相当大的把握，可以比较便捷且准确无误地掌握纳税人的信息，在知悉和遏制灰色收入的同时，就可以做规范的税收再分配调节。

在推进共同富裕方面，还涉及财政再分配的机制和手段，以及房地产税和应研究开征的遗产和赠与税，等等。总体来说，按照中央的要求，这种直接税一直表述为要逐渐提高比重。当然推进相关的改革确实难度非常大，也属于中国改革深水区"啃硬骨头"的典型案例。

中国经济发展的增长动力[1]

2022年中央经济工作会议贯彻党的二十大精神,对2023年的经济工作思路及要领做出了权威性的指导意见,明确指出我国当前仍面对较大的需求收缩、供给冲击、预期转弱三重压力。国家统计局公布的数据显示,2022年第四季度经济增速为2.9%,全年国民生产总值达到121万亿元,年度同比增长3%,明显低于2022年两会上提出的5.5%左右的引导性目标。2023年经济主线继续强调坚持"稳字当头、稳中求进",继续实施积极的财政政策和稳健的货币政策,加大宏观政策调控力度,加强各类政策协调配合,尽快形成共促高质量发展的合力,实质内容是须促使经济增长恢复并维持在中高速的合理区间。

一、总体经济工作部署的背景

2010年中国经济在告别两位数的高速增长后,总体发展态势呈现出一个至2022年未完成的下行过程,速度一降再降。在初期受到发展阶段、新旧动能转换的影响后,又于2018年后陆续叠加中美关系恶化、新冠疫情冲击和"三重下行压力"的多重

---

[1] 发表于《商学院》2023年第2—3合期。

影响因素，整体经济发展形势复杂而具有挑战性。其中，2021年与"三重压力"相关的不利因素，不仅客观上受疫情和国际形势变化的影响，在很大程度上也受到了国内主观方面的"合成谬误"和"分解谬误"问题的影响，多重因素使2022年经济整体表现未能合意。但2022年11月以后，疫情防控政策已有显著调整，各地从12月开始陆续"扛过"疫情压力期，2023年经济运行有望总体回升，第一季度后经济增长指标大概率将显著走高。这一发展趋势并非一般意义上的增速的高低波动，而是在化解疫情等掣肘经济发展的影响因素后，带有转折意义的变化趋势，决定2023年中国经济的主旋律将是在潜力与压力并存下有所作为的复苏。

依据中央指导精神，2023年经济发展总体的主线的目标，应是在"稳字当头、稳中求进"的取向上，尽快使经济增速转入合理的中高速增长区间，即先恢复向上趋势，之后一段时间维持在5%~6%年度增速的合理区间，并尽可能拉长其平台期。考虑到2022年的"低基数"，对于2023年的引导性增长目标，可设为同比5%以上，并乘势在2024—2025年继续发力促增长，"十四五"期间争取最后实现年均5.5%~6%的增速，并向后延续使"十四五"至2035年的15年时间段内算总账保证年均增长速度在5%左右，实现中国经济总量或人均GDP再翻一番的目标，保障"新的两步走"战略目标的达成。我国中长期现代化全局战略意图的如期实现，需要在当前更好地调动以内循环为主体、国内国际双循环相互促进的新发展格局中，中国经济增长的客观支撑和主观努力两方面因素，使之优化结合的动力作用得到充分的发挥。

二、稳增长、稳经济的动力源与相关政策措施分析

著名经济学家、诺贝尔经济学奖得主斯蒂格里茨曾言简意赅地指出，人类社会 21 世纪发展的两大引擎，一是最大的发达经济体美国的数字化创新，二是最大的发展中经济体中国的城镇化。实际上，中国的城镇化所代表的，是这个具有 14 亿多人口、经济学上只有十分独特的"巨国模型"才能描述的工业化、城镇化、市场化、国际化和数字经济信息化相结合的经济体成长中极为强劲的增长动力机制及其全球性影响。中国在改革开放 40 余年超常发展打造的新起点上，完成工业化从中期向中后期、后期的升级发展，必然伴随真实城镇化水平从当前的实为 50% 左右（户籍人口的城镇化率仅为 45% 左右）向上走到 70% 左右高位的高速城镇化阶段。这表明客观上中国经济仍具有长期向好的基本趋势，内含着其他经济体难以比拟的强劲动力源，而在当下我们要把主观方面的努力与中国发展客观的成长性充分结合，释放经济增长的支撑潜力。

面向 2023 年的经济工作，2022 年 12 月中央经济工作会议强调扎实推进中国式现代化，加快构建新发展格局，着力推动高质量发展，更好统筹疫情防控和经济社会发展，大力提振市场信心。在提出的几大政策的发力方向上，宏观政策强调了加大调控力度，实施积极的财政政策和稳健的货币政策并注重两者协调配合。财政政策方面，强调要保持必要的财政支出强度，体现有为政府职能与担当，有效支持经济社会的高质量发展，并保障财政的可持续性；货币政策方面，继续强调稳健、精准、有力，保持流动性合理充裕的同时，积极引导金融层面加大对小微企业、科

技创新、绿色发展等领域的支持力度；产业政策方面，强调发展和安全并举，注重传统产业改造升级和战略性新兴产业培育的共同发力与实体经济的强化、优化；农业发展方面，注重农业强国是社会主义现代化强国的根基，要保障粮食和重要农产品稳定安全供给，全面推进乡村振兴；民生领域方面，强调了社会政策要兜牢民生底线，继续落实落细就业优先政策，把促进青年特别是16~24岁职校、高校毕业生群体就业工作摆在更加突出的位置上。

稳增长、稳经济的政策措施中，现阶段财政政策的"积极"性质，首先特指政策的扩张特征，即在经济运行状态相对低迷的情况下，为对冲下行压力，财政应采取减税、降低企业负担和增加支出以提升经济景气为取向的政策安排。同时，财政政策"加力提效"的安排，应在总量和结构两大维度上综合优化：在总量扩张维度上，2023年财政赤字率水平可结合现实发展需要适当提升至3%或以上；在优化结构维度上，财政政策需继续发力支持有效投资、引导消费增长、促进配套改革和完善社会保障体系等，专项债、贴息等政策工具更要在"四两拨千斤"式发挥乘数放大作用的同时，体现鲜明的优化结构、支持重点领域发展的功能作用。此外，中央经济工作会议提出"保持必要的财政支出强度"也包括丰富的指导精神：一是财政支出的规模扩张特征将在实施多年积极财政政策的基础上，继续体现其连续性；二是在以支出规模特征作为"强度"体现指标的同时，将合乎逻辑地服务于总体积极财政政策的扩张而在财政支出资金来源有限的约束条件下，审时度势合理安排赤字率达到必要的升幅；三是"支出强度"的考核必然要延伸至中央已明确强调多年的支出资金以"实物工作量"计算，进一步落实绩效考核指标任务；四是财政支出强度的具体落实要与财政政策不可替代的"优化结构"功能有机结合，融合体现于通盘的"突出重点，兼顾一般"的财政预算之中。

三、挖掘国内市场潜力、提升内需的实施路径

2023年我国经济增长的重要机遇，首先是疫情缓解以及扛过较大压力期后正常生产经营的恢复，其次是与之紧密相连且应更为看重的主观能动性，是以短期衔接中长期，在改革深水区通过制度创新、管理创新、科技创新，以及必不可少的观念创新，实现社会生产力的进一步解放，在升级发展中把握好"全要素生产率"概念，强调各个生产要素的协调配合，充分发掘经济复苏的活力潜力。在具体实施路径上，应结合"两新一重"的重点项目，有效投资扩大内需并驱动消费潜力的释放。

14亿多人口的中国存在着基于已有发展的巨大的消费市场潜力，但要解决好人们十分看重的"促进消费"问题，需要遵照社会再生产基本原理，以在"有效投资"初始环节上抓好关键性的"支持就业、增长居民收入"为大前提。特别是需要在"问题导向"下，有针对性地争取"组合拳"式的综合配套措施。2022年，16~24岁的青年失业率达到近20%，全国城镇失业率为5.7%左右，解决失业问题，短期内要结合现实情况应对好关口冲击，中长期则要依托高质量发展促进就业机会增加，以有效投资拉动生产、加工、服务环节的就业岗位源源不断涌现，并做好市场建设与完善就业保障的兜底制度安排。在通过有效投资"扩大内需"之时，更要掌握好结构优化问题，着力促进经济转型升级，

释放产业升级发展中的"投资乘数"效应。

在"扩大内需"提升增长动力的总体工作部署中，优化收入再分配的相应制度建设、政策制定和完善劳动者社会保障安排同样重要。全国人均可支配收入在2020年——"全面小康"之年达到3.2万元，相较于1978年城镇居民人均可支配收入仅为343.4元、农村居民人均纯收入仅为133.6元的状况，已有超百倍的增长。在新发展阶段中，人民对于生活质量提升的追求也将体现于消费能力的释放中。2020年在新冠疫情冲击之下，全国人均消费支出仍保持在2万元以上水平；2022年中国人均GDP达到了85 698元，全国人均可支配收入增长至36 883元，与此同时，2022年的全国居民人均消费支出为24 538元，居民收入的边际储蓄倾向较高。2023年经济增长的新局面，应积极对接经济的良性循环，在劳动者收入增加轨道上，使其在基本生活保障需求之外源源不断衍生新的需求，将有效投资和社会保障制度建设结合在一起，使老百姓既有收入，又可在减少"后顾之忧"和"预防性储蓄动机"情况下，将当期收入更多地消费出去，形成需求和供给之间的良性互动。

全国人均可支配收入的平均值与中位数的差距，在统计上直观地表明，我国在居民收入结构方面依然存在收入悬殊及收入分配不公等问题。为解决这些问题，必须实质性推进收入优化再分配的相关改革及政策的合理设计与施行。优化收入分配制度，实为打造社会基础性消费动力源的重要保障。鉴于国民收入的分配过程大致可分为不同阶段的三层次分配，在进一步优化收入分配的系统工程之中，首先，应强调在初次分配阶段秉持产权保护、公平竞争制度等规则，保障市场机制在资源配置中的主导作用，使生产经营成果以劳动收入、资本利润和知识产权收益、资源开发收益等形式体现，解决各要素投入主体在"各得其所"的激励与创新发展中充分发挥积极性的问题，使市场主体创业创新潜能得到最大限度的发挥，从而有利于将经济发展总盘子中的"蛋糕做大"；其次，再分配阶段需更多强调政府的合理介入，着力构建好"有为政府"的转移支付直接税调节机制，依靠政府作用更好地发挥解决"分蛋糕"的问题；最后，在第三次分配阶段，应通过相应机制设计，积极支持引导、鼓励有能力的社会成员依自愿原则通过公益捐赠等方式，实现对于低收入群体或困难群体的支持，进一步缩小实际收入差距。从长期来看，优化收入分配及其相关的财富积累机制，可在支持新旧动能转换的升级发展过程中，促进共同富裕，在多方努力下逐步形成"橄榄型"（或"社会政策托底"的"宝塔型"）社会财富结构，并畅通低收入群体到中高收入群体的上升通道，最大限度保障劳动者活力与潜力的发掘与发挥，使全民共享改革发展成果，使我国行稳致远地走向现代化强国。

四、提升全要素供给体系的质量和效率是经济增长的根本动力支撑

党中央、国务院特别强调稳经济大盘要解决好所遇到的挑战性问题，必须坚决贯彻党的以经济建设为中心的基本路线，使经济运行维持在合理区间。党的二十大重申了"两个毫不动摇"方针，中央经济工作会议特别指出，要针对社会层面有关"两个毫不动摇"的错误观点及时予以纠止，从而提振市场信心和改善市

场预期。在 2023 年经济工作中，为增强企业发展信心，鼓励创新，挖掘发展潜力，对于已占社会发展基本指标很大比重的民营企业，要结合解放思想进一步给予政策性鼓励指导，以供给侧结构性改革为龙头，追求整个供给体系质量和效率的提高，尽快迎来经济发展的新局面。

  我国决策层已屡次表述了注重提升全要素生产率的指导思想，在畅通全要素供给体系、提高全要素生产率的工作任务中需要注意三个方面。第一，劳动力要素方面，要认识到我国国内劳动力的低廉成本优势已基本上不复存在，劳动力要素潜能的释放须尽快促成由"量"转"质"，关键在于结合"扩大内需"做好劳动者权益保障、素质提升，同时优化收入分配制度，提升劳动者获得感和积极性，以释放消费潜力。第二，资本要素方面，要解决好积极利用内外资的问题，消费需求永远是社会发展的原生动力，通过积极的激励机制可呼应和带动需求的有效供给，以有效投融资为重要抓手，处理好追求高质量发展中的投资与消费关系。第三，对经济发展动力起乘数效应的科技创新、制度创新、管理创新，应以改革开放为龙头，在当下的改革深水区攻坚克难，最大限度激发市场活力和发展内生动力，鼓励企业在试错、创新中释放潜力与活力。重要工业领域的技术攻关与科技创新是国家根本能力建设的核心命脉，制度与管理要素是保障经济社会运行优良有序的重要方向标，因此必须做好基础层面的保障要素供给，不断创新、优化制度与管理要素的供给。要加快统一大市场建设，打破不当壁垒与发展障碍，保障各项要素在更公开透明信息下实现跨区域、行业、领域的自主流动，同时还应解放思想，积极创新基础理论，优化供给支持政策。注重把握"全要素生产率"的精神实质和关键性政策含义，在传统要素如劳动力、自然资源和资本对增长的动力贡献有所弱化和滑坡的新发展阶段，以制度创新与科技创新、管理创新的乘数作用，实现新旧动力转换，服务于"新的两步走"现代化战略的实施。

综合而言，2023年经济工作应兼顾协调短期与"十四五"至2035年的中长期发展，围绕"稳经济、促消费、促发展"的主线，掌握好全要素生产率的变化趋势，遵循经济规律，消除提升全要素生产率潜力过程中的障碍，以尽可能高水平、实质性的全面配套改革，来构建创新发展的制度环境，从短期到中期促进经济社会发展，化解多重压力，尽快复苏，实现高质量升级发展，从而最终实现中国经济社会现代化的宏伟目标。

对经济增速的基本认识[①]

"潜在经济增长率"就是推动经济增长的各要素都能较充分地发挥作用,即有较好的结构状态时所应体现出的经济增速。或者可以更直白地说,一个经济体在既无明显通胀又无明显通缩情况下的经济增速,就可认为大体上接近其潜在经济增长率了。

有学者研究后认为,在新冠疫情发生之前,我国的潜在经济增长率还可以达到6%,也就是中高速的状态,这与中央对我们在经济转换阶段,将原来的经济增长率调整为中高速的要求是相契合的。当然,新冠疫情发生之后,我们可能要把潜在经济增长率调得再低一些,比如5.5%~6%。

一、经济"三重压力"带来的需求、供给和预期变化

中央在2021年底的经济工作会议上明确指出,我们遇到了相互交织的"三重压力",表现为需求收缩、供给冲击、预期转弱。面对"三重压力",对应性的指导方针就是要坚定不移地贯彻党的以经济建设为中心的基本路线,坚持发展是硬道理。经过努力,要使我们的经济增长速度维持在合理区间。这个合理区间

[①] 发表于《经济导刊》2022年第11期。

的概念与上述潜在经济增长率的概念要放在一起理解，我认为，相比于2023年两会上提出的5.5%左右的引导性的增长目标，量值上正是对应性的，是基于认识上的基本考量而形成的实际的基准判断。不过2023年却碰到了新的困难，两会以后有了"超预期"的问题。从2023年1—9月的实际运行来看，经济增速只达到了3%，第四季度即使再好一些，这个5.5%左右的年度引导性目标也将难以实现。

二、"十四五"开局后的经济增长速度重心

把我们的战略部署与2023年和2024—2025年，以及整个2035年远景目标规划期对接起来进行考虑，也就是如何测算合理区间。虽然中央有关会议、有关文件没有直接表达具体的量值区间，但可以根据目前信息对应确立的"新的两步走"中的第一步，即2020—2035年我国预期要达到的基本运行结果，来做出比较准确的测算。

在中央提出"十四五"和2035年远景目标规划的建议之上，形成了规划纲要。在此期间，习近平总书记对中央的建议进行了说明，其中提到，在建议起草过程中，"文件起草组经过认真研究和测算，认为从经济发展能力和条件看，我国经济有希望、有潜力保持长期平稳发展，到'十四五'末达到现行的高收入国家标准、到2035年实现经济总量或人均收入翻一番，是完全有可能的"[①]。

---

① 参见人民网：http://politics.people.com.cn/n1/2020/1103/c1024-31917563.html。

根据这样一个权威性信息所勾画的前景框架，学者们可以做出推测，我国人口在近两年将可能达到最高值；在这一条件下，2020—2035 年这 15 年中我国 GDP 年度平均增速如能达到 4.9% 或接近 5%，2035 年就可以实现人均经济总量比 2020 年翻一番。这可以作为今后 15 年保障增长速度或合理增长区间之底线的基准考虑。按照经济发展的一般规律，一个经济体，在经济总量基数抬高的过程中，其增长速度的重心会往下落。所以我们要有思想准备，"十四五"的经济增速重心将可能比"十五五""十六五"要高一些。"十四五"期间，我们应该追求 5.5%~6% 的速度重心；"十五五"期间，这个经济增速重心将可能落到 5.5% 以下，但最好不要击穿 5%；"十六五"的速度重心希望能在 4.5% 以上，但很可能落到 5% 以下。总的考虑，争取 15 年间的年均增长速度接近 5% 或者在 5% 左右。

笔者初步预测，要使经济运行维持在合理区间，实际要对应的目标量值是："十四五"开局后，2020 年和 2021 年这两年的 GDP 复合增长率，比 2019 年增长了 5.2%；2022 年的增速如果为 3.3%，我们应考虑 2023 年力争使经济增速的引导性目标重新提升到 5.5% 左右（或者处于 5% 以上），而且在 2024—2025 年保障复工复产基本落实，在提高质量加速发展的过程中，争取使增速达到新高，当然这是一个方向性的预判。

三、在重大宏观调控方面发挥积极作用

2023 年，我国正面临着经济下行压力没有完全解除的局面。我国经济下行的原因，从外部冲击来看，包括国际局势的变化，

大宗原材料和能源产品等价格上涨造成的供给冲击等。我们的主观认识方面也存在一些问题，例如，2022年中央经济工作会议精神公布以后，中央财经领导小组的领导同志在讲话中对于"双重谬误"进行了批评，这是主观方面我们出现的偏差。"合成谬误"和"分解谬误"这两个概念，我认为非常值得重视。从"合成谬误"方面来看，2021年（特别是下半年）一些管理部门以及各个公共权力的环节，在重大宏观调控问题上都是有所作为的，但都是在各自方向上发挥作用，尽管从各部门的职能取向来看是正确的，但实际上却形成了宏观上的负效应，如将力量全都叠加到从严从紧防范风险方面。最典型的是房地产领域，这个"灰犀牛"不是从房地产过高泡沫化中冲过来的，而是从房地产业出现了意料不到的迅速低迷的危机局面中冲过来的。当然，经过努力，恒大事件带来的局部风险没有演变成人们最担心的多米诺骨牌式的崩盘，风险正进入收敛阶段，但是宏观调控方面的偏差必须纠正。

对"分解谬误"也还要继续总结经验教训，防范它再次出现。比如我国设定了很好的"双碳"目标，但是这场将要持续40年的持久战，却在很多场合成了突击战式的"碳冲锋"，最典型的是丧失政策理性的办法，一些地方政府为了使自己的绿色低碳指标好看，竟然直接拉闸限电。主观方面对经济运行造成的不良影响，我们要正视并从中总结经验教训，防范以后产生不良效应。

如果说在宏观调控政策方面，我们已经进行了必要的总结和纠偏，那么在客观的支撑因素上，仍然要肯定中国经济的成长性。我国工业化进入了从中期向中后期转变的阶段，这是一个拥有14亿多人口的国家为实现现代化，要释放它的潜力的阶段。我们的制造业规模已位居全球第一，但目前还没有完全摆脱"大而不强"的状态，还将在升级发展中，进一步补齐短板，实现高质量发展，把潜力空间释放出来，完成工业化，支撑现代化。而发展转型同时伴随着城镇化，要继续走完它的高速发展阶段。中国城镇化的真实水平，是不掺水的户籍人口的城镇化率。在目前65%的常住人口城镇化率中，还存在严重掺水的情况，已经进城的3亿多农村人中的绝大多数还没有取得户籍，他们的基本公共服务均等化的待遇，还远远没有落实。因而不能把真实城镇化水平估计过高。发展空间在何处？工业化、城镇化的相伴而行，这中间存在着巨大的潜力空间，正是中国的韧性和回旋余地，也是我国经济基本面长期向好趋势并没有改变的客观依据。当然，这是客观上的支撑因素，还要与主观上我们避免出现失误结合在一起，我们仍然要做好自己的事情。

四、用好宏观调控的政策工具

如何推动中国经济的持续发展？关于这个问题，我想强调三点。

第一，要高度重视修复市场信心，改善企业界特别是民营企业预期，有向好的信心和预期才能带来好的结果。

第二，基于我们2020年应对新冠疫情的努力，应该进一步总结经验教训，优化抗疫技术路线。我们无法抄其他经济体的作业，但重视精准的基础原则是非常重要的，精准就是要讲科学，科学已经表明新冠病毒在这个发展阶段上传染性虽然明显提高，但是杀伤力已明显下降，在防疫抗疫和复工复产的权衡点上，一定要在精准判断基础上朝着适当宽松方向调整。国家卫健委指导文本的调整方向很明显，就是应该承认适当的宽松。我们应该思考和研究怎么更好地动态优化我们在防疫抗疫的技术路线之中的要领。

第三，我们应该看到，中国的财政政策和货币政策——宏观调控的两大政策——在经济增长中仍然有它们的作用空间，仍然是政策工具箱里可用的工具。当然，怎么把它们用好，这是一个系统工程。

对"改革思维和改革方法"的思考[1]

经历了中国波澜壮阔又艰难曲折的改革大潮，在推进改革开放40多年之后，面对"改革思维和改革方法"这个题目，仍能深深感受到其沉重的分量和丰富的内涵。在取得一系列的进展和带来生产力解放而造就"中国奇迹"的同时，改革的攻坚克难仍任重道远。"好吃的肉都吃掉了，剩下的都是难啃的硬骨头"，但骨头再硬也必须啃下来，改革能否取得决定性成果，将决定中国现代化的历史命运。围绕这个题目，笔者从如下七个概念谈谈自己的认识框架。

第一个概念是"改革意识"。为什么要改革？对改革必要性的认同度在实际生活中是很不同的。对改革意识最为典型、最简洁精当的表述，就是邓小平同志基于实践而提出的"不改革开放，只能是死路一条"[2]。这是在国际共产主义运动中，以取得政权的苏联和中国为代表的社会主义国家经过长期实践，形成非常丰富的正反两方面经验和教训以后，引出的一个基本的战略性判断。党的十八大形成了新的领导集体，党的十九届六中全会通过的《中共中央关于党的百年奋斗重大成就和历史经验的决议》指

---

[1] 发表于《全球化》2021年第1期。
[2] 参见人民网：http://cpc.people.com.cn/n1/2017/0123/c410539-29043747.html。

出,"改革开放是决定当代中国前途命运的关键一招"[1]。对于改革,这两句话已经总结得非常准确了。在实际生活中,中国要实现现代化这个"从未如此接近"的民族伟大复兴愿景,现在是"行百里者半九十",剩下的几十年是关键的冲关期。党的十八大以后,在中央以强烈改革意识做出的关于全面改革的指导中,应特别提到党的十八届三中全会通过的《中共中央关于全面深化改革若干重大问题的决定》(以下简称《决定》)的"60条"。这个好评如潮的文件在对于全局指导意义之下关于时间表的要求,就是2020年改革要取得决定性成果。现在已经过了2020年,但还很难说决定性成果就在眼前,显然还得继续努力,时间上可以晚一些,但是绝对无法回避取得改革决定性成果这样一个历史性的任务。

第二个概念是"改革性质"。改革是什么?邓小平同志另外一句简洁的话对此阐述得非常清晰,"革命是解放生产力,改革也是解放生产力"[2]。改革是"生产关系的自我革命"。我们所认同的马克思主义历史唯物论深刻揭示了生产力从根本上决定生产关系的原理。由此我们认识到,中国在继续推进现代化的过程中,要使先进生产力充分发挥它的作用,要继续大踏步地追上人类文明进步的时代步伐,坚定不移地坚持"以经济建设为中心"的党的基本路线内含的"硬道理"发展方向,就必须自觉地革除不适应解放生产力的制度安排方面的弊端。总体上按照"社会主义"概念讲的这个制度优越性,一定要落实到列宁同志所说的,

---

[1] 参见人民网:http://theory.people.com.cn/GB/n1/2022/0213/c40531-32350996.html。
[2] 参见人民网:http://theory.people.com.cn/n1/2017/1115/c40531-29647321.html。

能够创造出比资本主义更高的劳动生产率上，即应体现为这个优越性是在历史唯物论的根本逻辑上表现的解放生产力。这就是改革，虽然它本身不是目的，但必须紧紧抓住它，才能实现我们在追求现代化过程中，以解放生产力达到造福于最广大人民群众的人本主义发展归宿。

第三个概念是"改革难度"。既然改革是生产关系的自我革命，那就不是外力推动的革命，而是自己做革命的事情，给自己动手术。而自我革命、自己动手术，成功率是极低的，但我们别无选择。从中国的历史来看，有那么多次为人称道的改革，但似乎相对成功的也只有商鞅变法，人亡而政存，可以说它形成了中国古代改革唯一成功的先例。从国际上看，似乎最值得推崇的，也就是付出社会代价相对较小的英国光荣革命，流血比较少，社会进步在之后的实践中得到了肯定。现在中国别无选择的是，要继续坚持在自我革命的道路上，直面改革的难度，敢于"啃硬骨头"。

第四个概念是"改革路径"。这个话题已经讨论了几十年，总结起来就是，具有中国特色的可行性设计，首先要提到的一个表述就是"渐进式"，更全面地说应该是以渐进式为主，通过试点，通过渐变，再主动地有意识地加上一些局部的、阶段性的突变，来寻求实现改革目标。中国改革走到现在已有40多年，最简要的划分是分为两大阶段。第一大阶段是认为"大爆炸式"不可行，必须"摸着石头过河"。这个阶段实际展开的改革的重点，一是在农村先容忍，之后支持了包产到户，几年之内整个农村生产力的解放使中国前所未有地基本解决了粮食问题。二是在企业方面试行企业基金、利润留成、试点扩权，一直到两步利改税，然后是20世纪80年代后期的税利分流试点，为分税制的通盘配套改革做了铺垫。三是局部区域的撞击反射式实验,其中非常重要的是建立特区以及一批沿海开放城市等。最典型的代表是深圳,而在深圳范围内最典型的代表是蛇口,以此"杀出一条血路"。四是在宏观层面不能使整个国民经济、社会再生产"停车检修",必须先找渐进改革的"突破口",于是找到了财政。先以财政改革松动分配方面的控制,以财政分灶吃饭来打开其他方面后续改革的弹性空间,诸如计划、劳动、物资、金融、投资等,有了弹性空间,然后渐进展开更全面的改革。第二大阶段的标志是什么呢?经过前面种种探索和历史性考验,具有决定性的事件是邓小平"南方谈话"("南方谈话"后确立了社会主义市场经济目标模式),其后中国顺应全球化趋势加入世界贸易组织,即坚定不移地以改革开放推进中国的现代化。如果说在以"摸石头"为主的第一阶段,更多地鼓励基层实验,那么"南方谈话"以后,第二阶段则更突出地体现了上下结合。在全局依据中央权威性的文件确立社会主义市场经济目标以后,由原来以自下而上为主,又转为更多的自上而下,确立目标模式以后做出全面配套。按照最粗线条进行划分的话,中国的改革路径即可以分为上述两大阶段。我们现在的选择,就是改革进入深水区以后,更要强调顶层规划和基层试错试点的上下结合。

在当下考虑改革可划分的阶段特征方面,似乎可以强调这样一个观点:我们在基层局部放开试点以后,要更多转向深水区攻坚克难需要的顶层规划,这个顶层规划又不能否定基层局部试错和它的结合。那么中央整个部署就是要回到党的十八大以后已经明确形成的"五位一体""四个全面",在这样的推进过程中,要有一个"一揽子"为主导的配套特征。当然,在这个过程中仍有先行、重点和以某一个点上试验带出全局的复制等方面的必要性。但是总体来说,现在这个阶段,无论是从最广义的全局还是从一些特定领域、方向上来看,"最小一揽子"配套是改革大阶段划分中的后一个阶段上更具有针对性的一个表述。在具体进行改革的时候,总得寻求某种配套,配套至少要达到及格标准,即"最小一揽子"。其中当然也有挑战性和难度。在实际生活中,人们对于"最小一揽子"的讨论还不够,比如住房公积金如何改革,见仁见智,有肯定的,也有否定的,但是实际上要想把这个事情处理好,就必须将其和整个企业、社会成员的负担体系放在一起,一定是要把税、费、五险一金,还有其他实际的隐性负担合在一起,再加上住房信贷、商业金融、政策金融等的发展与可能的呼应,掌握全景图以后,再去寻求"最小一揽子"的尽可能高水平的解决方案。

第五个概念是"改革方法"。从哲理上来讲,这个改革的方法可以分为两方面,即"在创新发展中规范""在规范中创新发展"。两方面均不可偏废,不能拿一边否定另一边,但是它们的顺序不能摆错。改革就一定要冲破原来的一些已经形成的规则,哪怕是讲法治、讲纪律,但是改革如果只是按照这些规范来做,说是于规范中去创新发展,实际上意味着没有给出试错的弹性空间。其实改革的哲理,第一条是要在创新发展中去寻求规范:原来不予承认的事情,实践证明它能解放生产力,需要把它变成合理的;要把得到确认的、实践证明合理的潜规则,变成法律规范上确认的、可执行的、稳定的明规则。当然,在试错的过程中,一旦风险"八九不离十"地可以认定,就一定要强调在规范中才能延续原来所说的创新发展。要掌握好这样的一对关系,权衡上不仅具有艺术性,而且非常有挑战性。一直到新经济下的互联网金融,大家都感受到了这个挑战,因为一开始不清楚应该怎么规范,只好让基层企业去试,在实践中出了问题以后,不得不采取一些措施来规范。比如,对于P2P(点对点网络借款)平台,曾经不得不从全国6 000多家收缩到已"清零"。对上述这两方面的权衡,实际上深刻地反映着改革创新中的难度和内在的"悖论",我们必须处理好这个关系。需强调的是,从大局、从长远、从战略上考虑,绝对不能摆错顺序,如果说什么事情都是先讲规范然后才能发展,那就等于否定了改革。我们还得继续努力,处理好这一复杂的具有挑战性的排序与权衡关系。

第六个概念是"改革当下存在的问题"。改革在当前阶段上有一些突出的问题。笔者强调以下几点。一是存在"不够全面"的问题。邓小平同志曾提出,"只搞经济体制改革,不搞政治体制改革,经济体制改革也搞不通"[①]。国家对于政治体制改革是从不回避的,但是实际上在文件里没有再往下去对接怎么推进和操作。就是因为它有难度,正面设计的方案必须具有可操作性,很难编制出来,但到了某部门或者某领域如果讲政治体制改革,就需要提出具体做什么,如果望而生畏,到了部门这个层级便没人提它。这是我们必须看到的现在不够全面、有待解决的问题。二是"说得多,做得少"。关于改革的文件如果放在一起,阅读量是非常大的,做研究的人都感觉读不过来了,实际工作在一线的很多人可能也感觉在消化文件方面已经跟不上了。但是在实施层

---

① 参见新华社《经济参考报》官方网站:http://www.jjckb.cn/gd/2008-07/11/content_107259.htm。

面，我们无法否认，很多事情就是如履薄冰，打滑空转，对于实质性的推进评价不高。"说得多，做得少"与2019年、2020年中办、国办联合发文所指出的一个重要问题有关，就是形式主义和官僚主义问题。中央所说的"允许改革有失误，但不允许不改革"，在文件里明确表述了，但在实际生活中执行不到位。从实践层面来看，只要做事就可能有"小辫子"，被抓住了"小辫子"以后，如果不说是由于改革，就会被指责为心术不正，被指责为必须深究、必须抓住不放来解决的问题，于是很多人就"多一事不如少一事"。"说得多，做得少"看起来是工作作风问题，实际还是制度安排层面的在"治本"上必须破解的问题，即这套制度安排如何能够鼓励人们敢担当、有作为、办实事。这不是只讲思想和觉悟就能解决的，必须排除这些改革实干家所受到的一系列制约，其中很多制约与风险是要通过制度安排的深层改革去破解和排除的。三是"说一套做一套"。最直接的例子就是事业单位改革。关于事业单位改革的大思路早就有中央文件，当时明确地说以三年为期，取消行政级别，事业单位工作人员应该能上能下、能进能出，这是一个非常明确的指导意见。但是一二十年过去了，如石沉大海。现在事业单位几乎都在比照公务员队伍"加强管理"，这符合改革的内在要求吗？这些事情是很尖锐的，是现实生活中必须解决的问题。

第七个概念是"改革前瞻"。既然我们认识到实现中国式现代化的关键一招，就是中央强调的义无反顾地使改革取得决定性成果，那么我们就必须坚持习近平总书记强调的战略性、前瞻性的思维和辩证法的实践观，一定要抓住改革不放并做成实事，以推进改革深水区的攻坚克难，取得中国式现代化过程中的"最大红利"。

稳增长、扩内需、优结构的有效投资及其机制创新[①]

自党中央 2010 年末提出"稳中求进"这个经济工作总基调以来，中国经济进入了一个下行过程，到现在为止，这个过程还没有完结。引领新常态的"新"早已经非常明朗，就是告别了高速发展状态，要转为"中高速"的"高质量发展"，这个转换应该形成一个"L型"的转换，这个"L型转换"后的入"常"还没有达到。要正视当前我们面对的严峻形势，必须在稳增长的要求下，着力稳住经济大盘，扭转 2021 年下半年"三重压力"交织，之后又叠加 2022 年上半年以来疫情冲击造成的低迷局面。考虑到 2022 年第一季度我国经济增长同比达到 4.8% 之后，第二季度只有 0.4%，上半年合起来仅仅是 2.5% 的增速，可以说，全年完成两会提出的 5.5% 左右这个年度引导性目标，已经没有可能。但我们要积极贯彻稳经济大盘的工作部署和"33 条"政策措施的组合拳，力求 2022 年下半年对复工复产与抗疫清零的权衡做优化把握，使我们的经济增速比上半年明显提高，为 2023—2025 年我国的宏观经济运行回归合理区间，打下坚固的基础。

---

① 2022 年 9 月 9 日，在厦门第二十二届中国国际投资贸易洽谈会"稳增长扩内需与投融资创新专题论坛"上的发言。

我认为这个合理区间的量值,应该看高到 5.5%~6% 这样一种经济学界一般认为的中国"潜在经济增长率"水平,这也是为达到中央给出的 2035 年"再翻一番"的远景目标,在"十四五"期间应该形成的保障速度水平——要力求达到这样一个状态。这就特别需要在稳增长的努力之下,贯彻好党中央和国务院关于扩大内需、优化结构的方针要领。

扩大内需,首先是总量扩张政策导向下的"需求管理",同时要牢记中央的基本判断,现阶段我国经济发展的主要矛盾是结构失衡,必须以供给侧结构性改革作为战略方针和推进现代化进程的主线,衔接短期的扩张与中长期的结构优化,在抵御疫情、国际局势风云变幻等困扰和不良影响的同时,也特别注重优化"供给管理",校正我们主观上出现的"合成谬误"与"分解谬误",坚定不移地贯彻以经济建设为中心的党的基本路线,紧紧抓住发展这个硬道理,把扩大内需和优化结构融入制度创新、科技创新、管理创新相结合的、作为"第一动力"的创新发展之中,既冲抵当前的经济下行压力,又为未来的经济社会发展成长,形成可持续的后劲支撑。在这样的通盘考虑之下,我认为应该特别强调中央已经明确表述的"有效投资"的关键性作用及其机制的优化。我把自己对此的认识总结为六个方面。

第一,关于投资和消费的关系。虽然这两者都是扩大内需的组成部分,属于所谓"三驾马车",都需要深入挖掘潜力,但是从整个经济运行来说,投资却是源头——有投资才有就业、收入,有扩大与升级的再生产,才有可持续的消费,也才有作为"第三驾马车"的净出口。有些人认为,只要调动起我国 14 亿多人的消费潜力,中国的经济问题便可以迎刃而解——这是一种很典型的说法，比较直率地说，这样的看法陷入了认识误区。如果我们不抓好有效投资而只讲刺激和扩大消费，消费就会成为无源之水、无本之木。而且从国际经验来看，这样一种在政策取向上的认识误区，在实践中会很容易引致所谓"民粹主义基础上的福利赶超"，这是有过非常典型的以拉美国家为代表的教训的。

第二，我的看法是投资加上其"有效性"，才能成就它的"关键作用"。投资虽然非常重要——我强调了它是整个再生产的源头，有关键的意义和作用，但是如果它无效了，就将是一种浪费和损失。毛主席曾教导，"贪污和浪费是极大的犯罪"[①]。我们要高度重视投资的有效性。在政府牵头安排的项目群中，要通过正确的政策大方向与力度的安排、具体项目的选择（这涉及我们这些年反复强调的可行性研究、绩效的事前评估）、项目资金的管理、施工质量的监理，以及运营、保养、维护——这些是在竣工之后仍然要延续的管理工作等一系列环节，来实现投资的有效性。这个具体的"绩效"概念，其实就涉及前文所说的各个环节连在一起、系统工程式的一个管控体系。把所有环节当作一个系统工程来抓，特别适合现在的情况，政府运用公共资源，也要扩大有效投资的规模，注重结构优化。另外，还有以企业为主体的投资，企业投资方面要特别强调弘扬企业家精神，将"取势、明道、精术、择时"这些要领相结合，使企业在自负盈亏的市场竞争中，能够经受市场考验和检验，实现企业投资的有效性。当然，宏观上就必须努力打造高标准、法治化营商环境，积极推进

---

① 参见共产党员网：https://news.12371.cn/2013/02/01/ARTI1359672067342385.shtml?from=groupmessage&isappinstalled=0。

党中央、国务院强调的"统一大市场"的建设。

　　第三，现阶段有效投资是关键，政府牵头安排的投资，在"有效投资"概念之下应该是"关键的关键"。现阶段，经济低迷，企业信心不足，预期不好，政府投资的启动、拉动、引领和辐射作用非常重要。我把它更直观地强调为"关键中的关键"。在学术讨论上，我们可以援引凯恩斯革命的代表人物，亦即凯恩斯主义的提出者——凯恩斯本人的观点，他在《就业、利息和货币通论》里说，在经济低迷、萧条的阶段，如果政府做出一些折腾式的事情（他举的极端的例子，是把一些钞票埋到地下多少米，再把它们挖出来），看起来是无用功，但他说即使是这样，也比政府什么事都不做更好。当然这是一种极端的说法，意思就是在这种低迷阶段，企业的投资已不可能产生多大的支撑作用，非常需要政府发挥特定作用。企业的投资低迷状态，当然需要扭转，但是不可能"马不饮水强按头"，用行政手段逼着企业去投资、去贷款、去做事儿，那是不可能产生良好效果的。在这种情况下，必须由政府发力托高景气水平，来引领整个局面。

　　第四，政府的投资要特别注重公共工程、基础设施，而基础设施建设的适当超前，应该总结为一种发展的规律。在现实生活中，比如改革开放以后，随着解放和发展生产力，原来的基础设施明显成了瓶颈和制约因素，航空港（机场）建设就成为当务之急。北京的"首都机场"概念，从原来的航站楼开始，就有T1、T2、T3之说。首先是T1的改造升级，后来发现不能满足社会需要，就有了T2；有了T2还不行，没几年又跟不上社会需要了，就有了T3；有了T3以后，还是没有跟上经济社会发展的需要，因此不得不下大决心，建设了大兴机场（800亿元以上的投资规模）。我们可以反思一下，为什么二三十年里进行了几轮的扩建，不能一次把这个事情做到位？因为当时力有不逮：国家在种种的现实条件之下，凑一笔钱改进了 T1 以后，再建出一个 T2，已经非常不容易，但如果我们有更大的力量、更好的机制，把 T2 和 T3 两步并作一步建出来，其实从整个时间长河来看是更合算的，绩效水平是更高的，施工力量不必分两次进场，征地不必搞两次，很多的沉没成本、固定成本可以更好地得到控制。这样一个我们心有余而力不足、不得不把这种扩建升级做得非常频繁的情况，是当时的种种制约条件合成的结果。这些年，综合国力提升了，我们的机制创新也有了长足的发展，比如政府可以把体制外的资金拉过来，使民间的资金跟政府合作，一起做这种基础设施建设，那情况就不一样了。

我再举个例子，这个"适当超前"在中国的高速公路建设方面有过争议。有的批评者说，中国的中西部地区建设的高速公路，路上行驶的车很少，空空荡荡的，这说明我们的高速公路建设过于超前了，有批评之意。甚至有的批评者还说得上纲上线，联系到了浪费和损失上。我不认可这样的看法。总体来说，中国高速公路的路网建设，是中国现代化推进过程中的亮点，它有建设过程中"必须成网"的客观需要，因为它是一种准公共产品。高速公路成网的密度状态，在工商业发达的沿海地区应该比较密集，在中部或者西部地区，根据情况可以稀疏一些，但首先一定要成网——最欠发达的地方，也必须把这个网络给形成。公路路网在建设安排上的超前性，用一句政府和老百姓都认同的话说就是"要想富先修路"。要想控制和调节中国的区域差异，促进共同富裕，中西部地区（哪怕是穷乡僻壤）的路网，首先就要在大面上覆盖它——那么相关建设一开始的表现，必然有一定的超前特征：路通了，路上跑的车辆不多。那么可以设想一下，这时候在西部地区的路网能够覆盖的区域内，外部工商业发达地区的一些主体，开车进去收购土特产品然后卖出来，是不是货畅其流、地尽其力、人尽其才。当这种事情开展起来时，西部地区的一些所谓的能人，会首先接受商品经济、市场经济的观念意识，自己租车，也进行这种收购本地土特产然后卖出去的经济活动，完成"原始积累"以后还会买车，甚至发展车队，在发展过程中促进自己家乡的产业发展。这个过程，就是通过先修路引出后来的"致富"过程。这样的超前性，非常值得总结和进一步认识。当然，我们也要注意不能太超前，比如一条高速公路一定要建成多么宽，双向六车道、八车道，还得因地制宜，适当考虑。而实际生活中我们考察下来，这种超前的情况比较少，往往还是提前量不够。中国一开始最有影响的北方高速公路是沈大高速公路，运行了一两年以后，原先有人说的"盲目照抄西方""中国还欠发达，有什么必要花这么多钱建高速公路"一类的话，已经被赞扬声压下去了，社会上感受到高速公路带来的高效率，而且很快发现双向四车道不够用了。但当时没有经验，不得已把这条路封住，施工力量重新进场把它加宽，结果施工期一年多，老百姓的反响不好。再往后，南方的沪宁高速公路又出现了这样的问题，建成后没过多长时间，大家就发现高速公路的行车速度提不起来了，上去的车太多了，怎么办呢？不敢把整条路封住以后重新施工，变成了单边施工，一段一段控制着加宽，在另外一边按照时间段顺序换方向放行，慢慢地把整个改造工程完成。这个过程也是很痛苦的，但至少整条道路没有被封死。这些都是在"适当超前"方面我们最主要的教训。往前看，中央在 2021 年的中央经济工作会议上特别强调，要适度超前开展基础设施投资，我认为这是在我国已经有的一系列经验教训的基础上，非常重要的一个工作指导。

第五，政府可做的有效投资的选项，其实在我国俯拾即是，当下应该抓住时机更积极地来做这些事情。在这方面也是有一些争议的，有的学者说中国的投资已经基本饱和，地方那么多的专项债，甚至有很多地方反映找不着合适的项目了——我认为这些只是表面现象，项目准备不足，并不意味着中国在发展过程中很难找到投资项目。我这几年反复地说，中国以有效投资扩大内需优化结构，再加上机制创新，可选的项目可谓俯拾即是，无论是在中心区域，还是在农村、欠发达的区域，我们都有非常多可选的项目。

我简单举几个有代表性的例子。

一是中央经常强调的"新基建"，一定要抓住不放。数字经济的发展，是硅谷引领的全球创新潮流。前些年中国在追赶的过程中有成绩，也有遗憾，现在中央明确地说要完成对数字经济平台的整改，所以应该赶快抓住这个机遇推出一批"绿灯案例"项目，这方面的新基建和数字经济，与以后对于整个经济社会发展的"第一生产力"的作用，是结合在一起的，是非抓住不可的。而新基建一定会带出跟它配套的老基建，试想一个个数字中心、人工智能中心、产业互联网所需的这些不动产形式的硬件，集中布置区域需要配套的是什么？老基建的所有要素，一样都不能少：道路、桥梁、供电、供暖、上下水，住宅、医院、学校，还有绿化，以及相应的配套公用设施……新老基建一定是要互相呼应着来建设发展的。而且,从国土开发规划来说,中央政治局已经明确强调要进行"城市群"建设。这些是政府牵头必须做好的事情。

二是我国中心城市、中心区域的轨道交通建设。北京、上海看起来已是现代化气息十足,高楼大厦林立,但是机动车的运行状态跟纽约、东京相比,还有些差距。为什么?纽约、东京的机动车保有量比北京大得多,为什么纽约、东京不用限购、限入、限号?北京机动车牌照的调控方式早已为人诟病。不能光看到北京到处是高楼大厦,实际上在公共交通体系方面与国际大城市的差距是非常明显的。在这样的中心区域,必须投入大量资金,加快建造轨道交通网,城市的中心区域如果是平原就要建地铁,地铁要四通八达、密度足够,到了郊区可以减少成本,在地面上建造轻轨——这是国际经验已经证明了的,中国几十个百万人口规模以上的城市,无一例外要赶快建设这种公共交通体系的轨道交通网。现在稍微了解一下情况,就知道各地的堵车情况越来越严重,老百姓的生活水平、购买力提高了,就要买机动车。那么在国外大城市的中心区域,人们的通勤方式和用车情况如何呢?纽约、东京的情形是,可以买车,但主要用于周末和节假日享受生活,政府根本不用限制。通常上下班用车的通勤族,如果住在郊区,自己把车开到政府规划好的轨道交通网的各个节点上(一般都有平价停车场),然后通过轨道交通系统,安全、准时、少污染、少烦恼地到达目的地,这种通勤形式,并行不悖地形成了一个现代化社会总体的出行状态。我们在这方面的建设还没跟上,需要以有效投资来打造硬件,形成公共交通的基础。从一些小型城市来看,中外的对比也是非常明显的。比如我做过访问学者的美国匹兹堡，"大匹兹堡区"只有 38 万人，但是我在 20 世纪 80 年代去匹兹堡时发现，它已经有了地铁的干道。我后来去过德国德累斯顿，那里的本地人口也只有几十万，但是它的轨道交通给人印象深刻，比北京的轨道交通网密度要大得多，非常便捷。中国要走向现代化，这些都是要以有效投资解决的瓶颈问题。

三是轨道交通网各个节点上的平价停车场、必要的停车位，是必不可少的。而在北京和其他一些城市，现在却反其道而行之：经济社会发展了，停车场、停车位却越来越紧张。北京原来没有画禁停标志的路边，现在几乎都画上了黄色的禁停标记线，包括郊外的公园旁边，也都是禁停。北京最典型的平安大道，这么多年了人气提升不上来，为什么呢？当年作为一个标杆式工程推进，配套的设施都是最高档的，两边的门店、铺面雕梁画栋，路灯是宫灯式的，但就是在两边路上没有规划停车位、停车场，人们没法停车，因此这么多年来两边店铺的人气就是上不来。那现在怎么办？必须建设立体停车位，就像北京市公安局在前门旁边建造了立体停车位，后来潘家园市场红火了，因为它也建了立体停车位——它的立体水平不高，最高三层。我听说，原本的建设方案，是地上、地下共十层，车辆如从最高层或最底层调到路面开走，50 秒之内即可解决问题。因而，政府的规划必须在有效供给方面加大投资力度，解决类似的问题。前些年，有关部门估算过，全国大概缺少 5 000 万个停车位，现在大概不止 5 000 万个了。可以想一想，假定一个停车位需 10 万元投资（其实可能不够，因为停车位要立体化，还要配充电桩，就暂且按照 10 万元计算），那么需要多少投资？需要 5 万亿元的投资规模，比当年"4 万亿元一揽子投资计划"的绝对量还要大！这还只是一个例子。

四是海绵城市要不要建设？答案是肯定的。据说郑州花了几百亿元搞海绵城市建设，结果在经历2022年的大雨后，发现不能经受考验，要赶快总结经验教训，但没有别的选择，一定要把这个海绵城市工程做到位。地下综合管廊怎么样？现代社会对这个设计规划的思路是非常清晰的，首先应该由有关管理部门明确规定：所有的新区，不按综合管廊设计的，不许开工建设；老区没有办法，只能以后慢慢补足。看起来需要大量的资源投入，在投资规模方面也可能超出原来的经验，但都是有必要的，同时也是有条件的：中国有丰富的钢材、水泥、劳动力，有基本的技术力量、管理力量，为什么不能把这些事情做得更积极、更到位呢？这些也是非常明显的需要针对现实问题掌握的有效投资项目的例子。

五是乡村振兴，这关系到城乡一体化发展，在中国大地上相关的特色小镇，是不是应该继续积极开发建设？不能光看某些地方出了一些不良案例，就否定这个概念。可以看看那些做得很好的特色小镇。比如，浙江在这方面的成就可圈可点（我去过一些现场），其他地方也有一些好的案例。总结经验，吸取教训，不能因噎废食，更不能"把孩子与脏水一起泼掉"。还有在"冷链"建设方面，怎么把这些生鲜的农产品从农村的田间地头安全地运到城市，使其进入五星级饭店，进入各类餐馆，进入老百姓的家庭，冷链需不需要建设？显然政府规划上要先把这些投资安排的事情做好。

六是跟老百姓切身感受息息相关的"老旧小区改造"问题，这个工作量在全国相当可观。比如在北京我自己住的小区，十几年前入住的时候，五层的楼不配装电梯，大家认为天经地义，现在不行了，人口老龄化，生活水平提高了，这种楼必须加装电梯。那么加装电梯的问题怎么解决？技术方案上非常简单，听说在20万元上下，以后可能成本还会更低。但是很多地方住在一层的住户不同意，前些年是要100%同意才能施工，现在只需"双三分之二"的业主同意——当然，还得考虑怎么安抚一层住户。这些事情都有可总结的经验，都应该积极地去做，这与满足老百姓的美好生活需要，以及扩大内需、优化结构等，都是相联系的。

这些可做的事情，结合大家现在关心的养老、职业教育、生态优化、农民工进城落户的安置问题，以及大中城市都要积极做的事情，比如保障房、长租房、共有产权房建设，都应该纳入这种有效投资的考虑。

第六，我认为应该特别强调，在投资的有效性以及绩效水平的提高方面，一定要紧紧抓住机制创新。这些年我们已经有了很多很好的经验：2014年以后国家发改委和财政部，按照党中央要求作为创新的重中之重来抓的PPP，这方面的发展是波浪式的，大发展以后稳了两三年，现在中共中央政治局再次强调，加快推进PPP创新，方向非常明确，思路非常清晰，机制创新里也有很多经验——国际经验和我们自身宝贵的经验。这个PPP，就是一个在有效投资方面把政府、企业和专业团队的相对优势结合在一起，形成一个"1+1+1>3"的绩效提升机制。直观上看，首先是"融资模式"创新，如果政府的钱不够，可以把体制外的钱拉过来，而且是数倍于政府的钱，做一些举足轻重的投资项目，比如机场的扩建、新建。在融资模式之外，特别值得重视的，也是财政部领导一开始就强调的，我们作为研究者一直在说的，更具有深远意义的，是"管理模式"的创新：融资方面固然解决了政府力所不及的问题，而在管理模式、绩效提升上，更要解决政府说了多年的动用公共资源怎样提升综合绩效这样一个重大的问题。如果在中国大地上越来越多的建设项目都以这种机制创新来做，那合在一起的，就是现代国家治理概念之下"治理模式"的创新。各个地方这么多的项目，结合着国土开发，是把管理和自管理，组织和自组织，调控和自调控，政府和企业、专业团队所有的潜力和积极性合在一起，提升绩效，这当然是促进我们"现代国家治理"水平的提高。对于政策性的贴息、信用担保，也进行了多年的探索，是一个放大机制：政府少花钱多办事儿，必须有财政资金作为后盾，但财政资金是以政策性资金的方式来对接市场化运作，专业化管理，杠杆式放大，产生放大效应。PPP项目中政府从来没想过"一股独大"，政府所持股份只是其中的一小部分，如要做财政贴息，财政贴息那几个点的倒数，是整个资金规模放大的倍数。我国2020年的财政贴息，是将抗疫特别国债资金中的2 000亿元，交给地方和基层，形成优惠贷款去解决小微企业怎么活下来进而支撑大众就业这样的重大问题（如果贴息5个百分点能解决问题，5%的倒数为20，即以5%的政府财力引致了100%规模的信贷资金去帮助支持对象），其中的乘数放大效应，是非常值得我们重视并继续总结经验的。这个创新空间是大有可为的。

所以，总体来说，像PPP和财政贴息这种机制，结合有效投资，是扩内需、优结构、惠民生的举措，而且给企业提供了更广阔的创新发展空间，也在催生和倒逼中国的法治化建设。PPP

是非常典型的法治建设催化剂，如果没有法治化的保证，怎么让企业自愿跟政府签字，进行15年、25年、35年，甚至50年以上的投资和运营合作呢？一定要坚定不移做好"全面依法治国"轨道上的法治化水平提升。以后这样的可持续的创新，也是想让大家进一步认识混合所有制改革——如PPP，其具体的项目公司，叫作特殊目的载体（SPV）——这是直译的，实际上就是指一个特殊项目公司，它是典型的混合所有制：国有股份、非国有股份、政府的和企业的股份合在一起，哪怕是政府跟国有企业合作，它的子项目、滚动开发项目，也可以积极吸收民营企业进来参股、持股——这种混合所有制的改革，表明中国未来的企业间关系，并不是国有和民营谁进谁退的问题，而是共存、共荣、共同发展，一起走向符合人民群众美好生活愿望实现的那样的现代化境界。这样的积极的效应，都可以与我们当下考虑的稳增长、扩内需相结合，再对接到中长期一系列优化结构，提升发展后劲，最后实现中华民族伟大复兴的现代化进程。

中国能避免"日本式衰退"①

关于辜朝明"资产负债表衰退"认知框架的讨论一度非常热烈。

辜朝明强调,中国现在到了一个关口,这个关口如果过不去,那就要走日本30年停滞之路了。要知道,从20世纪90年代初期开始,日本是在已经坐稳了发达经济体这把交椅以后出现的停滞,总体来说,日本老百姓的福祉、社会公共福利没有受到颠覆性损害,现在仍然是发达经济体,人均国民收入仍然在4万美元以上。而中国正在爬坡过坎,中央的引导性目标是"十四五"末期达到现行标准的高收入经济体门槛水平。这个坎能不能够跨上去,面临"中等收入陷阱"的考验。辜朝明的看法的确是对我们的警醒和启示。

按照辜朝明的分析,日本人当年碰到的问题,是房地产市场带动经济形成了泡沫,泡沫破灭后,货币政策操作之下增加流动性,即支付能力,想使经济重新振兴,而社会中的市场主体等在拿到这种流动性以后都用于归还负债了,没有真正把经济中应该做的调动发展潜力的事情做出来。资产负债表上这种总体的"衰退",也就是"撤退"或者"规模萎缩"。

---

① 2023年7月9日,在第九届西溪全球论坛上的发言。

中国目前在前几年各种因素的综合作用下，尽管面对"三重压力"，内需疲软，但货币政策取向是比较清晰的，在降息、降准通道里已有多轮操作，2023年又有新的操作，而且在金融机构等方面也有以资金支持企业的安排，以求经济运行恢复和维持在合理区间。

但是从地方政府主体来看，现在最实际的资金注入是专项债，这是近几年非常重要的一种政策手段，但实际上是拆东墙补西墙式的，不少地方政府拿到专项债资金以后，填补了那些不能不填的欠发工资等窟窿，因而资金没有真正进入"有效投资"环节，使中央说的"有效投资"的关键性作用被抵消。

从企业来看，现在有些企业的贷款是增加了，但是不少企业拿着贷款往往不敢真正去做投资，也是在还债，在维护"人吃马喂"，在等待机会。民营企业方面，头部企业大多是"现金为王"，轻易不敢去做大手笔的投资。2023年第一季度虽然总体来看社会固定资产增长速度超过10%，但是其中民营企业的投资只增长了0.9%，还是靠政府和国有企业撑起了这个投资增长数据。

从个人收入来看，前面一段时间居民储蓄不断上升，表明人们不太敢花钱，2023年4月以后，出现了储蓄的下降，而储蓄下降的主要原因之一是，提前归还房贷，即住房按揭的提前还款。

总体来说，这些直观表现跟辜朝明所说的日本当年的情况非常相似，日本沿着这样的路子往下走，进入的是所谓"流动性陷阱"，即货币政策一再宽松，宽松到名义利率为零，整个经济仍然不能振作和繁荣起来，因此归结为货币政策失效和失败。所以，辜朝明的一个基本结论，是需要财政政策加码，而日本没有掌握好这一要领，宏观调控乏善可陈。

这个认知框架对当下的中国显然是有针对性和启发性的，但是应特别注意，中国跟日本相比还有五个明显不同的情况和特点，在借鉴国际经验的同时，中国应能避免"日本式衰退"。

第一，我国政府在投资方面比当年的日本政府更加强势，实际上中国政府可以主导的一些公共投资、有效投资，以新基建七大重点领域为代表，可选项目俯拾即是，绝对不像有人所说的"找不到合适的投资项目了"。只要我们有基本有效的配套与监督措施，把专项债等资金尽可能落在带有"关键"意义的投资项目上，近期可以扩大内需、支撑景气，中远期可以优化结构、增强发展后劲，从而稳增长、稳就业，开创经济新局面。

除了已有的七大重点的新基建领域，各地其实有很多可做的公共工程，如北上广深与各省级区域中心城市，都应尽快建设轨道交通网，大量中国城市应该积极开展老旧小区改造工作，在中国缺5 000万个以上停车位的情况下，各地结合具体需求应赶快建设停车场、停车位，这些都是可以做的有效投资——这方面的生产要素我们一样都不缺，有丰富的钢材、水泥、劳动力，有技术力量、管理力量。我们所缺的就是能把这些生产要素通过合理机制组合起来，用资金这个"流动性"带出项目建设意图的落地实现。

第二，日本当年没有中国特色的国有经济部分，反观我国，2023年1—4月整个社会规模以上工业企业利润水平明显是下滑的，但财政部宣布国有企业的利润上升了很多，这说明什么呢？国有企业还有"赚钱"的特征，在实际经济生活中，可以调动国有企业的积极性，运用其作用空间，去支撑经济景气和可能的产业升级式有效投资。

第三，和日本不一样的，还有我国现在以减少行政手段约束来使供需对接而扩大内需的空间，这明显比日本大得多。日本是一个按照"华盛顿共识"路子发展起来的较"成熟"的经济体，而中国特色社会主义市场经济还在改革完善过程中，很多关键领域里还有不少行政手段可淡化以释放成长性，比如说在房地产领域，前十几年间几轮调控都是以行政手段为主，紧也好，松也好，都是以政府之手控制购买资格、首付和贷款可得水平，还有价格控制，最极端的就是限购、限贷，再加上限价，而现在显然需要房地产业这样一个国民经济的支柱产业更好地发挥作用，可作为的空间，就是在市场轨道上尽量取消这些行政性限购、限贷、限价措施，除了一些特殊环节还必须有行政上的考量，大面上可尽快放开。这方面与日本当年完全不可同日而语，通过减少行政约束，释放出来的就是支柱产业能够向上支撑经济景气的潜力（日本房地产"泡沫破灭"时城镇化水平在77%左右，而我国当下不掺水的户籍人口城镇化率仅为接近46%，真实城镇化水平应该不超过55%）。

第四，我国在财政政策上，举债空间仍然可观。按照最极端的估计，如果地方所有的城投债余额60余万亿元里有30%是地方政府实际上的隐性债，那么阳光化的国债、地方债加上约20万亿元的地方隐性债，公共部门债务的规模总计约为70万亿元，这与120万亿元以上的GDP相比，显然还在安全区内，实际上所有主要经济体的公共部门负债率都比中国高得多。中国仍是发展中经济体，在特定阶段利用公共部门负债空间的一部分，局面马上就可以改观,这个负债空间,就是辜朝明所说的日本那时候没有用好的财政政策空间。我国特别国债和地方专项债都可安排以30年为期的还本付息,项目包容性也是很可观的。

第五,引领创新大潮流的头部平台企业"完成整改"已现端倪,交完罚款后,可赶快"另起一段",抖擞精神去追赶创新大潮。数字平台公司引领着数字经济、人工智能创新大潮,关系到中国未来能不能在创新发展道路上继续缩短和发达经济体之间的距离。整改有可能就此翻开新篇章。这只"靴子"落了地,正是中国特色之下现在可看重的积极因素。还有中央要求的推出一批"绿灯"项目,可赶快落实——一批就不是一两个,要形成规模,要有引领和辐射作用。还有中央关于"两个毫不动摇"、弘扬企业家精神和纠正侵犯企业产权错案冤案的指导方针,只要有更多真正务实的措施推出来,就有望提振民营企业信心,改善预期,开创新局面。

总之,中国能够避免走"日本式衰退"之路。

"十四五"与2035年、"双循环"、"中美关系"和中国发展前瞻①

本文主要基于三个视角：首先看中国的"十四五"和2035年远景目标；其次谈怎么看待中国经济的"双循环"（特别是从外资的视角）；最后讲怎么认识中美贸易的前景和中国未来的经济发展。

第一个视角，是中国面对"十四五"，最高决策层做出的规划实际上不限于未来五年的视野，权威的文件《中共中央关于制定国民经济和社会发展第十四个五年规划和二〇三五年远景目标的建议》（以下简称《建议》）是把"十四五"和"2035年远景目标"结合在一起的，这个文件引出了2021年两会上已经正式审批通过的整个"十四五"规划。"十四五"规划其实是着眼于未来15年的，其中前5年的内容更具体一些，从5年到15年，整个规划的思路和要领，在中国决策系统里已经有了明确的设计和指导。这里面特别实质性的问题是什么呢？15年后要使中国基本实现社会主义现代化，而在此之前还有个节点目标没有直接写进文件里，而是由领导人在关于《建议》的说明里点出的，已经把"十四五"末期要跨越"中等收入陷阱"这样一个实

---

① 2021年4月25日，在《环球时报》举办的国际研讨会上的演讲。

际上必须完成的任务勾画清楚了。习近平总书记在《建议》说明里指出,"文件起草组经过认真研究和测算,认为从经济发展能力和条件看,我国经济有希望、有潜力保持长期平稳发展,到'十四五'末达到现行的高收入国家标准、到2035年实现经济总量或人均收入翻一番,是完全有可能的"[①]。现在中国的人均国民收入是1万美元出头,这也就意味五年间,人均国民收入要达到13 000美元左右,如果比13 000美元再高一点儿则更好,就可以稳稳坐在高收入经济体这个阵营里——当然还只是坐稳在它的门槛上。跨越"中等收入陷阱"的意义,其实早已经由亚洲开发银行和世界银行的专家团队在十多年前就勾画出来了,就是对六七十年的全球实践做了一个统计,有113个在这个时间段里成为中等收入经济体的案例,而在这113个案例中,真正的成功者是极少数的:能够如愿成为高收入经济体的只有12个。而且,在最近的20多年里,再没有一例跨越"中等收入陷阱"的成功者出现。中国有没有可能在未来的5年里,以不低于5%的年均增长速度跨越"中等收入陷阱"?现在看起来是很有希望的,但是我们应该在战略高度上"居安思危,防患未然",要把困难想得更充分一些,要更好地估量现在的不确定性对我们形成的挑战,以追求"稳"字当头而行稳致远、高质量发展,在升级版的新发展格局里实现可持续成长。

"十四五"相关的内容非常丰富,但我认为如果能够跨越"中等收入陷阱",在结构优化支撑下,继续推进现代化的进程,那么到2035年建成初步的社会主义现代化,也就意味着做好了

---

① 参见中国政府网:https://www.gov.cn/xinwen/2020-11/03/content_5556997.htm。

进一步的准备，实现中国决策层在原来邓小平说的"三步走"框架下又进一步谋划的 2049 年到 2050 年"全面建成社会主义现代化强国"这个中华民族伟大复兴的战略目标。我想特别强调，这个中国和平发展、和平崛起的现代化过程，已经被领导人强调了多次，是要在"打造人类命运共同体"的过程中实现的。作为研究者我也非常认同：中国只有和平发展，才可能完成这个"新的两步走"的现代化。而且这个和平发展是有客观的和学理的依据支撑的，就是我们通过努力，完全可以在生产力发展、创新发展所正面形成的共享经济的潮流中——由信息革命支撑着它日新月异地发展，寻求共存和共赢。但也要认识到，我们还受到创新形成的不必讳言的核战略平衡的制约——最严重的情况是之前美苏曾落入了"冷战"，而因核威慑没有进入热战，现在中美之间的关系又完全不同于美苏"冷战"局面里各引领一个产业链的格局，而是共享一个全球产业链，因而更有可能把共享经济和核威慑合成这样一个由创新成果决定的"和平与发展"的时代主题，推进中美之间形成"斗而不破"、维持和平的发展过程。这是一个合乎逻辑的、进一步推进人类命运共同体建设的过程。

第二个视角，怎么看待中国的经济双循环——这是在最新的官方表述中特别强调的，要形成以国内大循环为主体、国内国际双循环相互促进的新发展格局。从实际情况来说，中国改革开放之后一直是双循环，那么现在为什么说要有新发展格局，这个双循环相互促进的新发展格局"新"在哪里？我觉得这个"新"就是在强调"以内循环为主体"，意味着中国的资本形成、资本原始积累已经可以支撑我们靠内循环来对冲外部世界的不确定性，在和平与发展的主题下，在推进自己现代化的过程中，内循环可以更多提供我们在实际通盘掌握中的主导权，在整个发展局面里对冲不确定性而把握自己的确定性。这种内循环的国内统一市场，已经有了前所未有的客观发展基础：中国 14 亿多人进入了中等收入阶段的上半区，投资和消费潜力的释放程度今非昔比，只要中国不犯低级错误，这个统一的国内市场就能更有力地支撑与维持基本稳定的局面。同时，这个"以内循环为主体"更好掌握主导权的内在逻辑，绝对不是忽视外循环的重要性：与"改革"相伴的就是"开放"，中国还要推进更全面的、更高水平的开放，但客观来讲，外循环的不确定性的确更明显，领导人称其为"百年未有之大变局"，整个世界格局的变化现在很多地方还说不清楚，出现了逆全球化的不良情况——单边主义、贸易保护主义、极端主义、民粹主义等交织在一起，形成了巨大挑战，但中国有"从容应对惊涛骇浪的深厚底气"，所以，在继续争取对外循环的过程中，我们需要以内循环为主体更好地维持基本面。但是外循环的意义丝毫没有降低：根据研究者的表述来说，开放对中国是进一步催化和倒逼自己必须完成的改革。中国的改革到了深水区，困难重重，习近平总书记把它形容为要"啃硬骨头"①。那么到了深水区，"啃硬骨头"更需要得到全面开放的催化和倒逼作用，使中国现代化的经济社会转轨，能够如愿地去克服深水区里既得利益的阻碍。

在实际的生活中，从外资的视角来看，我觉得大量的外国投资者还是高度重视中国市场潜力的，认为其存在着可观的投资机会。在中美贸易摩擦剑拔弩张之际，我们看到美国的成功企业

---

① 参见求是网：http://www.qstheory.cn/laigao/ycjx/2022-03/13/c_1128465899.htm。

家、特斯拉的掌门人马斯克突然到访中国，和上海市政府达成协议，在上海建设全球最大规模的外商投资单体工厂，这说明，真正有胆识的投资家、企业家认为，别人感觉恐慌的时候正是他们的机会，可以在这时候谈一个好的对价，筹谋已久的事情可以马上落地做成。结果只用了一年多的时间，特斯拉上海超级工厂的生产线就开始源源不断地生产出高水平的新能源汽车，供应中国市场和世界市场。这样的机会会继续存在，这个内外循环的互动，一定是符合前文我说到的中国和平发展、和平崛起和打造人类命运共同体的逻辑框架的。在内外循环相互促进的过程中，中国追求的一定是和其他经济体的共存、共赢、共荣，一起来推动形成全球化共享经济、全球共享一个产业链，从而推动共同利益的实现。其中的种种正面效应，既有基于经济层面需要，与外部世界进一步加强联系的必要性，也有由经济层面对接到社会生活交流、人文交流等更丰富的人类命运共同体这些值得肯定的内容。这是我对于双循环的一个最简要的勾画。

说到外资的视角，我认为外资还是首先从"在商言商"的立场上，去高水平判断自己怎样以相对的"比较优势"抓住中国市场潜力。从外部介入中国的内循环而形成内循环和双循环相互促进和相得益彰的结果来看，这样的机遇我认为不是夸大宣传，是确确实实存在的。当然，我们也不否定会存在一些局部的脱钩，种种因素造成真正的高端产业链过去从未挂上过钩，现在更没有挂钩的希望了——比如高端的芯片产业，华为这样本来发展得很好的企业现在已经到了"至暗"时刻。但是，中国在努力的过程中又要进行相关分析，内循环被"卡脖子"的这个瓶颈，既然没有任何希望再去求助外力破解，那么只有横下一条心，走通这个"华山一条路",就是以新型举国体制攻关,三五年不成,七八年也要把它攻下来,这是中国人必然的选择。但这只是个别领域,在少数的高端领域是如此。这种内循环问题如果被突破,它一定还会继续促进内循环和双循环,因为新型举国体制的成功,绝对不会像过去的"两弹一星",必须把这样的高端产品,比如高端芯片,成批量、稳定高质量、高性价比地源源不断地对接世界市场,只有这样才算这个攻关成功了,否则免提。这个"华山一条路",仍然只有跟世界市场连通了,才能证明它是成功的。

第三个视角,中美关系和中国未来发展这方面,我想强调,我们还是要看到在中美关系剑拔弩张之后,毕竟还有一个2019年12月14日阶段性贸易协定的达成,中美双方都在非常谨慎地维持这个阶段性成果,从来没有挑战这个已经形成的协议。现在中美之间,应该还是维持着在中国改革开放之后形成的你中有我、我中有你、共享一个产业链的基本盘。特斯拉在中国的投资,以及有消息说埃克森美孚也在考虑进行类似更大手笔的投资等,其实都是基于这个背景的。投资界已经意识到中美共享一个产业链,是有利于双方共赢的,而不是简单地像"冷战"思维那样各起一摊。特别是经济界、投资界人士,令他们感同身受的是,中国确实存在这样的机会。所以,类似于芯片产业那样局部脱钩,现在也完全没有希望再挂上钩的情况,是另外一回事儿,是少数的领域。完全脱钩,我认为绝不可能。

于是,处理中美关系的大思路,就是要认清中美也是被和平与发展时代主题覆盖着的世界第一大和第二大经济体。两国间的关系被称为当今世界最重要的双边关系,双方必然都非常重视。

中国在外交方面的战略思维，邓小平过去有过表述。那时候中美关系时好时坏，1989年以后出现过非常严峻的美国带头的西方全面制裁的局面，但邓小平说，"中美关系要搞好"①。这首先是从经济角度认识到，其实双方不可能完全脱开。他还提出了对外关系指导方针②，首先要"冷静观察，沉着应付"，中国自己要"韬光养晦，善于守拙"。"韬光养晦"的关键还是"善于守拙"，就是知道自己是发展中经济体，知道有种种不如人之处。所以，还有"决不当头"，这个头我们当不起，要想当这个头，很多相对优势反而就会丧失。最后是"有所作为"，中国毕竟要努力争取一步一步发展成为发达经济体，有所作为地实现自己的现代化。那么中国与美国之间，以及与西方的发达国家之间的关系，按邓小平所说的这样一套基本原则去掌握，必然是要争取"斗而不破"。这个"斗而不破"我觉得是有客观可能性的，我们不敢说没有擦枪走火的极端情况出现的可能，但是如果处理得好，这种大的局面上的"斗而不破"是很有可能的，是符合双方根本利益的，也是符合全人类共同利益的。中国继续和平崛起如果能融入人类命运共同体，当然就是一个共赢的局面。那么在具体的个别技术领域，如高端芯片等方面，则可强调，在高端产业的脱钩已经无法挽回的情况之下，无非以新型举国体制来攻关，实现凤凰涅槃——这个事情有不确定性，但是别无选择。

到了2019年底，贸易摩擦差不多两年了，在中美之间主要的贸易品门类里，量化的数据表明各自的贸易额分别降低了多

---

① 参见人民网：http://opinion.people.com.cn/n1/2019/0627/c1003-31197472.html。
② 参见中国网：http://www.china.com.cn/zhibo/2011-06-22/content_38774349_3.htm。

少，从下降情况来看：化工产品和金属产品的下降非常有限，虽然大家都感觉贸易摩擦剑拔弩张，但这个门类的贸易额只下降了1%；下降得比较严重的一项是玩具和家具，下降了不到11%，大数虽下降得严重，但在这两年内也只退了1/10强。降得比较少的，是一个百分点，两个百分点，三个百分点，如此而已。到了2020年，中美之间的贸易往来并没有萎缩，总量上还有相当可观的表现。这是为什么呢？新冠疫情发生后，中国首先复工复产，美国的市场有这些紧急的需要，自然就刺激了中美之间贸易方面的潜力，形成了中美之间的贸易还继续发展这个基本态势。中国和美国之间如此，中国和世界上其他国家之间其实也大同小异，我们和其他经济体，包括发达经济体，欧洲和日本，不能说没有摩擦，但是更多的还是有互利互惠空间的。中国在发展过程中，又由于有"世界工厂"这种特征，所以从出口贸易份额的变化来看，2000年中国是在第十位，到了2017年，中国已经确信无疑地超出美国接近2/5的规模，成为世界贸易出口额第一的经济体。出口额已明显地超过了美国，这个态势可能还会延续若干年。这是一个基本的情况。

那么在这个背景下，我们要看看中国和美国今后的发展，双方成长性都还存在，但是最可能的轨迹是什么？有学者把美国2017年的GDP往前追溯到整数关口的1900年，画出曲线，以GDP的增长体现美国这个世界头号强国是怎样一路成长起来的。如今美国的成长性具体的速度特征，就是现在它的增速再高也高不到3%以上，特朗普政府执政之初的经济政策是奏效的，曾经有几个季度美国的经济强势增长，但充其量也就是接近3%的水平，年度达到2.5%以上就非常不错了，美国的经济增速不能够在3%以上运行，因为会有通胀的明显特征，美联储就不得不往下压缩经济热度。因此，美国这个高度发达经济体的增长速度往上走，表现为成长性的量值，也就是3%，这已经是它的天花板了。欧洲和日本就更差，它们这几年的经济增速能达到1.5%~2%就很不错了，日本达到1%的情况下，就已经比前些年的"失去的20年"的停滞好多了。中国现在虽然是中高速，但是如果处理得好，就能以5%~6%的增速走相当长的一段时间。换句话说，中国的"中高速"，就是与发达经济体相比的高速，是美国的2倍以上，是欧洲和日本的3倍以上。按照这样一个曲线，我们将中国和美国对比，美国的GDP总量上升至36倍用了118年，中国以2017年的GDP往前看，比照着找其1/36，找到的时间点是1987年——当时中国改革开放已经8年了。在这个区间里进行一个比较，两条线总的趋势是相当一致的，表现的都是36倍GDP的成长性，但时间轴上的对比是1∶3.9。换句话说，这种相对数表现出的经济成长性，中国是以一个时间单位，实现了美国大概四个时间单位才走完的过程，而且这个对比之下的过程并没有完结，因为中国现在的工业化和城镇化总体来说，后面的空间还相当可观，中国的工业化是从中期向中后期、后期转变的过程，它伴随的城镇化方面，真实城镇化水平很低。一方面这表明我们发展的水平还比较低，是发展中经济体；另一方面预示着后面的成长性空间还相当可观，就是体现为管理部门所判断的"中国经济长期向好的基本趋势没有变"，中国经济仍然有相当可观的韧性、回旋余地和潜力释放的空间。

既然现在中美之间的成长性有时间轴上如此大的差距，那么我们做一个粗线条的预判：未来中美之间这种时间轴上的差距会不会存在？显然还会存在相当长的一段时间。当然，前提是能够继续和平发展。中国必须理性地认识到自己的不足，按照邓小平所说的"善于守拙"，积极学习美国、西方世界的长处，积极地和世界上方方面面做朋友，按照经济规律互通有无，最大限度地理智处理一些棘手问题。特别是中国内部改革攻坚克难这个事情，一定是对于中国自己真正释放潜力的一个历史性考验。如果在这些事情上，中国能把握好不出大的纰漏，不犯低级错误，那么在时间轴上来看，我说得比较直率：时间将是走上坡路的中国最好的朋友。这样一个走上坡路的过程，不是跟外部世界去产生更多的矛盾，而是应该更多地融入外部世界，增进彼此之间的理解和交流，从而形成人类命运共同体的这样一个发展过程。我深信，生产力决定着生产关系，即人际关系，这样的全球化、数字化的经济，已经使共享经济成为一个不可遏制的潮流，这样的一个创新增进共存、共赢的客观规律，会促使和平与发展的时代主题不仅不会改变，还会更深刻地影响方方面面，使大家认识到彼此共同的利益在地球村里是确实存在的。同时，经过努力，有可能使中美之间"斗而不破"，使中国和其他的经济体之间，能够找到更多互惠互助、共同发展的机会。

以制度型高水平对外开放推进内外贸一体化①

推进内外贸一体化是构建新发展格局的内在要求，是推进贸易强国的重要任务。2023年3月29日，全国内外贸一体化工作会议在北京召开。据商务部网站消息，本次会议的主要任务是深入贯彻落实党的二十大精神和中央经济工作会议部署，落实全国商务工作会议要求，交流地方推进内外贸一体化经验做法，部署全国内外贸一体化工作。会议指出，推进内外贸一体化是构建新发展格局的内在要求，是推进贸易强国的重要任务。各地商务主管部门要扎实推进内外贸一体化重点任务，着力完善内外贸制度体系，推进内外贸一体化试点，实施内外贸一体化领跑行动，更好地服务构建新发展格局。

一、"百年未有之大变局"与双循环新发展格局之间的关系

关于"百年未有之大变局"，直观地看，近些年全球化发展过程中出现了一些逆流，对全球化的主潮流形成了明显干扰与悖反。此外还有一种视角，即"百年未有之大变局"中存在着"东升西降"的大趋势，虽然面临种种困难和挑战，但依托客观成长

---

① 发表于《商学院》2023年第5期。

性和贯彻正确路线，中国未来的长期发展趋势仍将是向好的。美国仍将是世界头号强国，在很长一段时期内，没有其他经济体能挑战美国的这一地位，但它的影响力和回旋余地却正在收紧，从中长期看已开始走"下坡路"。

经过40多年的改革开放，中国综合国力已大大提升，为了在不确定性中把握确定性，中国要充分利用自身14亿多人口规模和发展中业已形成的雄厚本土市场，使供需内循环成为支撑中国进一步推进现代化的主体。与此同时，坚持高水平的对外开放，以积极发展多边关系来平衡中美两国的双边关系，使自身在全球化的互动博弈中尽可能地掌握确定性与主动权，以国内国际双循环相互促进的方式，力求实现中国的和平发展、和平崛起。

新发展格局下的工作推进，也必然反映在国家提出的各项举措之中。2023年2月，商务部有关负责人在国新办举行的新闻发布会上回应了2023年"促消费稳外贸稳外资怎么干"等商务运行热点话题。

在促消费方面，主要从三个方面发力：一是继续强化政策引领，对已出台政策落实情况进行督促检查，保证政策落实落地落到位；二是谋划重点活动，以"2023消费提振年"为主线，统筹开展全国性消费促进活动；三是继续优化平台载体，深化国际消费中心城市建设，扩大智慧商店、智慧商圈保障作用，多渠道增加优质供给。

在稳外贸方面，商务部对外贸易司司长介绍，进入2023年，全球经贸形势极其严峻，下行压力明显增大，中国外贸领域主要矛盾从2022年的供应链受阻、履约能力不足转变为当前的外需走弱、订单下降。为此，商务部明确，全力支持外贸企业抓订单、拓市场，措施包括四个方面：恢复实体展，推动国内贸易展会全面恢复线下展，办好进博会、广交会、中国国际高新技术成果交易会等一系列重点展会；用好新业态，促进跨境电商、海外仓等新业态进一步发展，带动中小微外贸企业出口；发掘新需求，发挥驻外使领馆经商机构的作用，协助各地方组织企业到境外开展贸易合作；支持企业"走出去"，为外贸企业跨境商务往来提供更多便利。

在稳外资方面，商务部外国投资管理司负责人介绍，2023年将继续加强与外资企业及外商协会常态化交流，帮助解决企业困难问题，落实好外资企业国民待遇，依法保护外商投资权益；推动合理缩减外资准入负面清单，加大现代服务业领域开放力度，推动更多外资标志性项目落地建设；积极引导外资投向先进制造、现代服务、节能环保、科技创新等领域以及中西部和东北地区，持续加大高技术产业引资力度。

二、推进内外贸一体化是构建新发展格局的内在要求

从中国经济发展历程来看，早在20世纪八九十年代，学术界就提出了内外贸一体化，彼时主要是针对普遍存在的外贸企业没有内贸经营权和内贸企业不能经营外贸的现象而提出的，随着改革的深入，相关机制性问题已得到解决。之后，国家陆续发布文件推进和完善内外贸一体化。2003年，党的十六届三中全会通过了《中共中央关于完善社会主义市场经济体制若干问题的决定》，提出按照市场经济和世贸组织规则的要求，加快内外贸一体化进程。2020年10月，党的十九届五中全会通过《中共中央

关于制定国民经济和社会发展第十四个五年规划和二〇三五年远景目标的建议》，其中在"促进国内国际双循环"方面提出"完善内外贸一体化调控体系，促进内外贸法律法规、监管体制、经营资质、质量标准、检验检疫、认证认可等相衔接，推进同线同标同质"。2022年1月，国务院办公厅发布《关于促进内外贸一体化发展的意见》（以下简称《意见》），提到推进内外贸一体化有利于形成强大国内市场，有利于畅通国内国际双循环。

近年来，我国内外贸一体化取得了长足发展，但也存在调控体系不够完善，统筹利用两个市场、两种资源的能力还不够强，内外贸融合发展不够顺畅等问题，还不能充分适应构建新发展格局的需要。《意见》提出了到2025年的发展目标，即内外贸法律法规、监管体制、经营资质、质量标准、检验检疫、认证认可等衔接更加有效，市场主体内外贸一体化发展水平进一步提升，内外联通网络更加完善，政府管理服务持续优化，内外贸一体化调控体系更加健全，实现内外贸高效运行、融合发展。

《意见》还提出，在部分地区开展内外贸一体化试点。2022年12月8日，商务部等14个部门公布内外贸一体化试点地区名单，试点地区包括北京市、上海市、江苏省、浙江省（含宁波市）、福建省（含厦门市）、湖南省、广东省（含深圳市）、重庆市、新疆维吾尔自治区。

2023年3月27日，上海市政府常务会议上原则同意《上海市推动内外贸一体化试点实施方案》，并指出要切实推动内外贸一体化试点方案落实落地，抓好标准一体化，发挥重点地区制度创新优势，实现内外贸产品同线同标同质。

可以看到，在区域层面，各地已经做出积极努力。上海是中国第一个自由贸易试验区以及增长极区域的"领头羊",如今在党中央指导精神下,给出了具体的设计和指导,有着非常鲜明的现实意义,这意味着在中国进一步推进高水平对外开放、打造高水平社会主义市场经济体制的过程中,上海要继续发挥它的示范引领作用。

在国家层面,要进一步加强国际交流与协调,积极化解一些摩擦因素和堵点,坚持贸易自由化、投资便利化原则,高举全球化旗帜,以高水平制度型开放推进内外贸一体化,必将形成中国对接世界商业文明体系和使"中国式现代化"的推进与构建"人类命运共同体"相辅相成的动态发展过程。

中国发展离不开"外循环"①

> 纵观人类文明发展史和孙中山先生所说的"顺之则昌,逆之则亡"的世界潮流,可知"开放"与"发展"的正相关性,是一种人类社会进步的客观规律。
>
> ——题记

2023年6月14日,美国盖茨基金会联席主席、微软创始人比尔·盖茨到达北京。他在社交媒体上透露,本次中国之行将与中方就气候变化、健康不公平和粮食安全等问题,进行创新性合作。

2023年开年以来,已经有多位跨国企业高管访华,如埃隆·马斯克、苹果公司首席执行官蒂姆·库克、摩根大通总裁杰米·戴蒙以及星巴克新任全球总裁纳思瀚等。一众商业巨头先后来华寻求合作,这凸显了中国市场的重要性,同时也表明了中国对外开放的脚步不会停止。

党的二十大再次明确地重申了决策层原已表述的推进高水平制度型开放。根据我的理解,这一方针的贯彻,是在我国改革开放历经40余年之后打造"高质量发展"升级版的重要组成部分。

---

① 2023年6月16日,凤凰网评论部约稿。

"制度型"这一前置词，其内涵自然指向制度安排层面，是与党的二十大关于"构建高水平社会主义市场经济体制"的清晰表述，以及中央关于建设高水平的"统一大市场"文件指导精神紧密联系的。

一、"开放"是历史潮流，可带来更高水平的发展

关于"开放"的意义，学者们已有很多的研讨与阐述。纵观人类文明发展史和孙中山先生所说的"顺之则昌，逆之则亡"的世界潮流，可知"开放"与"发展"的正相关性，是一种人类社会进步的客观规律。

自文艺复兴、地理大发现和工业革命以来，"地球村"中各民族国家和经济体之间，虽然竞争纷扰不断，但随着生产力的不断进步，已走到了升级版的"信息革命"——数字经济时代，产业链的全球化和"共享经济"发展成为大潮所至、大势所趋，而这些趋势无法被一些支流、逆流、旋涡所根本改变。

我们可以有确切把握地认为：凡不能顺应全球化开放、生产要素于世界大市场充分流动这一潮流导向者，都终将在时间考验中自我边缘化，从而走向衰败落伍，唯有顺应生产力创新发展中的要素流动规律性，合乎逻辑地取向于"人类命运共同体"，才能走好繁荣富强之路。

关于改革与开放的关系，人们亦已得到反复的体会和认识。改革开放以来终于"大踏步跟上时代"的中国，经历并正在继续推进经济社会的转轨，其间以改革解放生产力，必然要求以开放催化和倒逼改革。实践中，改革开放的互动共生、互为表里，也

使人们切实感受到，深化改革、扩大开放当然是中国在进入高质量发展阶段时承前启后、坚定不移的不二选择。但毋庸讳言，与开放相关联的疑惑和挑战也如影随形，需要得到认识上的澄清和实际生活中正确的应对处理。

我们应以充分的理性，认知开放环境中的"请进来，走出去"，以推进贸易自由化、投资便利化。总体而言是经济学"比较优势"原理可说明的互利互惠，并非极端化观念所说的"让外商赚了钱而我们吃了亏"。总体上由市场起决定性作用的资源配置机制，依托市场公平竞争环境和广大的市场主体"在商言商"的利益驱动，是可以引出国内、国际交易双方采取自愿交易行为的共赢结果的。

我们应以动态系统的观察，认识中国之所以能发展成为制造业规模全球第一的"世界工厂"，其切入点必然是改革开放之初的"三来一补""两头在外，大进大出"。以此为可行路径发展至今，与我国作为世界上最大的发展中经济体的国际地位相对应，还须承认我们这个"世界工厂"还"大而不强"，本土的产能还主要落在全球产业价值链"微笑曲线"中间的"加工生产"位置，这符合后发经济体追赶发达经济体特定阶段上的一般特征。

"微笑曲线"左右两端"创意创新成功、树立品牌"和"品牌营销、售后服务、市场扩展"带来的较高收益，仍掌握在外国人手里。这从历史过程整体上来看，也并非表明我们只是"吃了亏"，客观上是由开放来促进改革，对接世界市场商业文明规则体系，并完成"原始积累"，从而形成与"升级发展"之势相对应的成长性基础——我们的"中国制造"正是要以此为新的起点，争取升级为"中国创造"和"中国智造"，从而也越来越多地尽可能去争取升级，获得"微笑曲线"左右两端的高附加值，即高收益。这正是"中国式现代化"推进高质量升级的必由之路。

我们应以纵观全局的战略眼光，正确把握应对"卡脖子"不利因素的"自立自强"，和新发展格局"双循环"中的"内循环为主体"。以高端芯片、高水平航空发动机等为代表，这些"卡脖子"核心技术是"比较优势"原理碰到其"天花板"，而无法解释的超尖端部分，过去从来没挂上钩，与近年来持打压中国态度的一些极端政客所说的"脱钩断链"其实并无直接关系。在这个赛道上，我们只能以"新型举国体制"攻关来力求走通其"华山一条路"。但这方面"自立自强"的战略意义及其重要性，却并不排斥美国的马斯克以其新能源汽车产能来中国兴办超级工厂，以及欧洲的空客公司依双方契约源源不断地向中方供货数百架干线大飞机，从而继续形成中美、中欧之间的"互惠互利"。

二、"以内循环为主体"不等于忽视"外循环"

在"百年未有之大变局"背景下，我国更为注重国家安全，明确在"双循环"格局中"以内循环为主体"，的确有其重要性、必要性，是在种种不确定性面前审时度势，争取更好地掌握我们可以掌握的确定性。

依托已经雄厚起来的本土市场，更好地把握中国式现代化和平发展进程中己方的主动权、主导权因素，但这绝不意味着忽视必然是"互相促进"的"双循环"之中的外循环，毋宁说是旨在创造更有利于内外循环稳定运行、相得益彰的配套条件，形成我国高质量发展行稳致远的"压舱石"。

生产力基本盘的发展和不断创新，从根本上决定着中国与美国以及世界上其他经济体的关系，"你中有我，我中有你"地共享一条全球化产业链，是人类文明发展进步的主潮流。

我们必须以"做好自己的事情"的务实态度，在国内瞄准世界商业文明规划体系的上沿水平，打造"高标准法治化营商环境"，以求更好地吸引各方面投资，增强市场信心，发掘"全要素生产率"的巨大潜力，支持中国式现代化的和平崛起。

我国自上海自贸区开始，要求"多轮复制"一整套原则体系，这是落实中央关于"高标准法治化营商环境建设"具体的"行动路线图"：中外所有作为市场主体的企业，应得到"准入前国民待遇"；一旦其进入市场竞争的赛道，应面对"负面清单"而"法无禁止即可为"，海阔凭鱼跃、天高任鸟飞，在产权得到保护条件下充分发挥企业的聪明才智、创业动力，帮助其去试错、创新求成功；而政府方面则是"法无授权不可为"，面对正面清单（事权清单）而依法行政，约束自身行为边界，并且"有权必有责"地配之以"责任清单"，即以政府行为事前、事中、事后的绩效考评，实行问责制。

真正贯彻落实这已有的一套原则，当然必须以改革深水区的攻坚克难开路，并不容易，但方向已明，贵在坚定地按"吃改革饭，走开放路"而持续努力，冲破利益固化的藩篱，形成制度创新、科技创新、管理创新和观念创新的配套联动、实质性推进。这样，必然有望使全世界早已盯着中国超大市场潜力的商贸与投资界人士，以更积极的态度择机进入中国市场，进一步提升中国改革开放的"共赢效应"。

国际商业巨头访华掀起的热度，表明中国改革开放的推进，已得到外部有胆识与魄力的市场人士的认可，他们进而付诸行动，做更多的"抵近观察"与"择机而动"，这同时说明，只要我们更好地构建高水平开放的相关"制度性"条件，中国形成吸引各方投资家、各领域企业"近者悦，远者来"的潜力，就相当可观。

发展是硬道理，在构建人类命运共同体大道上互利共赢地发展，更将彰显以高水平开放促进中国升级发展的硬道理。

于新发展格局中主动形成双循环相互促进的良性发展机制[①]

围绕"实行更加积极主动的开放战略,构建高水平开放新格局"的主题,我来谈一下怎么认识在新发展格局中形成双循环相互促进的良性发展机制,从以下几个层次来展开。

第一个层次,简单勾画一下我理解的时代背景和现实要求。以高水平开放来匹配新发展格局是这方面内含的一个基本逻辑。在改革开放以后,中国一步一步地接近民族伟大复兴的愿景,正走在中央表述的"中国式现代化"的、有时间表的"新的两步走"的征程上,迎接历史性考验,爬坡过坎。党中央明确勾画了必须优化打造的"以内循环为主体,国内国际双循环相互促进的新发展格局"。中央对这个总体格局的表述,我理解它的"新",就特别突出地落在了"以内循环为主体"上,这是在我们改革开放40多年之后有了一种客观的支撑力量,使我们凭借业已雄厚的国内大市场,更好地在种种不确定性问题的挑战面前,掌握我们可以掌握的确定性,从而更好把握影响我们主动权的内生因素。同时,双循环的相互促进,将使新发展格局对接和融入全球统一大市场,而我们在这样一个新发展格局里,力争把和平发展

[①] 2023年1月14日,在中信改革发展研究基金会专题研讨会上的发言。

与打造人类命运共同体有机地结合起来，形成对中国来说通过内外兼修寻求各方共荣共赢的现代化"和平崛起"。

第二个层次，是怎么认识双循环中外循环的基本要求和对标国际规则体系的路径。在这方面，前一段时间，国家发改委和中信改革发展研究基金会开展了一项课题研究——"双循环背景下我国改革开放新路径研究"，我当时也有幸参加了这项课题研究，很多专家在一起做了探讨。在研究期间大家认识到，高水平的开放格局是双循环必不可少的有机组成部分，以内循环为主体绝对不是排斥或者轻视外循环，而且外循环在这方面有两个关键词，就是要以"制度型开放"作为基本的思路和架构，来"积极主动"地对标高水平的国际商业文明基本原则、市场经济经贸投资制度规则体系。在党的二十大之前，已经有中央的权威文件对制度型开放做出了表述，在党的二十大报告里又重申了这个概念，而且非常明确地重申了"积极主动"这样的要求。在积极主动对标外部的商业文明原则体系、经贸投资制度规则体系方面，我们显然要迎接挑战，化解不利因素，守住"和而不同"的底线，从而争取有效地凭借双循环的相互促进，实现中国现代化发展之路上的高质量升级发展。我们现在的发展阶段的转换，领导人早就表述为"引领新常态"，这个"新常态"直观地看，速度上有一些下调，这是合乎客观规律地告别经济起飞粗放发展阶段的高速特征，而要在中高速的特征之下寻求高质量升级发展，促进与外部世界的双循环，是新发展格局里一个不可或缺的构成因素。

在课题研究中我们侧重于研究积极主动对外开放的意义、原则体系，还在相关重点领域里非常务实地形成了路线图。在形成研究结果之后上报国家发改委，后来的信息反馈表明，该结果得到了高度的肯定。我们的研究从理论联系实际出发，在努力对标国际的路径上，考虑了在积极主动的取向之下的一系列操作的要领，并给出了建议，在一些必要的选择上我们作为研究者，在理论联系实际考虑以后给出了一些判断和决策的依据。

第三个层次，我想就认识领会重大国策和战略方针，积极主动追求高水平对外开放这个实质性的诉求和其内在逻辑，谈一下自己的看法。

邓小平曾提出一个令人印象深刻的论断——"不改革开放，不发展经济，不改善人民生活，只能是死路一条"[①]。我认为这是我们整个现代化战略性思维的切入点。大家已经熟知"对内搞活，对外开放"，二者合在一起才能解放生产力，实现中国的追赶—赶超、后来者居上的现代化宏伟目标。我们现在"新的两步走"，是要通过追赶，使中国在2049年、2050年的时点上，人均国民收入指标达到发达经济体的中等水平或者再高一些，而实际上的综合国力，要随着我们创新能力、硬实力以及软实力等的提高而增强，使中国成为现代化强国。这个宏伟目标表明我们已经非常清楚地认识到，必须顺应在工业革命、科技革命之后出现的世界潮流。"世界潮流，浩浩荡荡，顺之则昌，逆之则亡。"这种只能顺应、不能违拗的世界潮流，是整个人类文明发展的主潮流。我国在工业化、城镇化的进程中坚定不移推进市场化、国际化，再加上对高科技化和法治民主化的认识和相应的追求，就是要大踏步地跟上时代潮流，将改革和开放紧密结合，坚定不移地来实现中国的追赶—赶超。这个切入点，在改革开放之初，我

---

① 参见人民网：http://theory.people.com.cn/n1/2018/1024/c40531-30359998.html。

认为中央提出的最简洁的"改革开放"已经非常清晰地指出了它的基本逻辑，即改革和开放是密不可分的，只有对内的搞活和对外的开放相结合，才能解放生产力，这是从我们可观察的大量现实中总结出的经验，是不可违拗的世界潮流。结合"中国式现代化"来说，就是要以人民为中心抓好发展，改革和开放密不可分，实践中我们就是这样一路走来的。改革开放之初，我们打开国门，最具有影响力的政策是"三来一补"，20世纪80年代后半期又概括为"两头在外，大进大出"的国际经济大循环。之后是中国的经济起飞，发展到现在成为"世界工厂"。这样一个从"站起来"，到以改革开放为主要时间节点的"富起来"，再到现在我们面对的"强起来"的新时代，迫切需要继续以高水平的开放来催化和倒逼国内的改革。在改革开放的几十年间，大家已经感受到了很多的催化和倒逼的效应，这是非常明显的。

"催化""倒逼"实际上意思是一样的，就是我们生产关系的自我革命，有的时候必须变压力为动力，我们在深水区的攻坚克难，更要重视这一点。比如在发展过程中，在对外开放的一个关键性的节点上，是我们终于实现了代表性突破——"入世"，千年之交后"入世"时，令我印象深刻的是杜润生同志的一句话，他评价说，"入世"就是必须清理文件柜，那就是"变法"呀！中国的"变法"就是为了图强，没有这样由"入世"催化和倒逼而来的"变法"，我们的发展进程中可能还有更多的阻碍因素。由于有了这样一种对外开放，而且是走向全面开放、高水平开放的催化和倒逼，我们在把压力变为动力的发展路径上，就可能有更好的表现，而且实际上这也是在克服一些阻力，这是一个实践发展中合乎逻辑的变化。

"自贸区"是在上海开始试点的，当时国务院领导在综合部门的会议上力排众议，说不要再等待了，在一系列文件表述调整过来之前，先要把这个概念建立起来。紧跟着，中央明确地说，所有综合部门已有的跟上海自贸区确立的原则相矛盾的规则，统统都要改过来以适应自贸区的原则，那就是现在大家已熟知的"准入前国民待遇""负面清单"，以及政府自己的"正面清单+责任清单"。这些措施如果没有开放的催化，在实际发展过程中可能会有更多的阻力和更迟缓的表现；而有了开放的催化、倒逼，我们的改革开放才取得了如今的成就。在生产关系的自我革命上，我们必须自觉地利用这样一种多方结合的动力机制。

在实际的表现上还有一点值得注意：中国"改革开放"之初的对外对标，那时候就有意识地在引进外部资金的同时，引进外国的一些规则。之所以引进这样一些商业规则，是因为那时候在主观上有被动性和别无选择性——搞"三来一补""两头在外"，如果无法对接外国的规则，根本就做不成，无法操作。而现在，在"强起来"的新时代，在新路径上的积极主动开放和对标，则具有内生的主动性和积极进取性，这种内生的主动性是我们更有信心在以内循环为主体的同时，有能力把握种种不确定性，并从中寻找确定性。我们可以更积极主动，依托于国内雄厚市场，积极对接国际大市场，更好地把握主动权。

接下来我觉得需要更直接地讨论一下在中国和平崛起过程中进行利益博弈时怎么应对打压的问题。我们需要在"内外线并举"式拥抱全球化的高水平开放中，以多边关系来反制中美双边关系——2018年以后被称为"贸易摩擦"，加上"外交战""科技战""金融战"，甚至军事威胁等因素，美国全面遏制中国的企图是非常明显的，而我们自己有理有利有节的战略策略的组合，是力争和美国方面"斗而不破"，以多边关系制约中美双边关系。唯物史观所说的生产力，在基本层面根本性地决定了人和人的关系以及人和人的关系所形成的生产关系，这是相当清楚的。美国在俄乌冲突之后曾经很得意，似乎拉着它的盟友形成了更坚固的阵营，却发现欧洲方面虽然有一些表态，但是中欧之间签了超过 300 亿美元的进口 260 多架空客的干线大飞机的大订单，这样一来波音公司的高管马上就坐不住了，在美国政府很不愉快的情况下，不顾新冠疫情直飞中国，表示要跟中国更好地发展合作关系。这些以多边关系制约双边关系的可能性，是在中美和其他经济体共享全球一个产业链这个客观的生产力基本盘的过程中形成的一种互动。这种基本盘的"你中有我，我中有你"，不是少数极端政客以脱钩为意愿就能够破坏的。我们在这个过程中，当然也要准备好应对意料之外的惊涛骇浪，但主观上一定要有战略耐心。在千方百计"斗而不破"的路径选择上，我非常赞同孔丹董事长给出的"缠斗"的说法。拳击赛里哪怕是同样的重量级，也有强弱的明显区别，弱者未必就注定失败，弱的一方在博弈中往往可以选择紧贴上去，使对方的优势不能充分发挥，打也打不疼自己，从而寻找机会，争取找到突破点。这种"缠斗"用在中美之间也很形象，我们要有足够的战略耐心，保持战略理性，争取"斗而不破"的过程一直延续到美国朝野又走到一个新的临界点，直到无法以全面遏制，甚至极端的脱钩和种种恐吓、霸凌的手段来达到它们的目的，最后有可能达到一个临界点，彻底宣告"修昔底德陷阱"不适用，寻求跟中国共存共荣共同发展。这样一个临界点的到来，可能需要几十年，但是我们一定要有这种战略耐心。所以，这就是在我们积极主动进一步对外开放这个大的取向之下要掌握的，我认为可以上升到战略层面来领会的，与积极主动追求对外高水平开放相结合的斗争的思维。

第四个层次，我想探讨一下对于前一段时间"自主限关"概念和相关争论的认识。中国舆论场上这一轮关于如何认识明清时期闭关锁国的热议，双方的思想交锋虽主要在网上展开，但是它的起源是以学术上的长篇论文形式公开发表的信息。对于这样的一个长篇论文，确实我们可以按党的二十大重申的"百花齐放，百家争鸣"的精神来做一些探讨。

首先，我们得承认，关于历史科学的认识都是有强烈现实意义的。所以，有人说一切历史都是当代史。相关的讨论，必然是对应现实的。以学术论文形式否定明清两朝"闭关锁国"的这一原有共识，主张去除这样的标签，代之以"自主限关"概念。我认为，比较直率地说，在主导倾向上，它具有不容忽视的误导性。这样一个长篇论文如果和《落日的辉煌——17、18世纪全球变局中的"康乾盛世"》那篇论文（也是当时非常有影响力的、以中央党校为主要创作团队的作品）放在一起，可以做一个比较。后者是把明清时期的一段盛世，作为代表来讨论问题。这两篇都是很有体量的论文，两相比较，我认为高下立见——虽然持有"自主限关"认识的作者在这一概念上，讲的既有合理性，又有负面影响，用的是"两分法"，但是对于历史大背景的把握、人类文明发展主潮流的领悟确实有明显的倒退，它很容易引致大是大非战略问题上的模糊、可能的认识误区和人们的担忧。因为在这样一个主导性的认识方面，看起来是"两分法"的认识，但最后还是否定原来大家已经有的基本共识，明清时期的问题和

"闭关锁国"密不可分，现在提出"闭关锁国"这个概念不应该再用，当然就引起了大家很多的关注与担心。

我的看法是，任何概念都可能发生"抽象"时的"舍象"，明清两朝当然不是百分之百的"闭关锁国"，但当时的当权者"昧于世界大势"的这种所谓自主的倾向，却蕴含着现代人应该明确予以批判的根本性谬误。从这个用语来看，讲"闭关锁国"是强调了最主要的具有代表性的特征，抽象为一个概念，舍象了非主要的、非代表性的方面。这在表述上，类似于我们说到的过去的传统体制，不能说都是错误的，它也有一些历史上的必然性和成绩，但是我们说到传统体制"高度集中"的时候，总体的意思还是认为它存在弊病，对于弊病是有批评之意的，所讲的就是主导的、具有代表性的方面。其实我们都知道，传统体制下并不是只讲高度集中，从财政体制的探索来看，曾经有几轮由财政引领全局的或大或小规模的放权和分权，只是都不成功，都没有走出"放乱收死"的不良循环。所以，到了改革开放新时期，简洁地概括表述，当然还是讲传统体制是高度集中这样一个特征，它更为适合我们对于传统体制的简洁表达，并不意味着传统体制下就只有集中。这种用语和现在讨论的"闭关锁国"和"自主限关"，我觉得有可类比之处，一个关键性的用语，就体现了最为重要的对于不当倾向的这样一种判断，我们说明清之际"闭关锁国"，当然就是对它不当倾向的不认可，但如果代之以"自主限关"，那问题就多了，可能是徒增思想混乱。对此我也比较直率地举个例子：迎接党的二十大的时候，有学者、作者从若干个渠道提出"人民经济"的概念，最极端的说法是应该以人民经济救赎和取代市场经济，当然这就引起了极大的争论。在这方面对"人民经济"做出正面表述的是一位很有影响力的学者,他说"人民经济"有四大特征:一是自主性,二是在地性,三是综合性,四是全民所有制。前三个在直观的表现上,都不能否定,以人民为中心的经济(现在其实应该说也就是党的二十大再次充分肯定的"社会主义市场经济"),当然要有它的自主性,但只讲这一方面,就不提它的开放性了吗?当然有它的在地性,以内循环为主体,但是就不讲双循环的相互促进和双循环的不可分割了吗?只讲综合性,那就是全国一盘棋的意思,当然有它的必要性,但是你还要讲在现代国家治理中,要在统筹的同时充分地优化自组织、自调节,使微观主体在分散情况下,要有试错的一个充分的"海阔凭鱼跃,天高任鸟飞"的空间,等等,这样说才全面。所以这四大特征引起了许多人的警觉,很多人不认可他只讲了一边。至于其最后所说的"全民所有制"这一条,那就是在传统体制下听起来有逻辑,实际上却会使全民意义上的资产出现产权悬空、产权虚置弊病问题。所以,当时批评这种观点的一方,甚至直接说他讲的这个"人民经济"是开倒车。显然这样一些讨论,关系到的是一些大是大非的问题。

对于明清之际的问题,可以用马克思和邓小平的两段读来非常言简意赅的话进行点评。

马克思说:"一个人口几乎占人类三分之一的大帝国,不顾时势,安于现状,人为地隔绝于世并因此竭力以天朝尽善尽美的幻想自欺。这样一个帝国注定最后要在一场殊死的决斗中被打垮:在这场决斗中,陈腐世界的代表是激于道义,而最现代的社会的代表却是为了获得贱买贵卖的特权——这真是一种任何诗人想也不敢想的奇异的对联式悲歌。"① 马克思在这里，一点也没有回避西方列强在中国要寻求贱买贵卖的特权，但是他非常清晰地表明，明清之际，我们从内部来看"激于道义"的这种闭关，我们说的"闭关锁国"四个字表现的这种主导倾向，它是一种注定不符合发展潮流的幻想与自欺欺人，这个批评之意也是非常明显的，实际上包含着对这种悲歌里关于中国受到欺凌的同情，同时也非常明确地批评中国当时的当权者昧于世界大势的谬误。

邓小平在改革开放之后，非常明确地说，"如果从明朝中叶算起，到鸦片战争，有三百多年的闭关自守，如果从康熙算起，也有近二百年。长期闭关自守，把中国搞得贫穷落后，愚昧无知"②。我觉得邓小平同志这段话非常有分量，且是非常中肯的。作为研究者，我建议大家在这方面继续关注我们如何针对现实问题，讨论更好地实现高水平对外开放，这方面明显还有百花齐放、百家争鸣的必要。

---

① 参见《马克思恩格斯选集》（第一卷）。
② 参见人民网：http://theory.people.com.cn/n/2013/0426/c40531-21285625.html?&from=androidqq。

第二章

财政分配、管理改革与债务

共同富裕是中国式现代化的鲜明特征：
优化三层次分配系统论[①]

2021年8月中央财经委员会第十次会议强调指出，我国已进入扎实推动共同富裕的历史阶段。2022年10月党的二十大报告又明确强调促进共同富裕，表述为"中国式现代化是全体人民共同富裕的现代化"，这是中国式现代化的基本特征之一。中国式现代化，是在构建高水平社会主义市场经济体制之路上推进的现代化，而"社会主义"顾名思义，是特别强调全体社会成员作为人类社会共同体，要共享发展成果，因此社会主义的内在逻辑决定了"共同富裕是社会主义的本质要求"。本文基于这一基本认识，以系统论思维，研讨了要实现作为中国式现代化鲜明特征的共同富裕，所应把握的基本思路和三层次分配。

一、"共同富裕"的内涵和价值取向

（一）共同富裕是以全体人民富裕为目标导向的持续性动态优化

共同富裕，顾名思义是全体人民的富裕，而且应是人民群众

[①] 发表于《上海商学院学报》2023年第1期，与张晶晶合作。

物质生活和精神生活多层次的富裕，绝非少数人的富裕。共同富裕以全体人民的富裕为目标导向，对应于实际生活中无限趋近的动态优化过程，而绝非呆板地对应于某些具体数据达标下的一劳永逸。从基本逻辑层面来分析，影响亿万个社会成员富裕程度的诸多差异化因素将永远存在，对于共同富裕目标的追求，必然随现实事物发展演进而不断面临各种矛盾，只有与时俱进地不断解决矛盾，及时做好体制机制的动态优化，才能合意地无限趋近共同富裕的目标，包括全面建成社会主义现代化强国"新的两步走"战略在 21 世纪中叶见眉目时要求基本实现共同富裕的目标，使经济社会发展的成果尽可能充分地为全体社会成员所共享。

共同富裕不可能是整齐划一的平均主义状态，中国推进共同富裕，绝不应将实现共同富裕理解为重回平均主义，走过去"吃大锅饭"的老路。可总结的经验教训已实证性地表明，平均主义下必然无法实现中国的现代化，也无法促成全体人民的共同富裕。故需实事求是地尊重财富形成与调节过程的"先富带共富"规律，分阶段地促进共同富裕。

共同富裕的最终结果，必然是中等收入群体在社会分布中占绝大多数，形成收入层级"中间大、两头小"的"橄榄型"分配结构（也有论者表述为"宝塔型"，是指社会政策托底将使最低生活水平保障近似宝塔底部的平台线，比"橄榄型"的比喻更逼真一些）。中等收入群体壮大有利于社会稳定性的不断提高，因此畅通和规范社会各个群体成员向上的流动通道至关重要，也能够激励更多民众通过规范的上升通道成为中等收入群体成员。

（二）共同富裕包含人类历史演进中古已有之的憧憬和规范的价值取向

就历史实证角度而言，人类社会尚未有实现共同富裕的总体经验。工业革命带来的社会生产力大发展奠定了前所未有的物质基础，之后却有以第一次、第二次世界大战为典型代表的战争冲突，国家间竞争导致的利益对抗给生命和财产都造成了巨大损失。世界范围内各国家间与国家内部的富裕程度差异巨大，当下仍不乏扩大化趋势。收入分配的悬殊也带来了世界范围内显著的社会问题。北欧一些国家依靠"从摇篮到坟墓"的全民福利制度和较低的基尼系数，被视为当前最接近共同富裕的现实社会，但收入和财富的差异化特征仍不能忽视，还有众多待完善之处（包括"激励不足"导致的"国际竞争力不足"的挑战），与共同富裕的实现尚有距离。

考察中国几千年的文明历史可见，共同富裕的价值取向，延续着中国先贤早已形成的"大同世界"的理想憧憬。最著名的表述，见于汉代《礼记·礼运》篇，有"大道之行也，天下为公。选贤与能，讲信修睦。故人不独亲其亲，不独子其子，使老有所终，壮有所用，幼有所长，矜寡孤独废疾者皆有所养……是谓大同"的大同社会构想。西方社会于中世纪末，也有空想社会主义思想家关于共同富裕社会的呼唤与设想。结合近现代发展史中的共产党人初心，可联结到科学社会主义的代表作《共产党宣言》《资本论》《哥达纲领批判》等，将人类社会理想未来理解为"自由人的联合体"的"解放全人类"式的理想境界。其中，《哥达纲领批判》更为具体地提出，未来理想社会应是在"各尽所能""各取所需"的基础上，社会成员的财富创造潜力充分涌现，资源配置上也实现真正的成员间按需求分配的社会。共产党人的初心和高水平发展的诉求，都应在历史唯物论的认识框架中结合领会，并可进一步融入中国传统历史文化对大同世界的追求。我国现阶段关于共同富裕的目标追求，也联结于领导人已多次强调的"人类命运共同体"概念，其内在逻辑必然也涵盖追求世界范围内的共同富裕这一最终指向。

（三）我国当前着力推动共同富裕目标实现的重大意义

国际上已有的促进共同富裕的经验值得借鉴与重视，如发达经济体的社会保障体系和直接税制度建设。同时也要重视在"百年未有之大变局"中，处理好错综复杂的国际问题，减少外部冲击的不良影响，做好自身可把握住的事情。无论国际风云如何变幻，不同于世界已有的发达经济体的现代化经验，中国的特色社会主义现代化之路既具有一般意义上的现代化的共性特征，又具有中国式社会主义现代化的个性特征，共同富裕正是"中国式现代化"与"社会主义"内在契合的鲜明特征。中国特色社会主义进入了新时代，随着国内居民人均收入的不断提高，也出现了居民存量财富和增量收入水平差距扩大，甚至两极分化的特征，收入分配和财富积累中的结构性问题，是对实现共同富裕目标不可忽视的挑战。更好满足人民日益增长的美好生活需要，要在制度机制创新深水区的配套改革中，构建更加完善的收入分配制度和更加规范合意的财富积累机制。以实现共同富裕为目标导向，坚定不移地追求社会主义本质，将可把握的制度建设和政策优化有效结合，从而推进中国式现代化战略目标的实现，最终实现中华民族伟大复兴。

当前国际形势严峻复杂，全球经济面临多重风险挑战。在此背景下我国着力推动共同富裕目标的实现，一方面是对中国传统文化诉求和社会主义时代使命的回应，另一方面也是走向中国特色社会主义现代化之路的必然要求。良性稳定的社会结构是社会高质量发展的基础保障，对于共同富裕目标的强调与推进，客观上也是中国面对不确定的国际环境，在可把握的主动性和确定性方面所具备的社会潜力与支撑力的释放。

二、"共同富裕"的历史演进和政策指引

改革开放伊始，中国确立"以经济建设为中心"的基本路线，基于马克思主义历史唯物论的基本原理，邓小平同志明确指出了"贫穷不是社会主义"[①]，共同富裕是社会主义的本质要求。然而，实现长远目标需要渐进过程，应实事求是地矫正平均主义偏颇，确立"允许一部分人、一部分地区先富起来，最终实现共同富裕"的"先富共富论"认识框架和实施路径。

（一）改革开放初期，以经济发展为首要考虑促成"先富"群体与区域的涌现

在改革开放之初，综合考虑国内经济发展水平比较落后、社

---

① 参见人民网：http://dangshi.people.com.cn/GB/n1/2020/0923/c85037-31871490.html。

会生产力低下的现实因素，我国以经济发展为首要任务，及时制定了"效率优先，兼顾公平"的分配机制和原则。经济发展的高水平是实现"共富"的必要条件、前提和基础，强调"做大蛋糕"的"发展才是硬道理"，与共同富裕目标相结合的发展实现路径，必然是"先富共富论"（部分先富带出全体共富）的认识框架。"贫穷不是社会主义"，所以必须鼓励致富，而齐头并进的致富推进方式不具备现实可行性，这已被传统体制下平均主义的实践充分证明，其会遏制和压抑应有的激励机制与劳动者、建设者的积极性，遏制"做大蛋糕"的发展基础。现实生活中既然无法实现所有人与地区齐头并进的共同富裕，那么必然选择允许一部分人、一部分地区先富起来。

邓小平同志提出的"先富共富论"的认识框架和关键性战略思维要点，主要包含以下三点。第一，总体思路框架追求的战略目标，确切无疑的是与"三步走"实现"中华民族伟大复兴"一体化的"共同富裕"，"允许一部分人、一部分地区先富起来"，只是整个发展中前半段所"允许"的过程现象，对于"共富"的追求及其认定是属于"社会主义的本质"，须始终如一、坚定不移地贯彻。第二，实现战略性目标的路径和演变过程的特征方面，在指出"贫穷不是社会主义"之后，应务实地分阶段实现共同富裕，中国作为世界上规模最大的二元经济体，无法实现十几亿人口齐头并进的共同富裕，在发展中只有允许一部分人、一部分地区先富起来，才有可能走通现代化之路。第三，在后续由部分"先富"走向全体"共富"的阶段转换过程中，需要政府有效作为和分时段进行全局把握，领导决策和政府能动作用的发挥至关重要，先发达地区必须适时支持欠发达地区，实践中必然有从温饱到小康,全面小康后再强调必须着力的"先富"带动"共富"的实现路径和阶段转换。

选择恰当的时机将工作重心由"鼓励先富"转向"促进共富",是改革初期便确立的一项既定发展战略。根据世界各国经济发展规律和经验的启示,鉴于收入差距过大所带来的并将积累得越来越多的负面影响和各种危害因素,在"问题导向"下,我国选择适当时期,积极地、逐步地完成由"先富"到"共富"的阶段转变。千年之交前后,我国制定和实施的西部大开发战略、农村税费改革、东北振兴、中部崛起战略等的效果已逐步显现,我国不同地区居民之间以及城乡居民之间的生活、收入水平差距,在近年来已逐渐缩小。2020年更有持续近10年之久的脱贫攻坚战收官,我国全面小康目标已基本实现,这些都为从"先富"迈向"共富"发展战略的有效实施奠定了初步基础。

(二)千年之交后,开始由"先富"走向"共富"的阶段目标转换

邓小平同志在"南方谈话"等场合,将"先富"到"后富"转换的具体时点拟定在千年之交的2000年前后。截至20世纪末期,我国已达到初步小康水平。2002年,党的十六大通过的《全面建设小康社会,开创中国特色社会主义事业新局面》指出,我国当时"达到的小康还是低水平的、不全面的、发展很不平衡的小康",进一步部署了建设更高水平小康社会的目标与工作安排,也着力开启由"先富"走向"共富"的阶段目标转换。第一,"西部大开发战略"于2000年全面启动实施。中国东西部地区发展

差距大且呈不断扩大的趋势，这是长期以来困扰中国经济社会健康均衡发展的全局性问题。改革开放后，邓小平同志针对中国发展不平衡的特点，于1988年提出了"两个大局"①的战略构想：一是加快沿海地区对外开放，支持沿海地区优先发展起来的大局；二是沿海地区发展到一定阶段后，要统筹更多力量帮助中西部地区更快发展的大局。2000年，党的十五届五中全会通过《中共中央关于制定国民经济和社会发展第十个五年计划的建议》，将实施西部大开发、促进地区协调发展作为一项战略任务，强调："实施西部大开发战略，加快中西部地区发展，关系经济发展、民族团结、社会稳定，关系地区协调发展和最终实现共同富裕，是实现第三步战略目标的重大举措。"西部大开发战略提出后，一系列配套举措陆续被纳入我国各个发展阶段决策的通盘考虑之中。第二，脱贫攻坚战收官，2020年中国如愿实现14亿人口的全面小康。邓小平于改革开放之初规划的"三步走"②战略目标，在"经济总量翻两番"的前两步提前实现之后，党中央决策层综合考虑，为横跨半个世纪的第三步做出具体的战略步骤规划，明确了2020年要达到"全面小康"的节点目标。党的十八大后，新的中央领导集体形成，在承前启后的现代化发展中，我国进入了更为着力推进共同富裕的新阶段。2015年11月29日《中共中央 国务院关于打赢脱贫攻坚战的决定》发布，指明要着力推进脱贫工作，到2020年"确保我国现行标准下农村贫困人口实现脱贫，贫困县全部摘帽，解决区域性整体贫困"。在多方

---

① 参见人民网：http://dangshi.people.com.cn/n1/2019/1021/c85037-31410709.html。
② 参见人民网：http://theory.people.com.cn/n/2015/0427/c49150-26910384.html。

共同努力下，2020年我国如期实现"全面小康"，总量上中国的人均GDP在2010—2020年十年间实现再翻一番。在"社会政策托底"层面，"十三五"开局时农村区域还存在的7000万贫困人口，也于"精准扶贫"的贯彻落实中宣告脱贫。全面小康的实现，意味着我国"中华民族伟大复兴"现代化战略，在"三步走"的第三步中到达了重要的中间节点。

全面小康目标的实现，前承2000年的实现初步小康，后接党的十九大进一步勾画的新的"两步走"要求——2035年基本实现社会主义现代化，2049年建成富强、民主、文明、和谐、美丽的社会主义现代化强国。新中国成立伊始，在致力于国家工业化和经济发展中，便将减贫作为重大目标，中国已是近几十年间世界减贫贡献之最，全面小康的实现也更进一步体现了我国追求"共同富裕"的进展与成就。

（三）全面小康如期实现后，党的二十大着重强调新阶段"共富"提速

2020年末全面小康目标如期实现后，2021年8月中央财经委员会第十次会议指出，我们"已经到了扎实推动共同富裕的历史阶段"，要"坚持以人民为中心的发展思想，在高质量发展中促进共同富裕，正确处理效率和公平的关系，构建初次分配、再分配、三次分配协调配套的基础性制度安排"。会议强调"共同富裕是社会主义的本质要求，是中国式现代化的重要特征"，并在已有的发展基础上，更为清晰地形成了推进共同富裕的战略谋划和达到基本目标的时间表。习近平总书记在《扎实推动共同富

裕》一文①中指出：到"十四五"末，"全体人民共同富裕迈出坚实步伐"；到2035年，"全体人民共同富裕取得更为明显的实质性进展"；到21世纪中叶，"全体人民共同富裕基本实现"。

2021年11月11日，中共第十九届中央委员会第六次全体会议审议通过了《中共中央关于党的百年奋斗重大成就和历史经验的决议》，指出要"推进全体人民共同富裕取得更为明显的实质性进展"，这已成为当下党和国家的重大政治决断，需要分阶段推进并最终实现共同富裕的总体目标。

2022年10月16日，党的二十大报告指出，"中国式现代化是全体人民共同富裕的现代化"。在"全体人民共同富裕的现代化"进程中，党的二十大报告首次提出了"规范财富积累机制"，意味着我国开始更加重视和规范现有的财富增量与存量的优化机制建设。同时，党的二十大报告进一步指出，中国式现代化的本质要求是："坚持中国共产党领导，坚持中国特色社会主义，实现高质量发展，发展全过程人民民主，丰富人民精神世界，实现全体人民共同富裕，促进人与自然和谐共生，推动构建人类命运共同体，创造人类文明新形态。"

社会主义社会是全社会人民共享发展成果的社会，而中国历史发展中也有重视全民族共同富裕追求的思想精华。党的二十大报告已将"社会主义的本质是共同富裕"的基本性认识，明确地对接到"共同富裕"是中国特色社会主义发展道路上实现中国式现代化的一个重要内涵和鲜明特征之中。现实中，我国多年来作为重大事项着力推进的多项社会性建设服务，如社会保障体系建

---

① 参见光明网：https://m.gmw.cn/baijia/2021-10/15/35235661.html。

设、公共财政对欠发达地区的转移支付、国家对低收入群体和弱势群体的扶助等多路径共举的措施，均是在促进"共富"指向目标上做出的，是以社会政策托底的全局性制度建设。联结党的二十大的最新要求，在实现全面小康后的新阶段，对备受社会关切的"共富"更有提速增效的需要。

三、"共同富裕"需明确的相关理论和现实问题

（一）收入分配的"倒 U 形"曲线假说有其局限性

中国的"先富""共富"过程，必然内嵌于中国现代化全程之中。在经济发展"做大蛋糕"的基础上，更需重视与强调之处，是中国式现代化"共同富裕""先富带动共富"在中国本土的落实过程中，并不能等待学术理论探讨的库兹涅茨"倒 U 形"曲线的自然形成。

1955 年，库兹涅茨提出"倒 U 形"曲线假说，指出经济发展与收入差距变化关系在时间轴上呈现"倒 U 形"曲线，随经济发展而来的"创造"和"破坏"将改变社会中的经济结构，从而影响收入分配结构，社会收入分配差距将随经济发展表现出先增大后减小的趋势性变化，通常表现为：在经济体的经济发展初期，人均国民收入由最低上升至中等收入水平时，收入分配状况将趋于两极化，而后随着经济发展逐步改善，再演化至较为公平的收入分配状态。

首先需要指出，学理分析中必然有随经济发展的自然形成因素促成的趋势变化。除了库兹涅茨对 18 个国家的经济增长与收

入差距进行的实证检验，20世纪70年代鲍克尔特、莫里斯、塞尔沁等经济学家，补充了50多个发展水平具有差异化的国家的数据，证实了现实发展中"倒U形"曲线的存在。然而，在对收入分配"倒U形"曲线形成的过程以及原因展开的进一步分析和研究中，也发现一些例外。一方面，有西方学者针对第三世界国家的数据进行实证分析，发现第三世界国家的收入不平等情况随着经济发展越发悬殊，并没有朝平等方向转变的趋势，不完全符合库兹涅茨"倒U形"曲线假说；另一方面，也有演绎推理对库兹涅茨"倒U形"曲线假说进行批判，如"先恶化、后改善"的变化趋势并非永恒不变，收入分配结构改善与总体人均收入提高的现象存在阶段性，同时也无法切实地证明两者之间的因果逻辑关系。近年来，更有学者提出，伴随着美国经济的持续发展，其收入分配不平等现象并未改善，反之美国国内的基尼系数却居高不下。因此，就逻辑推理而言，到底是由于经济持续增长带动了收入分配结构的改善，还是由于恰当的社会收入分配结构调整给予了经济持续发展的动力，单就实证数据难以分辨清楚。近年来以皮凯蒂的《21世纪资本论》为代表的研究成果，引起了东西方学术界的广泛关注和积极研讨。皮凯蒂以超过百年的研究视野，基于数据分析引出的基本结论，否定了"倒U形"曲线为长期趋势之说，认为资本要素和劳动要素相比在收入分配结果方面的强势才是长期趋势，进而主张强化和优化对于资本收益的税收调节。

我国当前正处于迈向高收入经济体门槛的冲关阶段，经济增速已告别2010年之前的高速增长阶段，落入中高速增长阶段。在理论结合现实的选择上，区别于西方资本主义国家，我国的社会主义本质要求更多地包含对社会发展成果共享的价值选择，对全民族"共同富裕"目标的看重自然超过西方国家。当前亟须在特别强调共同富裕即社会主义本质的哲理认识下，积极考虑以政府力量主导的主观能动性因素，促成"倒U形"曲线的形成和尽快实现。倘若依赖或迷信库兹涅茨"倒U形"曲线的自然形成认识框架，就会陷入不确定性与被动等待的局面，进而放弃可把握的积极作为和共享程度的提升、推动共同富裕的可塑性空间。

（二）"公平与效率的关系"问题须正本清源

在推进共同富裕的过程中，人们普遍关注如何妥善处理"公平与效率的关系"，兼顾效率和公平。改革开放以来，我国由"注重效率，兼顾公平"的主张，曾演变到"更多地注重公平"的取向，但人们耳熟能详的"正确处理公平与效率的关系"的表述，细究之下却可发现其中存在明显的认识紊乱问题。我们认为值得指出的是，"公平与效率"的概念，在汉语语境中亟须得到正本清源的清晰认识，摆脱由来已久的"搅糨糊"状态。

第一，人们所一致认可和推崇的规则的公平、过程的公平和"一条起跑线"式的机会公平，与效率并不矛盾。这些是指社会基础制度建设与规则层面的"公正"，这种公正程度越高，越有利于提升社会中的微观效率以及综合而成的总体效率。社会基础制度与规则对全体成员的"一视同仁"，与社会中的微观效率以及宏观综合绩效都不发生任何矛盾，不存在与效率之间"此长彼消"的关系和需要做二者间权衡的问题。

第二，涉及"抽肥补瘦"式的社会收入结构调整和财富分配时，所谓的"公平"实质上是着眼于分配结果的"适当均平"。若分配结果过分平均化，即滑入"吃大锅饭"的模式，将削弱微观个体的发展活力和效率水平；若分配结果过于悬殊，虽能一定程度上调动个体积极性、支持微观效率，但必然会导致一些社会弱势群体的不满，矛盾积累将可能影响社会安定，此情况若不能得到妥善化解，甚至会带来经济问题社会化、政治化的不良后果。所以社会争论焦点中所谓的"公平和效率的矛盾"，实际上是指收入和社会财富分配结果的均平程度如何，在促使微观层面直接效率最大化和与之相关联的整体社会综合绩效之间，存在一定的"此长彼消"的关系，需要做出合理权衡与优化调节。

第三，福利经济学中已有相关研究指出，社会总体的经济效益并非只在于短期效益，社会的"公平程度"更决定着社会总体是否可实现长期的经济效益。福利经济学家阿马蒂亚·森将社会总体经济效益细分为长期的宏观经济效益和社会效益，表示社会公平程度将通过影响微观层面劳动者的获得感和动力影响社会效益，进而传导影响社会总体的长期经济效益。这里"公平"的用语，只应理解为分配结果的均平状态如何，也会涉及社会层面的基本公共服务均等化状态如何，但绝不可理解为规则、过程的公正状态如何。因此，分配结果的适当均平与追求宏观的、总体的、长期的效率并不矛盾。除起点、规则、过程公平公正之外，政府"更好发挥调节作用"的现代化治理，理应包含对分配结果合理、适当均平的追求，这种收入分配与财富配置的适当"均平"，也正是我国价值选择结果导向意义上的"公平"。

第四，经济社会发展的初期和在某些短期选择上，更为侧重微观效率因素，这是调动劳动积极性力求"做大蛋糕"的基础；

而经济社会发展至一定阶段后，更多地侧重与追求长期社会总效益，则必然要适时调整至更多注重"抽肥补瘦"地"分好蛋糕"、与时俱进地合理权衡的状态。

总之，所谓"公平与效率的关系"，即要以权衡方式掌握好实质问题，在"做大蛋糕"的基础上，通过"分好蛋糕"来适当地处理分配结果，从而防止差距过于悬殊，达到适当均平化的调节目的。在"公平竞争"以焕发活力的概念上，应充分鼓励效率提高，将"一条起跑线"式的起点公正公平，以及过程、规则的公正公平作为基础制度保障，都是对效率潜能的激励；而在鼓励大家合力"做大蛋糕"的基础上，对于"结果公平—适当均平"问题的重视和对"共同富裕"总目标的追求，则是在回应社会关切，更理智地优化处理切分蛋糕问题，寻求分配结果的适当均平而防止两极分化，可归于社会综合效率和社会总福利的最大化。

（三）在凝聚社会和谐发展共识中推进"共同富裕"

第一，实现社会不同收入群体的和谐发展，需要解决好个人利益和社会共同利益相结合的问题，其中必然有凝聚社会共识的过程。无论是低收入群体，还是中等收入群体抑或高收入群体，都应被纳入社会共同体的和谐发展，在考虑个人和家庭利益的同时，也应与整个社会共同发展的根本利益、长远利益相结合。

第二，先富起来的群体，理应按照与"支付能力"相应的税制更多地为国库做贡献。高收入群体缴纳直接税，虽然看起来是让渡了其在市场调节机制中获得的部分利益，但从全局、长远来看，这有利于其个人与家庭所依赖的社会安宁、和谐生活，这也正是形成更好社会性正面效应所必须配套完善的条件。认清收入分配、财产配置中各社会成员的相互关系,应当跳出狭窄的个人短期利益视角,以全局长期发展眼界做出深入认识,促使不同的收入群体共同适应和助力财富存量积累和收入增量分配调节的制度与政策优化过程,共同促进共同富裕社会总目标的达成与实现。

第三,低收入群体不应简单地落入仇富心理状态。相对而言,在社会发展的各个阶段中,必然会存在弱势群体,这并非完全取决于低收入群体的主观因素,还有诸多不可控的客观因素,如先天的残疾或后天的天灾人祸等。低收入群体与中高收入群体同为社会成员,共同富裕目标导向下的社会,理应对其有侧重性的制度安排以施行关爱措施,强调在包容性发展中以合理的方式予以扶助。低收入群体与中高收入群体间,应凝聚共识,形成合力,培养共同体意识和对"先富"经验的学习借鉴,进而促进共同富裕的实现。

对于推进共同富裕的要领,中央已多次给予针对性的指导,强调应完善初次分配、再分配和第三次分配的制度安排。三层次分配是一项颇为复杂的系统性工程,其中相关的制度创新、配套改革和政策优化设计,在我国行至以高质量发展推进现代化建设的当前阶段,已进入了攻坚克难的关键时期。

四、"共同富裕"须利用好三层次分配的相关机制与工具

在国民收入分配过程中,先后有不同阶段上的三层次分配,它们以逻辑关系于时间序列上递进继起,但在每一时点上又同时

存在。首先是初次分配，应由市场机制主导，使生产经营成果按照要素分配，在劳动收入、资本利润和知识产权收益、资源开发收益等形式中，解决各要素的投入主体"各得其所"的激励与创新发展的积极性发挥问题。此环节上需注重激励个人潜能，使之得到最大限度的发挥，从而有利于将经济发展总盘子中的"蛋糕"做大。其次是再分配，此环节上的政府主导特点明显，更多的是依靠社会财富分配中政府作用的更好发挥，主要解决"分好蛋糕"的问题。最后是第三次分配，主要是道德伦理驱动的社会自组织和个人或集体的自愿奉献，通过公益捐赠等方式实现对于低收入群体或困难群体的资源分配支持，达到进一步缩小实际收入差距的目的。

（一）初次分配：重视市场决定性力量，政府应充分注重完善统一大市场的基础性建设

初次分配需要在市场充分起作用的情况下，鼓励各要素主体充分发挥积极性，在"各得其所"的激励下，努力"做大蛋糕"。在"实现全体人民共同富裕"导向下形成的三层次分配的系统性工程中，初次分配的大前提是要注重保护产权、公平竞争，使生产要素充分流动，充分调动统一大市场中参与主体的活力与潜力，通过让市场发挥决定性的作用，使供给侧生产要素的潜能得到充分发挥，使生产力不断提高，经济活力不断增长，从而在源头上解决好如何"做大蛋糕"的问题。在初次分配中政府也要适当加入调节作用，主要是在抑制不正当市场竞争和完善市场制度建设方面。不过总体而言，应强调在初次分配中政府不宜做过多

区别对待的"调节",主要在做好统一大市场基础上,以流转税为主,旨在取得相应财政收入以支持政府更好地履职。2022年4月,《中共中央 国务院关于加快建设全国统一大市场的意见》的指导性文件发布,指出在初次分配中首要考虑的是对"效率"的重视,以更为公平公正的基础性制度建设充分打开市场的潜力空间。这样一来,形成"做大蛋糕"的基本盘的相关要领包括以下几个方面。

第一,实施并完善"法律面前一律平等"的统一规范的产权保护制度。贯彻中央文件所要求的加快建设全国统一大市场,需要夯实高标准法治化营商环境构建的重要基石,即在全面依法治国条件下对所有合法产权形成一视同仁的保护。"统一大市场"所针对的现实性的问题之一,是已在实际生活中观察到的,企业与社会成员对于产权问题的困惑,即尚未很好贯彻落实"一条起跑线"和"法律面前一律平等"的社会公平正义方针。在完善中国特色社会主义市场经济的过程中,为真正解决实际问题,初次分配制度的优化实际上有赖于全国统一大市场的建设,也有论者把这称作"零次分配"。

第二,形成要素流动充分市场化、公平竞争的市场环境,消除条块分割和不当垄断。要使市场在资源配置中充分有效地发挥作用,便要形成生产要素跨区域的无壁垒流动。供给侧结构性改革强调各项要素潜力调动的内涵逻辑,即完善的市场建设是要使供给侧要素的组合以尽可能低的交易费用,充分发挥潜力,形成经济发展活力。一定要攻坚克难,使要素尽可能无壁垒流动。结合现实中的经济生活运行,需明确,在现实的非完全竞争市场中,特定的限制条件和准入门槛也往往是必要的,而准入门槛的设计则必须依法由政府管理部门利用公权力来适当实施。政府应注重矫正性干预，消除不当垄断，规范主体资质，但不能借此一味提高准入门槛。首要的是消除旧体制下存在明显弊端的行政性垄断。

第三，"统一大市场"建设的诉求，在于使市场的主导作用充分发挥，强调政府对市场环境的高水平建设和对矫正与弥补市场失灵工作的负责，绝非政府"统一指挥"企业的老路。统一规范地实现有序竞争，应强调市场环境规则的统一，体现社会公平正义的一致性质，并非简单参照或者局限于所谓质量标准或技术标准化。中央现在指导的统一大市场建设的战略意图，是让企业充分地在高标准法治化营商环境中放开手脚，并形成长期行为。可以借鉴上海自贸区的经验模式，即企业对应于"负面清单"，提倡其展开"法无禁止即可为"的试错创新，以解放生产力；政府则对应于"正面清单"和"责任清单"，遵守"法无授权不可为"的基础准则和必要的责任履行约束。

（二）再分配：政府应更好发挥作用，着重于现代税制的完善和转移支付制度的优化

在再分配或二次分配环节上，政府调节作用强化，在相应制度安排取向上，更为注重"分好蛋糕"。在初次分配基础上，再分配需要更多考虑如何实现社会收入结构的"提低、扩中、限高"，这必然体现在使分配结果适当合理地均平化。综合短期内对效率的激励作用和中长期社会持续发展总效益的两维度权衡，要防止收入差距过大影响社会总体效益而引发中长期经济发展坏

境失稳、动力停滞。再分配环节需要政府更多发挥作用,以税收制度建设和转移支付,做好收入存量(财富)和增量(当期所得)在社会成员间较为合意的调节。

第一,优化收入再分配中"抽肥"和"限高"的导向,必须以税制改革打造促进社会公平的稳定调节器。财政政策在收入再分配这一重点环节的改革事项中,要着力促进分配格局和相关机制优化,伴随的挑战性问题便是相关直接税的改革。

首先,应积极配合推进中央已明确的房地产税立法和改革试点扩围。考虑中国传统价值观念和现实情况,社会存量财富的重要组成部分之一便是房地产,而因2018年以来的多重经济下行因素叠加,作为调节存量财产的房地产税的改革未能如期推进。优化我国第二层次分配的再分配调节机制,需通过改革试点扩围积极稳妥地推进房地产税的立法进程,这一税制改革不仅是促进房地产业健康发展的长效机制,也是调节社会存量财富的必要机制。

其次,中长期内应研究开征遗产税和赠与税,这是形成社会财富"抽肥补瘦"式再分配的重要手段。遗产税和赠与税直接面向高收入群体,调节居民通过非个人努力的继承关系而获取的大量财富,有利于缩小代际财富积累的收入差距。在"共同富裕"的目标导向下,及早研究此税种的开征,不仅能发挥其调节收入分配、财产配置的作用,还会在一定程度上通过联结第三次收入分配相应环节的个人所得税收减免和优惠,促进公益性基金会等社会组织资金力量的形成与成长。遗产税和赠与税的开征也可以完善税制,补充当前个人所得税仅关注透明收入的不完全收入调节机制,倒逼灰色收入的公开透明化并将其纳入调节范围。

最后,需进一步改革和完善个人所得税制度,制定更合理的税率和扣除标准。我国 2018 年的新一轮个税改革，一是降低了社会成员中低中收入群体的税负，二是加入了"综合机制"并进行了专项扣除方面的强化与优化。其中对于个税抵扣环节的专项扣除，目前已包含子女教育、继续教育、大病医疗、住房贷款利息、住房租金、赡养老人和 3 岁以下婴幼儿照护七项，均对应于不同社会诉求，回应民众关切问题。与此同时，其也有明显遗憾，目前的"综合机制"仅针对劳动收入，这已在客观上形成了对劳动收入的税收歧视，并不利于以市场为主要调节机制的"做大蛋糕"的发展，带来的副作用表现为对知识分子型专家人才的"挤出效应"。优化收入再分配方面，需在后续的个人所得税深化改革中，将部分非劳动收入纳入"综合机制"覆盖面，并优化个税超额累进的税率层级设计，适当减少税率层级并降低最高边际税率，以促进高水平人才和高新科技企业创新活力的释放。

第二，优化收入再分配的"补瘦"是"提低和扩中"，需完善转移支付制度，促进基本公共服务均等化。在收入再分配环节，理应以制度安排形成对社会弱势群体、欠发达地区、低收入群体的扶助，优化调节区域和个体间差距。需有意识地抓住从当下到中长期整个中国式现代化建设中的制度建设要领，与积极财政政策的结构性差别化机制紧密结合，由近及远地推动"共同富裕"要求的全体成员所享有的基本公共服务均等化。

首先，要优化转移支付结构，改进转移支付分配办法。严格规范专项转移支付资金设置，注重突出重点，归并和取消零星专项，改变项目分散繁杂状态，着力优化转移支付框架结构，扩大一般性转移支付的规模。同时，也应不断提高转移支付的透明度，动态规范和完善基于因素法的一般性转移支付的计算公式和模型，力求用设计科学的指标体系来评定各地的财政收支能力和基本公共需要，遵循公正、公开、透明的原则，科学合理地分配转移支付资金，避免不规范的人为调整和主观随意性。

其次，切实加强转移支付资金和专项拨款的管理，积极探索横向转移支付的合理机制与路径。使用因素法或采用项目管理法分配的转移支付资金，都应切实加强相应的制度建设以规范操作流程，形成科学合理的分配依据和制度规范。对专项转移支付资金要制定明确的资金使用绩效目标，并对资金使用效果进行跟踪检查和奖惩问责。用于缓解地区间差异的横向转移支付模式，近些年已在我国的对口支援、生态补偿等实践中取得初步经验，可适时发展纵横交错、相得益彰的转移支付体系，以进一步扩展均等化渠道，增强均等化能力。

最后，完善保障农民工基本公共服务的转移支付制度。城乡基本公共服务一体化，要求将进城务工人员及其家庭成员应享受的基本公共服务纳入城镇居民的公共服务体系中。我国长期存在的城乡二元结构，造成了农村进城务工人员所享有的公共服务水准明显低于城镇市民。我国的城镇化进程尚有较大空间，未来仍将面临大量农民工在区域间流动，高端政府层级应承担较多扶助责任，可由中央财政和省级财政通过转移支付，支持地方政府为进城务工人员家庭提供更好的基本公共服务。

（三）第三次分配：重视第三部门作用，形成社会推进"共同富裕"的积极力量

第三次分配体系主要是由道德伦理驱动的非政府主体自愿的

公益慈善行为，以此弥补初次分配和再分配在缩小居民收入差距方面的不足，助益共同富裕。第三次分配的物质基础是公益慈善捐助，在我国现有的分配体系中，应进一步健全第三次分配的相关制度机制。

第三次分配体系在政府文件中已屡有提及，2019年党的十九届四中全会提出，要"重视发挥第三次分配作用，发展慈善等社会公益事业"。2020年党的十九届五中全会提出，要"发挥第三次分配作用，发展慈善事业，改善收入和财富分配格局"。中国的公益慈善行为，即"第三次分配"，联结于中国社会成员收入的提高和社会责任价值观念的生发与培养，在中国社会中已越来越多地表现出合乎规律的发展。为更好地使社会公益、慈善志愿者组织发挥作用，应对其正外部性给予鼓舞和激励，除了道德与价值观引导，还可使其与再分配做好机制性联结与配合，以制度阳光化的税收优惠、减免等政策，对于"第三次分配"行为进行引导和奖励。

第三次分配在实现共同富裕目标导向下：第一，要进一步引导和鼓励先富起来的高收入群体，主动承担社会责任，乐善好施；第二，要进一步完善慈善捐赠法规，提高慈善捐赠的透明度，提升对慈善捐助的税收支持力度；第三，加强对现有慈善资金管理机构的管理，解决好近年来公益性组织人员不当处置慈善捐款的负面问题，使社会自愿捐赠资金如数用于扶助弱势群体；第四，国家层面可借鉴发达国家经验进行相应的机制建设，如遗产税和赠与税虽然属于再分配，但可在制度建设上对高收入群体形成缴纳该税和自愿公益性捐赠的"二选一"模式。同时，优化第三次分配还应当注重健全社会监督机制，加强政府监督和引导服务，避免公益性质的慈善捐赠偏离第三次分配的初衷和预定轨道。另外，还需要加强社会监督，发挥社会媒体的力量和作用，并设置独立组织对公益慈善行为进行评估，及时披露公众所关切的信息。

五、结语

"共同富裕"目标的实现，要坚持以人民为中心的发展思想。经济社会全局的高质量持续发展是发挥基础性支撑作用的大前提。"共同富裕"的内涵和价值取向，正符合中国国情选择下"中国特色社会主义"和"中国式现代化"历史演进和政策指引的方向。在贯彻现代化"新的两步走"的战略部署中，与促进"共同富裕"相关的理论和现实问题需要明确，我们不能等待收入分配"倒 U 形"曲线的自然形成，而应注重"政府更好发挥作用"的主观能动性，正确辨析"公平与效率"的关系，在凝聚社会共识中积极推进"共同富裕"目标的逐步实现。实现"共同富裕"目标的关键抓手是掌握好三层次分配的系统工程，初次分配重在充分发挥好市场作用，政府着力做好统一大市场建设等基础性条件建设；再分配环节则要更好发挥政府作用，推进"抽肥"和"限高"层面的攻坚克难，在改革深水区建立并完善现代意义的直接税体系，并完善"补瘦"和"提低、扩中"层面的转移支付体系，促进社会成员基本公共服务均等化；第三次分配要体现第三方组织以道德伦理驱动、基于自愿原则的公益慈善补充力量。综上所述，以三层次分配的系统工程，形成持续推进"共同富裕"目标实现的合力。

如何优化收入分配[①]

收入分配问题既是非常重大和敏感的，也是相当复杂的，在实际生活中，大家对一些非常重要的基本概念，还有不少模糊的认知，以致争议不断。这种对基本概念有不同看法的现象应该说也是正常的，特别是在中国经济社会转轨还没有完成的情况下，大家对于怎么推进现代化，肯定有各种各样的认识。我们今天在这样一个背景之下来看《中国居民收入分配年度报告（2022）》（以下简称《报告》），显然可以对相关决策和政策优化的努力，给予信息支持，当然也就起到了智力支持方面的作用。在我国管理部门认定的这些以翔实信息形成的书面文本之后，研究者可以找到一些可信度比较高的依据。当然也可以探讨还有哪些不足，还有什么需要进一步明晰的地方。如果能把20年间的一系列报告放在一起研究，就可以看出中国相关收入分配的政策体系的演变，这显然是非常有信息价值的，也能够很好地支撑决策。

比较坦率地说，我感觉该报告有些缺憾。其中第一部分主要讲居民收入，讲了三个大的方面，但没有明确指出收入差距偏大。一般来说，当前收入方面的主要问题，就是差距过大，甚至

[①] 2023年6月19日，在中国收入分配政策研讨会暨《中国居民收入分配年度报告（2022）》发布会上的发言。

有的学者直接抨击为呈现"两极分化",《报告》中也许不能出现这样的用语,但是必须指出收入差距的存在和问题,收入差距问题和现代化导向是不一致的,所以才有着力推进共同富裕的迫切必要。我认为在其中的建议部分,也应该直接点到促进共同富裕的概念。

关于收入差距的情况在后面也有说明。我注意到,在前面的内容里没有给出一个全社会的五分组的差距情况,在后面的内容里,关于城镇的、农村的收入情况是分别给出的,这当然也是非常重要的信息来源,但最好能在《报告》的最前面,有一个关于全国的收入差距情况的说明。还有一个建议,通常收入分配被称为流量,在存量方面,即财富的差异情况,也应该要说明一下。大家现在关注的财富差异情况,可能比居民收入分配差异更大,这也是一个积累的过程。党的二十大报告里特别强调了财富配置概念之下的规范化,即调节优化,这个可以再深入讲一下;另外,与收入、财富相关的反腐败情况,最好能有所涉及。

总体上,我想借这个机会谈几点研究中的感想。在我们接触到的数据里,不能不用人均,但是"人均"确实在很多场合掩盖了矛盾和问题。比如,居民收入的人均情况,简言之,首富和最低收入群体合在一起,这个人均的量值解释没有任何意义。举个实际的例子,从身高来看,一高一矮合在一起,可能平均数也超过了1.9米,但这个数据没有任何意义。又如,全国的财富存量方面,人均住房面积已经接近40平方米(前几年是33~35平方米),其实意义也不大,因为很多人可能还没有达到住有所居的条件,而一些"房叔""房姐"可能有上百套房子,这样平均下来就掩盖了很多矛盾。

下面我讲基尼系数的概念。基尼系数是国际上很看重的一个最简洁的、最具代表性的指标，现在中国的基尼系数是 0.465 左右，前些年更高一些（最高时约为 0.49），在小波动中有一些回调。通过中美之间基尼系数的对比可以直观地看到，中美相差不多。而现实中至少我们讨论时可以说得直率一点：两国基尼系数看似处于同等水平，而我认为实际上中国的基尼系数比美国高。因为中国社会上存在较明显的"仇富"压力、有填报者"怕露富"的心理，基尼系数是人们自愿接受统计调查后得出的，不接受的就略过去。一般来说，富豪不愿意填报，比较富的人也不愿意填报，最后可能是低中收入的或者中等偏上收入的愿意填报。较富者填报的时候，会小心翼翼地压低收入，虚假填报。所以实际上，中国的基尼系数会高于美国。如果按照《共产党宣言》的理想来衡量，我们在"共富"程度上离理想还很远。当今世界上最接近"共富"的应该是北欧——基尼系数相当低，"从摇篮到坟墓"全套覆盖。那么要怎样解决我国的收入差距问题呢？中央有一个很重要的指导意见，就是在促进共同富裕过程中要有一个系统工程，三次分配要结合在一起。同时，要逐渐提高直接税比重，但这是中国社会非常尴尬的一个问题：我们都支持减税降费，但不敢讲"增税"，只好说"逐渐提高直接税比重"。逐渐提高直接税比重，在直接税的项目上就是增税，那怎么增？这是一个非常大的难题。难度最大、最典型的，就是现在关联着地方税体系必须打造、分税制必须在省以下得到贯彻（这与整个大局、建设高水平社会主义市场经济体制以及共同富裕均息息相关）。制度建设上首要的是什么？就是除了个人所得税要改善，还有一个如同"啃硬骨头"的房地产税。说到此，人多数人可能并不认同。我的态度一直比较鲜明，主张开征房地产税。这真的是"啃硬骨头"。在讨论收入分配、财产优化配置时，一定要正视中国现代化的冲关现在到了关键的时期，实际任务是非常艰巨的，当然还有其他更多复杂的配套改革问题。

直接税的比重提高，当然也包括个人所得税。所以我认为，尽管直接税比重的提高相对容易，但在这方面却出现了我们不得不正视的扭曲问题。关于个人所得税的综合机制说了很多年，终于在2018年推出了，这四类收入的综合，是把工薪、稿酬、劳务，还有特许权收入（我理解的特许权收入主要还是创造发明专利等所带来的）归类。综合这四项劳动所得收入，接受超额累进税率调节，九级变七级的最高边际税率仍然是45%，一年96万元以上部分的收入，税负将近一半。看起来这是在直接税相对应的领域里发挥出提高调节力度的作用了，比如原来稿酬是20%的税率，还要再做优惠，实际的税率只有14%，现在归类进去，就要接受45%的最高边际税率调节。但这是针对最容易推出的针对知识分子、专家型人才的劳动收入的调节，这些人只能接受，在机构、单位、公司发放收入的环节，首先自动扣一道税，然后年度汇算清缴，可能会再征一次，看起来这是加大了调节力度，但实际上形成了对劳动收入的"税收歧视"——非劳动收入并未进入综合汇算的税基。劳动收入综合进来了以后，紧跟着就不得不"打补丁"。首先，粤港澳大湾区经国务院批准，回到外籍专家最高15%的税率，超过的部分，政府都给退回来。粤港澳大湾区是中国现代化的一个重要部署，不这么做的话，专家可能会"用脚投票"，不留在大湾区了，中国香港、新加坡都是低税地区。随后，海南建设全球最大自贸港区，于是海南把国内专家请进去，不分外籍、内籍，凡是认定为人才、工程师以上级别的，人才的个人所得税享受最高15%。（当然它也有一个直到现在还在讨论的问题，即这个人在海南一年必须待满183天。这就限制了很多流动性强的人，如果他在海南的公司工作，但出去跑业务，一年在海南能不能待满183天就成了问题。但这是技术性的问题，至少说不得不做这样"打补丁"的事。）位于粤港澳大湾区的深圳，显然不能满足只对外籍人士提供个税的优惠宽松政策，于是成立了一个财政基金，专门作为资金来源，把可以根据条文认定的国内专家的个税压回到25%的最高边际税率，这显然适应着现实需要。

这种现实需要说明了什么呢？看上去很好的一个政策方向——直接税比重要提高，调节力度要加大，却出现了对于劳动收入的"税收歧视"，出现了不得不"打补丁"，使税收运行的规范性大大降低的情况。别的地方肯定要攀比，会提出各种各样的办法。这是现实生活中我们必须正视的矛盾。房产税名义下的房地产税改革试点扩围好不容易有了明确的说法，但拖到现在，怎么扩围？虽然有了一些铺垫，但估计实际推行起来还是非常难的。

另外，个税综合税基的最高边际税率是45%，当然一般人理解，富豪也要接受其调节，但现实生活中有厂主型特征的人，可以决定自己的劳动薪酬发放标准，非常容易避税。比如，有的头部企业掌门人说自己一年只领一块钱的工资，那么他的个人所得税在哪儿？没有。其实国际上也有类似的现象。巴菲特说他实际的个人所得税税负，相当于他公司里的中层人员，其中有什么道理？在美国，只要将资本利得拿来直接做投资，就只需面对一个低水平的比例税率。中国的厂主型富豪本人与家庭的各种消费，都可列入公司费用支出，不体现为薪酬。另外，在实际收入方面，信息手段也不太全面（到现在我国金税四期有望在这方面起一些支撑作用）。前些年，有些税务专管员还会跟企业主强调：你总得给自己开工资，让我看看你开了多少工资？他不好意思，就给自己安排一年三五万元，多少起到了促进其交个税的作用。

未来中国如果把非劳动收入加入综合税基，那么加什么是很重要的。我觉得在直接投资方面要借鉴国际经验。对其他如利息形式的金融资产、财产性收入，在下一轮改革中是否也应该考虑呢？

这仅是我自己的一些感想与观点。总体来说，中国现在把收入分配问题的优化放在现代化全局中考虑，应该注意怎么发挥建设性的务实推动作用。希望研究者对这个复杂的问题，能提出建设性、启发性的见解。

国家治理现代化与财政现代化取向下的财政全域国家治理[①]

"国家治理"理念近几十年来日益为学术界和社会各方看重。在我国,党的十八届三中全会明确提出了"国家治理体系和治理能力现代化"的指导方针,将其作为"全面深化改革的总目标",并指出"财政是国家治理的基础和重要支柱",要求优化这一"实现国家长治久安的制度保障"。我们有必要特别注重"治理"概念与以往习惯运用的"管理"概念的重大区别:管理所强调的是一个自上而下的掌握架构,而治理所强调的是把管理和自管理、组织和自组织、调控与自调控熔于一炉的多元主体互动架构,由此可望更好地调动一切潜力、活力与积极性。

国家治理体系,囊括国家行政制度、决策制度、司法制度、财政税收预算制度、监督制度、社会自治制度等,是在一国历史传承、文化传统、经济社会发展基础上长期发展、渐进与突变相结合、以内生性为主的演化结果。国家治理体系和治理能力是一个国家的制度安排水平和制度执行能力的集中体现,两者相辅相成——只有具有良好的国家治理体系,才能提高国家的治理能力;也只有提高和优化国家治理能力,才能充分发挥国家治理体系的效能。

[①] 2023年5月16日,发表于《经济研究参考》。

一、国家治理的现代化取向与中国走入的历史性考验期

"现代化"是一个基于比较的发展进步取向，是在世界民族之林中横向比较才能得出的判断和结论。

新中国成立后，对于实现中国现代化的这一历史性、战略性取向，一向是坚定不移的。启动"一五"计划后，毛泽东曾经在 1956 年前后反复讨论怎么样发展更快更好些，并在此讨论过程中形成了著名的《论十大关系》。1964 年底，在三届全国人大一次会议上，周恩来又在 20 世纪 50 年代已有的认识框架基础上明确宣布了总体奋斗目标，即 20 世纪末我国要实现农业、工业、国防和科学技术的现代化，简称"四个现代化"。这样的目标引领，对全体社会成员产生了莫大的鼓舞，明确地给公众以向往，给人民以期冀。1975 年 1 月，四届全国人大一次会议重申了 20 世纪末实现"四个现代化"的奋斗目标，得到了广大人民的由衷拥护。"四个现代化"在当时，可谓凝聚了亿万人心。

当历史终于给出机会，开始改革开放时，邓小平设计勾画了现代化民族伟大复兴"三步走"战略，提出到 2050 年前后中国基本实现现代化。当时并没有什么严格的模型、测算来为邓小平提出的这一宏伟战略做决策参考，但他看准了中国在党的"以经济建设为中心"的基本路线贯彻中的潜力，其后的社会实践雄辩地证明了这一决策的高水准。在 2000 年之前的两步（"翻两番"）提前实现之后，摆在中国人面前的问题，又有中国经济总量位居世界第二之后，2050 年的第三步目标怎样实现。这也是党的十八届三中全会提出"现代国家治理"所面对的最实质性的问题，以及党的十九大以"新的两步走"做出具有时间表特征的战

略部署所要解决的"顶层设计"问题。

为解决好这个问题,在治国理念上,党的十八届三中全会通过的《决定》强调"治理",而不是沿用过去常说的"调控管理"。本文开宗明义,已指出调控管理是表述一国政府自上而下行权的一个架构,而治理则是要求有多元主体充分互动、更多平面展开而形成的具有最大包容性的制度安排和机制联结:这个治理体系里面有管理,也有自管理;有调控,也有自调控;有组织,也有自组织,从而可望最大限度地"解放生产力"。现代治理的内在逻辑是:中国共产党从革命党转为执政党,以最豁达的心胸,秉持人类文明发展中已形成的包容性增长前沿理念,调动起所有多元主体的积极性和社会能量,释放出所有的潜力、活力与创造性、建设性。

在多年的探索和奋斗之后,应清楚地看到,"中华民族伟大复兴"的中国式现代化,基本概念内涵已有了充分的提升和明确的理性原点。第一,"中国梦"这一生动的用语,与百年来仁人志士的主流追求和我们党的现代化战略思维一脉相承,"中国梦"是从人本主义立场出发的,就是我们党所说的"人民对美好生活的向往,就是我们的奋斗目标",即实现"中国梦",是为人民群众谋幸福,且一定是要寻求正确处理眼前与长远、局部与全局利益关系的实质性、可持续的公众幸福。第二,"中国梦"不是狭隘民族主义的,而是寻求世界各民族的多赢、共赢,是在全面开放中以经济手段为主,走和平发展之路。邓小平当年有一个全局性的基本判断,提出"和平与发展是当今时代的两大主题"[1]。也

---

[1] 参见中国经济网: http://intl.ce.cn/zhuanti/wj/dsj/200909/14/t20090914_20013019.shtml。

就是说，我们的时代主题，已不是要解决"谁战胜谁"的零和博弈问题，而是要解决人类作为"命运共同体"如何"摒弃你输我赢的旧思维"共赢发展的问题。

邓小平提出，到 21 世纪中叶人均国民生产总值达到中等发达国家水平[①]——在前些年中国经济体总量位居世界第二以后，再看看我国的人均 GDP，当时还只是排在世界第 100 位左右，这些年还在逐渐向上爬升位次——那么可知，中国再经过几十年的奋斗，作为世界人口规模遥遥领先的大国，主要人均指标能达到前 20 位的发达国家水平，再综合其他的现代性要素，综合国力在世界民族之林中一定会名列前茅。这个由追赶而力求"后来居上"的现代化"追赶—赶超"战略，是中国和平发展不可否定的实质内涵。习近平关于现代化"中国梦"的战略设计，就是"善于守拙、韬光养晦"，"不争霸"，连接追赶的过程，追赶之后实现民族伟大复兴——应再次强调，和平发展绝对不是狭隘的民族主义，而是要寻求多个民族国家的多赢、共赢，是人类社会"全球化"背景下多个经济体以"人类命运共同体"为基本逻辑取向的"包容性发展"。

然而，当中国站在历史发展的新起点上，伴随"黄金发展期"而来的"矛盾凸显期"无可回避，在外部面对国际竞争的同时，内部从"物"的角度遭遇的物质生活条件方面资源环境制约危机因素（如大气污染和水流、土壤的污染以及人们普遍关注的食品安全问题）和"人"的角度面临的人际关系矛盾制约（如收

---

① 参见新华社客户端：https://baijiahao.baidu.com/s?id=1753601723475907026&wfr=spider&for=pc。

入分配、财产配置方面的不公）趋于明显，要想如愿跨越"中等收入陷阱"并对接"新的两步走"时间表，就必须依照《决定》所要求的实质性全面改革来化解矛盾，在实现全面小康社会后力求使全面改革"取得决定性成果"——这就是中央大政方针和现代化部署的所有内容落到最关键点上的精神实质，即在改革深水区攻坚克难，从而进一步解放生产力，实现高质量发展，否则难以如愿实现现代化。在黄金发展特征淡化的时候，我们面对化解矛盾、消除种种陷阱威胁的严峻挑战和历史性考验，必须在这一历史性考验期交出合格的答卷。

二、国家治理现代化在资源配置制度建设层面的延伸：现代市场体系

根据中央精神简化表述的"现代国家治理"这个核心理念，是在中国人过去所有的追求和逐步形成的现代化认识基础之上，承前启后、聚焦全面改革取得决定性成果这一追求之上的。与全面改革取得决定性成果相关联，必然要讨论总体资源配置的机制问题，以及必须在资源配置层面解决好的制度安排、机制建设基本取向问题，即正确处理政府与市场关系这一经济体制改革的核心问题。

党的十八届三中全会第一次提出"使市场在资源配置中起决定性作用"，这是来之不易的。改革开放之初，我们在宏观层面上寻找突破口，要"摸着石头过河"，渐进改革，因为中国不可能搞"大爆炸"式突变改革，国民经济无法"停车检修"，不可能一夜之间取消指令性计划，于是决定 1980 年从财政开始实行

"分灶吃饭",并在向地方放权的同时,明确要求权力继续下放到企业,让企业活起来。打开这个空间以后,后续的计划体制改革、投资体制改革、劳动人事制度改革、金融制度改革等再逐步推出。到了1984年,才通过中央全会的形式正式做出关于经济体制改革的决定,当时总体上定位为"有计划的商品经济"。这一表述中并没有"市场"二字,但是既然讲商品经济就离不开市场,那么市场取向改革在这里就可以有一个名正言顺的包容性表述了。当然那时候还有人囿于传统思维只强调前面的三个字,认为再怎么讲商品经济,社会主义还是以计划经济为本质。1987年,党的十三大报告把"有计划的商品经济"进一步表述为"国家调节市场,市场引导企业",这是一个很清晰、符合市场化改革逻辑的关于"间接调控"体系的要求,即政府不再是"一竿子插到底"管控企业,而是使用法治化环境中规范的经济参数手段(如利率、税率、折旧率等)影响生产要素的价格信号,给出微观主体自主做出生产经营决策的空间,以求解放生产力,使千千万万分散的市场主体的聪明才智可以真正地释放出来。

1992年,党的十四大确立了社会主义市场经济体制改革的目标,而后的1994年财税配套改革,是打造社会主义市场经济所必需的间接调控体系的重头戏。在确立市场经济目标模式之时,党的十四大同时提出使市场在资源配置中发挥"基础性作用"。又经过20余年的实践拓展和认识深化,党的十八届三中全会通过的《决定》提出,发挥市场在资源配置机制中的"决定性作用"——这把汉语语境里的"市场经济"和相应的资源配置机制特征说到位了,学理上形成了一个理顺逻辑关系的规范化表述。当然这个"决定性作用"是指对于资源配置总体来说,并不是市场决定一切，不是在每一个场合、每一个具体领域特别是非经济领域都由市场决定，所以还要"更好发挥政府作用"。

"决定性作用"的表述对于中国长远发展的影响是重大而深远的。特别是在提出"决定性作用"概念后，还多次强调提出了"现代市场体系"的概念和制度建设任务，并明确地勾画了以"现代企业制度"为基础的"混合所有制改革"，为打造中国特色社会主义市场经济微观经济基础的主线，为中国今后几十年完成现代化"中国梦"构建了重要的制度安排框架。

三、以现代财政制度匹配现代国家治理

"现代国家治理""现代市场体系"，以及"使市场在资源配置中起决定性作用"结合在一起，便可更好地理解作为基础支撑的"建设现代财政制度"的改革任务。党的十八届三中全会通过的《决定》首次提出"财政是国家治理的基础和重要支柱"，这完全符合学理，是严谨的文字表述。财政，在其生产关系层面，是以社会政治权力（公共权力）中心为主体的、主要来自社会剩余产品的财政收入的具有集中性特征的分配，可称为政权体系"以政控财、以财行政"的分配体系，处理的是公共资源配置问题，而公共资源配置的优化，一定会拉动和影响整体资源配置的优化。财政预算体现国家政权活动的范围、方向、重点和政策要领，以财力安排规范政府该做什么、不做什么，既不越位，也不缺位，使政府能"更好地发挥作用"——这种在公共资源配置领域政府职能的合理化，当然要成为现代国家治理的基础，这完全符合所有的经济学知识和逻辑演绎分析。在现代市场经济条件

下，财政本身具有综合性特征，财政分配"以政控财、以财行政"中的收、支、管、平，以及政府与企业间、公权力与公民间、中央地方政府间财政关系的正确处理，不仅是构成一个国家政治、经济、社会良好运转的前提和基础，也是决定国家治理能力强弱的关键因素。

总之，从财政的本质属性、财政在国家治理体系以及国家宏观管理中的作用来看，财政通过配置公共资源，必然影响、拉动整个社会的资源配置，是政府能动发挥职能作用的"庶政之母"，无疑是国家治理的基础和重要支柱。可以说，作为现代国家治理体系的重要组成部分，现代财政制度决定着国家治理能力的高低。

（一）财政是国家治理的基础

"国家治理体系"概念的出现，实质上是现代国家理念与政府管理模式的一种自洽性调适。与传统的管理与统治相比，国家治理的目标，将不再仅仅以防范和消弭社会矛盾、维护社会秩序为主要任务，而是要更多致力于实现"社会和谐"与"社会发展"主题的对接，寻求最大"包容性"地实现发展中所有潜力、活力的最大限度的释放。"治理"不同于过去强调的自上而下的"调控"和"管理"，用"治理"替代"管理"，也并不能与"政"让位于市场简单地画等号。"治理"所强调的是一套以现代化为取向的制度安排和机制联结，意在包容和发挥各种主体的潜力形成最大的活力与可持续性。而财政本身在具体管理表现形式上的预算收支，是体现国家政权体系活动的范围、方向、重点和政策要领，首先应在自己制度体系安排层面，处理好政府与市场、中央与地方、公共权力体系与公民这三大基本的经济社会关系。即"以政控财、以财行政"的财政分配，要使政府既不"越位"又不"缺位"，在市场发挥资源配置决定性作用的同时，发挥政府应该发挥的维护社会公平正义、让市场主体在公平竞争中释放活力、弥补市场失灵、辅助弱势群体、优化收入分配等作用，并支持政府与社会资本合作等体制创新，从而促进资源配置绩效提升、社会和谐与长治久安。尤其在当今市场经济条件下，财政体制内嵌于市场经济体制之中，作为政府、市场、社会之间连接的纽带和经济体制改革与政治体制改革的交汇点，其本身的健康、稳定、平衡、效率，运行过程的法治化、制度化、规范化水平以及对社会公平问题的矫正等内容，都关乎一个国家的治理体系和治理能力的现代化水平。

（二）财政是国家治理现代化所必需的全面改革的重要支撑

现阶段在我国全面深化改革的背景下，经济、社会、政治、文化各个领域中多种矛盾和问题相互纠结，任何单项的改革"单兵突进"都已经不能奏效，我国改革已经进入一个客观地要求全面综合配套（实际表现为多轮的"最小一揽子"配套改革）的历史时期。经济改革、社会改革和政治建设相关改革等要密切协同推进，意味着原来的改革路径、改革方式、改革方法有不少方面已经不合时宜，需要创新。如果说改革开放的前30多年，财政改革有力地支持了各项改革的顺利进行和社会经济的稳步发展，以"放权让利"式的改革"解锁"了高度集中的计划经济体制，从而成为经济体制改革的突破口，那么其后的财政改革则应是包括经济改革、社会改革和政治改革在内整体改革的突破口，应在新时期的改革框架中处于基础性制度建设地位。例如，实现政府职能转变，使市场在资源配置中发挥决定性作用，就需要政府的财政活动逐步从生产建设性领域中退出——这种退出具有战略性调整意义，以提供公共产品和公共服务为主，积极建设服务型政府，着力提升公共服务能力；为实现基本公共服务均等化，建设和谐社会，就需要政府加大对中西部地区、欠发达地区的转移支付力度；为改革收入分配制度、促进社会公平正义，就需要进一步完善税制结构，逐步提高直接税的地位和比重，优化实现个人所得税的"分类与综合相结合"的征收机制，并积极完善财产税，如房地产税的立法与推出、遗产税的研究开征等。可以说，中国在现代化之路上发展进步的方方面面，都离不开财税政策的支持和财税体制的完善，财政必然成为我们解决社会发展中相关问题的一大关键环节和国家治理现代化所必需的全面改革的重要支撑。

（三）财政政策是实现国家治理能力提升的重要工具

在市场经济条件下，财政政策是国家实现宏观调控和治理的重要工具，政府部门通过使用预算、税收、公债、补贴、投资等政策工具，"熨平"经济周期波动，实现经济稳定、结构优化、公平分配、改善民生等一系列政策目标。合理设计的财政政策及其执行机制能够在一定程度上发挥"自动稳定器"的作用，在经济增长过快时，通过减少开支、增加税收以抑制经济过热；

在经济增长放缓时，通过扩大政府支出、减少税收来促进经济较快增长。党的十八届三中全会中提出的"审核预算的重点由平衡状态、赤字规模向支出预算和政策拓展"这一转变，就是财政政策工具在实现宏观经济稳定中优化其作用的一种典型表述，因为将预算审核的重点放在年度的预算平衡和赤字规模控制上，加上现阶段我国以流转税为主要税收来源的制度特征，很容易导致宏观经济管理中的"顺周期"行为，即在经济偏"热"的时候，财政收入增长快，反而倾向于少收、扩支；而在经济偏"冷"的时候，本来财政收入就增长缓慢，反而要多收或减支，容易导致部分地方政府收"过头税"的问题。如此，政府的宏观调控不但不能"熨平"经济波动，反而极易"放大"经济波动。关联于此，财政在服务于国家治理的宏观调控方面，具有不可替代的结构优化调节功能和作用。财政可以积极运用其支出安排与"突出重点、兼顾一般"的政策工具，配合产业政策、技术政策、区域政策、收入分配政策等，实施区别对待的"定向调节""点调面控"，从而促进高质量的发展和增进社会的和谐，实现国家治理能力的提升。

四、以财政全域国家治理为框架，建立现代财政制度

基于前文的简要考察分析，可知财政分配公共资源的影响效应联系、渗透、辐射于经济与社会生活的方方面面，直接或间接地、无所不在地作用于国家治理的全域，所以有必要进一步展开认识创新构建财政全域国家治理框架的必要性和对于促进财政现代化等的现实意义。

（一）财政基础理论层面需要以财政全域国家治理为基本框架，实行与时俱进的创新

随着时代、发展阶段等因素的变化，财政基础理论也应与时俱进，不断丰富、完善和创新。在党的十八大以来确立的"五位一体"总体布局和"四个全面"战略布局的历史背景下，财政基础理论层面已有以财政全域国家治理为正面表述与基本框架创新的积极探讨。财政全域国家治理框架是将基础理论研究成果与实践紧密结合的认识框架，意在更好地为财税配套改革与制度建设提供理性支撑。

改革开放之初明确"以经济建设为中心"；1986年，党的十二届六中全会提出"以经济建设为中心，坚定不移地进行经济体制改革，坚定不移地进行政治体制改革，坚定不移地加强精神文明建设"的"三位一体"总体布局；2006年，党的十六届六中全会提出构建社会主义和谐社会的重大任务，"三位一体"扩展为经济、政治、文化、社会"四位一体"总体布局；2012年，党的十八大报告提出经济、政治、文化、社会、生态文明"五位一体"总体布局。这一发展过程是党不断总结社会主义建设经验，面对发展中存在的问题和矛盾，不断深化对中国特色社会主义建设规律的认识，适应我国发展阶段变化、顺应人民群众期待、丰富治国理政理念的重大理论创新；也是不断提高驾驭全局、谋求全面发展能力，不断提高国家治理的能力和现代化水平，优化推进社会主义现代化事业的实践创新。从经济、政治、文化再到社会和生态文明建设，财政这一国家政权"以政控财、以财行政"的分配体系都责无旁贷，需发挥重要的支撑和基础作用。

熊彼特曾提出，财政不只是简单的技术和工具，而是塑造现代国家的利器，有什么样的财政就有什么样的国家。财政塑造着现代经济、官僚体制、社会文化与价值、国家与社会的关系，以及这个国家的人民。

在我国沿着中国特色社会主义道路进行现代化建设的过程中，党中央要求加快发展社会主义市场经济、民主政治、先进文化、和谐社会、生态文明，在各领域全方位发展。其中每一领域都离不开财政的参与和支持。

1. 经济领域的财政治理机制

在经济领域，坚持发展和完善社会主义市场经济，注重把握经济增长速度、提高经济发展质量和优化经济结构等重要关系，都离不开财政的积极参与和大力支持。比如，把握好一定的经济增长速度，加快发展方式转变，打造经济"升级版"，尤其是在引领经济步入"新常态"的阶段，更需要稳字当头，稳中求进，必须在财政分配中掌握好"稳增长、优结构、促改革、护生态、防风险、惠民生"的"统筹全局、突出重点、兼顾一般"的全套政策要领。资源配置中要发挥市场总体上的决定性作用，还要更好发挥政府作用，包括以财政资金和税收杠杆促进产业发展、创业创新，做大经济"蛋糕"，优化产业结构、区域结构和城乡结构，促进、支持、引导、调节、激励实体经济、数字经济、服务经济、农业经济等方方面面，打造"国民经济升级版"。

2. 政治领域的财政治理机制

在政治领域，注重维护国家安全、实现政治文明、促进民主法治和长治久安，财政是坚实的基础和制度机制的先导因素。首先，维护国家政权体系正常运转，保障坚强的军事、国防力量，是安全和稳定的基本要求。若没有财政资金投入军队、国防等方面的建设，以上这些便无从谈起。其次，实现全面依法治国的民主法治政治文明，要从制度上、机制上理顺和平衡各方利益关系、政治诉求，从公众必然关切的公共资源配置机制中的税收、预算和公民意愿表达、多重监督制度建设入手，把权力关进制度的"笼子"里，从源头上预防与减少腐败，维护公平正义、减少社会矛盾和纠纷，以财政制度现代化增加政府透明度和公信力、提高执政绩效水平。

3. 文化领域的财政治理机制

在文化领域，要实现中华民族伟大复兴，必须构建社会主义核心价值体系和提高国家"软实力"，这离不开财政的重要支持。文化的发展、进步与繁荣是综合性的多元互动的系统工程。财政要在保障资金投入、实行税收优惠、完善制度机制等方面，把文化科技教育的创新发展摆在国家发展全局的核心位置，深化文化科技教育体制改革。中国的传统文化底蕴深厚，但精华与糟粕并存，现代化进程中亦遇到严峻的挑战和复杂的"去粗取精、去伪存真、推陈出新、弘扬光大"的客观需要，这一进程，关联思想的解放，社会各界、各阶层的良性互动，以及与国际社会的广泛交流和启发促进，财政要以多种手段助力政府和非政府的多元主体的互动，国际社会的合作、交流和文化大概念下多元、多门类内容的包容式发展。

4. 社会领域的财政治理机制

在社会领域，构建和谐社会，维护民族团结，保障社会稳定，防灾减灾，发展基层自治机制和发挥"第三部门"社会公益团体、志愿者组织的作用，也都离不开财政的鼎力支持。财政在解决就业、养老、医疗、住房等民生问题时必然从"托底"和"雪中送炭"层面开始发挥重要的支撑作用，对于调节收入差距、促进社会公平、缓解社会矛盾、维护社会稳定和谐，亦会起到不可替代、举足轻重的作用。此外，在积极促进发展基层自治机制，以及发挥民间团体、社会公益慈善和志愿者组织作用，填补社会服务发展的一些薄弱领域，诸如加强环境保护、消除贫困、援助落后地区教育等方面，以财政的引导、激励、合作来实现创新、融合与完善，也是不可或缺的制度机制。

5. 生态文明领域的财政治理机制

在生态文明领域，为有效防治大气、土壤、水、噪声、光等各类污染，保护自然环境和资源，努力建设美丽中国，特别需要财政的支持与贡献。生态文明建设是经济社会可持续健康发展的条件保障，关系人民福祉、民族未来。通过增加财政资金运用中完善转移支付制度和定向补助、专项资金支出等激励、引导手段，并通过设计与施行资源税、环境税等税收政策，可以强化重点生态建设项目、建立健全资源有偿使用制度、优化物品的市场比价关系，从而促进节能降耗、绿色、低碳发展，发挥财政支持生态文明建设的重要作用。这些也密切关联于促进产业升级、优化经济结构和转变经济增长方式，以及发挥非政府组织作用等，直接或间接地有利于生态保护与优化。

6. 财政全域参与国家治理的重要作用以及认识上应有的系统化

上述这些领域相互影响、相互作用，其间也凸显出作为国家治理基础和重要支柱的财政，其"牵一发而动全身"地连接各领域的重要作用和地位。经济领域的逐步强大，正在铸就我国在国际舞台和全球治理合作中的强大实力和地位，为我国参与全球化进程、提高话语权、改善国际政治经济秩序和格局奠定坚实基础；政治稳定为经济发展和社会稳定提供环境；经济发展和政治稳定有利于促进各方关注和追求先进文化建设、社会"自组织"取向下的渐进成熟，以及生态文明建设水平的提高。这种全方位的系统化联系，在理论上的应有反映和框架化的清晰认知，便是如实和鲜明地形成财政全域参与国家治理、全面渗透和优化经济社会生活的概念及分析与认知框架。

财政的现代化呼应和服务于国家的现代化，制度安排层面表现为建立现代财政制度——这是一整套、一系列相互协调、相互关联的财政制度体系，包括现代预算制度、现代税收制度、现代政府债务管理制度、现代国库集中收缴和集中支付制度、现代转移支付制度、现代政府采购制度、现代国有资本管理制度、现代财政支出管理制度、现代财政监督制度等覆盖财政活动所有领域。我们迫切需要结合全面改革的顶层设计系统论思维及财政改革与发展中的"问题导向"，重点推进现代预算制度、现代税收制度改革，理顺政府间事权与支出责任关系体制，创新财政投入机制，切实提高财政管理及依法理财的能力与绩效。

(二)建立现代预算制度

现代预算制度是现代财政制度的核心载体,因而是建立现代财政制度的关键环节,对推进国家治理体系和治理能力现代化的意义不言而喻。党的十八届三中全会以来,中央对改进预算管理制度屡次做出明确要求:实施全面规范、公开透明的预算制度;修订后自 2015 年 1 月 1 日起施行的《中华人民共和国预算法》(以下简称新《预算法》),新《预算法》被视为调整预算关系和规范收支行为的"经济宪法"和"宪法性法律",是我国财政领域的基本法律制度,是发挥和实现财政全域国家治理功能的重要制度保障。新《预算法》对于完善政府预算体系、逐步实行全口径预算、建立跨年度预算平衡机制、规范地方政府债务管理、完善转移支付制度、推进基本公共服务均等化、硬化预算支出约束、健全透明预算制度等而言,是重大的立法进步,标志着我国向建立全面规范、公开透明的现代预算制度迈出了坚实的一步。

在以现代化取向的预算改进中,要吸引和扩大相关主体参与预算编制,包括各级政府财政与其他部门单位以及人大、政协和社会公众的参与,增加预算编制时间,拓宽预算视野,在预算编制环节展开多方博弈论证以促进预算编制内容的合理性。只有这样,才能不断提高预算编制水平,科学合理地安排预算内容,全面体现国家治理"五位一体"总体布局下合理统筹配置财政资金,进而有利于在预算执行过程中保持法律的严肃性。要实现所有政府财力纳入一本账的全口径预算,编制跨年度预算实行财政中期规划管理,引入权责发生制和建立健全政府财务报告制度与报表体系。在预算执行中，要硬化预算约束，增加预算透明度，强化预算法律效力。此外，应加强预算监督，注重执行实效和构建绩效预算。

中央的指导方针和新《预算法》为在我国建立和完善现代预算制度指明了方向并奠定了坚实基础。现代意义的预算，必然具备事前决定、公开透明、尽可能反映公众意愿和专业水准、经立法机关批准后具有法律效力，从而得到严格执行并匹配责任制约束等特征。在我国实践中还应根据实际情况和工作进度，逐步修订《中华人民共和国预算法实施条例》，研究制定与现代预算制度相关的转移支付制度、政府债务管理制度、政府综合财务报告等更为详尽的规章制度等，逐步形成一整套较为完善和具有权威性、严肃性、可操作性的现代预算制度。

（三）建立现代税收制度

现代税收制度是在"税收法定"原则下解决政府履职的主要财力"钱从哪里来""怎么来"问题的基本制度安排，成为现代财政制度的重要基础，是国家依靠政治权力体现国家治理意图与调节导向的重要手段。经过多年税制改革，我国已建立了多税种、多环节的复合税制，初步形成了现代税收制度的框架体系。但在实际税收中，流转税仍占绝对主体地位。在全部税收中，流转税（包括国内增值税、国内消费税、进口货物增值税和消费税、车辆购置税等）与直接税（包括企业所得税、个人所得税等）的税收比例大致为 70∶30。而且，各类企业（包括国有企业、集体企业、股份合作企业、股份公司、私营企业等）与自然人（即非企业）的缴税比例大致为90：10。

这说明，在我国流转税已成为实际生活中名副其实的绝对主体税种，这与国际经验表明的现代税制的结构特征尚存在较大差异，同时也反映着现阶段我国税收制度建设与税收征管改革中存在的一系列"顺周期调节""再分配功能薄弱"等问题。因此，中国税制体系的现代化还需长期深化改革，在现代税收制度建立和完善过程中，应坚持以下原则。

一是在税制建设与改革中，税种设置要体现国家治理战略意图，服务于优化资源配置，维护市场统一，促进社会公平和国家长治久安的目标。在逐步提高直接税比重、改进各个税种具体设计的改革进程中，需以"走向共和"的博弈机制在"配套改革"路径上实现改革深水区的"啃硬骨头"攻坚克难。税收负担需要动态合理化，税率制定应具有专业水准和公众可接受性。同时要统筹把握税收收入、国债收入等与预算支出的平衡关系，兼顾国家、企业、个人相关各方主体战略利益与发展诉求。

二是税收法定，立法先行，动态完善。我国目前的18个税种中，经过努力已建立了《中华人民共和国企业所得税法》《中华人民共和国个人所得税法》《中华人民共和国车船税法》《中华人民共和国环境保护税法》等法律，但其他税种主要通过相关行政规章、暂行条例或规范性文件来制定规则，法律层级较低，有待进一步推进税收相关法律体系的建设和完善。

三是依法治税，引导诚信纳税，降低税收成本，服务企业创业创新。在合理制定和完善税收立法的基础上，必须依法征税，严格执法，并积极引导纳税人诚信纳税，进一步完善相关征税基础设施建设，建立各级政府间对企业和个人相关信息的共享机制，提高企业或个人违反税法偷逃税款的成本和代价，加大惩处力度；并且需在建设服务型政府取向下，使税务机关的税收征管与服务企业创业创新的信息、政策供给相结合，降低纳税人的遵从成本和税务机关的征收成本。

（四）理顺政府间财政关系，建立事权与支出责任相适应的财政体制

国家治理离不开中央政府和地方各级政府间的体制协调与共同努力。中央政府主要负责国家治理顶层设计、战略部署等；各级地方政府则是国家治理战略安排在各辖区范围内的重要执行者、推广者、落实者，要保证国家政令统一畅通、信息及时上传下达，运行机制在中央、地方政府与广大人民群众、企业、社会组织等主体之间形成重要的桥梁和纽带。建立分工合理、权责一致、运转高效、法律保障的国家权力纵向配置体系，是形成合理的行政秩序、市场秩序和社会秩序的基本前提，是推进国家治理体系和治理能力现代化的重要内容和必然要求。

因此，要以财政分配和政府间财政体制合理化为依托，处理好中央与地方政府的关系。这关乎国家治理战略意图的实施和社会大局的稳定与发展。纵观我国历史，几千年间经历了"天下大势，合久必分，分久必合"的发展过程。除了外来入侵因素，中央与地方的关系问题也是重要的影响因素，无论是地方实力太强而产生群雄割据、诸侯争霸等问题，还是地方实力太弱、治理太差而产生过度集中、民生凋敝等问题，都无法实现长治久安。在现代市场经济框架下，理顺中央与地方及地方政府间的财政关

系，是促进各级政府更好履行治理职能的重要基础和保障。早在20世纪50年代，党中央就明确提出要发挥中央和地方的积极性，党的十八大以来，决策层强调建立事权和支出责任相适应的制度。事权就是各级政府履行国家治理职能开展具体相关事务、事项、工作的权力。事权按不同政府层级分中央事权、地方事权、中央委托地方事权、地方政府之间上级对下级政府委托事权等。支出责任是政府在行使国家治理职能的过程中，对承担的具体事务、事项、工作，有责任提供或筹措必要的经费或资金并实施财政支出管理（处理"钱用到哪里去，怎么用"的问题），以保障其事权事务等工作的顺利完成。事权和支出责任相适应就是各级政府对承担的事权要有合理、清晰的界定，并有与之相匹配的经费或资金，尤其是在各级政府发生委托事权的过程中，做到经费或资金的责任主体同时转移、拨付相应的经费，以保障事权或委托事权的顺利完成。事权和支出责任相适应的一个重要前提就是，首先各级政府的事权划分要明确清晰，而且最好是以法律制度的形式予以确认。事权划分是现代财政制度有效运转的基础和支撑，是理顺政府间财政关系的逻辑起点和前置条件。只有事权清晰，才可以明确履行事权的责任主体，只有事权的主体明确到位，才可以明确主体所具有的支出责任，即形成预算科目相对应的具体、可问责的支出责任。如果把事权委托给下级承担，应把相应的资金同时拨付或转移支付给下级使用，使事权的受托方不仅接受事权，也接受开展此项事权的经费和资金。

为合理调动地方政府的积极性，一是要清晰合理地让事权与支出责任相适应，这样即使地方是受托方，接受上级事权委托，也能够使事与钱对应，完成相关事权得到资金的保障。二是要给予地方政府或下级政府在国家治理框架下政府间财政分配关系的一些必要的参与决策权力。地方政府有地缘优势、信息优势、执行优势、效率优势、监督优势等，给予其一定的参与决策权，有利于发挥地方诸多优势，并且提高中央和地方乃至整个国家的治理能力。

整体而言，打造适应现代国家治理与现代财政制度的中国财政体制，需在1994年具有里程碑意义的分税制改革基本制度成果基础上，积极稳妥地深化改革，以"乡财县管"和"财政省直管县"为财政层级与行政层级"扁平化"的切入点，逐步实现中央、省、市县"三层级"框架下按"一级政权、一级事权、一级财权、一级税基、一级产权、一级举债权、一级预算"原则的"横向到边，纵向到底"的"分税制为基础的分级财政"，配之以中央、省两级自上而下的转移支付以及辅助性的地区间横向转移支付，使所有的行政区域都能达到"财权与事权相顺应，财力与支出责任相匹配"的良性运转境界，从而以财政全域国家治理框架保障长治久安意义上的国家政权体系职能的合理履行，使基本公共服务均等化托底的人民美好生活需要不断得到满足。

（五）创新财政投入机制，发挥财政资金引领带动示范效应

国家治理内容丰富、事项繁多，财政作为国家治理的基础和重要支柱理应致力于财政全域国家治理，这对财政来说，既是光荣的责任，也是持续的挑战。财政管理的一个最佳境界，就是在以财理政、实施财政全域国家治理的过程中，发挥"四两拨千斤"式的杠杆撬动和引领作用，使财政贯彻国家治理意图的资金

分配产生乘数效应和放大效应，使财政资金所到之处能够带动社会、民间的许多资金所向披靡，共同实现国家治理的意图，达到"共赢"的效果。为此，应积极创新财政投入机制和方式，优化财政资金运行机制，重视和促进包括政策性金融等在内的财政与金融的结合，大力示范和推广公私合作——政府与社会资本合作机制来带动社会资本，提高财政资金使用效率，发挥财政资金的引领带动与示范效应。例如，财政扶持产业发展的投入方式可从直接投入转向部分间接投入，通过建立基金、风险池，提供担保等方式，政府引导叠加市场化运作模式，吸引市场主体共同参与扶持和促进产业结构优化发展，既有利于发挥市场在资源配置中的决定性作用，又有利于提高财政投入杠杆效用与引导作用。

（六）提高财政管理能力，强化现代财政制度执行能力和提升其绩效水平

财政管理能力是在落实现代财政制度建设中体现治理能力、执行能力水平高低的关键所在，是执行财政制度、落实财政政策的"最后一公里"事项。没有财政管理，一切制度和治理目标都会流于空谈。各级政府和财政部门在多年的工作实践中，枳累了丰富的财政管理经验，但在我国制度安排规范化、法治化的进程中，面对经济形势发展变化中产生的新问题，还要进一步创新和提高财政管理能力，特别是财政制度与政策因地制宜、相机抉择的权变执行能力，抓好财政制度和财政政策诉求的落实。

五、结语：财政全域国家治理战略思维的指向

总之，财政全域国家治理框架，是新的历史时期与时俱进地适应客观现实需要而于财政理论创新中对财政功能定位的逻辑性延展，在实际工作中，其指向则是从人们过去早已有所认识的"跳出财政看财政""财政服务全局、支持长远"，以及以"建设财政""经营管理型财政""公共财政"等的递进转型而进一步构建"现代财政制度"的认识升华，使理论认识更好地指导实践，促进全面渗透和优化经济社会生活的现代财政制度建设与国家治理体系和治理能力的现代化，支撑全面改革和全面依法治国。财政全域国家治理的正面表述，也合乎逻辑地有利于确立财政部门和财政工作者的全局意识、创新意识和服务大局的担当意识，形成应有的战略思维和战略实施能力。

因此，可以认为，财政全域国家治理框架是中国在推进现代化进程中，在新的历史时期、新的时代背景，即"五位一体"总体布局和"四个全面"战略布局中，与中国式现代化顶层设计框架相适应的财政领域理论联系实际的创新，对接着财政改革与发展中"问题导向"的制度和机制创新建设的现实需要和民族国家现代化和平发展的战略目标诉求。当然，以"全域"的正面表述更好地形成广阔的视野与研究对象之后，这一框架还需要不断地研讨、完善、丰富并接受实践的进一步检验。

中国省以下财政体制改革如何深化[①]

深化省以下财政体制改革,需在坚持1994年分税制改革基本制度成果的基础上,贯彻落实党的十八大、十九大提出的理顺中央与地方事权和支出责任、改革税制、优化预算管理三大改革任务。本文将结合2022年6月"国办20号"文件,研讨省以下财政体制改革的若干重点问题,在理解"分税制"体制实质内容和坚持1994年分税制改革大方向的前提下,依财政体制的"政权—事权—财权—税基—产权—债权—预算"逻辑链条,讨论中央、地方分级事权与支出责任合理化问题,与之紧密相连的财政层级问题,向包含省、市县两级的三层级框架过渡的问题,以及地方税体系建设、以税基配置为主导的财力(含资产收益)划分和加强地方分级预算管理、对地方债兴利防弊等问题。

中国在改革开放之路上的制度变革创新,实际上形成了始自"摸着石头过河"、"渐进"和"局部突变"相结合,逐渐注重配套协同"最小一揽子多轮推进"的实施路径。财政作为"国家治理的基础和重要支柱",在我国几轮重大改革部署的施行中,都合乎逻辑地先行,担当了改革"突破口"的重任。在1980年"分灶吃饭"、1994年"分税制"两次具有里程碑意义的大动作

[①] 本文发表于《地方财政研究》2022年第9期。

之后，特别应提及的，是2013年11月党的十八届三中全会之后，中央政治局根据《中共中央关于全面深化改革若干重大问题的决定》首先审批通过的财税配套改革方案，其所规划的理顺财政管理体制、完善预算体系和改造税制体系的改革任务，还在进一步贯彻落实的过程中。2022年6月，国务院办公厅发布《关于进一步推进省以下财政体制改革工作的指导意见》（国办发〔2022〕20号）（以下简称《指导意见》），是在我国改革进入深水区，就深化财政体制改革而聚焦于省以下体制的重要指导文件。本文基于研究者的分析认识，结合《指导意见》的内容，从如下六个方面展开重点讨论。

一、"分税制"体制框架的实质内容和1994年分税制改革的里程碑意义

与"社会主义市场经济"相适应的财政体制安排，是以分税制为基础的分级财政体制。这一认识，来自从我国20世纪50年代开始就不断进行的关于如何调动中央地方"两个积极性"和20世纪80年代特别注重的如何将地方分权落到"把企业搞活"的不断讨论与探索上。对于分税制改革的肯定与在此大方向上的坚定不移，是深化我国省以下财政体制改革的大前提。

1994年的分税制改革，前承几十年的财政体制变革摸索，特别是进入改革开放新时期后的多方研讨与"分灶吃饭"式"行政性分权"弊端的日益凸显，后启以"经济性分权"基本框架对接市场经济间接调控体系的一系列继续推进深化改革的措施。分税制改革内在的基本逻辑主线，是我国搞市场经济只能以走财

政分税制之路，来实质性消除以往不论是强调集权还是强调分权，都是按照"分块分割"的行政隶属关系体系控制企业（即使分权也只是"行政性分权"）的弊端，使所有的企业作为市场微观主体，不论大小，不看行政级别，不问经济性质，不讲隶属关系，"在税法面前一律平等"，都是依法该交国税交国税，该交地方税交地方税。对于税后可分配的部分，按照产权规范和政策环境，由企业自主分配，从而使企业跨隶属关系、行政区划和所有制差别的兼并重组成为可能，使生产要素充分流动的统一市场得以培育和发展，使固有的国有企业及其领导人的行政级别与"官本位"规则得以淡化，各类企业可以站到公平竞争的"一条起跑线"上，从而"真正活起来"。同时，分税制也终于跳出了之前几十年总也摆不平、稳不住的中央地方间财力分配体制安排的所谓"体制周期"，由无休止的"放、乱、收、死"循环，以及"讨价还价""相互提防""跑部钱进"等非规范特征交织的非稳定状态，转为中央地方间能够稳定地依税种和各自掌握的主体财源，在不必相互猜忌和彼此防备的情况下，对于可用财力"可预期"地依长期主义取向，纳入本级政府发展战略统筹安排。1994年的分税制改革，还把原已设立的个人所得税、个人收入调节税和城镇个体工商户所得税等，合并为规范的个人所得税，开启了自然人作为纳税人的规范化税收新境界。

总之，1994年分税制改革具有重大而深远的历史意义，形成了新的财政体制基本框架，顺应了发展社会主义市场经济的客观规律，有利于三位一体地正确处理政府与企业、中央与地方、公权体系与公民这三大基本经济关系，有利于"以改革解放生产力推进现代化"和"建设中国特色社会主义市场经济"，里程碑式地达成了制度安排基本面上的框架锁定。由此也可知，广泛流行的1994年"分税制改革正确处理了中央地方财政关系"的评价，还远非全面到位，"政府企业—中央地方—公权公民"三大基本经济关系的一体化正确处理，才是认识其重大正面效应的全景图。这种正面效应，已由1994年之后中国经济社会的发展成就给予了雄辩的证明。但由于多种主客观条件的限制，1994年分税制改革还具有浓重的过渡色彩，虽建立了基本框架，但深化改革的任务仍相当艰巨。在其后的近30年间，多项的后续改革得到推进，但未完成的改革任务仍需攻坚克难。这一深化改革必要性的认识，也正由《指导意见》所彰显。

二、中央地方分级事权与支出责任的合理化

基于充分理解、肯定分税制的意义和必须高度重视其改革的上述认识，首先可以顺理成章地把握党的十九大报告所要求的"加快建立现代财政制度，建立权责清晰、财力协调、区域均衡的中央和地方财政关系"的改革任务。

1994年财政分税制改革的基本制度成果，可以是我国在中央和以省为代表的"地方"之间，确立了以分税制为基础的分级财政的基本框架，但我国"地方政府"的概念中包含省（自治区、直辖市）、市（地级市、自治州）、县（县级市、自治县）、乡镇四个层级的具体内容，所谓巩固和完善分税制，必须使我国省以下各级地方政府间的分税制也得到落实。而要达到此目的，各个层级上的政府职责（事权）如何合理、清晰地得到规范化界定，就成为一个意义重大的必要条件。

分税制内含的制度建设基本逻辑是适应政府分层的基本前提，按照"一级政权、一级事权、一级财权、一级税基、一级产权、一级举债权、一级预算"的原则，合理地形成各级政府"以政控财，以财行政""财权与事权相顺应，财力与事权相匹配"的财政分配制度框架，以服务于政府履行其应尽职能、使经济社会得到健康发展的全局性目标。在改革已历经40余年的进程中，政府职能的合理化已被各个方面反复研讨，并对接改革实践，财政随经济社会转轨，也已明确地树立了由传统的"生产建设财政"向"公共财政"转型的目标任务，并实现了一系列的进步，然而在不同层级政府应各尽其责的事权分工方面，却迟迟未能形成清晰的一览表和与之对应、可操作的支出责任明细单。这种情况，在党的十八大、十九大以来的改革指导和工作要求中，已经有针对性地着力加以改变，集中体现在近些年以划清政府事权和支出责任为要求的系列文件的颁布上，涉及教育、医疗卫生、公共交通运输、基本公共服务、自然资源等领域的具体工作要领和可操作方案框架（特别是已有中央与地方需共同承担的事权与支出责任，体现在不同类型地区的量化分担比重等细节内容）。但是，还必须正视仍然存在的相关问题。

《指导意见》在肯定党的十八大以来各地在保基本民生、保工资、保运转（以下简称"三保"）任务方面取得积极成效的同时，明确指出："省以下财政体制还存在财政事权和支出责任划分不尽合理、收入划分不够规范、有的转移支付定位不清、一些地方'三保'压力较大、基本公共服务均等化程度有待提升等问题。"这里首先涉及的，便是事权和支出责任问题。文件给出的"清晰界定省以下财政事权和支出责任"的具体指导内容，是要求根据基本公共服务受益范围、信息管理复杂程度等事权属性，清晰界定省以下各级财政事权，"适度强化教育、科技研发、企业职工基本养老保险、城乡居民基本医疗保险、粮食安全、跨市县重大基础设施规划建设、重点区域（流域）生态环境保护与治理、国土空间规划及用途管制、防范和督促化解地方政府债务风险等"，被明确规定为省级财政事权。此外，"直接面向基层、由基层政府提供更为便捷有效的社会治安、市政交通、城乡建设、农村公路、公共设施管理等基本公共服务"，则被确定为市县级财政事权。对这一指导精神的解读，可引出如下的必要讨论：中国省以下的财政层级和与之相对应的支出责任，应当是几级？具体如何划分并如何处理其与行政区划层级的关系？这个看起来颇具"技术色彩"的问题，其实是中国财税制度改革深水区"牵一发而动全身"式连带配套关系处理上的一个典型例子。

三、"牵一发而动全身"的财政层级问题

1994年分税制改革方案，由于受到当时主客观条件方面的种种制约，只是原则性地要求省以下的各级政府之间，比照"中央"与以省为代表的"地方"之间的新框架，也实行分税制。在中国分税制体制的层级框架上，并未明确设计总体上是几级。虽然在那之前，借鉴国际经验研究中国的分税制改革方案时，已知不论是被称为"联邦制"的美国，还是被称为"单一制"的日本，分税制体制安排中的财政实体层级（以配专享税基为标志），都只有三级，而中国却显然是一个五级的基本框架，但当1993年紧锣密鼓准备启动改革时，时间上已不允许再讨论中国如何做

到五级分税，对此避而不谈，所隐含的实践取向，是试图在由其后各地方行政区深化分税制改革的探索中，走出一条中国特色的五级分税的路子。

再以后，多年的实践已经证明：五级分税此路不通。无论是在发达地区还是欠发达地区，不管是在现阶段还是未来，对总体上由 20 个左右税种构成的税收体系，不可能清楚、合理地在从中央到地方基层的五级框架里形成一个可操作的分税制方案。所以，从这个"技术性特点"上就可以知道："五级分税"在中国实际生活中无解。调研中可知，在现实的选择上，从 1994 年后省以下关于财政体制的相关文件规定（大多已经经过几轮修改）来看，有一些省级行政区明确规定省以下不实行分税制而实行总额分成，更多的一些省级行政区虽然文件表述为比照"中央—省"的体制实行分税制，实际内容却仍然落在分成制的窠臼之内（还有些省在这两种选择之间"荡秋千"，前后变更表述）。所以，我们基于调研形成的基本判断是，1994 年以来，虽然中央与以省为代表的地方之间的分税制财政体制作为 1994 年改革的基本制度成果，得到了坚持与维系（只是全国分享比例一致的中央地方共享税，比重已演变为相当高的水平——以当下第一大税增值税中央地方五五分、第二大税所得税六四分为基本标志），但省以下的体制却迟迟没有进入分税制状态，其实还是五化八门、复杂易变的分成制。在某些欠发达地区的市县级，甚至还有包干制。1994 年后延续至今不时为人们所诟病的财政分配领域所出现的基层财政困难、地方隐性负债和"土地财政"短期行为弊端等，其根源并不是分税制，而恰恰是深化改革不到位，"过渡态"在省以下普遍变为"凝固态"的分成制和包干制。一言以蔽之，有些人由于看到上述三方面问题而把"板子"打到分税制上,这是打错了地方!为完善中国特色社会主义市场经济,财政体制的深化改革,只有先澄清和确认上述基本判断,才能坚定不移地坚持使分税制"横向到边、纵向到底"地在统一市场建设中得到贯彻落实的正确方向,从而充分发挥财政分配领域"以改革解放生产力"支持可持续高质量发展的应有作用。

由以上的考察分析回到由"技术性"而引发的"实质性"的重要问题上——如何找到由"五级分税无解"转换为"有解"的路径,已经在中国大地上"理论与实际相结合"地看到了端倪:理论层面合乎逻辑的指向,是减少"五级"财政层级而趋近于国际经验中具有共性的"三级"框架;实际生活层面,由于有2000年后已随农村税费改革而在各地普遍推开的"乡财县管",和其后借鉴"浙江经验"也明确纳入普遍性改革部署的"财政省直管县",我们在"山重水复疑无路"后又"柳暗花明又一村"地看到了"五级变三级"的未来前景,在"政权—事权—财权—税基—产权—预算"链条上,可配税基的财政实体化层级,已可清楚认定为"中央—省—市县"这样的三级;省以下,即省本级和在可预见的未来一个时期内"行政不同级但财政同级"的市县级,这样"地方"的实体财政层级一共是两级。

对此可以佐证的情况,首先,应提及在"千年之交"前后研讨而实施的我国国有资产管理体制改革中,作为国有资产(资本)人格化代表所设立的机构——各级国资委(办、局),与"乡财县管"(这使"乡级财政"实际成为县级财政下管的预算单位)之后不再考虑"乡镇财政建设"相类似、相呼应,已明确地把国资管理机构的"基层"放在县以上。其次,《指导意见》延续前些年的多份关于事权合理化文件的处理框架，把事权内容的界定，在省以下明确地归为省本级和市县级两大层级。这也就从技术层面"牵一发而动全身"地联系到深化我国分税制改革的整体框架和路径设计层面：使分税制改革在深化中于"地方各级"落到实处的前景，就是在"扁平化"后的"中央—省—市县"三级框架中，合理地明晰事权、匹配税基，再加上分层级的资产管理和公债管理，形成各层级作为财政履职运行载体的预算，以及中央、省两级自上而下的转移支付和辅助性的"横向转移支付"，从而使社会主义市场经济中按照"一级政权、一级事权、一级财权、一级税基、一级产权、一级举债权、一级预算"原则形成的财政分配体系的制度安排成龙配套，使各政府层级上"以政控财、以财行政"的财政，都能够达到"财权与事权相顺应、财力与事权相匹配"的境界。这样，将有望以具有"现代财政制度"属性的制度安排完整落地，形成可稳定运行的以分税制为基础的分级财政管理体制，服务于国家的长治久安，实现中华民族伟大复兴的现代化宏伟事业的全局。

四、向三层级框架（内含地方省、市县两级）过渡的配套改革要点

虽然中国省以下财政层级将省本级和市县（即作为同一财政体制平台的地方低端层级）设为应配税基的实体层级这一前景，已经"理论与实际相结合"地窥其端倪，但还存在一些明显的待解决问题，也难免有见仁见智的争议。在此择要点从如下三方面展开具体讨论。

（一）财政"省直管县"推开过程的迟滞与方向上的再肯定

在千年之交之后，财政"省直管县"的浙江经验，引起中央和其他区域更高度的重视，这一直管模式在湖北、河南、山东、福建、广东等地得到积极推广和践行。2009年中央1号文件明确提出"推进'省直管县'财政管理方式改革，充实内容和形式，加强县（市）财政管理"，并有"将粮食、油料、棉花、生猪生产大县全部纳入改革范围"的具体工作要求；当年《财政部关于推进省直接管理县财政改革的意见》（财预〔2009〕78号）文件就贯彻中央文件精神做出具体部署，总体目标设计为"2012年底前，力争全国除民族自治地区外全面推进省直接管理县财政改革"。其后，各地的具体推进情况不一，但时至今日，还迟迟未能达到当年的工作目标。虽然以后又有中央文件合乎逻辑地指出：凡有条件的地方也可进而实行"省直管县"的行政体制改革（实质上内含"扁平化"的配套改革大方向认定）。但实践层面，仅有广东顺德一地得到正式文件依据，率先实行了行政省直管的改革试点，其后全国范围内再无跟进案例。

显然，财政"省直管县"，实际上触及中国改革深水区的既有利益格局，属于领导人多次提及的"冲破利益固化藩篱"所要攻坚克难"啃硬骨头"的任务之一。对于这一改革的大方向，于2022年《指导意见》中再次加以肯定，并做出了具体指导："推进省直管县财政改革。按照突出重点、利于发展、管理有效等要求，因地制宜逐步调整优化省直管县财政改革实施范围和方式。对区位优势不明显、经济发展潜力有限、财政较为困难的县，可纳入省直管范围或参照直管方式管理，加强省级对县级的财力支持。对由市级管理更有利于加强区域统筹规划、增强发展活力的县，适度强化市级的财政管理职责。"这一表述给出的指导要点，可分为三个层次：第一，"省直管县"改革实施范围与方式，需在推进改革的大前提下逐步地调整优化；第二，纳入省直管范围的重点，可放在较不发达、较困难的县（这有别于前些年的几类"大县"或增长潜力明显县的选择性侧重点表达）；第三，市级可对本辖区有较大发展支撑力的县继续实施市管（这也响应了不少地方市级的呼声）。我认为，在学习领会《指导意见》的上述指导精神的前提下，还可讨论的有以下几点：一是从全局、长远来看，分税制改革的深化，在内在逻辑、客观规律性层面，决定着"省直管县"范围必须逐渐走向全覆盖，以顺应夯实"扁平化"框架基础的必要性和必然性，所以从"取势、明道"的视角，把握这个改革大方向既有现实意义又有长远历史意义；二是现在更注重对欠发达县的"扩围"，显然是顺应巩固全面小康社会建设和精准扶贫成果的客观要求，但并不否定原来已有的对几类"大县"、若干类"增长点"县域的重视，和继续完善其省直管方式的必要性；三是市级对于"台柱子"式县域的倚重和市管方式，显然有其合理性和必然性，但在很多具体场景中，这种市、县间特定的倚重与统筹关系的发展前途，是早已有之、近些年更具丰富经验的模式——在"一体化"条件水到渠成的县域，实施"市管"框架下的"县改区"。这是值得重视、各方共赢而又与"省直管县"改革可融汇和避免矛盾的一条很好的现实路径。

（二）中国乡镇政权和财政分配的未来情境

中国原来曾着力建设的"乡镇财政"，在农村税费改革后顺其自然的选择，就是改为以"乡财县管"方式，适应已无法在乡镇形成实体财政层级的基本现实。因为在乡镇层面的税基已无可匹配，税务、金融等工作系统也已不再按乡镇的行政区划而是按"经济区域"设立它们的分支机构，从而使普遍按行政区划规范设立的乡镇财政金库，缺乏基本配套条件；称为"乡"的农村区域基层政权辖区内，农业税与"三提五统"收入已通通不复存在，仍存在的一些工商业市场主体，其收入水平一般也都达不到税收"简易征收办法"的"起征点"水平，因而并无本乡自己可征收的财力来源，只能从县级获得自上而下的财力支持，来维持乡级政权的运转。经济较为发达而称为"镇"的基层政权辖区，却有发达程度十分可观的案例，其财力来源相当充沛，并不适合"乡财县管"模式，但这在全国还为数不多，而在其发展前景上，最大可能是在城乡一体化发展中，使之成为市级下面"区"的组成部分，进而改为在成熟的建成区早已通行的"街道办事处"模式，届时这种"基层政权"便可规范化地归于"街道"这种行之有效的"上级政府派出机构"模式中。与此相对的是"乡"的政权形式，未来也可考虑在行政体系的配套改革中，改为县级政府派出机构性质的"乡（镇）公所"模式。不论是街道办事处还是乡（镇）公所，都将不必再"麻雀虽小五脏俱全"地配备"五套班子"，由此实现机构的精简、行政成本的降低和政府体系运作于基层一端综合绩效的提高。

在过去的讨论中，曾有一种表示担心的观点：如乡镇级财政不是实体层级,进而也带动和演化出乡镇政府不是"五大班子齐全"的实体政府层级,而变为上级政府派出机构,会不会削弱我国广大农村区域于政治理论视角所表述的"政权控制能力",使之降低,甚至严重丧失?我认为,如在配套改革中正确设计和把握基层的村民、社区自治机制,和充分借鉴中华人民共和国成立以来已有70年历史的以"街道办事处"模式发挥政权体系在基层控制能力的经验,这种担心是完全可以避免的。

在上述未来情境中,财政的实体层级,将明确无误地不再具有下沉到乡镇一级的实际需要,总体而言政权体系"行政改革"意义上的扁平化、精简机构、降低行政成本和减少信息的"不对称"程度等目标,都可与此形成相呼应、相内洽的关系。

(三)行政省直管县的渐进配套

从乡财县管引出的上述情境来看,某些相类似的逻辑关系也存在于市县级。如果能够在配套改革中使财政"省直管县"的模式成形、稳定和普遍化,其"内生的"演变前景,应可以推进到行政的"省直管县",而最终以财政层级的扁平化,引致行政层级的扁平化。其正面效应,同样也有精简机构(一些地方体现为"市县合并")的好处,特别是有减少中间环节、降低信息不对称而提升行政体系运行综合绩效的好处。这一前景虽值得期待,但也较深地触动了原有利益格局,显然不必操之过急。浙江几十年财政"省直管县"的经验表明,长期实行市与县"行政不同级但财政同级、在一个平台上对省说话搭体制"的办法,并不会产生政府行政、财政运行中的一些"硬障碍",地级市、县级市这样的行政级别差异，和随之而来的干部行政级别待遇差异，可以放在未来在相对从容的渐进改革（"最小一揽子多轮推进的改革"）实施过程中，去寻求形成最小震动因素的配套改革处理方案。

行政级别的调整改变，在体制内的敏感性是可想而知的，中国改革深水区需要攻坚克难的一系列触动既得利益的改革任务，如做排序，会有许多任务相较于"市县行政层级归为一级"显得更为紧迫和重要。所以，对于合乎逻辑的"行政省直管县"的改革发力，我们可以更为长久的耐心来做准备，在过渡中循序渐进地最终实现这一改革诉求。

五、全国三级、地方两级财政事权配置框架下的地方税体系（财源）建设与财力划分

当前，在合理清晰界定各级政府事权的前提下，如何合理配置各级政府的财权，首要的是财政收入中最具主导作用和规范形式的税收。如何合理、可行地按照税种分别配置各级政府的税基（不排除必要的"共享"设计）？前文已提及的"财权与事权相顺应"原则，其实质性含义主要在于对经过多年讨论、已有基本共识的"外溢性、信息复杂程度、激励兼容机制"三大要领的正确掌握，并在深化省以下分税制财政体制改革的命题之下，会不可避免地首先对应到如何构建符合市场经济和分税制体制客观要求的地方税体系这个重大的改革任务上。

党的十九大报告明确要求："深化税收制度改革，健全地方税体系。"这一改革任务，也具有在中国改革深水区攻坚克难、"啃硬骨头"的典型特征。对于我国与分税制体制相适应的地方

税体系，虽已研讨多年，但在实践中，其大思路与框架建设还远未成形。自"营改增"使地方政府原有的唯一大宗稳定财源——营业税退出历史舞台后，在这一问题上的矛盾纠结更为凸显。我对此的基本观点，可以追溯到 20 世纪 90 年代初期基于美国访学研究而形成的"两支柱"认识，即在中国未来的地方税体系中，可形成年复一年大宗、稳定收入来源的地方税种，当推房地产税和资源税这两项。前者在建立框架、逐步形成成熟的制度安排之后，有望成为中国大部分地区尤其是工商业发达、人口密集度高的地区的地方税中的主力税种；后者则可以成为中西部工商业不太发达，但恰恰自然资源富集地区的地方税中的骨干税种。这两大税种，都是符合上述外溢性、信息复杂度和激励兼容三个条件而适宜把税基配置在地方的税种。遗憾的是，经过 40 余年的改革，前者还仅仅在上海、重庆两地有以"房产税"名义的改革试点，中央层面多次强调推进此项改革，而屡屡未能符合期待；在 2021 年中央决策层明确了积极稳妥推进房地产税立法和扩大房产税改革试点范围（以五年为期）的"双管齐下"部署之后，又遇 2021 年下半年后"三重压力"造成审慎考虑所有收缩性政策的局面，故而还待创造适宜条件才能启动试点扩围方案，以求为在"税收法定"轨道上推进房地产税立法工作，提供更为丰富的本土经验。资源税改革的进展相对较好，其覆盖面从煤炭、石油、天然气，可望扩大到更多的金属矿与非金属矿，并且在河北等地推出水资源税改革试点后，应争取将水资源税扩大到覆盖全国。除海上石油不易划清"属地"而规定为中央级的国税之外，其他资源税都可依属地原则，无争议地成为地方税体系的组成部分。

2022年《指导意见》虽然没有正面述及地方税体系建设相关的改革内容，但隐含了加快构建地方税体系改革以适应形势发展需要的逻辑导向，并在"合理划分省以下各级财政事权"和"明晰界定省以下各级财政支出责任"的要求之后，顺理成章地要求："参照税种属性划分收入。"根据分税制的体制"自洽性"要求，《指导意见》明确表述了如下要领："将税基流动性强、区域间分布不均、年度间收入波动较大的税收收入作为省级收入或由省级分享较高比例；将税基较为稳定、地域属性明显的税收收入作为市县级收入或由市县级分享较高比例。对金融、电力、石油、铁路、高速公路等领域税费收入，可作为省级收入，也可在相关市县间合理分配。除按规定上缴财政的国有资本经营收益外，逐步减少直至取消按企业隶属关系划分政府间收入的做法。"这一段话所包含的内容，可分为三大层次：其一，省以下税基配置的原则，表述上在原来的"三项原则"基础上，又有所丰富、细化和发展；其二，更为灵活和更强调因地制宜地由省以下两级共享的，是有网状背景特征的金融、电力、石油、铁路、高速公路等方面的特定税费；其三，除国有资本收益外，要最终取消按行政隶属关系划分政府间收入的办法，这属于巩固1994年基本制度成果的扫尾事项。

紧随其后，《指导意见》又专述了"规范收入分享方式"的要求，总体精神是正视省与市县两级主体税种只能按比例分享的现实，要求"结合各税种税基分布、收入规模、区域间均衡度等因素，合理确定各税种分享比例"，并指出非税收入在以多种分成方式进行分享的同时，发展方向是逐步走向规范化，同类税费收入在省内应逐步统一。这样，在深化省以下分税制体制改革的指导内容上，已从事权与支出责任划分，推进到财权、税基和非税收入的划分，也涉及了规范化的产权收入划分。再往下，则有关于完善省以下转移支付制度的指导意见。这使"财政—事权—财权—财力"的体制要素整体链条，在《指导意见》中几乎已尽收眼底，其后在这一链条上还应论及的，主要是债务收入及其相关的预算管理问题，具体表现在《指导意见》的收尾部分。

六、加强和优化地方分级预算管理，对地方债兴利防弊

发展社会主义市场经济，建立现代财政制度，势必采取的一项资金筹集机制，是以发行公债的方式有偿取得部分财政收入，以支持政府体系履职。20 世纪 80 年代之初，一俟进入改革开放新时期，我国就摒弃了原来"既无内债又无外债"的方针，举借外债并在国内发行国家公债。分税制框架建立后，随预算管理改革深化和预算管理体系适应经济社会发展需要而做出种种改进，终于在渐进过程中等到《预算法》修订而使地方公债依法发行、登堂入室。这就在既涵盖中央又涵盖地方层级的制度框架上，规范地确认了"政权—事权—财权—税基—产权—举债权—预算"的全要素体制链条。

我国地方政府以有偿方式取得债务资金来源，实际上曾有一个时期是主要借助地方融资平台的隐性负债方式，属于经济社会转轨中"潜规则"强制替代"明规则"的利弊同生现象：其利，在于调动地方政府体外资金支持贯彻各地方辖区经济社会发展战略；其弊，在于以隐性负债方式易形成融资风险的过度积累而触发危机。法治化建设轨道上"疏堵结合"的应对方略，引出

了修订《预算法》而"开明渠、堵暗沟"的地方债阳光化运作新机制。这一规范化管理机制,也合乎逻辑地纳入了党的十九大报告所要求的"建立全面规范透明、标准科学、约束有力的预算制度,全面实施绩效管理"的重点任务之内。

对于规范省以下财政管理,《指导意见》中有两点意见是紧扣地方债务管理问题的。其一,是规范管理专章的第一条,要求"各地区要加强开发区政府性债务管理,保持与财政管理体制适应,强化开发区管委会等政府派出机构举债融资约束,坚决遏制地方政府隐性债务增量,合理控制政府债务规模,切实防范债务风险"。显然,这体现了中央管理层对于地方层面各类开发区所形成的如何规范管理政府债务问题的高度重视,对应于各地以"国土开发"为底盘往往形成本地政府债务负担主要组成部分的现实,形成相关的财政预算绩效管理的一大重点。其二,是《指导意见》"压轴"位置的最后一条,要求"坚持省级党委和政府对本地债务风险负总责,省以下各级党委和政府按属地原则和管理权限各负其责。落实省级政府责任,按属地原则和管理权限压实市县主体责任,通过增收节支、变现资产等方式化解债务风险,切实降低市县偿债负担,坚决查处违法违规举债行为。健全地方债务限额分配机制,一般债务限额应与一般公共预算收入相匹配,专项债务限额应与政府性基金预算收入及项目收益等相匹配,促进融资规模与项目收益相平衡,完善专项债资金投向领域禁止类项目清单和违规使用专项债务处理处罚机制"。这段内容丰富的文字表述,可大体按四层要领来掌握:一是地方各级加强地方政府债务管理的领导责任,按"属地原则"由省到市县的压实;二是以多种手段、方式降低债务风险与偿债负担,坚决查处违法违规；三是明确了地方政府债务限额分配机制的"两匹配"原则；四是强调完善专项债资金投向的负面清单和处罚机制。

世事并无万全之策，公共事务领域里财政分配的举债机制，必有利、弊两端。所以通观现代市场经济体，无一例外都必须面对市场，处理公债机制"兴利抑弊"的相关问题。我国地方公债阳光化登堂入室的法定框架，是以新《预算法》等法规为依据的"怎么发、怎么用、怎么还"的一套规范性准则，实践中还需与时俱进地动态优化这套法规、准则及相关的政策与管理体系。在分税制深化改革路径上总结各级政府举债机制的已有经验，值得指出的是，地方政府债务方面发挥其利、防抑其弊，有一点非常值得重视，就是援引大禹治水的古老智慧，"疏堵结合，堵不如疏，疏导为上"。地方公债作为投融资概念下政府对接市场的一种运作机制，必然伴随风险因素和可能的风险过度之弊，防范、抑制其风险因素，在中国仍处于经济社会转轨期、市场经济完善期的现实场景中，尤其需要注重以制度建设、机制创新，疏导公债资金债权方、债务方和资金使用相关各方基于利益考量的"驱动力"（积极性）和合理形成"制约力"两方面因素，以规范化的"明渠"来打开前门，关好后门，修好堤坝（围墙），堵住"暗沟"，以实现公债、地方债机制在兴利防弊动态过程中的可持续健康发展。与地方财力，特别是与公债、专项债资金关联紧密的各地方辖区的重点建设项目，以及与之"守正创新"地结合的政府与社会资本合作、产业引导基金等的投融资方面，都需要以制度创新为龙头，打开管理创新、技术创新的潜力空间，掌握好绩效预算框架下债务资金运用中"兴利防弊"的高水平思路和工作要领。

至此，本文依财政体制内含的"政权—事权—财权—税基—产权—举债权—预算"制度优化建设逻辑链条，结合2022年《指导意见》，做了重点问题的讨论分析，并提出了我作为研究者的认识与建议。至于预算管理优化方面的阳光化、绩效考评和数字信息体系建设等重大问题，则需另作专文探讨了。

健全省以下财政体制和防范、
化解地方隐性债风险[①]

财政是国家治理的基础和重要支柱，财政体制改革是中国整体改革的重要组成部分和几轮改革重大方案实施时的突破口。在20世纪90年代邓小平"南方谈话"引出党中央关于建立和完善社会主义市场经济体制的历史性改革部署后，1994年实行的财政分税制改革，确立了以"分税制为基础的分级财政"匹配市场经济间接调控体系而正确处理政府与企业、中央与地方、公权体系与公民三大基本经济关系与分配关系的制度框架，具有里程碑式的意义。但由于种种约束条件的限制，1994年的分税制改革还具有较浓重的过渡色彩，一系列后续的深化改革任务，又以陆续推出各具体方案的方式使财政体制和运行机制得到动态优化。但迄今为止，基本情况是中央和以省为代表的地方间的分税制体制虽得以维系，但省以下的财政分税制并没有真正落实到位，实际在省以下政府间，财力分配仍主要延续分成制，所产生的负面效应，表现为规范性低、稳定性差、财力保障功能不到位。这些年来，人们诟病的基层财政困难、地方隐性负债和"土地财政"短期行为等问题都与此有关，亟须以深化配套改革解决这个重大

[①] 本文发表于《群言》2023年第7期。

现实问题。

改革和健全省以下财政体制,大思路应是在配套改革中,以财政层级"扁平化"为中央、省、市县三级并作为基本方向,厘清三级框架下的各级政府事权,在全面依法治国轨道上规范地推进"税收法定"原则指导下的地方税体系建设,合理化形成体现"一级政权、一级事权、一级财权、一级税基、一级产权、一级举债权、一级预算"原则要求的省与市、县两级地方财政,配之以中央、省两级自上而下的转移支付和辅助性的横向转移支付(如"对口支援""生态补偿")机制,达到从中央到地方各级"财权与事权相顺应,财力与事权相匹配"的境界,从而有效发挥财政制度安排和分配体系服务于经济社会发展全局、支持现代国家治理长治久安的功能作用。

当前,中国的地方税体系还不成形,成为一大制度短板。省和省以下政府的主要财源支柱税种,现阶段是来自"共享税收",即与中央"五五分成"的中国第一大税增值税,以及按"六四分成"的企业和个人的所得税,还有按照属地原则由地方征收的资源税,以及其他一些地方小规模税种。在现代意义的税收体系中应归属于地方,并成为主力税源的房地产税("财产税"),多年来未能如愿地"加快立法并适时推出"(仅有以"房产税"名义进行的上海、重庆两地试点)。地方应有的税种选择权、税率调整权和因地制宜设税权,也都还未能落实。在这种情况下,地方基本财力和自我发展能力缺乏健全的地方税体系做支撑,容易导致越到基层越具有财力困难特征、滋生隐性负债、乱收费、乱罚款等扭曲、失序状态的负面问题。

因此,坚持建设高水平的社会主义市场经济体制,必须在我国改革的深水区锐意攻坚克难，以推进地方税体系建设，并以财政层级、行政层级简化、扁平化为改革重点，把以分税制为基础的分级财政体制"横向到边，纵向到底"地全面落实。房地产税的改革，是难啃的"硬骨头"，需要按照中央已明确的"双管齐下"推进路径，在适当时机扩大"房产税改革试点"范围，五年为期以更丰富的本土经验支持积极稳妥的房地产税立法，一俟立法完成，中央即可对地方授权分批、逐步在国内依法推开房地产税征收。其他的地方税体系建设方面的改革任务，还可能涉及环境税制建设（如碳税），以及遗产税和赠与税制度建设等。

适当降低间接税比重而提高直接税比重，是中国税制体系配套改革的一个重要取向，事关强化税收的结构调节功能、优化改进宏观反周期调控和促进共同富裕，这与健全省以下财政体制，合理地减税降负，实现政府职能转换，化解地方财政困难等政策目标，是有机地联系在一起的系统工程。

现阶段省以下财政体制的问题，又与防范化解地方债务风险，特别是地方隐性债务风险，有内在的关联。地方政府在缺乏地方税体系提供的大宗、稳定财力的情况下，为贯彻本辖区的经济社会发展战略，往往"以潜规则强制替代明规则"，通过操纵设立地方融资平台，违规提供融资担保等形式，形成地方层面的隐性负债，带来风险因素。前些年我国完成《预算法》的修订，"开明渠，堵暗沟"式使地方公债得到相关法律依据而登堂入室得以阳光化发行之后，地方和隐性负债问题得到一定的控制和化解，但迄今为止还未得到很好的解决。虽然全国当下地方隐性债规模的数据缺乏权威可靠的信息来源，但从一些局部情况和具体案例来看，相关风险不可忽视。尤其是前几年受到新冠疫情冲击,地方政府财力紧张程度普遍加大,一些新的隐性负债有抬头之势。比如,仍未很好完成"市场化转制"的地方融资平台会暗度陈仓形成新的政府隐性负债,仍然有违规进行地方政府担保而形成的地方隐性负债,以及以PPP项目非规范的方案形成的地方隐性负债。

为了有效地防范、化解地方隐性债务风险,必须把制度建设创新、管理创新和科技创新结合起来,疏堵结合,综合施策。

制度创新是基础性制度建设,必须实质性推进省以下财税体制改革和相关配套改革,在制度安排层面夯实地方税体系和由转移支付等要件组合而成的、全覆盖的以"分税制为基础的分级财政",从而对地方隐性债的潜规则成因"釜底抽薪"。

管理的创新和严密化,涉及一系列专业化规则的设立、执行和有效的监管保障。

以新技术革命时代的信息技术支持的"金财""金税"工程,则需与制度、管理的创新、进步融为一体,使综合绩效提升与风险防范相得益彰。

从源头、规则、过程中综合施治防范、化解地方隐性负债,还应继续贯彻《预算法》修订时已明确的"疏堵结合、堵不如疏"的方针,经过"开前门,关后门,修围墙,治存量"的通盘努力,以阳光化、可持续的地方公债制度机制的健康运行,挤压隐性负债的空间,使其无所遁形。

中国政府预算绩效管理改革：
系统化思路与基本要领[①]

全面实施预算绩效管理，是中国建立现代财政制度和推行国家治理现代化不可或缺的基本条件。如何按照党中央关于全面实施预算绩效管理总体部署，推进预算绩效管理改革，成为重大现实问题。通过对"十三五"及以前时期预算绩效管理改革成效与存在的问题进行分析，探讨正确设计预算绩效管理改革的基本思路与要领，提出将系统化诉求与"问题导向"相结合，全面深化预算绩效管理改革的四项操作原则和六要素框架思路。加快立法建设，提升预算编制预测支持水平和形成绩效管理全流程闭环，优化绩效评价标准和指标体系整体设计，推进各部门整体协调的支出绩效管理，加快人才培养和数字化技术支持能力建设，落实立体化监督机制对接奖惩责任制等基本要领，能够积极、稳妥地完善并推进我国政府预算绩效管理体系建设。

一、问题的提出与相关研究文献述评

各级政府的预算管理，是财政分配体系发挥服务全局功能的

[①] 本文发表于《江西社会科学》2022年第6期，与刘薇合作。

运行载体和工作形式。全面实施预算绩效管理，作为深化财税体制改革、建立现代财政制度的保障措施之一，是推进国家治理体系和治理能力现代化不可或缺的基础条件。党的十八届三中全会指出，财政是"国家治理的基础和重要支柱"，阐明了财政在宏观经济治理中的重要地位，并对财政改革与全面配套改革给予了战略性指导，其后党中央、国务院历次重要会议，对于深化财政改革又不断做出指导意见，其中包括实行政府行为事前、事中、事后全面预算绩效管理的改革创新方针。2018年中共中央、国务院正式印发《关于全面实施预算绩效管理的意见》，为预算绩效管理改革明确了方向和路径，强调"花钱必问效、无效必问责"的方针原则。2015年的新《预算法》和2020年出台的《预算法实施条例》，已为我国预算绩效管理初步奠定了相关法理基础。"十三五"时期，有关部门针对绩效目标和指标体系出台一系列制度和管理办法①，初步构建科学的预算绩效指标和标准体系。2021年《国务院关于进一步深化预算管理制度改革的意见》（国发〔2021〕5号）出台，进一步明确预算管理制度改革的重点突破，为预算绩效管理改革明确了目标导向和关联任务。2022年《政府工作报告》明确提出"深化预算绩效管理改革，增强预

---

① 主要是《中央部门预算绩效目标管理办法》（财预〔2015〕88号）、《中央对地方专项转移支付绩效目标管理暂行办法》（财预〔2015〕163号）、《项目支出绩效评价管理办法》（财预〔2020〕10号）、《政府和社会资本合作（PPP）项目绩效管理操作指引》（财金〔2020〕13号）、《政府投资基金暂行管理办法》（财预〔2015〕210号）、《关于加强政府投资基金管理提高财政出资效益的通知》（财预〔2020〕7号）、《国务院办公厅关于转发财政部、国务院扶贫办、国家发展改革委〈扶贫项目资金绩效管理办法〉的通知》（国办发〔2018〕35号）等。

算的约束力和透明度"。

在中国阔步迈进"强起来"现代化进程的新阶段，以新发展理念引领、构建新发展格局而追求高质量发展、实现"新的两步走"战略目标的历史时期，财政必须在宏观经济治理中更好地发挥功能作用，预算绩效管理改革势必要进一步深化，力求更好地服务国家发展全局，并将涉及优化公共资源配置、提高公共产品质量和公共服务水平等一系列制度创新、管理创新和技术创新问题。基于这一视角，本文聚焦于构建现代预算绩效管理制度，研讨配套改革制度建设中如何把握三层次创新相结合的系统化思路与基本要领。

这个方面的国际经验值得注意。通过溯源考察，我们可认为绩效管理是从私人部门引入政府部门的概念。政府绩效（Government Performance）的概念于20世纪70年代的"新公共管理运动"兴起后日益受到重视，英美等发达国家立法机关或行政机关陆续推出关于绩效预算的法案，使政府预算绩效管理工作在法律法规框架下逐步运转起来。国外对预算绩效制度的研究，体现在对绩效内涵法律界定、绩效预算管理立法要求和制度改进、政策实施等方面，学术界也已做出不少研究探讨。施米德尔对美国《政府绩效与结果法案》实施效果的评估认为，以问责制对绩效预算提供必要的激励后，政府的确形成了重视绩效计划、绩效测评、绩效报告的行政管理模式。格里什对绩效管理体系进行Meta分析（荟萃分析），肯定了绩效管理的积极影响。马修斯通过比较英国工党政府（1997—2010年）和联合政府（2011—2015年）执政期间的绩效管理方法，证明两种表面上不同的方法之间存在的连续性。陆等研究了美国绩效预算法律与绩效预算制度执行质量的关系，认为前者是使绩效预算体系良好运作的必要支持条件。盖尔吉纳认为，政府绩效评价与政府审计具有协同关系，二者都以更好地履行政府对公共资金的受托责任为目标。OECD（经济合作与发展组织）成员高度重视预算绩效理念与导向，该组织提炼了"为结果而预算"的政府预算绩效管理理念，相关的图书也对国内产生了重要影响，国内学者曾撰文对OECD成员国的绩效预算改革实践做出介绍。

中国关于预算绩效管理，近些年已有较为丰富的研究成果。肖捷认为，全面实施预算绩效管理是落实以人民为中心的发展思想的必然要求，也是推进国家治理体系和治理能力现代化的有力举措。马国贤指出，绩效管理不仅是行政改革，更是政府治理理念和方式的改革，其目的是实现公共管理科学化。

刘尚希指出，绩效管理是政府从追求绩效出发，以绩效目标、绩效预算、绩效拨款、绩效评价为基本环节的管理体系。白景明认为，预算绩效管理的本质是财政资源配置的最优化，而财政资源配置的最优化具有纵向和横向两个维度：纵向上，要追求最优的投入产出率；横向上，要提高资金在各个环节和部门的使用效率。王泽彩认为，预算绩效作为一种约束决策机制，贯穿政府活动起点和终点；绩效信息赋予了各方评价与问责相关部门的能力。刘江宏强调，政府绩效评价价值、评价基础和评价技术，最后都归根于制度安排。童伟提出，应以结果为导向，以相关性、效率和效果为核心，构建覆盖预算周期全过程的地方预算绩效监督体系。马海涛等提出，要培育绩效管理理念和文化，将绩效理念融入政府工作中来；扩大预算绩效评价试点的广度和深度，构建预算绩效评价指标库；强化部门规划制订与绩效考核，试编中期财政规划，建立绩效与预算的联系；引入权责发生制会计，实行部门绩效报告制度。马蔡琛提出中国的财政支出绩效评价需要顶层设计，应探索构建具有中国特色的财政支出绩效评价的逻辑模型。刘晔基于制度视角，认为顶层设计方向应体现以民为本的公共价值根本，通过规范财政分权推进财政改革可持续化。李红霞和周全林指出，深化中期预算改革，可将现有预算管理的支出控制转向绩效导向，完成"管好政府钱袋子"的重大转变，提出要扩大"四本预算"之间的衔接关系，扩大预算绩效评估范围，重视绩效结果应用，加强法治化建设，提升政府治理能力和水平。陈少强、万琪提出在大数据时代背景下，应强化预算绩效信息化管理能力，完善预算绩效管理制度体系，健全预算绩效管理目标指标。王会金、颜海娜表述了绩效管理的协同治理思想，即"政府绩效只有通过'合作生产'过程才能得以形成"。曹堂哲建议借鉴美国联邦政府管理与预算办公室（OMB）模式，以预算绩效管理部门为主导，建立全面实施预算绩效管理机制。杨肃昌提出了公共支出绩效审计制度基本框架的设想，认为应形成以人大为主导、审计机关为主体、财政部门和公共资金使用单位为基础、社会监督为补充，内外结合、上下互动、多方协作的"大绩效审计"组织和工作体系。郑方辉等总结"广东模式"实践经验，提出构建由人大主导、政府部门协同、第三方实施的财政绩效评价新模式。

由此可知，国外的相关研究较为重视绩效预算法律法规体系的建设和完善，并强调实践中制度和方法改进的积极作用，进而提出理论分析、经验总结和操作方式等方面的认知。国内学者在绩效管理的研究方面，注重结合国情与实际问题，已有了相当多的研究成果，许多学者意识到政府预算绩效管理制度供给与现实需求的矛盾比较突出，必须深化预算绩效管理改革，并且对相关顶层设计的重要性和迫切性也有共识。基于已有的研究认识，本研究可能的创新在于：一是在研究视角上，紧密结合中国经济社会转轨和创新发展实际中的"问题导向"，从宏观绩效的重要性切入从而引出既有全局视野和系统性，又有"对症下药"特点的改革整体制度建设框架的思路与建议；二是在制度创新的主题下，更为条理化地提出相关改革操作原则，并对接改革基本要领与实施路径。

二、中国预算绩效管理中存在的主要问题

现代预算管理制度需在综合考虑一国政治、经济、社会发展实际的基础上确定，并伴随社会经济发展而进行动态的调整和完善。为使预算绩效管理在中国适应新发展阶段、落实新发展理念，构建新发展格局的要求，必须正视现存的不足与困难，依照"加强财政资源统筹"的要求，从全局观和现代化治理的高度，将贯彻中长期战略与提升预算绩效有机融合，并将系统论思维与"问题导向"下寻找"对症下药"的解决方案相结合，以求在改革中构建现代预算绩效管理制度体系。我国预算绩效管理方面存在的问题，主要体现在以下六个方面。

（一）预算绩效评价与管理，在法治化轨道上的前置性基础建设尚不到位

建立"现代财政制度"，实施"现代国家治理"，必须结合

"全面依法治国"大政方针的贯彻实施,在法治化轨道的引领和保障作用下,推进预算绩效管理的有效实施。由于我国的历史传统等客观原因,法治化相关条件建设曾长期薄弱,面对改革开放以来各领域的破旧立新,必然经历创新中"试错"过程的考验和相对缓慢地从"无法可依"到"有法可依",又从"有法可依"到"有良法可依"的制度建设过程。作为政府预算绩效取向的改革与管理优化前置性基础条件的相关法制,虽已有初步框架,但还未能充分到位,尚需以相关法律法规的进一步确立与完善为重要前提,使提升预算绩效管理水平的诉求得到更为坚实、具体的立法支持,从而实现较高水平的制度化、规范化。必须正视,我国全社会的绩效理念和绩效文化基础(尤其涉及对于政府行为的绩效约束)还相当薄弱,关于政府预算绩效管理的立法层次还比较低。近些年,自上而下关于推进预算绩效管理,主要是援引新《预算法》层面的绩效概念、原则和"红头文件"工作规划的要求,这些虽发挥了重要指导作用,但总体而言,尚缺乏宏观绩效管理理念与规则较充分的法治化表现形式,没有专门的预算绩效法规作为预算绩效管理体系建设最直接的有力支撑与保障,管理制度体系和相关措施办法不够健全、具体和细化,在协调与绩效管理相关的财政与各部门之间关系方面,难度较大。

(二)预算绩效评价与管理,在专业化轨道上作为前置性技术基础的预测能力仍明显薄弱

按照中央要求,预算绩效管理要从"事前"开始,贯穿"事

中",延续和终结于"事后",于是在预算编制与执行之前的始发环节,客观上需要对预算期内财政收支将面临的经济社会相关条件、运行结果、关键场景等,做出尽可能高水平的量化预测,这成为启动全过程绩效管理的前置条件。但由于种种主客观条件限制,从中央到地方,预算编制环节"事前"对相关情况、经济参数和未来场景的预测能力,不论是从工作人员专业素质,还是从模型方法的开发与运用和统计数据库资料支持来说,都还很难适应绩效管理的要求,在相关专业团队的建设、数据资料支持条件、模型开发和优化、经验的积累等方面,普遍存在明显短板。因此,目前想要编制"三年滚动预算",还力有未逮,在中央层面,还只能按"三年滚动规划"做出比较粗线条的要求;在地方层面,往往还在探索以建立项目库、专项经费台账等为重点的初步方案。

(三)预算绩效管理的工作规范和评价标准亟待完善

预算绩效管理政策文件规定,目前以预算部门和单位自评价为主体,财政再评价为重点,第三方评价为补充。2013年,财政部制定出台的《预算绩效评价共性指标体系框架》从项目支出、部门整体支出、财政预算三个层面分别给出了共性评价指标。但受限于一系列主客观条件,具体到各个行业、不同领域的评价指标体系尚未出台,相关规范性文件与操作规范,还迟迟没有形成由管理部门认定的、相关利益主体接受的、细化的、标准化的形态,这就使评价结果的合法性、合理性、可比性和公信力都受到了明显制约。

（四）预算绩效目标的设定和自评价质量亟待提高

由于上述几个方面的原因，预算绩效目标在客观反映和引导实施效果方面存在一定的技术困难，尤其是政府履职立场定位的绩效评价，不能局限于微观视角"成本—效益分析"概念的绩效评价，必须着眼于宏观绩效、经济社会综合绩效，其量化难度高，形成共识不易，实际工作中便表现为绩效目标管理要求不统一、不规范，具体目标设定不明确，往往可考量度、可评价性不高；因而在目标申报、审核环节不能形成完善的工作机制，申报表中的绩效指标填报不够科学，从而使绩效目标和部门职能、政府工作任务结合得不够紧密，无法全面反映部门履行职能的情况，不能充分体现事业发展的要求，难以科学衡量投入产出的社会效益和长远效益。在初创阶段，实际工作中绩效目标评价往往流于形式，事前、事中的评价不全面，评价偏重项目验收考核，而且评价标准偏低、缺少关键因素，评价方法单一，绩效自评缺乏客观性和准确性，导致评价结果水平低、缺乏公信力。

（五）预算绩效目标的动态监控范围还很有限

受传统投入预算的影响，预算执行及其监控的关注点仅为预算资金本身形式上的合规性，现有的预算绩效目标动态监控范围，也还局限于预算执行进度，停留在对应政策要求层面的日常监督，未能全面明确预算绩效目标的重点应落于"国民经济与社会综合绩效"层面的资金运行结果，进而对基于连带关系需纳入评价工作视野的各种外部环境、条件变化等可能对绩效目标实现产生影响的因素，也就关注不足。客观地看，反映"初创时期"特点，预算绩效管理所需的事前、事中、事后全过程的监控，尚不能形成体系化状态，动态监控的范围当然也难以适应"全覆盖"框架的要求。比如，在总结中国财政扶贫项目资金绩效目标动态监控试点的基础上，亟待全面扩大绩效目标动态监控范围，考虑从开展试点，逐步推广到对所有纳入绩效目标管理的预算项目都开展绩效执行跟踪监控，以提升关于综合绩效的评价质量，只有这样才能较好地规范和监督政府有效履职。

（六）预算绩效管理的"人才基础"与"数据基础"支撑力不足

与上述几个方面的问题存在内在联系的，是预测能力等着眼点上"人才"与"数据"两方面的支撑力不足。这其实也表现为"事中跟踪"与"事后定评"环节上的掣肘，主要有四个方面"不到位"：一是机构人员队伍建设不到位，即在财政、预算部门以及参与预算绩效管理的社会组织方面都普遍存在人员缺乏的问题，涉足多专业领域的复合型人才储备较少；二是培训力度和内容的多样化、持续性等方面不到位，未能针对当前相关工作人员知识水平不一、基础工作繁重等问题设计有效的培训课程，一部分培训单位基础设施与师资水平较低；三是信息系统研发不到位，绩效评价标准库、数据资料库建设滞后，共建共享的政府"金字号工程"联网数据库尚未如愿形成，对预算绩效管理提供的支撑力较弱，对信息系统的后期维护和保障投入不足；四是第三方力量培育不到位，能独立承担相关工作的专业中介机构少，绩效评价专家库建设滞后，对绩效评价工作的支持力度仍很有限。

总之，与党的十九届四中全会提出的"完善标准科学、规范透明、约束有力的预算制度"、党的十九届五中全会提出的"深化预算管理制度改革，强化预算约束和绩效管理"要求相比，我们亟须正视存在的较大差距，重视解决现存的问题与不足。为贯彻落实党中央对建立现代财税体制提出的要求，迫切需要把预算绩效管理置于经济社会发展与政府体系履职的全景图之内，与时俱进地规划相关顶层设计，明确改革操作原则、框架思路、基本要领和实施路径。

三、中国预算绩效管理改革的基本操作原则和制度建设框架思路

为适应新时代推进现代化的战略要求，今后一个时期，我国的预算绩效管理改革，要适应预算绩效管理发展的阶段特征，在落实党中央、国务院关于全面深化预算管理改革、加强政府预算绩效管理总要求的过程中，将制度创新、技术创新和管理创新紧密结合，以攻坚克难的创新意识和实事求是的科学精神，积极而务实地分步骤、渐进式建设具有中国特色的预算绩效管理制度体系。基于上述"问题导向"的分析，特提出中国预算绩效管理改革的四个方面的基本操作原则，以及中国政府预算绩效管理制度建设六个方面的框架思路。

(一）中国预算绩效管理改革的基本操作原则

1. 以系统论思维贯彻实施制度创新的原则

预算绩效管理的根本目标，是服务现代财政制度建设和现代国家治理的全局，相关的改革创新，要作为一项系统工程，以制度的前瞻性、确定性来化解现实生活中的低效制约与不确定性。在以改革构建预算绩效管理框架的过程中，首先应深刻认识和正确把握预算管理的本质诉求、内在规律和于经济社会转轨中发展的特征，以"五位一体"总体布局和"四个全面"战略布局为大参照系，以系统论思维的全局观"跳出财政看财政"，将制度创新作为"纲举目张"的龙头因素，充分打开管理创新和技术创新的潜力空间，大力提升以预算绩效管理防范和化解低效误配等风险因素、追求公共利益最大化的功能。

2. 统筹规划下的长短期结合、由粗到细、由简入难的渐进原则

预算绩效管理制度体系建设需要具备长期视野，又必然从短期做起，长短期结合，做好由粗到细、由简入难渐进推行的全面考虑、综合把握，既要有顶层统筹规划的全面完整性，又要有循序渐进、先易后难、总结积累经验的渐进性。在统筹规划预算绩效管理框架的顶层设计时，注重将关键紧迫问题与长效机制统筹结合由点到面；使微观的资金效益评价与实现宏观目标的综合绩效评价互为借鉴由表及里；把持续推进中的突出重点与兼顾通盘融为一体；先搭框架，后描细节，先抓较易的项目评估，再做较难的经常性收支评估，提高短期方案与中长期机制和体系建设的适配程度。

3. 全面推进与示范带动相结合的原则

在建设和完善我国绩效管理制度体系的同时，应注重在坚持形成"全面"特征管理框架和制度机制的取向下，承认不可能上下左右齐头并进，总体而言应由中央层级先行，部分重点部门和重点领域先行的纵向、横向双维度的示范带动。在部门预算绩效考评的法规基础和支持条件、事前绩效评估所需的预测能力、分领域绩效评价的指标体系构建、"部门综合预算"基础上的整体考评等方面，既要做通盘部署，又要抓好试点经验的总结示范，使全面推动与示范带动形成合力。

4. 调整既得利益与协同增效相结合的原则

预算绩效管理改革必然会触动原先以"基数法"为主加"讨价还价"而形成的"利益固化的藩篱"，纯然的"帕累托改进"（只有主体受益而无主体受损）已基本上做不到，这将在部门间资金配置格局上尤为明显地表现出来。需要明确"克服既得利益阻碍"的必要性、必然性，同时又应充分注重可能的帕累托改进空间（如信息共享、阳光化多部门评议带来的"共赢"效应），积极形成协同创新。在构建预算绩效管理综合机制的过程中，要努力形成各责任主体权责明确、风险预控机制完善、决策科学高效、监督奖惩准确及时的管理体系，提高全面预算绩效管理的各部门认同度。

（二）中国政府预算绩效管理制度建设的框架思路

以上述预算绩效管理改革基本操作原则为务实铺垫，对整个制度建设的框架思路，亟须做出理性而清楚的把握。我们认为，按照党中央关于建立现代财政体制的战略部署，从服务全局和现代化根本诉求出发，基本思路应是从政府履职绩效考评基础性制度入手，2025—2030年初步建成"全方位、全过程、全覆盖"的政府预算绩效管理体系框架，通过加强"激励—约束"功能，形成以绩效目标实现为导向，以绩效评价为手段，以结果落地为保障，达到明显提升政府履职中的治理水平和政策实施的效果。

中国预算绩效管理制度建设的框架成形（见图2.1），必将伴随社会经济发展中全面配套改革的推进，以财政已于1994年"分税制"改革后形成的分税分级体制以及省以下体制的改进为重点，以地方税制体系和公共部门债务体系建设等为呼应，附加种种必要的技术创新因素；以渐进的管理创新为直观形式，动态地进行调整和改进。预算绩效管理植根、内生于预算管理制度之中，应在已初具规模和成效的中国"四本预算"组成的预算体系框架下，顺应国家中长期战略目标，规划和设计可行的绩效目标、指标体系，以提高对未来具有一定不确定性的经济社会变化趋势分析与预测能力为基础，适应法治化、规范化、专业化、精细化的多维诉求，构建适合中国国情的预算绩效管理制度体系。

1. 以建设现代财政制度的重点改革为统领

在全面配套改革中建立现代财政制度，服务于国家治理体系和治理能力现代化的大局，是党中央自十八届三中全会以来多次强调的。预算绩效管理需要在配套改革、制度创新统领之下，达到全面实施、有效运行的愿景。预算绩效管理的强化和优化，遵循于完善社会主义市场经济、建设现代财政制度的改革逻辑，也内在于这一已进入"深水区"、必须攻坚克难的改革事业。

图中文字（按位置）：
- 1. 以建设现代财政制度的重点改革为统领（统领）
- 2. 以提升政府现代化治理能力为导向（导向）
- 3. 以建立健全预算绩效管理立法机制为支撑（支撑）
- 4. 以形成科学合理的标准和指标体系为标尺（标尺）
- 5. 以多方合力推进"数字财政"信息化建设为技术性重点（重点）
- 6. 以构建评价结果与预算安排挂钩机制为有效性保障（保障）
- 中心："十四五"—2035 全面实施预算绩效管理

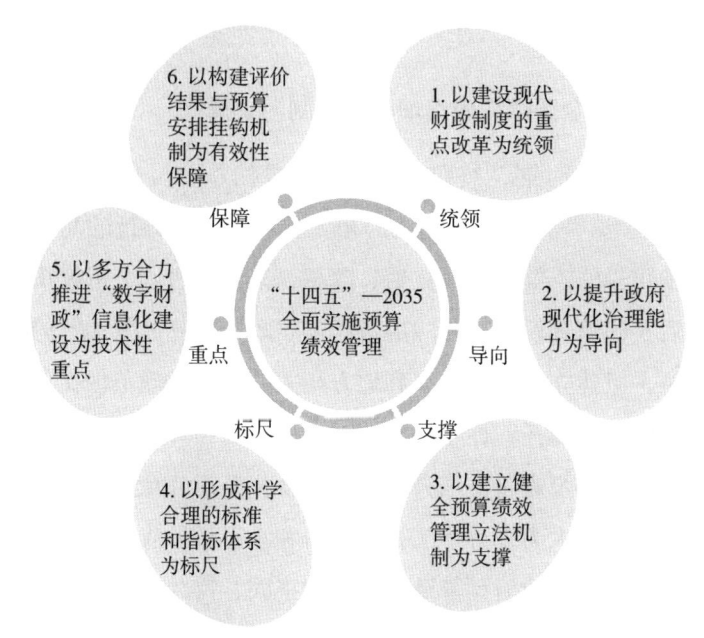

图 2.1 "'十四五'—2035"时期预算绩效管理改革制度建设框架

2．以提升政府现代化治理能力为导向

自党的十八届三中全会将现代化的国家治理凝练为治国施政的核心理念，政府如何提升现代化治理能力，便顺理成章地成为政府履职以及为政府履职提供财力保障的财政分配之内在逻辑关系。"十四五"规划明确要求"健全目标优化、分工合理、高效协同的宏观经济治理体系"，这为预算绩效管理改革制度设计指明了方向，必然强调事前绩效管理充分关注国家发展规划对公共预算、财政资源配置的宏观引导、统筹协调，事中绩效监控注重预警风险和防范、纠正偏差，事后评价强调科学性、整体性和继往开来。"结果导向"的放权与问责相结合的现代绩效预算管理理念，也实

质性内含了把管理与自管理、组织与自组织、调控与自调控熔于一炉而调动一切潜力、活力提升综合绩效的能力导向。

3．以建立健全预算绩效管理立法机制为支撑

今后一个时期，按照我国新《预算法》和《预算法实施条例》"上位法"关于预算绩效的相关要求，势在必行的是加快推进精细化立法，健全立法立项、起草、论证、协调、审议机制和立法后实施情况评估机制。应考虑以"政府预算绩效法"的立法为引领，以建立与完善中央和地方相关的规章、规范性文件和监督管理制度为依托，逐步构建统一、完整的预算绩效管理法律法规体系，并逐步完善立法公众参与制度，畅通公众参与政府绩效监督渠道，并大力提升依法行政能力和水平，形成"全面依法治国"情境下对于政府预算绩效管理的牢固、持久支撑。

4．以形成科学合理的标准和指标体系为标尺

完善可操作、可量化的指标标准体系，是预算绩效管理必备的衡量功能。一方面，应紧紧围绕落实党中央关于财政改革的重要部署，以科学的绩效管理目标和标准为切入点，从相关要领的结合上建立健全预算绩效管理标准体系，体现出能够动态修订、有效支撑预算编制和执行管理过程的原则标准。另一方面，进一步优化各部门和预算单位整体绩效目标体系、政策及项目绩效目标体系，研究制定可实现量化考评的指标体系。核心绩效指标体系的建立健全已是当务之急，在绩效标准和绩效目标设置确定后，要确保一级和二级绩效指标设置的系统化、合理化、可量化及其对于差异化管理的适应性，进一步提升总体的科学化精细化水平。

5．以多方合力推进"数字财政"信息化建设为技术性重点

今后一个时期，应依托与政府"金字号工程"联网的大数据、云计算等形成的全国财政系统"数字财政"基础设施，着力优化预算绩效管理全流程，以预算绩效管理信息系统的升级换代，使绩效管理更加契合"财政核心业务一体化"的治理能力要求。一方面，依托政府信息化大平台和"数字财政"系统建设，创新绩效评价手段与工具，优化事前、事中、事后全程评价机制，从加快完善重大政策和项目预算绩效评价入手，加快推进中央和省以下各级政府部门的整体绩效评价提质升级。另一方面，强化绩效评价主体责任，构建"一体化"大系统中的多元化评价主体格局。在明确财政部门、预算部门和单位主体地位和职责的同时，也积极利用第三方评价力量并加强对其的引导和规范，提升"数字化"基础上的绩效评价独立性、客观性。

6．以构建评价结果与预算安排挂钩机制为有效性保障

"花钱必问效，无效必问责"，是预算绩效管理生命力之所在，绩效考评结果，必须合乎逻辑地作为重要而基本的依据用于预算的安排和相关主体的奖励、惩戒。为此，首先应出台实现评价结果与预算安排、调整的挂钩机制。一方面，与预算编制挂钩，将绩效的"事前"评价结果体现于预算编制优化；另一方面，与预算执行管理和决算挂钩，即将绩效评价结果嵌入日常预算管理中，使"事中"的绩效追踪评价结果与预算安排的必要调整有机结合，并在决算环节使"事后"的绩效评价结果与全过程的"收官"相挂钩，做到绩效评价结果与预算管理的动态进步相互促进、有机融合。

需要强调的是,评价结果与改进管理、完善政策挂钩,是将预算绩效评价结果与改进管理建立联动关系,推动各预算主管部门(预算单位)绩效责任意识的提升以及对预算管理工作的改进。因此,必须将预算绩效考评作为检验相关政策执行效果、完善财政政策的具有量化特征的重要依据,根据绩效评价结果提出调整完善政策内容的意见和建议,增强政策针对性和有效性,优化财政资金配置,提高财政资金使用效益,并为今后类似政策的出台提供借鉴。

为追求上述机制的有效性,必须将绩效评价结果纳入政府行政问责体系,建立完善诫勉、奖惩机制,对于重大项目和民生政策,应考虑根据"权责统一"理念,设立重大项目责任人终身追责制度。应设计出台合理性与可操作性强的问责办法,明确问责对象和内容,同时建立完整健全的激励条款,以奖罚分明,充分发挥预算绩效管理在增强人民获得感、提升政府公信力方面的积极作用。

四、深化预算绩效管理改革的相关基本要领和实施路径

基于上述分析认识,在我国预算绩效管理改革推进过程中,有以下六个方面的要领,值得关注并形成务实的推进路径。

(一)树立宏观绩效管理理念,抓好立法建设,引领预算绩效管理提质增效

针对上述法治化基础建设不到位的问题,需要加快立法建设,提升预算绩效管理的立法层级,形成法治化轨道上的权威依

据，可积极考虑充实新《预算法》中关于绩效管理的相关内容，并在"十四五"期间力求完成预算绩效管理法的立法工作，以利于在法治化路径上将宏观绩效管理贯穿于财政资源配置的各个环节和资金运用全过程，即贯穿于公共事务决策和公共产品提供的全过程，涵盖公共产品和产出品的整个生命周期，提升公共资源配置效率。要考虑到中国政府预算绩效管理改革在全面部署的同时必然具有的由粗到细、先易后难的渐进性。立法工作的动态优化，一是要体现为新《预算法》等上位法的多轮修订，二是要体现为相关条例、指导性文件（这在中国同样具有法律效力）的及时出台和应派生的工作细则的规范化与动态优化。

（二）大力提升预算编制的预测支持水平，细化覆盖"四本预算"的绩效管理工作全流程闭环系统

依据贯穿预算编制、执行、监督全过程的预算绩效理念，需充分考虑事前、事中、事后的绩效管理需求，以大力提升专业化的预测水平支持预算编制为前提，加快细化覆盖"四本预算"的绩效管理工作流程，构建闭环系统，形成管理全链条，从绩效的"预测评估→目标管理→运行监控→结果评价→奖励问责条款应用"等强化、优化绩效管理。一是基于预测进一步完善绩效事前预评估机制。研究出台《事前绩效评估管理办法》，搭建事前绩效评估工作平台；依据预测分析和定量方法等科学评估财政成本和综合效益预期值。二是基于预测强化绩效目标管理，对此管理环节单独建章立制，形成明确的规范。三是加强绩效运行监控，健全预算执行进度和绩效表现的跟踪监督、动态考核机制，

使良好的事中运行监控贯穿预算执行始终，联通前端的预算编制和后端的最终结果决算。四是对"全口径预算"四个相对独立部分全面开展绩效评价，通过积极拓宽绩效评价范围使之逐步达到中央、地方各层级全覆盖，即各部门、各地区、各单位对"四本预算"全面开展预算绩效评价工作，规范评价程序、改进评价方法、统一评价标准、提高评价质量、强化结果应用。五是完善绩效管理考核与奖励、问责奖惩制度。原则上绩效管理的考核必须落实于量化结果，及时总结经验推进考核办法的修订完善，提升绩效考核的质量和有效性，对接奖惩制度的落实，追求实际效果。

（三）进一步优化预算绩效评价标准和指标体系整体设计

考虑到我国预算绩效管理改革的渐进过程，应秉持"持久战"思维不断着力，不懈努力地完善基于宏观绩效与微观效益、以宏观绩效为主导的指标体系设计，进而确立绩效评价标准。第一，由粗到细建立健全各行业、各领域预算绩效管理的核心指标体系，科学制定绩效量化标准，优化一级项目绩效目标设置与调整的工作流程，带动提升二级项目绩效目标设置的科学性。应充分考虑不同情境与综合影响因素，将统一规范与差异化处理相结合，建立分领域、分行业、分层次的绩效目标和绩效指标，并动态完善预算绩效评价指标体系的技术性内容与方法。第二，在广泛吸收国外及国内中央、地方多级经验基础上，将中央层级指导和地方层级创新试点的技术性内容与方法相结合，先易后难，积极吸收零基预算、权责发生制预算会计、结果导向的公众问卷评价模式等的可取之处,对评价指标体系的内容、权重设置等方面进行逐步完善。允许地方、部门综合考虑预算编制和绩效评价需要,循序渐进,由粗到细;可先支出侧、后收入侧,先项目预算、后一般经费("人吃马喂")预算,先"事后""事中",后"事前",逐步形成中国完整而有效的预算绩效评价指标体系。各部门、各级、各地必须建立绩效指标库,在执行动态调整机制过程中可先建项目库指标体系,再延展到经常性收入支出。第三,注重安排未来不确定性的对冲预案,提高对未来不确定性、风险变化趋势的分析与预测,以加强绩效目标的合理性及其达标机制中的适应性调整能力。

(四)积极推进各部门全面协同的支出绩效管理取得实质进展

将部门管理决策和项目立项决策通盘纳入法治化轨道,要积极完善科学论证、风险评估、集体决策等法定程序和配套制度,实施各部门间和部门内全面协同的支出绩效管理。加强相关配套条件,着力推进整体化的支出绩效管理,一是开展多部门阳光化听证会试点。变多头(各部门)对一头(财政部门)争取资金支持的格局,为多头一起沟通信息达成资金通盘权衡安排可接受方案,形成由财政部门牵头做绩效考评的组织协调的格局。二是启动部门内部的整体化支出绩效管理示范,逐步实现各部门的全覆盖;在"部门综合预算"框架下和总结经验基础上,逐步扩大部门整体支出绩效优化管理范围,运用绩效目标和指标体系来量化部门业绩,引导部门通过加强管理提升支出综合绩效水平。三是根据部门不同特点,可"量体裁衣"分类制定部门整体支出绩效目标和差异化指标体系。如党群机构、政府办事机构、政府综合部门、政府专业部门、政府直属机构和事业单位等,因业务和工作性质与特点不同,除共性指标外,应结合业务和工作特征,各有侧重地优化技术性指标设计。四是实施全成本、全效益预算绩效管理。通过估算财政预期投入而产生的产品和服务等要素的成本,结合政策目标簇,确定相关的合理绩效目标和预期综合收益。成本侧(投入侧)能够全景图式展示资金分配运行"全成本",为研究制定部门所涉支出资金量值、收费价格调整、相关政府补贴以及政府投融资机制优化等提供参考;收益侧(产出侧)则需要把直接的产出(output)和综合考虑"外部性"因素的"结果"(outcome)合成为"经济社会综合效益"全景图,达到整体协调的支出绩效管理实际结果之检验认知,进而得出当期支出安排实际结果对应的奖励与问责依据,并优化引导下一期的预算支出安排。

(五)加强人才培养和数字化技术支持的预测能力、评估能力建设

针对预算绩效管理专业骨干人员显著不足、专业水平亟待提升的现实,第一,制定规划,稳步推进预算绩效管理人才培养,形成稳定、专业的人才队伍。解决这方面的师资来源问题,可以结合政府"购买服务""请进来"的方式。第二,针对预算绩效管理全流程开端,即"事前"预测能力明显不足的现状,亟须结合人才培养,重点提升预测能力建设,融合现代信息技术成果,积极开发量化预测模型方法,健全和不断充实数据库。同时,不

断积累经验,对所用方法和配套支持条件进行动态优化强化。数量模型的开发和维护、升级,也可以运用"政府购买服务"方式来加快进程和提高水准。第三,针对财政预算管理中重点事项的绩效评估能力受限问题,"十四五"时期可考虑在"全面推进"绩效管理框架下,重点选择若干现实热点、难点重要专项,组织高水平团队形成绩效评估的案例与示范,推广经验,助力总体上新局面的形成。如对于地方政府债务管理绩效与隐性债务风险防范绩效、"两新一重"建设项目管理绩效与"民生改进"关系密切的社保(义务教育、基本医疗、保障住房等)的资金管理绩效、中央"直达资金"管理绩效等,可以优先提升评估能力,及时推广示范经验。

(六)着力健全和落实立体化的监督机制、报告制度,对接奖惩责任制

预算绩效考评管理制度的内在逻辑,是结合量化的考评结果实行奖惩,体现责任制的激励与约束。今后,为有效地以考评和监督、奖惩形式落实责任制,一是应完善预算绩效立体化监督体系。在当前审计和纪检监察体系中,进一步明晰各相关主体职责,优化其叠加和协调关系,构建预算绩效的立体化监督体系。二是构建业务一体化绩效动态监管体系。协同推进"互联网+绩效+管理",厘清具有监管职责的财政部门与绩效管理主体部门的责任边界。逐步实现对财政主体业务全面实施动态监管,促进公共资源优化配置,提升资金产出效率。三是积极培育第三方机构,形成有力补充和支持力量。要建立和完善第三方机构的选取

机制与委托机制。加强行业自律机制、专业素质提升机制建设。四是落实政府综合财务报告制度。提升权责发生制的政府综合财务报告编制质量和效率。"十四五"期间，应着力将优化政府会计、政府部门财务报告、部门预算、部门决算相结合，加强财政资金使用者对绩效目标实现的责任意识和工作中的绩效导向。五是结合奖惩，优化健全预算绩效信息公开机制。首先，加强人大对重大政策和项目预算绩效评估结果的监督，并完善向社会公开的机制和内容；其次，应分阶段分步骤逐步扩大重点项目绩效评价信息的规模和项目数量；再次，加强对单位申报预算绩效目标和内容的"决算"管理，公布和实施应有的奖惩措施；最后，按照各行业特点，以及不同领域、不同层次的要求，建立健全绩效评价报告管理规范，比照政府信息制度的"网上晒账本"等方式，推进预算绩效管理报告逐步全面公开，进而将奖惩问责机制以阳光化方式落实。

五、结语

在落实党中央关于"十四五"规划及 2035 年远景目标的战略部署和工作指导精神的大方向上，中国的政府预算绩效管理改革，必须紧密结合现代财政制度的改革创新，服务于高质量发展新阶段的工作，以适应国家治理现代化的全局需要。基于现状分析可知，我国预算绩效管理在已取得应予肯定的一系列进步的同时，还存在法治化建设、专业化建设、工作规范和评价标准、目标设定及动态监控、人才基础和数据基础等方面的问题与不足。下一阶段，应正确设计预算绩效管理改革的基本操作原则和制度建设框架思路，明确改革的统领、导向、支撑、标尺、重点和保障条件，将系统化诉求与"问题导向"相结合，实施全面的预算绩效管理改革，其基本要领包括加快立法建设，提升预算编制的预测支持水平并形成"四本预算"的全流程闭环，优化绩效评价标准和指标体系整体设计，推进各部门整体协调的支出绩效管理，加快人才培养和数字化技术支持能力建设，落实立体化监督机制、报告制度并对接奖惩责任制等，以此为国家的现代化做出应有贡献。

"十四五"时期地方财政事权动态调整：现实与展望[①]

我国省以下财政事权划分动态调整机制是分税制改革深化的必然之举，是现代财政制度的应有之义，也是地方现代财政治理的必由之路。

在地方财政治理体系构建过程中，优化地方财政事权划分动态调整机制至关重要。决策层明确要求"财政事权划分要根据客观条件进行动态调整"，并决定"建立财政事权划分动态调整机制"。《关于进一步推进省以下财政体制改革工作的指导意见》为理顺省以下财政体制，进一步完善地方财政事权动态调整机制提供了有力指导。"十四五"时期是我国黄金发展期与矛盾凸显期的交汇时期，也是迈向2035年远景目标统筹发展和安全的关键时期。"十四五"时期，我们亟须思考稳定性与灵活性兼顾的治理方略，在保障中央统一领导和全局控制动员能力的前提下，以适度赋予地方财政自主权的制度建设之举，来积极应对后疫情时代可能发生的危机，探索更具自主性和创新性的国家能力建设之路。省以下财政事权动态调整，是地方财政治理体系和治理能力现代化的必由之路。

[①] 本文发表于《地方财政研究》2023年第1期，与吴园林合作。

一、动态调整的层级差异：央地之别

随着财政事权划分改革在省以下的推进，地方财政事权格局的塑造取得了突破性进展。根据决策层在《指导意见》中的部署，结合我国地方财政事权划分改革实践，财政事权动态调整在中央和地方层级呈现出诸多差异。

首先，调整层级上的差异。分税制改革启动之后，财政事权划分的方向基本上是从央地之间向地方各级之间扩展。其中，央地财政事权划分的动态调整涉及的主体为国务院与代表地方的省级政府。两者之间，国务院作为中央政府，省级政府作为最高层级地方政府，是法定职权上的领导与被领导关系。这种关系决定了央地财政事权动态调整的主导权在中央，执行权在地方。在地方执行中央决策的基础上，完整的"地方"概念之下财政事权划分的动态调整主导权则首先在省级政府。这一安排既符合"中央决策、地方执行"的财政事权改革思路，也符合决策层"加强财政资源省级统筹"的要求。在维护央地财政事权基本格局的前提下，地方财政事权实现必要的动态调整，有利于不断优化地方财政事权格局以及对地方财政治理多样化探索。

其次，调整范围上的差异。央地财政事权的动态调整对象为中央财政事权与省级财政事权；相比之下，地方财政事权动态调整，则需针对省以下地方各级政府的财政事权。其中，中央在"两个积极性"原则之下，可以统筹调整本级和各层次下级政府的财政事权，但省级政府仅能在一定权限内部分调整本级和下级政府财政事权。在地方财政治理中，事权所在的层级不同，相应层级政府动态调整的范围也有较大差别。从目前情况来看，省级政府无疑具有地方各级统筹的地位。然而，由于我国国家结构形式的特色，不同省级政府的动态调整权限不同。特别行政区因具备独立的财政体制而享有最大的动态调整权，自治区、经济特区次之，普通省份又等而次之，直辖市因受中央直辖而享有最小的动态调整权。相应地，在地级市层面，设区的市享有一般水平的动态调整权，而自治州则因其民族特色和地方特色而享有较大的动态调整权限。在县级层面，市辖区由于直辖而享有相对较小的地方事权动态调整权，而自治县、旗的动态调整权限相对较大。在乡级层面，乡与镇承担着不同的职能，乡是农业经济区域，而镇是城市经济区域。在基层政权中，民族乡由于不属于民族自治地方，适用普遍治理方式，动态调整权与一般的乡镇并无太大差别。

最后，调整内容上的差异。因层级不同，财政事权划分动态调整的内容在省以上的中央层面和省以下的地方层面有较大差异。这种差异可以从两方面来看。其一，从形式上看，中央层面的事权调整，涉及的首先是中央政府与省级政府，而地方层面则相应涉及省、市、县、乡四级政府。这种形式上的差异会导致调整范围和目标效果的差别。其二，从实质上看，中央层面的事权调整，大多涉及中央在事权改革上的决策权，而地方层面的事权调整，则大多涉及地方在事权改革上的执行权。这种实质差异，符合中央在启动分税制改革过程中设计的"中央决策、地方执行"的思路。省级政府处于中央与地方之间，因而处于一种"承上启下"统筹联结中央与地方的作用，故同时分享着有限决策权与执行权。

地方财政事权动态调整，是顺应党中央决策层要求"加强省级财政资源统筹"的"与时俱进"必然之举，符合我国单一制国家结构形式的特色及相应的宪制安排要求。单一制的复合特色、民主集中制和两个积极性的宪法原则共同决定了地方财政事权动态调整的特殊之处。

第一，地方性。优化分级财政治理，必然依赖于地方各级积极性的发挥。省以下财政事权的动态调整应体现鲜明的地方特征。就治理体系而言，省、市、县、乡四级政府的赋权机制是有所不同的。其中，县级以上地方政府，包括省级政府和地级市政府，由间接选举产生，而县级政府、乡级政府则由直接选举产生。地方财政事权调整必然属于地方财政治理体系内的权限变化。事实上，地方政府对财政事权的调整更可能对辖区公民的财政权利义务产生直接影响，尽管这种影响在很大程度上具有区域性特征。从动态调整机制的运行来看，省级行政区划建制的差异也体现了这种地方性特色。需充分认知，省、市、县、乡四级行政区划体现了我国国家结构形式的"复合单一"特色，叠加了历史、民族、文化等领域的差异，区域性财政治理格局的地方性色彩更为浓烈。

第二，多层级性。与央地层面相比，省以下财政事权动态调整更具有明显的多层级特色。随着分税制改革逐渐深化，省级政府的统筹作用日渐增强，再辅以"省直管县""乡财县管"，以及乡村振兴综合配套改革等措施，地方财政治理格局已然呈现扁平化趋势。县级政府的财政职能得到强化，乡级政府的财政职能却合乎逻辑地被弱化，市县"行政不同级但财政同级"的财政治理局面已在实行"财政省直管县"的区域出现，这些区域的地方财政治理实已从省、市、县、乡四级转为省、市/县两级。不过这种两级治理格局并未定型，仍然处于调适之中。一方面，"乡财县管"并未彻底改变乡级财政与乡级政权的法定地位；另一方面，市县同一平台的财政治理格局导致了地方财政治理体系的某种紊乱。在实行"省直管县"改革的地方，县级财政直接与省级财政对接，尽管保留市管县的行政体制，但财政上已经简化了层级；在未实行"省直管县"改革的地方，县级财政仍受地级市财政的领导，地方财政格局维持不变。这导致了全国范围的地方财政治理格局更显纷繁复杂，地方财政事权改革更易步调不一的问题。这种复杂性叠加了多层级性赋予我国地方财政事权调整的更多特色。

第三，复杂性。地方财政事权动态调整的复杂性折射出了我国财政体制改革任务的艰巨性。此处涉及我国地方财政治理的一个关键问题，即地方财政治理是整体治理，还是分级治理。基于单一制和原来的"五级预算体制"的现实，我国地方财政治理在很大程度上延续了整体治理模式，即以省级政府统管辖区内各级财政，按照行政隶属关系建立纵向财政体制。省级政府统管的整体治理模式难以平衡地方政府间多个积极性的张力，因而上级政府的财政控制权与下级政府的财政自主权容易失衡。然而，省级政府统管中的"统筹"思路又是整体治理的优势所在。作为基本治理模式的分级治理，其优势在于内含的财政分权因素弥补了整体治理活力不足的缺陷。在实施"省直管县""乡财县管"及其配套改革的地方，地方财政治理扁平化极大地提升了地方财政治理能力，体现着分级治理的优点。因而，整体治理必须与分级治理优化结合，"取两者之长、避两者之短"。在坚持财政扁平化改革取向的前提下，处理扁平化与原五级预算体制之间的矛盾，积极探索不断改进整体治理与分级治理相结合的方案，在差异化治理中优化地方财政治理格局。

地方财政事权动态调整的层级差异，对于我国地方财政治理实践，尤其是应急治理财政，有着重要影响。以新冠疫情时期的湖北省为例，在疫情暴发之际，武汉周边市县急需调动财政预备费积极投入抗疫。根据新《预算法》的相关规定，应急预算资金调用不适用预算调整的常规程序规定，但湖北省的地方性规定则强调"预备费应从严把握"，并且将"擅自动用预备费"作为重大预算违法行为之一。尽管湖北省同样有关于"预备费"调用的额度和动用程序规定，但在新冠疫情防控依法启动重大公共卫生事件紧急预案之前，湖北省的省以下各级政府很难及时有效采取应急调用的财政治理措施。这违背了预备费制度设立的初衷，不利于提升地方财政治理现代化的能力。

二、动态调整的运行状态：分级有序

尽管分税制改革于1994年即已启动，但真正将各级政府事权与支出责任划分对接"一览表式"可操作方案的突破性进展，是以2016年《关于推进中央与地方财政事权和支出责任划分改革的指导意见》的出台为标志。新冠疫情防控之所以能在短时间内取得显著成效，在很大程度上应归功于深化相关改革方面的积极态度。2016年以来，财政事权动态调整的运行状态可总结为"分级有序"。具体而言，因"中央"和地方"省以下"三层级区隔而"分级"设计，以及"中央决策、地方执行"的事权清单和相应支出责任量化（比例）"一览表式"可操作性的有力贯彻而呈现"有序"运行。这一内嵌于财税配套改革动态调整机制的制度化运转,对财政治理水平的提升,包括应急财政治理体系的建设尤为重要。

目前从整体来看,省以下财政事权划分改革也进展顺利,"省级统筹"基本框架与制度安排逐渐落实,地方财政事权格局日益明晰。在实现省与市县明确权责边界的同时,省级政府"统筹"的权力也日益规范。由于省以下财政事权动态调整与行政改革密切相关,且涉及"十四五"时期公共服务体系的规划落实,因而相应机制建设方案也纷纷由各省级政府出台。基本上所有省份都选择参照《关于推进中央与地方财政事权和支出责任划分改革的指导意见》而直接出台相应改革方案的做法,一些省进一步将决策层的改革精神和指导思想直接贯彻到相应领域的改革中。鉴于省级政府在贯彻财政事权改革路径上的差异,相应的动态调整机制在运行过程中也呈现出各自的特点。

在"省级统筹"的前提下,省级政府有权动态调整部分本级事权和多数下级事权。这符合《关于推进中央与地方财政事权和支出责任划分改革的指导意见》的要求,即省级政府要参照中央做法,结合当地实际,按照财政事权划分原则合理确定省以下政府间财政事权。在具体参照的过程中,各地的做法也"因地制宜"。广东、安徽、上海等十七省市基本上明确了由地方级政府或财政"省直管县"政府行使本级财政事权动态调整权。而河南、天津等八省市则授权省级政府行使市县财政事权动态调整权。辽宁、重庆等四省市尚未规定下级政府的财政事权动态调整权。不过,根据中央决策层"省级统筹"的思路,结合"谁出台方案、谁负责贯彻"的省级统管原则,通常默认省级政府至少享有本级政府财政事权动态调整权。

省以下财政事权动态调整的对象大致可分为四类财政事权。第一类是省、市、县三级政府的独有事权。这类事权的动态调整，通常是在上级政府统一标准之下，接受上级政府的财政指导而对本级事权进行适时动态调整。第二类是省、市、县三级政府的共同财政事权。这类事权的划分及其调整往往是地方财政事权改革的"重头戏"，也较容易在上下级政府间引起争议。第三类是新增事权及尚未明确划分的事权。这类事权近年大多限于基本公共服务领域，受到中央决策层和省级政府的重视，大多数已有成形的改革方案。第四类是因地方财政事权改革有先行探索，而与中央后续规定不一致的事权。按照决策层要求，这类事权应当由上级政府（省级政府）进行及时调整。总体来看，这四类财政事权基本上涵盖了地方需要动态调整的所有事权对象。在上述事权的划分及动态调整中，决策层显然需考虑到财政自主权、公共服务供给能力、经济社会发展需要和地方改革现实等多种因素。

地级市层面的财政事权动态调整亦是地方财政治理的重要环节。由于地方财政改革实践探索的逐渐推进，市县并行的扁平化财政治理格局已然在形成之中。过去无论是包干制下的"分级包干"，还是分税制下的"分税分级"，作为联通省级政府和县级政府的地级市政府，都起着举足轻重的作用。一旦趋向于财政"省直管县"，地级市财政事权动态调整的关键，就在于厘清与省级财政和县级财政的关系。一般而言，省级层面的改革方案需清晰划分省与市的事权边界，而市级层面的改革方案需清晰划分市与县的事权边界。从现实情形来看，地级市层面的改革进度远不及省级层面。在全国范围内，大部分地级市出台了相应的财政事权改革方案，大致呈现出三个特征：第一，地级市财政事权既受省级政府的统筹调整，又主导着辖区内下级财政事权的划分与调整；第二，在遵循统一的省级事权标准之下，地级市政府有权依法动态调整本级与下级财政事权；第三，地级市财政事权的动态调整权往往表述为由地级市党委和政府联合行使或协商行使。

"郡县治、天下安"，县级政府的"基层性"在"乡财县管"普遍化之后，已成为我国国家治理的一个基本共识。当前，大量基本公共服务也是由县级政府牵头供给的。纳入"省直管县"改革的县级政府，在财政上直接对接省级政府。尽管行政层级上对地级市的隶属关系保持不变，但财政层级上已实现扁平化。截至2011年底，全国共有27个省对1 080个县（包括县级市）实行财政直接管理。从目前情况来看，全国范围的"省直管县"改革大致存在三种模式。第一种是仅在财政体制上实行"省直管县"，在行政体制上仍保留地级市政府的行政隶属关系。这也是大多数列入改革试点的地方政府采用的模式。第二种是允许县级政府在行政审批上享有地级市政府的权力，即试水于浙江的"扩权强县"改革，是少数地区，尤其是长三角地区所做的可贵探索。第三种是在行政权力和组织架构上实现市（地级市）县一致，确保"省直管县"名副其实。这一模式最先见于广东顺德，目前还仅在海南、河南、湖北、新疆等地试行。但已可做出一种趋势性概括：分税制改革启动后，地方财政事权格局逐渐演化为"以县为主"的体制。市（地级市）县并行的扁平化财政事权体制，也对县级财政事权的划分与调整提出新的挑战。

从多个县级改革方案来看，县级层面的财政事权动态调整具有下述三个特征。首先，县级财政事权动态调整空间小。"上面千条线、下面一根针"形象地说明了这一点。县级财政事权是中央、省级、地级市层层界分之后予以确立的,这必然缩减了有限的调整空间。当前县级财政事权划分调整方向是:严格按照县级为主、省级统筹兜底的原则,将"六稳""六保"的责任落到实处。其次,在遵循省级政府统一标准之下,县级政府接受省级政府和地级市政府的指导,依法有权动态调整本级和下级财政事权。最后,由于仍处于探索阶段,县级财政事权的动态调整模式通常为:由县级政府或所属部门启动,报县委决策后出台动态调整方案。

乡级政权是最基层的法定政府。从经济功能区分来看,乡是农村经济区划建制,镇是城市经济区划建制,乡、镇政府都是五级预算体制下的基础财政层级。近年来推进的"乡财县管"及乡镇综合配套改革,在强化县级财政地位的同时,弱化了乡级政府的财政治理职能,却弥补了乡级财力不足的问题。目前来看,"乡财县管"的具体举措为:在坚持乡镇财政的预算管理权、资金所有权和使用权、财务审批权不变的前提下,通过统一的财政管理方式,加大县级财政主管部门对乡镇财政收支的管理和监督。事实上,"乡财县管"突破了传统的管理和监督模式,使乡级财政实际成为县级财政下管的一个预算单位,形成了县乡财政关系的一次全面调整。截至 2011 年底,全国乡镇中 86.1% 实施了"乡财县管"改革。就财政事权划分而言,显然乡级政府的相关改革主要在与县级政府之间展开。从公开的数个县级方案来看,县级层面的财政事权改革仍在较大程度上处于探索阶段,动态调整方案的成熟化和精细化程度有待提升。在实践中,实施"乡财县管"及乡镇综合配套改革侧重于考量顺应经济发展水平。在诸多经济欠发达乡镇,乡级政府的财政职能实际上被虚置,但行政职能仍予保留,进而形成了"以县为主"和"县管乡镇"并存的基层财政治理局面。尽管"乡财县管"等改革举措有效缓解了乡级财政困境,但这种财政扁平化趋向与原五级预算体制之间的不协调之处仍有待与时俱进地予以消解。其中涉及的改革与法制建设的辩证关系,应予认真对待,在财政预算与行政体制的配套改革中积极稳妥地解决。

推进"乡财县管"的一些地区实践探索颇具特色。比如广东省和海南省。广东省的特殊之处在于,县镇财政事权改革的探索先于上级政府,颇有"自下而上"开拓创新的倾向。早在2011年5月,广东省即已启动县镇财政事权改革,率先推进县以下财政事权划分,强化县级政府和特大镇的财政事权。其后在2017年,参照《关于推进中央与地方财政事权和支出责任划分改革的指导意见》的精神和要求出台了相应的省级层面的改革方案。从改革方案出台的时序和逻辑来看,广东省的财政事权改革起步于县镇,当然,这与广东省发达的县镇经济相关,也与其财政法治建设水平相关。与广东省不同,海南省的情况另有特殊之处。海南省并不属于典型的县镇经济发达区域,却是全国唯一全部实现财政"省直管县"的省份。这意味着海南省财政层级扁平化改革较为彻底。在"中央决策、地方执行"的改革思路下,海南省的乡级财政不仅要保障"六稳""六保"等刚性支出,而且顺应中央关于海南"自由贸易港区"战略部署,承担着为海南全面高水平深度开放大局服务的使命。这种扁平化的财政治理,有利于地方财政事权动态调整机制的运行,也有利于地方财政治理格局的不断优化,以适合落实"零关税、低税率、简税制"等方面的改革需要,服务于最高水平的自由贸易港区建设。

三、动态调整的未来展望：挑战与优化

新冠疫情的暴发，从内外两个维度加剧了我国经济社会发展面临的严峻局势。就外部而言，疫情大流行让外部世界体系变得相对封闭。在疫情重击之下，全球经济短期内较难恢复增长态势。以美国、欧盟为代表的发达经济体在自顾不暇之下采取的一些贸易保护主义态度与措施，给我国外部开放发展带来诸多难题，如中美贸易摩擦等。就内部而言，疫情防控常态化形势下，地方治理也暴露出诸多问题与短板，疫情反复让完全复工复产迟迟难以实现。新冠疫情的严重冲击，叠加经济社会发展中的国际区域、城乡、社会阶层矛盾因素，使得我国在"十四五"时期和迈向2035年远景目标的过程中的不确定性和公共风险大大增加，对我国"五位一体"的国家治理目标形成极大挑战。

作为国家治理的基础和重要支柱，财政在对抗疫情危机、化解公共风险、维护稳定、促进发展、支持改革等方面是至关重要的。从疫情之初的武汉防疫，到全国性疫情中期的卫生应对，再到疫情防控常态化下支持复工复产，财政以应急拨款、发行抗疫特别国债、实施普惠式财政贴息等举措来保障"六稳""六保"任务的落实，地方的应急财政治理能力得到锻炼和考验。这表明，地方财政治理，不仅需要日常状态下的财政事权调整权，也需要非常状态下的动态调整权。当前地方财政事权改革仅仅从财政支出端开启，而财政收入端的改革也需要合乎逻辑地被纳入通盘考虑。基于财力、财权、事权的清晰边界，事权与支出责任的划分与执行绩效提高，需纳入制度化规范明晰的政府财政关系体系，包括应对突发危机的应急财政治理体系。

在"十四五"时期,省以下财政事权动态调整,应着眼于制度建设轨道上规范化与动态调整弹性空间合理兼容的思路,从以下三个方面着手予以优化。

首先,以加快地方税体系建设落实省以下分税制来巩固财政事权改革成果。财政事权改革从支出端启动,固然是必选途径,但收入端的财权改革仍应攻坚克难。应对疫情突发状况的各项举措过度依赖于转移支付的尴尬现实,对地方财政治理能力提出了挑战。尽管在中央与地方的双重努力之下,疫情防控取得了重大阶段性成果,但财政事权动态调整机制建设的收入端制约问题进一步凸显已是不争事实。作为分税制深化改革的关键一步,地方财政事权划分的优化必须与财权、财力和支出责任划分的优化形成协调配套关系。若没有以地方分税体系建设作为重头戏的财政收入端改革,则支出端的财政事权改革也不可能稳步推进,并达到相对稳定的格局。在省以下积极实施这种巩固与完善分税制的配套改革,将有助于为应急财政事权提供强有力的地方财力支撑。目前在全国范围内,支出端事权划分与收入端财权划分相顺应的情形尚属罕见,这表明省以下分税制改革的全面贯彻需要继续攻坚克难。

其次,优化市县并行的扁平化财政治理格局。无论是对于常态化的财政治理,还是非常态化的财政治理,治理层级扁平化都是最优应对之举。当前"省直管县"改革在多地并不彻底,虽然在财政上实现省县直接对接,但仍难以避免地级市行政控制的机会主义倾向。财政"省直管县"的主要目的是提升县级政府的财政地位,扩大县域财政的收支自主权,县级和省级之间进行直接的财政事务对接后,市、县级政府在财政上形成同级"并行"关系,一方面消除市级对县级财政的不当"汲取",另一方面以减少财政层级提高各类转移资金的拨付和使用效率。从财政自给率来看，市管县体制造成县级财政自给能力普遍偏弱，而地级市财政自给能力则相对较强，地级市的发展往往牺牲了县级政府的财政自给能力。市县并行的财政治理，其本质是寻求地方治理中的财政治理与行政治理的优化。财政层级的减少固然可以先行，但配合相应的行政层级减少才是治本之策。就目前的改革实践来看，通过财政上的"省直管县"与行政上的扩权强县并举，真正强化县级财政，全面下放地级市的财政与行政管理权限，进而重塑省以下财政治理格局，将有助于更快实现从传统五级预算体制向三级预算架构的财政体制的转变，更好地迈向现代财政治理。

最后，积极稳妥推进乡镇配套行政改革。在乡级层面，由于"乡财县管"及乡镇综合配套改革，乡镇政府的财政职能实已显著弱化，乡镇丧失作为一级政权的财政自主性，成了为县级政府及其部门服务的"协调型政权"。实际上，县乡两级财政事权划分的动态调整也应因地制宜，与乡镇行政改革通盘协调。经济发达区域的县级财政，可借鉴城镇区域已有多年经验的"街道办事处"派出机构模式，在压实乡级财政支出责任的同时，适当下放机动调整权，发挥乡镇执行层面的积极性。经济欠发达区域的县级财政，则应在实施"乡财县管"的基础上，注重维持基本的"三保"支出。最彻底的配套改革措施仍然是在行政层级上改乡级政府为派出机构。从长远来看，乡镇财政治理层级既有税基的实体财政层级，先行调整为中央、省、市县三级架构的财政体制，为此能够客观做出水到渠成的准备。在具体操作上，可以考虑因地制宜，政权形式调整为派出机构形式可以相对从容地分区域渐进，在合适时机撤销乡级政府而建立"乡公所"，正式将乡政府转变为县级政府的派出机构，接受县政府的人员委派，专司县政府委托的任务。相应地，县以下政府间财政事权规范化的动态调整环节有序减少，省以下财政治理格局中明确以县级为实体层级（配"五大班子"、配税基）的"基层"。

四、结语

当前，新时代的国家治理进入新的历史时期，"十四五"规划对接了2035年远景目标的"初步建成现代化"蓝图。在"十四五"时期，我国不仅需要进一步发展东部发达地区的创新优势、人才优势和市场优势，也需要进一步激活东北地区、中西部地区的自主发展能力，解决好"全国一盘棋"的宏观发展目标统筹与地方内生经济动力的协调问题。归根结底，本文重点讨论的地方财政事权动态调整，不仅是地方财政治理格局优化的现实需要，也是达成上述目标的全局性必要条件。现代地方财政治理，关键在于动态实现各级政府的"权""责""利"的优化匹配，依托合理、稳定而有弹性的制度安排，实现中央积极性与地方积极性的协调和充分发挥，处理好政府间财政自主权与控制权的平衡与结合问题。就现阶段情况而言，地方财政层级扁平化改革的取向，已为我国地方财政事权改革探索的层次框架提供了相对简洁而清晰的未来情境。我们应重点考虑地方财政治理中的切实难题，在通盘掌握"财权与事权相顺应、财力与事权相匹配"原则的基础上，有针对性地着力规范地方财政事权动态调整权，为优化地方财政治理格局、完善地方治理体系、提升国家治理体系和治理能力现代化水平夯实基础。

财政加力提效及地方债、房地产税[①]

2023年中国将继续实施积极的财政政策，并且强调要"加力提效"。"加力提效"意味着什么？2023年我国财政支出的重点和难点有哪些？国际上通常将3%的赤字率作为警戒线，真的不能轻易突破吗？

在关于地方债的讨论中，隐性负债引起了广泛关注。我国隐性债务的风险到了什么程度？财政部已经明确表示坚持中央不救助原则，做到"谁家的孩子谁抱"。那么接下来，隐性负债出路何在？在地方经济中有过举足轻重作用的城投公司又该如何转型？

针对相关问题，观察者网专访华夏新供给经济学研究院创始院长、财政部财政科学研究所原所长贾康。

观察者网：自2009年以来，我国一直实施积极的财政政策。2022年底的中央经济工作会议继续强调，2023年实施积极的财政政策，并且强调要"加力提效"。"加力提效"究竟意味着什么？在您看来，2023年我国财政支出的重点和难点有哪些？

贾康："加力提效"这个说法其实不是刚提出的，前几年也有这种表述。财政作为一种具体的宏观管理方式，从部门工作来

[①] 2023年2月26日，发表于观察者网。

看，是一个综合管理工作，从理论上来讲，它的运行机制是一个分配体系的系统性运作。

财政有其自身的功能作用，要想"加力提效"，需要掌握其要领。"加力"就是在现阶段积极财政政策的基础上要有扩张性。首先在总量扩张上要体现出力度，适当地在原来的基础上更多注重对冲经济下行压力，发挥带动经济回暖的调控力量的作用。

但财政政策的调控不只是总量调控，在配合货币政策做总量调控的同时，要发挥财政不可替代的优化结构的作用。在这方面，既要注意在改进民生、促进经济增长的基础上，更好地处理新旧动能转换的相关结构性优化工作，也要在保持中国高质量发展的轨道上，注重财政政策服务全局的考量，通过总体上适当扩张总量，积极优化结构，形成合力，服务推进中国的现代化。

此外，"加力"还要注意追求绩效的内在逻辑。

党的十八大以来，政府的行为要按照事前、事中、事后做绩效考评，即要有一个量化的考评结果，以此建立责任制的奖惩机制。"提效"在具体工作中体现为问责制和应有的奖惩，与绩效考评对接。这里"奖"就是激励，"惩"就是纠错，是一种必要的约束。

总体来说，"加力提效"体现在如何使财政服务全局做得更好。

观察者网：我注意到包括您在内，许多经济学家都呼吁，2023年要适当提高财政赤字率，将赤字率从2.8%提升到3.0%以上。但也有专家和舆论认为，国际上通常将3%的赤字率作为警戒线，不能轻易上调。对此您怎么看？在赤字率问题上，您认为应该如何处理防风险和稳增长的矛盾？

贾康：首先，财政赤字率是财政积极程度的一个代表性指标，赤字率的提高和之前提到的"加力"相对应。适当提高赤字率，意味着有更多的扩张性因素体现在财政政策调控的通盘安排里。

但赤字率确实不是越高越好，在扩大内需的同时，一方面要有更积极的扩张性财政安排，另一方面还需要"瞻前顾后"，防范风险。

通常3%的财政赤字率被认为是一个非常重要的所谓"国际警戒线"，为什么大家会有这样的印象？我们对此做了一番严谨的追踪寻源，其原因并不复杂。

1991年，欧洲国家在欧盟成立时签订《马斯特里赫特条约》，欧盟成员开始服从一个欧元区的原则，这就需要欧洲央行的政策调控，也就意味着原来各个欧洲国家的主权货币要通过新的架构合并成一种通用货币——欧元。因此，欧盟成员放弃了自己独立央行的调控功能，服从于欧洲央行统一的货币政策调控。

在此基础上，就需要一个和欧洲央行货币政策调控相呼应协调的财政政策，但是又不能简单仿照货币政策，把各成员的财政部门合并成欧盟的财政部，只能建立一个相对应的机制。所以，欧盟最终协商确立了一个有量值特征的财政纪律，即一个国家的年度赤字率以3%作为预警线。

赤字率越高，财政政策越有扩张力度，相应地会提升一个国家的经济景气水平，但如果各成员都提高财政赤字率，则可能会形成经济过热的状态。但如果不同成员之间的赤字率有高有低，那么整体利益分配就会不均，少数国家抬高赤字率，整体的经济风险就得靠所有成员一起去抑制，对于那些本国赤字率不高的国家,它们在利益分配上是吃亏受损的。

这种定量的财政纪律的好处在于,当货币政策由欧洲央行统一调控后,所有成员遵守共同的赤字率规则,成员间利益得到协调,成为整个财政政策设计中必要的健康要素。

但是,欧盟在订立3%的赤字率时,并没有经过严谨的公式推算和模型推演,而是根据经验数据取了一个整数关口。所以3%的赤字率作为一个财政纪律,应该被看作欧盟成员的财政扩张力度的预警线,称不上是国际公认的警戒线。

不过,前些年中国在学习市场经济的过程中保持着相当谨慎的态度。我国在一般的年度,国家年均赤字率都不超过3%;在特殊的年度,如2020年新冠疫情暴发,我国的财政赤字率就突破了3%。而且当时赤字率的高位是3.6%左右,后来又回调至3.2%~3.3%。

2022年两会通过的《政府工作报告》中提出,将财政赤字率的量值调低为2.8%左右。2023年,我们的意见是有必要适当地再提高。所以,在3%或超过3%的赤字率基础上"加力提效"是比较合适的,与此同时要考虑防范风险。

从实践经验来看,美国和日本都是非常典型的发达经济体,但它们从来不把3%的欧盟赤字率作为特别需要注意的标准。此前全球金融危机发生后,美日两国的财政赤字率比3%高很多,所以并不存在赤字率超过3%就会出现严重的风险累积因素或者危机局面的情况。

值得注意的是,尽管欧盟内部有3%赤字率的财政纪律,但全球金融危机发生后,欧洲爆发了主权债务危机。在解决危机的过程中,欧盟国家也不得不提高财政赤字率,不仅希腊、葡萄牙等较小的成员，还有"带头大哥"德国、法国在某些年度的财政赤字率也曾超过3%。

实践证明，3%的赤字率可以作为常规的预警线，但在特殊情况下还是有调整的必要的。我们不能僵化地、呆板地理解3%，把它看作一个不可逾越的量值界限。

中国是一个新兴的市场经济国家，在依靠举借公债来弥补赤字的调控机制里，应特别注意给未来的发展留下必要的余地，所以我们一直谨慎地比照欧盟，将财政赤字率按3%做常规的控制。

再补充一点，其实中国的财政赤字率计算有一些"弯弯绕绕"的账。如果按严谨的测算标准来看，我们说的3%和欧盟说的3%，还存在统计口径的差异，这里不做赘述。但一般而言，我们的赤字率水平，按照国际可比口径调整的话，比我们过去所说的赤字率水平要稍微高一些。

但总的来说，赤字率的安排是一个非常重要的政府姿态。大家看待怎么"加力"，就自然而然会看赤字率的安排量值，政府的态度和政策的取向就体现在这种量值之上。

观察者网：2023年积极财政政策"加力提效"的一大表现体现在专项债上。我注意到，财政部顶格提前下达的2023年新增专项债额度为2.19万亿元，比2022年增长了50%。早发快用专项债对稳投资来说有哪些影响？又该如何未雨绸缪地防范可能带来的风险？

贾康：中国的预算法修订落地以后，地方债大概分为两类，一类是一般地方债，另一类是专项债。就发行原则来看，一般地方债在资金筹集后应该投入项目建设，而不是简单地用于日常行政开支——行话讲就是"人吃马喂"的开支需要；但是地方政府可以在其职权范围内，将这笔资金放入财政预算做通盘考虑。

而专项债不一样，它在发行时就必须说清楚资金用于哪些项目，俗称"戴帽"。其优点在于，专项债发行不仅有扩张总量的政策含义，还具有非常鲜明的优化结构的意义。因为专项债通常都用于对地方发展战略有着举足轻重意义的带头项目，或者是对改进民生有突出意义的项目，或者是对优化当地产业集群乃至对整个市场环境有重要影响的基础设施项目。

这些项目会形成发展的后劲，所以从短期到中长期来看，专项债的作用体现在通过优化结构显著提升总体综合绩效。在实际政策调控中，政府将专项债的预算安排进度往前提，每年预做下一年度的专项债预算，体现出"加力"的特征，也回应"基础设施建设投资需要适当地超前安排"的中央政策。

此外，专项债还会带来有效投资。专项债落在有效投资上，就要在一开始明确项目的可行性，从而指导下一步投资。因为明确项目的可行性会使投资效力在初始阶段就表现为非常细致的、有针对性的设计，同时它又跟其他项目之间相互呼应，形成一种通盘考量的结果。

在此基础上的总体绩效考评，即从单个项目到整体项目群，综合起来形成服务全局的效应，也是"加力提效"之下，有效投资提升综合绩效的连锁反应。

观察者网：2022年底的中央经济工作会议三次提到"地方债务风险"的防控。目前来看，我国地方政府的债务风险主要集中在城投债等隐性负债上。这类隐性债务目前的情况究竟如何，会变成"黑天鹅"吗？

贾康：这个事情需要往前追溯一下，在我们国家过去的传统体制下，既无内债又无外债，也就没有公债、国债和地方债的概念。改革开放后，我们很快意识到，在以税收筹集财政收入的同时，需要借鉴国际经验，用公债的方式筹集收入，这是有偿筹集资金，因为公债必须有借有还、还本付息。

有了国债以后，地方政府也需要在发展社会主义市场经济的过程中，运用有偿筹资机制来更好地筹集资金，从而更好地履行政府职能。

但是在过去一段时间里，我们认为其中的风险不好控制。新《预算法》规定，除了国务院特别批准，地方政府不得发债；而国务院又没有批准的先例，地方政府知道无望在国务院取得特别的批准，于是产生了以"潜规则"强制替代"明规则"的"暗度陈仓"的办法。地方纷纷按照自己的发展战略需要，动用公共资源注资成立城投公司，这些公司也被称为地方融资平台，名义上也可能叫路桥公司或信托投资公司等，一般把它视为以城市投资的名义确立的法人。这些公司可以发债，这种债就被称为城投债。

实际上，城投债就是在地方政府操纵之下，以公司法人的身份来发债，目的是筹集地方政府贯彻发展战略所需要的资金。

除此之外，城投公司还能以公司法人的身份去争取银行贷款，银行贷款和城投债一并形成了所谓的地方隐性债务。

在税收和其他常规收入来源不足的情况下，地方隐性债务在一段时间内确实支撑着地方政府筹集更多的资金去贯彻发展战略，具有一定的正面效应。但不可忽视的负面影响是，这种非阳光化的隐性债务所蕴含的风险很难得到有效控制。

如果某些局部债务量突然过大，造成局部的偿债危机，就会付出极大的社会代价，损害政府的公信力。针对已经形成的一些紊乱局面，需要紧急动员公共资源，比如"拆东墙补西墙"，争取上级政府的特定资助等，这时隐性债务的负面效应就显现了。

因此，以后化解地方隐性负债风险就成为地方政府工作的重中之重。在制度建设方面，我们已经完成了预算法的修订，使地方债在债务名义上"开明渠堵暗沟"，规定地方债如何阳光化地发行，有了债务怎么借、怎么用、怎么还的法律依据，以此来控制隐性负债，消化已经形成的隐性负债存量；同时，原则上不允许再发生新的增量。

但是新《预算法》运行多年后，隐性地方债仍然困扰着我们。前几年中央管理部门要求广东等地带头展开地方隐性债务的调研，摸清情况，群策群力制定地方隐性负债的防范办法。目前官方的态度是仍然要重视防范和化解地方隐性负债风险，由此也可以看出这个问题还没有得到很好的解决。

观察者网：在化解隐性债务存量方面，财政部在一份声明里表示，坚持中央不救助原则，做到"谁家的孩子谁抱"。对此您怎么看？

贾康：我认为这个表态合乎逻辑。因为地方政府的"内在冲动"是希望通过多举债——包括隐性负债等，来更好地使自己"有财可用"，从而落实其战略需求中的资金，展现其政绩。

地方政府希望出政绩，不能说不好，但仅局限于政绩的考虑，不惜以隐性负债这种非规范方式来筹集风险资金，就会重演"潜规则"强制替代"明规则"的"悲剧"。虽然隐性负债有正面效应，但负面效应的积聚也会造成系统性的威胁，从而影响整体的经济发展。我们不能再走这样的老路。

中央的态度就是希望能够健康规范地处理地方债问题。如果发生了隐性负债，那么责任一定在地方政府。地方政府"要守土有责"，化解风险。"谁家的孩子谁抱"就是这个意思，地方不要指望中央施以援手，而是需要考虑如何防范、化解辖区内的隐性负债风险。

而且中央这个态度出来以后，也可以遏制地方之间的攀比。假如某个省级行政区出现隐性负债规模过大问题，中央施以援手化解债务，那么其他地方也会有样学样，为了自己的政绩不惜大量举债、堆叠隐性负债隐患，至于怎么收拾这个残局，就可以比照此前的做法，要求中央同等支援。所以中央的理性态度，势必给出一个原则，规范地方债发行，一旦出现问题，就"谁家的孩子谁抱"。

比照国际经验，在美国联邦制之下，地方政府出现债务危机后，允许其宣告破产，联邦政府不会采取救助手段。破产不意味着地方政府瓦解，而是对原先的地方政府债务做破产清算，采取"新官不理旧账"的办法，之后政府的运行跟原来的债务无关。

但在中国"单一制"的框架下，地方政府宣布破产是不可能的，最多宣布财政重整，其中包括如何消化原有债务，这就意味着权责利益是紧密地对应落在地方政府层面上。2021年末，黑龙江鹤岗宣布财政重整，可想而知光靠它自己，恐怕很难说什么时候能够完成财务重整，实际过程中可能也少不了省级政府的资助，但一般不强调这一点，只说这是一个综合方案。此时中央政府的态度，就是地方自己解决好。

观察者网：未来在城投公司的转型方面，您有什么建言？

贾康：中央对于城投公司有明确说法，即市场化转制，避免政府直接操纵城投公司的举债行为，规避隐性债务形成。市场化转制，需要按照市场规则，城投公司作为法人主体，在市场竞争中根据具体业务做市场化融资，避免地方隐性债务产生，从而排除地方政府背负隐性债务的风险。

但是现实情况往往更加错综复杂，人们担心部分城投公司还是会以过去的方式"暗度陈仓"，形成隐性债务。

但是，完全不允许城投公司存在又不可能。因此，我认为城投公司转型需要寻求多样化出路。现实中，融资平台、城投公司可以转化为地方辖区之内有区域背景的城市公用事业投融资公司，负责地方政府辖区的基础设施相关服务，如集中供热、上下水、垃圾处理、公共交通体系维护等工作。业务范围或窄或宽，根据各地的情况具体设计，实现向市政公用设施建设运营工作转型。

此外，城投公司也可能转型成为地方政府特定的政策性投融资公司，支持地方辖区科技型企业的发展，支持"三农"概念下的创业创新活动。地方需要这类政策性的信用担保式业务，去支持地方经济的结构性优化，从而更高水平地聚合产业集群，对接市场机制，体现中国政府特色，更好地发挥作用。

从财政贴息，到政策性信用担保，再到产业引导基金，都带有鲜明的政策色彩，能够贯彻落实产业、技术和经济政策，加快发展。在这种情况下，地方融资平台转型就有一定的必要性和可能性。地方融资在政策性融资概念的轨道上，要讲究规范性。如财政贴息，在新冠疫情发生之后，有中央到地方基层直达的贴息资金，主要目的是扶助受疫情冲击最大的大量小微企业。

我国对政策性信用担保有过多年探索，它与财政贴息有相似之处，但是政策性信用担保需要处理的是一些企业的问题。那么如何实现政策性信用担保呢？

以财政资金为后盾，政策性信用担保支出类似于贴息资金的代偿损失的填补，数额控制在较小的比重之内，它实际上就跟贴息一样。虽然钱是有去无回了，但是放大效应出来了——政府以有限的财力解决覆盖面很大的政策性融资问题。例如贴息，如果贴息 5 个百分点就解决问题，经过测算实际作用将放大 20 倍，等同于以 5% 的贴息带来了百分之百规模的资金进入政府给予引导支持的领域。

政策性信用担保代偿也是同样的道理。如果在整体的融资量里补充 5 个百分点代偿，这种代偿损失填补上去后，乘数效应是 20 倍。如果这些地方融资平台以地方的政策性金融机构来定位，在积极探索总结经验以后，就会越做越好的。

当然也不排除地方融资平台发展以后，脱离地方辖区的背景，真正变成了一个混合所有制的市场化取向的公司法人。它不再限于地方的某一个辖区，而是走向统一大市场，到其他的行政区乃至国际上去开拓业务，加入竞争，这也是可以想象的，也是可能实现的前景。

观察者网：众所周知，土地财政是地方财政的重要来源之一。因此，一旦房地产市场不景气，许多地方政府的财政就会出现困难。您认为这个问题应该如何解决？什么产业或者税收能够填补土地财政留下的庞大缺口？

贾康：按照约定俗成的概念，土地财政是地方政府靠其辖区内的土地批租获得收入，这种收入在经济性质上属于地租。中国法律规定所有的建成区，只要成为城镇区域，都属于国有土地；原来不是国有土地性质的，一旦进入使用状态，就需要征地，比如，集体土地通过征地程序变为国有。这种批租收入，是一种财政收入的合理来源，但是地方政府过度地倚重这种地租性质的土地财政收入，会带来一些短期行为。

首先，地方辖区内的土地不可能想增加就增加；其次，不同性质的土地批租出去之后，其使用年限不同，商业用地40年，工业用地50年，住宅用地70年。这就意味着土地批租出去以后，40~70年内不可能再有第二次批租收入了，这种现金流是一次性且有周期时长的。

而任期内的地方领导通过土地批租一次性筹足资金，立刻上马自己最关心的项目，推动自己的政绩。这种行为的激励机制是，官员出政绩以后得到仕途升迁。这也无可厚非，但是这种模式非常容易导致短期行为。尤其是在责任约束、绩效考评等都不到位的情况下，短期突击式地拿钱建项目出政绩，既不能保证综合绩效，更有可能到事后才发现投资错误，造成严重损失和浪费。后果就是地方政府为投资错误"交了学费"，最后便不了了之。

因此，要尽可能地防范这种土地财政的弊病，对土地批租带来的风险做出综合的通盘考虑。地方政府的土地批租行为应该得到更有效的法规约束，受到包括审计部门、公众、新闻媒体等在内的多重的、必要的、更好的监督。

同时，健全完善相关制度建设也是重要的一环，如何让地方政府不再倚重土地批租获得收入，在这方面有必要借鉴国际经验。

国外的地方政府也有土地批租收入，而且国外并不都是私有土地，也有国有土地、公有土地。地方政府可以通过使用权的批租来取得一部分收入，此外还有房地产保有环节的税收收入和土地开发一并成形的不动产收入。

如果从广义的视角上来看，这其实也是一种土地财政，就是土地开发以后形成不动产，在不动产的保有环节产生税收。

由此可以看到，中国的土地财政主要是一种比较狭义的、以短期行为为特征的土地批租收入方式。以后的制度建设，就应该让收入来源多样化，使地方政府在筹集财政收入的时候，既有必要的土地批租收入，又有稳定的、大宗不动产保有环节所产生的税收收入。

在开征房地产税的情况下，每隔几年就会重评一次税基，是按照市场的基准来做税基评估。而每次重评税基，都使地方政府合理的职责得到履行，并带来财源建设的进步。

这样一来，地方政府的经济行为就可以转型为一种长期行为，可以敦促其更加专注地优化辖区内投资环境，提升公共服务水平。

观察者网：房地产税是一个争论已久的问题，您也曾积极参与讨论，您能否谈谈中国房地产税的问题？

贾康：征收房地产税的必要性是多方面考虑的结果。该税种有利于房地产业界形成健康发展的长效机制。房地产税作为房地产开发保有环节的一种税收负担，可以有效遏制炒房行为。

房地产税的存在相当于房地产市场交易过程中的"压舱石"。原来肆无忌惮的"炒房团"一定会受到约束，因为"炒房"是要买入后再出手的，一旦出不了手，持有环节的负担就需要由"炒房者"自己承担。

　　此外，房地产税的负担也可以为买方市场带来长远效益，将会有越来越多的人根据自身能力重新考虑购房户型，而不是拼命地争取大户型，因为大户型可能意味着高税负，买中小户型将会更实惠。如果越来越多的人以这种模式来选房子，其结果是开发商会按照市场预期，提供越来越多的中小户型，进而促使土地集约化使用。在土地资源紧缺的情况下，这也是一种正面效应。

　　另外，房地产税收有利于地方政府形成财源建设内洽机制，有效解决地方财源建设问题，从而推动地方政府转变职能，尽心尽力做好公共服务，优化投资环境。这种内生的促进机制，在制度建设层面值得进行更多的有益探索。

　　房地产税在经过一定的发展以后，有可能成为地方税体系里的主力税种，而地方税体系又关联到支持中国以分税制为基础的分级财政制度建设，从而长治久安地匹配中国社会主义市场经济建设。

　　这个过程的关键在于，从地方到中央要间接调控好以税收为基础的分税制分级财政体系，处理好政府与市场、中央与地方、公权体系与公民体系三大基本经济关系。

　　地方税的发展要与分级财政体系配套，发挥间接调控效力，保证系统的平稳运行，从而对全局发展做出重要贡献。

　　房地产税还有利于优化收入分配，越是有经济实力，住大房子、住好房子的人，可能越需要更多地通过税收的形式为国库做贡献，这不就是我们所说的促进共同富裕的调节机制吗？这种直接税是再分配里面非常重要的一种调节机制，是促进共同富裕不得不考虑的制度建设。

通过房地产税的缴纳，还能有效提升公民纳税意识，激活公民对于地方政府收税以后怎么把它用好的关注与追问，这是推动国家法治化、民主化的进程，充分发挥人民群众当家作主的地位，做好公共资源综合配置，创新现代化国家治理制度建设。

当然，现在有人认为这个建设过程障碍重重，但山重水复疑无路，柳暗花明又一村；虽说路途漫漫，但终会共克难关！

地方公债：认识框架与相关辨析①

关于针对加大投资或者加大消费，而考虑负债的匹配问题，谈谈以下六个方面的看法。

第一，消费与投资的关系。

中央的表述，在学术上是相当严谨的，就是消费是基础，而有效投资是关键。从社会再生产原理来说，所有经济活动的出发点与最终目的都是满足公众需要、满足人民群众美好生活向往所体现的需求，当然这是落在目的和归宿上的，因此它是基础。这个意义从"出发点和归宿"上就把它表述清楚了。而有效投资是关键，那就是说在能动作用方面，整个社会再生产一定要有产出，使有效供给能够适应需求而且引领需求，并源源不断地通过生产经营活动提供出来，这一切的源头一定是投资，而且这个投资需要具有"有效性"。这样的一个"关键"的意义非常清晰：如果没有有效投资，就不可能有源源不断的就业，就不可能有社会成员可预期、可得到的收入，就没有支持老百姓消费的源头之水，要是在那种情况之下去刺激消费、提振消费、加大消费，听起来很受欢迎，但是可持续性堪忧，到一定程度还会陷入"民粹主义基础上福利赶超"的陷阱，比如像陷入"中等收入陷阱"的

---

① 根据 2023 年 6 月研讨发言整理。

拉美国家那样，吃了很大的苦头。无源之水、无本之木的消费显然不行，必须由老百姓的就业、收入来形成有货币支付能力的购买力，而这一定要求从源头上处理好"投资的有效性"。

当下，考虑到整个发展态势，按照党的十八届三中全会说的"市场决定论"进行资源配置，以及在中国"追赶—赶超"实现现代化的过程中政府更好发挥作用，在目前阶段有特别的意义：实际上还是要承认凯恩斯主义认识框架里"政府干预"的必要性。经济低迷已经持续了十几年，增速还在一路走低，假定2023年我国的经济增速能够达到6%，且2022年复合平均的增长速度也只有4.5%左右，还没有达到中央所说的"维持在合理区间"的要求，而且这影响着以后"新的两步走"目标能不能如愿达到。在这种情况之下，一定要通盘考虑如何以关键性的有效投资满足基础性的消费需求，从而承前启后。

我认为在当下我们应该考虑有效投资在中国的关键意义。当然，在观点上是见仁见智的。我注意到有些观点的倾向性有问题，还有一些更极端的看法，有的学者认为只要把消费刺激起来，中国的问题便迎刃而解了，并批评政府所做的投资是无效的、低效的，等等。政府投资方面还有一个"外部性"的问题：政府要做的这些投资，从微观视角进行成本—效益分析往往是不合算的，但从全局来看有其合理性，比如我国建设的青藏铁路，到现在项目的财务表现怎么样？还远未收回投资，但从全局来说，事关所谓"正的外部性"，即支持国家的统一，民族的团结，整个社会的和谐稳定，全局发展的后劲与可持续性，等等。这种综合绩效，是必须肯定的。当然对于相关的债务、投融资问题，就需要通盘考虑，做出合理的衔接。

对这样的"正的外部性"的追求，对投资有效性的认定，是非常复杂的问题，必须统筹协调，在政府层面必须有一个高水平的国土开发规划。在这个方面我觉得需要说清楚：这不是否定总体的市场决定作用，是在市场失灵情况下政府必须发挥的作用。微观主体、基层单位在一个"一盘棋"式的国土全域上投资形成不动产，以"试错法"不仅不能形成通盘结构和有效投资的支撑，而且错了以后再改，代价极高，甚至不可能改过来。政府在这方面当然也会犯错误，比如北京在 20 世纪 50 年代初否定了"梁陈方案"，现在人们只有痛惜，没有办法补救了，只好出了一个新的"两中心方案"——首都城市副中心和北京城市副中心的建设。现在我们要总结这方面的历史教训。

第一个层面切入后，接下来分析"满足消费"和"形成有效投资"的关系，并且要从具体项目一直上升到通盘的国土开发的正的外部性，考量所有具体项目的直接效益与"国民经济综合绩效"。这是一个非常明显的挑战。紧接着，当下如果我们考虑更积极的有效投资，政府主体应该发力参与或引导、鼓励的项目在哪里？很多人说已经找不着了，但我说俯拾即是，比如中央反复强调的"新基建"，一定要落实。数字经济平台公司必须完成整改，让它们能够"另起一段"，在创业创新之路上抖擞精神继续往前走；而新基建一定需配合各种各样的老基建。中央关于新基建早有了一览表，在七大重点项目之外，还有一些与重点项目相匹配的项目。比如，几百万人口规模以上的城市（更不要说千万人口规模以上的城市了），按照国际经验，一定要建设四通八达、密度足够大的轨道交通网。这个事情别无选择——看看北京，地铁"起了个大早赶了个晚集"，现在后遗症非常严重，在一个

"首善之区"大都市,老百姓买车需要摇号,要从几千个号之中抽中一个号,这可有悖现代化的取向。我对比了美国纽约、日本东京、德国慕尼黑等城市,为什么这些城市的机动车保有量明显高于北京,却完全不用像北京这样控制机动车的购买?其根本原因就是它们拥有基础设施支撑的有效供给,这是最根本的"现代化"条件,一定要过这个关。

与轨道交通网建设相匹配的,是要有充足的机动车的停车位。有的大城市,本来车位就严重不足,还到处画"禁停",连郊野公园旁边都画上了"禁停",跟老百姓过不去,这是为了增加罚款吗?有关部门几年前就有过估计,说全中国缺 5 000 万个停车位,后来说不止 5 000 万个,并且今后的停车位还得配充电桩,还要搞立体停车场,比如北京的平安大道两边,只有进行立体化,没有别的出路了,就算一个停车位平均投资 10 万元,总体投资是多少?5 万亿元,与当年的 4 万亿元"一揽子"投资计划相比,如今这千头万绪里的一件事,都要超出它的总规模,而它对于扩大内需、改善民生和繁荣经济生活的影响,一定是正向的。当然要建设起来,还得循序渐进,并且规划水平要高。

我再举几个例子,比如老百姓特别关心的老旧小区改造。这个事情八年、十年做得完吗?中国这么多的城市老旧小区改造,迫在眉睫,都要积极地做。海绵城市建设,在这方面,据说郑州花了几百亿元,结果那场大雨来了以后,造成的损失震惊了全国,没有别的选择,必须把海绵城市建设到位。这都是非常具体的、俯拾即是的项目。地下综合管廊,我认为早就应该规定,所有的新区建设(现在还不断建设新区),必须按照标准进行图纸设计并且需要按照综合管廊标准建设,否则不许开工;老的城区没办法，只能慢慢地去改造升级。乡村振兴是现在的国策，其中的增长点，是不是要有不动产的形成、投资建设的项目？这又是一个综合绩效考虑的重点。国土整治项目，是不是得做？（但有些又做反了。我在网上看到，有些地方以粮食安全为名把山上的林带毁了搞梯田种水稻，一场大雨下来，整个水土都流失了。）有效投资的有效性是关键。必需的生产要素，我国一样不缺，我们有钢材，有水泥，有劳动力，有基本技术力量，有基本管理力量，我们完全可以做一个好的国土开发规划去实施这些项目，八年、十年、二十年做下去，配合"新的两步走"。政府应关注的是综合绩效，进行通盘开发的顶层规划，当然也要在每一个项目上尽力，以提高直接绩效。

第二，消费、投资这两个概念都和举债、借贷有关。

比如前面说到的老百姓的消费，首先考虑形成有货币支付能力的购买力，那么就得有投资的支撑。总体来说必须使民营企业提振信心，改善预期，继续提供中国现在几乎百分之百的新增就业机会。有学者如陈全生，根据统计局的数据，计算得出近几年100%以上的新增就业都是由民营企业提供的。怎么会达到"100%以上"呢？因为国有企业的资本有机构成提高，资本密集性增加，总的就业盘子萎缩了，补充上去的就业部分便是民营企业的贡献。在这个方面，如果想把有效投资做好，就得配上融资、借贷，包括举债（如特别国债）。先要通过投融资使老百姓有就业机会，有货币支付能力，然后才能释放消费潜力，当然还得配上社会保障，解除他们的后顾之忧。另外，居民消费支付不足的部分，需要靠借贷补充，就是我们这些年已积极探讨的消费信贷，对应房、车、其他耐用家电等消费品，这方面还要总结经验以求做得更好。投资方面当然就更清楚了，必须是合理、可持续的，而投融资是一个整体概念，其中的债权融资就是借贷问题。

第三，我们要警惕风险。

投资，特别是投融资，主要防范什么风险？中央说得很清楚：系统性风险。经济活动中风险因素无处不在，从宏观上来说，关键是不能形成系统性风险，如果看见风险就按住，什么风险都感觉不到，那么整个经济便没有了活力，甚至会出现严重的问题。2021年中央经济工作会议精神出来以后，韩文秀副主任直言不讳、言简意赅地指出了"双重谬误"，其中第一个是"合成谬误"，最具代表性的是房地产。2021年初，房地产业已经有了"三条红线"，然后所有的公共权力管理部门、管理环节，都从严从紧防范风险，都在贯彻中央精神，看起来政策方向都对，都要火线立功，表现自己"守土有责"，但是韩主任说，带来的却是宏观上的负面效应，这就是一个非常值得总结的教训。在房地产领域，"灰犀牛"真的冲过来了，却不是原来所有环节一起发力要防范的过热，而是陡然到来的萧条、违约、崩盘威胁。2021年中央经济工作会议以后，整个房地产业的政策暖风频吹，到现在也才做到使大家感觉房地产总体来说不会崩盘，而要解决陆续出现的违约等问题，还需要一个过程。当然，"冰火两重天"格局中，"火"的这一边已经在波动中表明一定会回暖，"冰"的那边可能更需要一城一策地解决问题，但总体的趋势是跟着走完这一轮的上升。当然这里面该总结的，还有不要再浪费这次的危机，认清和处理好中央说的新发展模式，也就是过去说的"如何打造健康发展长效机制"。要靠"基础性制度建设""啃硬骨头"的配套改革。这方面一直是我们的短板，几轮房地产调控就是治标不治本——《人民日报》非常明确地说了这一点。必须治本。那怎么实现？当然与金融角度上的配套改革有关系。防风险、防范合成谬误，在中国有值得总结的重要经验和教训。

同时也得注意，我们担心的债务问题，特别是地方政府债务的风险，确实要仔细研究。概括地说，中国当下地方政府债务的风险，一个是局部的一些压力特别突出，值得关注；另一个是所谓的隐性债务风险。局部的压力过高，如果出了问题再去灭火，就会影响全局，动摇整个市场的信心；如果是隐性的，迟迟不能发觉，那么一旦爆发又会措手不及，还很可能造成"塔西佗陷阱"式的公信力丧失。

对于这些事情，还得具体问题具体分析。我简单说一下大家关心的贵州案例。贵州遵义出现了城投债的违约，实际上重复的就是前些年云南省级路桥公司解套的办法，经过协调以后，只要正式宣布本金展期，利息照付，市场马上就又归于平静了。虽然我们有这个空间，但它已经暴露了矛盾问题，如果这种事情防不胜防，我们就会非常尴尬，余地就会越来越小。贵州怎么出的政绩？好的规划加高负债。我们得承认这里面并不都是弊病，也有积极的因素。贵州现在要想解决问题，有没有办法？有人说，贵州把茅台的股份再卖一部分，马上就会风平浪静，我们有这个空间。但要总结经验教训，以后能不能更好地掌握负债的节奏呢？特别是不要再出现独山县水司府那样的错误投资项目。

第四，说一下特别值得讨论的地方隐性负债。

前面说的贵州、云南的债务问题属于局部问题，出现了类似的局部问题的还有武汉等地，但此外特别值得关注的还有隐性负债的概念。这个隐性到底隐在哪儿？财政部要求广东等地查清以后上报，上报的信息作为绝密，只字不得透露。到现在为止，没有人确切地知道中国地方政府隐性负债是多少。学者的推测是不作数的，有人说整个城投债现在的规模是60多万亿元，其中10%~30%可能是地方隐性负债，这个变动幅度相当大。就说30%，约18万亿元，跟整个中国GDP相比，公共部门债务余额加上十几个百分点，难道就大祸临头了吗？肯定不至于，但是值得警惕。

这个方面要进一步讨论，我觉得更应该聚焦到底什么是隐性负债，它是怎么产生的？第一，是还没有完成转制的地方政府"暗度陈仓"继续搞其负债的财政信用化，把它作为主体来变相地给地方政府筹集资金。第二，依照法规地方政府不能给非政府主体做担保，但实际上有些担保已经形成，一旦出了事情，地方政府难逃干系。第三，人们担心政府和社会资本合作项目，由于规范性不足，会产生隐性负债。总的来说，对这三个方面的风险防范要有一个总体思路，然后对症下药。

第五，总体的思路，要疏堵结合，而堵不如疏。

要援引大禹治水的古老智慧。这就是前一轮我国修订预算法的时候已经明确的大思路。在市场经济制度下创新发展的过程中，一定是要举债的，政府的财力筹集也一定要对接有偿的举债投资、投融资机制。这方面的可持续性，需要制度创新，以及管理创新、科技创新，当然还有观念的创新，这是一系列的配套改革，是以制度创新为龙头的，是我们应该追求的高水平境界。在这方面，还需要政府以有限财力为后盾的政策性金融政策，以政策性资金，来进行市场化运作，专业化管理，杠杆式放大。我国原来久已有之的财政贴息，2020年曾经大显身手；政策性信用担保，一直在实践中进行着探索；产业基金，地方上近些年也特别注意——产业引导基金显然是个政策性的机制，母基金不直接做项目，带出一群以非政府为主体的子基金，配上一些好的"跟投"等捆绑机制，能够把权、责、利尽可能结合好，去按照产业政策导向支持创新。这些经验都值得总结。PPP现在可能还要过一个低潮期，还在进一步清理，会注意纠偏，但是对以后PPP创新的必要性与规范发展方向，一定不能否定，这是一个非做不可的创新。总体思路就是疏堵结合，堵不如疏，沿着修订预算法的基本思路，我们要有所作为，守正创新，守正出奇。这是中国必须走的实现中国式现代化之路，这条路比较窄，但我们别无选择，如果只跟着别人发展，就会越来越被动。

第六，当前抓住契机打开新局面，要适当举债。

经济增速的走低还未完结，2023年虽然大概率能达到5%或者更高，但是2022—2023年的两年综合平均，还在继续2010年以来的下行过程，关键就是未来一两年不能再出现新低。所以一定要抓住契机，可用的政策手段有很多。在公债的概念之下，可以加什么标签，比如说抗疫特别国债、特别公债、地方专项债，从某种意义上来讲它们是一回事儿。地方专项债不计入赤字，这跟特别公债一样。"抗疫"是表明了它特定的用途，不加这个用途，也可以一部分用于抗疫，一部分做别的事情。地方专项债的期限可以长达30年，这与之前中央下决心推出的2700亿元特别国债的机制设计一模一样，这批国债期限为30年，现在还没有到期（2028年到期），如果说一次性还本，也只是2700亿元的本金，对比现在20多万亿元财政收入的盘子，仅是一个百分点，压力不大。我们有这个腾挪空间。守正创新，一定要看清楚市场经济可总结的共性的经验，再结合我们审慎的但又要积极有为的利用公债的机制和手段。总体来说，还是要强调，在运用总体公共部门债务资金安全空间的时候，必须规划先行，多规合一，在大规划之下务实追求科学化、精细化，实施绩效考评和问责制，盯住全国一盘棋的合理性，盯住每一个项目的规范性，实现尽可能高的水平。我认为，当下要积极考虑适当给扩张政策加码，配以结构优化、质量提升来引导新局面。作为补充，下面再简单说一个案例。大多数人认为贵州不能做到县县通高速，因为那里基本没有平原，"地无三尺平"，但它首先实现了"县县通"，桥梁和隧洞连接，建成了一个大网络。对于贵州在西南的崛起之势，应该给予基本肯定，"要想富，先修路"，以基础设施加快建设，带动超常规发展，虽然它高负债（这样做必然高负债），但如果处理得好，就又是一个守正创新、守正出奇的案例。现在如果新任贵州的领导有意让他们的政府研究中心在这方面"放风"，表示债务负担沉重，当然要引起方方面面的注意去缓解政府压力，这是有必要的，但是总结经验，还要全面看待问题。大前提是，贵州如果不负债就不可能有今天的西南数据中心和相关产业集群，这些超乎一般人意料的崛起，是特别符合中国"追赶—赶超"战略的案例。

另外，一定要总结在"得"之外还有什么"失"，怎么控制可能的不良负债。特别是贵州独山县，要建"天下第一水司楼"，那就是胡来了，贫困县里花几百亿元搞一个烂尾楼，这是个沉痛的教训。所以，要全面看待地方负债问题。

有学者提出了对政府公债的抨击意见，可以将其归结为四项底层逻辑引出的虚幻，结论并不可取。虽然这些学者的逻辑讲得很清楚，但视野还是落在直接搬用微观的一般债权债务常识上，然而恰恰以政府为主体的公共部门负债，有一个须"捅破窗户纸"才可以说的概念，就是只要适当控制，"公债不是债"，甚至说，哪怕没有适当的控制，最后这个政府垮台了，它仍然不是债。应看到如果是适当控制，能把它的余额跟 GDP 之比总是控制在安全区之内，也没有管理得一塌糊涂，就是不断地借新债还旧债，像滚雪球一样，在一个个具体跟政府发生债权债务关系的人看来，钱是有去有还的，从整个社会来说，却是有借无还的，而且随着这个雪球越滚越大，可动用的债务资金量也越来越大。所以，从这个意义上来说，"国债、公债不是债"。再假定这个政府最后弄得不可收拾而垮台了，它的公债就更不是债了，因为不可能再还了。这是一个极端的说法。当然，我们一定要避免"倒 U 形"曲线过了以后，风险一下子表现出来，风险度迅速增加，而且这时曲线向下，是非常陡峭的（如使用有学者所说的概念，公债作为一种"文明"，这时就一下子全表现为"文明病"了），这是我们一定要防范的。所以，在分析了一般人认识到的债权债务逻辑关系后，现在缺少的是怎么上升到宏观层面，深入考察公债的特殊性。如果最后的命题能落到"发债空间有多大"上，那么这个命题就是正确的，没有否定政府发债的必要性，并且符合几乎所有市场经济体的基本现实。接下来就应讨论如何认识和量化这个合理的发债空间，要有什么样的相关参数。在中国的特定情境下，特别是在当前的阶段上，亟须掌握好这个既发债又防范系统性风险而寻求的兴利防弊措施。

中国地方债的强国功能和创新发展[①]

地方债已是现实生活中的热点问题。对这个问题见仁见智，很多观点颇有争议，应按党的二十大重申的"双百方针"来进一步探讨和深化认识。

首先说一下，应该怎样认识地方债的强国功能。这里所说的地方债显然也是公债。改革开放之后，我国首先推出的公债是国家级的国债，最开始被称为国库券。20世纪60年代，我国曾达到了一种"既无外债又无内债"的状态，当时是把这个作为"社会主义优越性"来宣传的，给人们的感觉是世界上还有"三分之二的受苦人"，而我们过的是社会主义的幸福生活，幸福生活的表现之一就是我们内外债皆无。进入改革开放新时期以后，这个认识框架开始调整改变，20世纪80年代初有了改革的大方向，又有了开放的推进过程，我们能够更好地开眼看世界了，就知道现代经济的特征是几乎所有的民族国家，在发展中都在追求强盛、富强、繁荣。而强国的机制里虽然千头万绪，但是政府的公共部门债务，国家级叫国债，地方级叫地方债，是应用得比较普遍的一个重要机制。特别是在中国人自己感觉必须把耽误的时间抢回来、大踏步跟上时代发展的时候，我们发觉不能再延续原来

---

① 根据2023年4月2日在"第17届中国软科学学术年会"上的主题报告整理。

的思维框架了。国债在改革开放之初就推出了，开始时我们叫它国库券，后来注意到国库券这个概念跟美国的国库券相比，有一定的局限性，美国是只把为期几个月、不到一年的国债称为国库券，后来我们就逐渐改为国家公债这样一个更准确的说法了。

国家公债对于经济发展、社会发展的推动作用显现之后，我们终于又正视了地方政府如何发行公债的问题。今天所说的重点就落在地方层面上。

首先，公债中最典型的是国债，也被称为金边债，其信用度最高；地方债是准金边债，它跟国家的信用体系紧密联系在一起，是与金边债类似的低一层级的政府债，它的信用度跟国债可能有差距，但不会太大。在不同的体制下，准金边债确实有差异。比如美国的联邦一级（相当于我们中央一级），它和下面的州、地方之间的关系是联邦制的关系，地方政府有规范的可以破产的处理方式，对于地方政府的债务，美国联邦政府是绝对不会介入的，如果地方还本付息出了问题，可以做地方政府宣告破产的极端处理，从前有这个先例。但并不是说地方政府破产后这个政府就不存在了，实际上是把原来所有的债务厘清以后可以"新官不理旧账"。比如，美国加利福尼亚州的奥兰治县（橙县，亦称为橙郡）宣布过破产，那里的地方债一起被纳入破产处置方案。中国是单一制，很难设想简单比照美国的方式，允许地方政府做破产处理（虽然破产只是借用的词，不像企业破产以后法人就不存在了，而地方政府会继续存在，但可以把原来还本付息已经苦不堪言、难以为继的过程了断）。

我们在借鉴国际经验的时候，要注重结合中国的实际，特别注意在我们单一制的前提下，上下联系更为紧密，更要注意防范风险。处理风险不能简单照搬国际经验，还得结合中国的实际条件。需要从两个角度来考虑关于公债的积极作用和风险的认识。

公债的积极作用当然是有助于我们国家的强盛。公债在强国功能方面，是以有偿方式为政府履行职能筹集资金，有别于税收。但是从整个宏观和长期的视角来分析，公共部门债务，从国债开始，确实又有非常独特的所谓"国债不是债"的特点，可推到这样一个极端的说法，与税收等价。为什么讲国债不是债？如果说政府发行国债而以有偿形式取得资金用于履行职能、支持经济社会发展，在这个过程中，一般而言是随着经济规模的扩大，每年 GDP 都会增长（俄罗斯有过萎缩，那另当别论），总是多多少少有增长，在这种情况下，公债发行如果随着 GDP 增长保持一个相对稳定的比例（我们一般在指标上叫作公共部门负债率，即公共部门债务余额和 GDP 之比），在负债率相对稳定的情况下，债务实际形成的还没有还本的存量，就像滚雪球一样越滚越大。我们国家改革开放前 30 年的 GDP 年均增长率为 9.8%，"南方谈话"以后到 2010 年，年均增长速度超过 10%，在翻一番又翻一番地把 GDP 做大的时候，首先是发行国债，于是国债没有还本付息的存量——在作为相对数的负债率保持一定水平的情况下，存量当然像个越滚越大的雪球。这个雪球什么时候收缩呢？只要国民经济正常地不断发展，我们不断走向繁荣富强，这个雪球只会越滚越大。所以从这个意义来说，它的存量部分是不用还的。当然对于每一个购买公债的企业或者公民来说，这个钱是有去有回的，还要加上法定的利息。但从全社会来看，这个公债存量的部分就是永远不用还，因此它对于强国的支持意义也就不言而喻了，等于政府有了跟税收等价的一大块收入，这个资金可以用来发挥强国作用。当然,在这个过程中,也有借新债还旧债的循环,雪球越滚越大,我们的发债规模也越来越大,发的债有一部分是用于还本的,付息则一般以公共收入的支出部分安排,这是财务上的规则。实际上只要掌握好这么一个滚雪球的机制,随着经济社会的发展,公债会长久发挥支持国家强盛的作用。地方债的逻辑大体和国债一样,但是毕竟地方债的信誉度和国债相比有差异,对于其中的风险控制要更加小心。

小结一下,认识框架是这样的:我们购买的公债也好,地方债也罢,在有借有还规则上没有任何异议,但是从长远的分析来看,社会中它的存量部分"可不断做大",意义很特殊,跟我们一般的生活经验和认知不太一样,但是想明白了以后,对这种具体的情况也能够加以认定。当然,万一某个国家或政府有了什么特别的问题,这个事情怎么了结?从理论上来说,一个政权如果最后难以为继了,一般而言后续的政权可以不理原来的老账,那么这个公债就泡汤了。如果感觉这个政权摇摇欲坠,就要特别谨慎了。对于这种极端的情况,可以回想一下原来的国民党政府,在逃离大陆之前,强发"金元券"和公债,遗留了一笔烂账。另外一些国家也有类似的情况。当然现在来看,各个国家处理这种问题,弹性空间比我们想象的大得多,比如津巴布韦是以货币贬值的方式赖账,政权不垮台,但是通货膨胀已高到难以想象的程度,它的政权也在维持着,发出的货币和公债几乎一钱不值。

在经济发展过程中,国债(包括延伸或者跟它可以联系在一起考虑的地方债)在发挥强国作用的同时,对它带来的风险应该怎么认识呢?最基本的框架是,不要因为这个存量像滚雪球,我们在发行规模上就越大越好,而是应该要有一个理论上的适度发行规模。适度的最关键指标是公共部门负债率,与之相联系的是能够良性循环,可持续地支持社会经济发展。

受到税收拉弗曲线的启发,我较早地描述了公债正面效应演化曲线:从直角坐标上的原点开始,画一个类似于抛物线的曲线,这条曲线在正值区间上升而后又下降,一直落到负值区间;在原点上,既无公债也无公债的正面效应;随着公债的发行,会逐渐出现正面效应,并体现在曲线上纵轴表现的量值是上升的,但上升到一定高度之后——当公债规模扩大到了某一个点时(在实际生活中可能是在一个区间里,可认为差不多到顶了),如果继续于横轴的量值上扩大公债的规模,这个曲线就会调头向下,这就像拉弗曲线一样——税率高到一定程度的时候,税收收入不是增加而是减少了。往下走,曲线的陡峭程度是相当明显的,很快就落下来了,一直到进入负值区间,即没有正面效应了,只剩下负面效应。我把这个曲线称为公债正面效应变动曲线,该曲线在理论上是可以论证的,但要想求取其具体的量值,就非常复杂了。

在这个认识框架下,简单回顾一下中国地方债的基本情况。我们的国债在发行和资金运行20多年之后,其实客观上要求地方债也要登堂入室。虽然前面没有开口子,但是后来以"开明渠堵暗沟""开前门关后门"的办法,中国的地方债终于步入正轨了。在具体节点上,就要说到2014年我国预算法的修订。新《预算法》中第三十五条规定:"经国务院批准的省、自治区、直辖市的预算中必需的建设投资的部分资金,可以在国务院确定的限额内,通过发行地方政府债券举借债务的方式筹措。"这个规定成为地方债可规范发行的立法依据。

过去虽然也有"除法律和国务院另有规定外"之说，实际上就是国务院对此不予批准，地方也心知肚明，拿不到这个另有规定，不能发行地方债。而在实际生活中，地方政府在学者所说的"争先恐后的政绩锦标赛"中，意识到必须跟市场机制对接，强国必须先强自己的地方辖区，必须在市场经济发展的环境中争取运用政府有偿筹资举债手段，进一步发展更加生机勃勃的投融资机制。于是在实际生活中，地方开始以潜规则的方式，形成它的隐性负债。最典型的，是在亚洲金融危机和全球金融危机发生后，地方政府意识到，可以用自己的财政资金做本金，成立地方融资平台，一般会用地方的信托投资公司、城建公司、路桥公司等称呼，后来大家更愿意把它们称为城投公司、平台公司——虽然称呼五花八门，但实际上都是以政府为后盾，财政出资建立法人公司，直接关联的项目大多是地方辖区里的重点建设，中心区域举足轻重的公共工程、新区开发等，也可以称为城乡建设。平台公司具有法人身份，以公司法人身份就可以发行债务。这种发债在过去一向是发改委审批的，后来发改委对货真价实的企业债务轻易不敢再批，因为这种企业债一旦遇到还本付息出问题、要违约的时候，经济问题马上就会社会化、政治化，甚至可能形成群体事件。对这种事情，政府管理部门当然唯恐避之不及，因此就非常谨慎地尽可能不批这种货真价实的企业债。反而城投公司有地方政府背景，现实生活中也有发债需要，所以发改委越来越多批出的，主要是城投债。在地方政府操纵之下，以公司法人的形式发公司债、项目债，以政府背景增信取得贷款，债券和贷款又可以合在一起，扩大投融资的规模。当然，各个地方在发展过程中因此有了更多的资金支持，可以优化基础设施、公共工程的建设、改善民生，助力增长点的打造和在某些地方直接对应到连片开发等这样一些举足轻重的项目。这就是所谓的"潜规则"强制替代"明规则"，几乎尽人皆知。地方政府非常看重融资平台，而在一段时间里，对于融资平台发挥的作用，中央一些政府部门还是乐见其成的，特别是全球金融危机发生之后，在宽容氛围之下，曾经有一段时间，全国形成了1万家以上的地方各级政府城投公司平台。

但是后来注意到，实际形成的隐性负债有风险问题，总规模到了公债正面效应变动曲线的顶点以后，正面效应就下降了。在很难说清楚具体存量的情况下，首先是在某些局部出现了一些非常麻烦的事情——既然是隐性负债，那么信息就会高度不透明，在某些局部可能一直拖到出了问题，地方政府捂不住了，才会出现紧急救火局面，一旦这个火烧大了怎么办？就一定会产生局部的社会危机，造成政府公信力的损失和经济损失、综合的损失，人们就开始警惕了。有了这样的警惕性，内部讨论后有了一个疏堵结合或更多考虑怎么疏的思路。按照这个思路，2009年，由国务院准许、人大审批通过，连续6年举借地方债，一直安排到2015年。期满前，我国新《预算法》也修订完成——"明规则"开始确定起来。在实际推进过程中，2011年下半年，启动了4个地方的自主发债试点。自主发债首先是在观念上使得大家认同地方发债，但开始时由财政部代地方还本付息。这实际上是换汤不换药，说起来是自主发债地方试点，但是还本付息全由财政部打理。自主发债也有好处，好在哪儿？是在这4个试点地区内，明确地多出来一块由借债而来的阳光化的资金。到了党的十七届三中全会，更明确地允许地方政府通过发债等多种方式拓宽城市建设融资渠道；中央经济工作会议和全国财政工作会议，按照党的十七届三中全会的决定，也都有了类似的表述。到 2014 年，又启动了 10 个地方的自发自还地方债的试点，同时引入地方政府信用评级机制，提升市场约束力，体现预算的硬化。

其后，中央要求审计署做全面的地方债审计。审计署高度重视，全国动员了 6 万多名工作人员，把改革开放以来所有的账本都翻了，由此形成的基本认识可基于审计公告加上学者分析归为以下四点。第一，地方隐性负债由来已久，数额巨大，近些年在政策扩张期又有迅速的规模扩张。第二，2009 年以后，正式的地方债在中国已普遍，但实际上有中央政府的隐性担保。第三，审计结果提供了地方隐性负债中数千家融资平台的债务信息。第四，审计结果显示当时的地方政府债务余额有 10.7 万亿元。地方政府债务增长率在 1997 年以后迅速上升，很大原因是为了应对亚洲金融危机，到 2002 年以后，亚洲金融危机情况缓和了，增速就下来了。在 2008 年全球金融危机发生以后，地方政府债务增长率又陡然上升，到 2009 年最高的时候，增速是 61.9%，2010 年回落到 18.9%。债务余额的情况，很大一部分来自 2009 年。总体来说，地方债不断增加，从这个意义上来说，雪球是越滚越大的。

当时外界高度重视中国地方债问题，我们参加了一些讨论，发现对总规模的估计很不一样，低的 6 万多亿元（实际上审计署统计的是 10.7 万亿元），美国有关学者的分析则是达到了 20 万亿元。2010 年披露过一些信息，当时官方说法是 7.66 万亿元的规模，而银监会认为，这 7.66 万亿元中有 23% 具有明显的风险——这既讲明了风险，又告诉大家不要慌乱，不像有人所说的地方债这么大规模是个天文数字以致大祸临头。其中只有不到1/4是值得密切关注风险的债务。2013年审计结果表明，全口径的公共部门负债率，在中国仍然是在安全区之内的。

审计署将负债分为三大类：政府负有还本付息责任的；政府负有担保责任的（虽然这个违法——法律规定政府不能为非政府组织担保），已经查到有原来的担保条款；没有担保的直接依据，但是种种相关文件表明政府难逃干系，要承担救助责任的。其他一些分析，包括中央的、地方的，以及铁路总公司（当时大家对建高铁的债务都很关注）的具体数据。地方各级政府债务规模情况，形成了一个总表，从省到市、县、乡一览无余，都有数据。还有一些，就是不同类型的主体，比如融资平台公司、政府部门和机构、经费补助事业单位的负债情况。于是有了清晰的中国政府债务总体规模和结构。再有更细的，就是对债务资金的来源也有细致分析。对于资金拿到手里以后的投向，也有很细致的分析：第一大项是市政建设，然后是土地收储、交通运输、保障性住房、教科文卫；第二大项是农林水利、生态环境保护、工业和能源。工业和能源在政府债务里占比不高。

从偿债年限来看，2013—2018年，需要还本付息的情况，都有审计署给出的具体数据。整体公共部门负债率，2012年底是不高于40%，政府的外债与GDP之比则是0.91%。

债务率是债务余额占政府年度收入的比重。2012年底这个指标高于110%，三类债务逾期债务率分别为1.01%、1.61%、1.97%。由此可知，我们仍然在安全区。

当然也要注意以下两个问题。第一，地方债务以隐性为主，形成风险点，这是跟制度安排缺陷的"不透明"紧密联系在一起的，因为不透明，监督不到位，局部的风险防范往往是在"穿帮"以后，大家才知道，此时再去救火，实际的损失非常大。一些局部和项目的风险，那时候通过审计已经可以更好地观察到，要特别注意盯着那些可能有局部风险的地方。第二，要注意到一部分地方和单位违规融资和违规使用债务资金带来风险。虽然从国家到地方，公共部门的债务都是服务于强国的现代化目标，但那个时候大家越来越多地有了风险意识。

隐性负债是最主要的风险来源，我们当时分析它的成因：不能只讲管理人员的素质问题，还要讲制度框架问题。中国省级以下的分税制没有到位，到现在还是这样——1994年的分税制改革是里程碑式的重大制度进步，但它只是在中央和省代表的地方之间搭起了以分税制为基础的分级财政框架。省以下还有四级，那省以下怎么分税呢？当时还来不及制定细化方案，从原则上来说，是地方可以比照中央跟省的分税制框架，在省以下也搞分税制改革。一直到现在，这个事情都没有落实。按照省以下还有市、县、乡镇，加在一起，要五级分税。我们有一个最简单的说法，这样五级的分税制无解，是不可能在省以下贯彻的。实际上直到现在，各个地方的省以下还都是分成制，有一些地方文件直接说，我们省以下是总额分成，另外一些地方说我们也搞分税制，但是一看具体安排，也都是分成制。这种分成制的稳定性和分税制相比，是不可同日而语的，每隔几年就得调整，越是靠上一级，越有主导权，苦的便是下级与基层，分成不稳定，就很难形成长期行为。地方税体系迟迟不能成形，与省以下分税制不能到位，是一枚硬币的两面。因为没有相应的地方税，怎么在地方层级实行分税？即使有，五级分税也无解，是不可能做到的。无解的情况怎么破局？最简单地说，就是要扁平化，中央、省，再把市和县作为一个层级，实行三级分税，就可能豁然开朗了，一步一步把体系构建起来以后，逐步达到分税制"横向到边，纵向到底"的境界。在乡镇这一级，不可能处理为分税制的最低一层，"乡财县管"，这个事情就基本上解决了。在行政上，乡和镇还有可能逐渐演变成跟城市里的街道办事处类似的派出机构，叫镇公所、乡公所。分税制层级中的"基层"，要上升到市和县这个平台上。作为乡镇的政权，当然有重要的作用，但它将来可以不再配五大班子、不配实体税基。

以分税制必须贯彻落实为前提，发展过程中地方政府融资的现实需要，是非常明显的。但在制度建设中，其规范性推进没有跟上，所以"潜规则""强制替代""明规则"闯开了路，但形成了大量的隐性负债。我们要看到 GDP 考核的压力是有形与无形共存的。在领导人讲不能以 GDP 论英雄以后，表面上看这个压力有所缓解，但仍然是很真实的对比——地方政府相互比较的时候，不可能不看 GDP 增速。GDP 是最简明地表现某一个经济体或者经济体的某一个区域里发展态势和经济景气水平的指标，再加上其他一些民生的、结构的、效益的、环境的指标考评，那就比较全面了。这种政绩考核的压力，也必然生发地方政府的一些短期行为。学者讨论时，认为地方竞争有正面效应，应肯定地方争先恐后的竞争的作用，针对这种现象，还有人写论文专门进行了讨论。但同时，它的副作用也不能忽视，作为一届领导，在任的时候拼命出政绩，对以后可持续性的考虑是很弱的，一个硬币的两面问题也得一起来说。在这种情况之下，如果是短期行为就非常容易造成理论上曲线到顶点以后的急剧下落，在某些地方也就出现了突发的局部危机。所以政绩考核压力也应该是相关因素之一。为消解短期行为动因，要有一套更科学的指标体系取代单一指标考核。现在中国还并没有这种很清晰的指标体系，只不过随着领导的口风，各级地方政府都应注意，增长速度中特别强调生态的时候就要看绿色发展的价值，特别强调结构的时候，就得搞"三去一降一补"，也就是要更多地进行综合考虑。

中央的、地方的自上而下这种达标（比如"村村通""义务教育""文化室建设"等）要求，形成的压力也是地方隐性负债动因之一，因为不达标就一票否决，政绩免谈，所以必须千方百计满足多条线索的达标要求。

治理地方债的相关哲理，特别值得注意。其实中央指导方针内在的哲理，就是疏堵结合之中还是以疏为主，不要陷入鸵鸟政策的状态。如果完全否定地方债，坚持不许地方发债，以为坚持就可以达到防风险的目的，这是不行的。形势逼人，普遍发生的隐性负债后面，潜规则的力量已经不可能只靠堵去冲抵了，必须疏堵结合，而且以疏为主，体现治本为上。那么，怎么推出阳光化的地方债呢？首先，要处理好发展与规范、规范与发展这两个概念的排序问题。我们当时提了一些建议。首先一定要深化财税体制改革，把整个体制理顺，这样地方才可能有内在持续的动因去顺应规则，走阳光之路。要抓住预算法修订的时机来加快地方债走上舞台。其次，要加强制度规范、程序约束、公众监督，实行对接市场机制的审批制。比如地方政府信用评级，多少还是对接了国际通行的评级制度。通过市场评级评出来的信誉，可对地方发债形成不同的约束和压力。在此，那时候我们特别强调的公私伙伴关系的创新，现在的文件称其为政府与社会资本合作，应以这种PPP机制，化解和减少一部分地方政府债务压力。最后，就是要积极探讨发展偿债基金等风险应对机制，还要优化对于地方融资平台的多部门协调、配套监管机制。

预算法修订的任务是经过四审才完成的。二审稿已经把"开前门关后门"表现出来了，等到三审的时候，却又回到原来旧有的表述了，"除国务院特别批准之外地方不许发债"，那还有什么进步呢？现在这么迫切的问题摆在眼前，却还是回到原来的基调上。终于，四审稿出来以后，问题解决了。最后文本里，点到为止地表述了一下，比如预算收支还包括"其他收入"和"其他支出"，虽然与债务表述没连在一起，但可以解释为："其他收入"包括债务收入，"其他支出"包括债务的还本付息。还有专门的一条，是讲中央实行债务余额管理，这是很明确的一个进步，不再是对年度发行量的管理，余额管理针对的是年底债务余额，这是最实用的，即允许年度中有短期的债务。到了与地方有关的条款，就有比较多的文字讲述如何解决地方债发行问题。简单地说，是中央每年和以省为代表的地方谈好一个地方债总盘子，将这个发债总量切块，分到各个省级行政区，省一级按照中央给定的规模，再往下切块分到辖区之内更低层级的市与县。与这方面相关联的是预算周转金，这是过去一直就有的，周转中有去、有回，类似于贷款，但是它不以银行一定要附加利息的方式来运行，新《预算法》里依然在这方面有延续性的规定。另外，就是预算稳定调节基金，中央有，地方也有；预算稳定调节基金最后的结果，是把年度之间赤字可能产生的比较大的悬殊做平滑处理。新《预算法》条款也说明，地方预算中需要增加具体债务数额的，列入调整范围。由此就照顾到了地方债的阳光化运行。县级以上人民代表大会（实际上就不考虑乡镇了）在审查本级决算草案的时候，也包括经批准举借债务的规模、使用与偿还等。预算法修订后，也已经形成了地方赤字的概念。

地方债的隐性负债并没有完全消除。应肯定地方债的阳光化，这在地方债主体方面，较好地控制了风险，更好地体现了规范性，但同时，由于种种原因，在堵住暗沟方面并没有做到位。

大致的情况是这样的：2022年底的时候，我国国债的托管余额是24.3万亿元，地方债托管余额是34.8万亿元，合计各级政府直接债务是59.1万亿元。2022年的GDP是120万亿元以上，可见公共部门的负债率是不到50%的，但这只是阳光化的部分，还有隐性的部分。隐性的，就很难具体地把它剥离出来了，比如，还无法确定地方城投平台的债务余额（总数为65万亿元）里，有多大的比重属于地方政府的隐性负债。因为在预算法修订以后，城投公司要求做市场化转制，它的负债，如果是按照规范的法人主体发生的负债，跟地方债是可以分开的，但是实际上，大家总觉得不排除地方政府仍然可能"暗度陈仓"，通过融资平台形成一些隐性债务。表外的地方隐性负债，则主要是关联担保方面的。

有人估计，地方直接债务的10%~30%是隐性负债规模，这个区间弹性很大。前面说直接债务是将近35万亿元，如果是10%，就是3.5万亿元，30%则是10.5万亿元，对此并没有权威的信息来源，无法确认大概是什么情况。财政部曾有明确的要求，广东等地要带头把自己辖区的地方隐性负债摸清楚上报，这个工作是做了，但是作为绝密，没有任何信息透露出来。当下，大家仍然高度关注这个事情，网上有一位署名"希瑞归来"的研究者，做的报告还是很下功夫、很细的。他的基本论点是地方债务大幅攀升，从阳光化的部分来看，主要是专项债，对于阳光化债务，我们是要注意防范风险的，但做到成功防范的把握比较充足，这不是我们担心的主要方面。报告对各地都有很细致的分析，把2022年负债率排名最高和最低的前40名的地区都列了出来。

我想把值得强调的认识鲜明地说一下。债务绝对规模大，或一时负债率较高，并非触发金融危机的充要条件。比如高杠杆企业也有两种情况，一种是要出事，一种是不容易出事。因为负债虽然比较高，但是经济发展水平高的话，挺过这个压力期以后，局面会更好。地方也有这种情况，比如贵州的发展很独特，贵州过去是相当典型的欠发达地方，中央一些重点培养的干部，被派到贵州去任职。那里"天无三日晴、地无三尺平、人无三分银"，怎么突然就崛起了呢？贵州现在是县县通高速，那个地方基本是山区，高速公路几乎全是修的桥梁和隧道，不惜工本建成了高速公路网，这是后发先至——当然这得花费天文数字的资金，这些资金是从哪儿来的？不排除各种渠道的负债。而贵州由此加快形成的产业集群，就是这些基础设施支撑起来的，说动中央首先在贵阳一带建成中国现在最大规模的大数据中心（花落贵阳）。说动决策层的理由：一是重庆是大火炉，而贵州是四季如春，用电最省的；二是假如遇到核攻击，因为贵州都是山区，这些数据中心都是建在山体里面的，可以抗御核攻击的极端情况——这当然也是国家信息安全非常重要的保证条件。贵州把这个事情争到手以后，开始发展产业集群，后来华为动了心，有贵阳一带数据中心的建设经验，华为把它的数据中心放在了安顺，这就使产业集群进一步扩大。在这样的发展格局中，各种渠道源源不断还本付息的支撑力也会跟着来，那么就不能对它前一段的高负债全是负面评价了。总体来说，还是较好地运用了强国之术里政府负债这个机制，支持了超常规发展，可把它称为某种守正出奇。在地方层面，还是应该很看重这种能够控制风险的守正出奇的，当然，如果各地都"一哄而上"，那就非出事不可了。

　　类似的一个案例就是武汉。20世纪80年代就有人专门研究武汉靠什么起飞。九省通衢虽然有利于流通，但是忘了一条——产业集群是根本支撑。等到千年之交的时候，发现武汉落伍了，这里的产业集群怎么升级呢？还是离不开基础设施。阮成发当市长的时候，下决心让几万个工地一起开工，老百姓当然多有怨言，进展到一定程度，BBC（英国广播公司）来了，节目播出以后，其对高负债这个事情的评价基调是基本否定的。当时有媒体采访我，我的意见是：武汉发展到现在，如果BBC给了这样一种批评，最坏的结果就是各方与老百姓一起指责政府，施工因压力停止下来，那就形成了一大堆烂尾工程，前面已经让老百姓受到的不安困扰，一样都不能抵消，反而把不满堆积起来；因此最好的选择是跟大家说清楚，整体的国土开发规划、发展战略和与发展战略配合的几万个工地，其实已经完成了一半以上，竣工的工地也开始发挥综合效益，是支撑我们发展后劲的，剩下的有望在多长时间完成，大家应一起共克时艰，度过这个发展瓶颈期。结果是武汉虽然高负债，但它扛过来了，现在的武汉可称蓄势待腾飞。辖区城市基础设施升级了，东湖底下修建了很便捷的隧道，更不用说江面的大桥和其他的建设了，而产业集群重、轻、高科技一样不少，另外，武汉在校大学生有100多万人，还有相关联的不少科研机构，这也是相对优势。这是武汉终于扛过瓶颈期以后，我们看到的支撑它腾飞的总体新面貌。当然它的经验和得失也值得总结，风险点也需要回避，以后的类似情况是需要更好地防范风险的。

2020—2022年三年新冠疫情，使地方的财政自给率大幅度下降，更多依靠非税收入支撑财政，这是可想而知的——地方政府被逼急了就刮地皮。地方专项债是非常重要的支持方式，但是为解燃眉之急，往往以发专项债筹得的资金先保最低运行——发工资。对这个，也只好睁只眼闭只眼。运行都难以保住，还说什么以后的发展？但是一定要尽快趁着当前我国的经济发展势头向好，使地方收入跟着上升，把局面推向好转。我国现在最主要的税种是流转税，有流转额就有增值税，地方就可以在这里面分一半，在这样的支撑之下，经济局面很有可能得到改善，可乘势赶快把过去的一些欠账逐步消化掉，争取打开新局面。

一个最概括的关于地方专项债的基本认识是：我国财政部门除了配合货币政策做总量控制，不可替代的是要优化结构，而优化结构在财政的债务收入支出里，基本原则是必须用于非"人吃马喂"部分的建设性项目。一般地方债要求投资项目对应公共工程建设，但在竣工后没有充足的现金流，也是可以使用这个资金的；专项债不一样，专项债一定要对应到现金流有基本保证的工程，纳入地方基金预算，不体现为赤字。从原则上来讲，竣工以后现金流的还本付息，得到的支持也未必很强，但它的发债期可以长达30年，能够从容地"慢慢还"，政策性色彩很鲜明，但同时又可以很好地对应市场的规则，即有借有还，主要靠项目的现金流来支撑着，做到有始有终。当然，专项债也应有更好的约束机制，对应着"戴帽"下达的项目，可以优化结构，加强我们发展的后劲。2023年安排的是3.8万亿元，延续了比较大的规模，而且要发挥乘数效应。

一般债和专项债合在一起，通盘考虑，估计有关部门会在总结经验的基础之上，结合2023年各地方都不约而同全力以赴拼经济的情况，给予一些指导。在地方可建设的项目方面，如果从专项债来看，我不同意有些人所持的地方项目选择空间已经很窄、很多地方找不到合适的专项债项目之说。如果借鉴国际经验，借鉴已经有的PPP的经验，轨道交通网、老旧小区改造、停车场停车位、乡村振兴里的特色小镇建设、园区连片综合开发等，都明显地可以考虑这种专项债。利用专项债期限可以长达30年的优势，比较好地进行高水平的规划，在地方政府辖区按照强国强区原则，守正出奇，运用好这样的机制，防范风险，支持发展。当然也要有专业化的智力支持，比如PPP，必须要有企业、政府、专业机构三方加在一起的"1+1+1>3"的绩效提升机制，尽可能不出大的纰漏，使制度创新、机制创新带出管理创新、科技创新，形成应有的正面效益。

在地方融资平台方面，主要是进一步防范地方"暗度陈仓"形成地方债隐性风险，以深化改革打造健康机制。地方融资平台转型已多年，对于风险控制来说，最核心的概念，我们把它提炼为"去财政信用化"。它的举债，如果对应一般的市场规则，是天经地义，作为公司法人，虽然可以根据项目和经营需要来举债，但是不能连接到地方财政信用。如果"去财政信用化"，我们认为地方融资平台转型方式有以下几类。一是可以转型为地方公共事业运营公司，业务可以是专一的，如公共交通；也可以是组合的，如综合性城市公共设施建设与运营领域。在"去财政信用化"方面，它不能作为主体，但是可以作为受体，就是以财政为后盾的政策性融资可以支持它。地方政府如果已有一般化的城乡建设运营公司，业务范围在不同辖区，管理上可以集中化，也可以宽泛化，它在财政信用上虽然不能为主体，但可为受体。二是将地方融资平台变成地方政策性融资机构，这样它就可以成为地方财政信用体系或者地方政府政策性金融体系的组成部分，有了主体身份，进入了规范化运营状态。三是完全公司化的，业务活动可不限于原来的地方辖区，碰到一些项目，政府也可能给它一些信用支持。当然，还有一种过渡状态——现在很多过渡状态最容易发生"暗度陈仓"的问题。四是做破产清算，那么这种融资平台便将不复存在了。

  总之，地方债作为国家公共性债务的一个组成部分，是实施强国战略过程中必须运用的制度机制，但需要强调的是，这个制度机制的运用必须结合创新。结合创新，就必须重申大禹治水的古老智慧，堵不如疏。开前门阳光化，堵后门不许再"暗度陈仓"，修围墙把打擦边球控制在规范化范围内。那么，原来形成的存量怎么消化掉？比如雪球越滚越大，但负债率在安全区，随着 GDP 的增长，存量的威胁性将越来越小。总体上，就是应强调疏堵结合、堵不如疏，标本兼治、治本为上。我们要把制度创新和管理创新、技术创新结合好，对地方债兴利除弊，使之融合在推进中国式现代化的创新发展过程中。

第三章
数字经济与建设现代化产业体系

追求高质量发展中的产业升级[①]

在高质量发展中产业升级的逻辑应该是什么？最直观地说，就是打造高标准法治化营商环境，使企业的微观活力能够真正释放出来，使我们在全球产业链中的位置，在"微笑曲线"上实现关键性的从中间的加工生产为主，上升到左右两端的较高位置上这样一个历史性的进步。"微笑曲线"横轴表现的是全球的供应链或产业链，它是从大家都知道的创意创新成功而确立品牌，然后推到批量的生产，再推到后端的品牌营销、售后服务和市场扩展；纵轴表现的是相应于这个位移的收益率。经验表明，这个曲线两头高、中间低，像人微笑时的嘴形，所以叫它"微笑曲线"。中国大量的产能就落在中间，虽然中国被称为"世界工厂"，但短处比较明显。

举个例子，中国本土生产了全球产量 85% 以上的儿童玩具，但这么多年来有什么叫得响的中国本土儿童玩具品牌吗？我们能想到的，可能是几十年长盛不衰的芭比娃娃，可能是孩子们都喜欢玩的乐高积木，那个左右高端的收益，是牢牢掌握在外国人手里的，我们干的就是中间这个相对低收益的加工。大家都知道苹

[①] 2023 年 3 月 31 日，在"城市战略：营造新能源，经纬创融汇"论坛上的发言节选。

果手机风靡全球，我去看过中国大规模的生产厂区，比如河南郑州那边的工厂，30多万人连轴转，三班倒，生产出来的产品行销全世界。它的高端收益，美国人是牢牢抓在手里的，我们自己得到了非常宝贵的劳动者就业机会，特别是低端劳动者的就业，他们由此取得了收入而去追求更好的生活，也有了政府非常看重的税收，还有了我们统计上不能不看的GDP，但是对不起，按照吴敬琏老师的说法，我们干的这个活儿，说得难听一点儿就是"硬苦力"。这是中国成为"世界工厂"以后基本的、一般而言我们必须承认的事实。当然，这些年也有进步，就是在某些具体的场景下，我们看到了位置上移的改变。比如广州汽车生产厂家过去生产的广本，口碑很好，我在当财政部财政科学研究所所长的十几年间，坐的就是广本，开到60多万公里了，不用大修，平常基本不出毛病，很省油，坐着也舒服，看着也顺眼，但对不起，广州汽车生产厂家干的也是中间这个活儿。它后来"引进、消化吸收再创新"，下决心推出有完全自主知识产权的产品系列，其中一款广汽传祺据说前些年卖得相当好，国内汽车销量曾经下滑，但是它这款车一年可以卖出几十万辆，我看到的比较高的是一年50万辆以上的销量，这时候，它如果能稳定住这个局面，使其战略升级式的发展再上一个台阶，便可以把生产线迁到越南去，这就是珠三角地区早已说了很多年的"腾笼换鸟"，然后在综合成本上可以明显压低——这是一个新的跨国公司的模式，牢牢掌握左右的高端，而更好地压低自己的成本，更好地加入全球竞争，这是不是一个代表中国高质量发展、升级发展的形象化的例子？

当然，怎么实现这样的升级发展，历史留给我们的时间窗口,一般的专家认为约有 5 年,也许要再长一点点。上有打压,美国和它的盟友在努力压制我们;下有追击,越南、印度、印度尼西亚等国现在是咄咄逼人,这几年它们的增长速度比我们高,它们也在努力,想尽快走过前面的经济起飞阶段,也要升级。我们必须依靠全要素生产率,这个产业升级的逻辑,就是我们一定要发掘供给侧要素的潜力,实现新旧动能的转换,冲破上下夹击,传统的要素——劳动力越来越贵,土地代表的自然资源综合开发成本越来越高(大家看看现在的拆迁,要多么高的补偿才做得下去),还有就是资本,现在应该相对充裕,但是金主轻易不敢出手投资。为什么呢?因为一般而言,边际投资收益在下降。这时候,我们更多要依靠的是技术创新——"科技第一生产力"的乘数效应,而技术创新潜力空间的打开,一定要有制度创新,优化我们的制度机制,保证方方面面参与者能够在遵循科研规律并承担风险的情况下,使我们意愿中的科技创新真正变成第一生产力。当然,还有数据——大数据被中央列为供给侧要素之一,那我们怎么将数据化时代中数字经济和产业经济相结合呢?这都是对我们的考验。

在这里面,应该说最根本的保证,我认为仍然是制度创新。中国完成经济社会转轨,现在要按照中央的要求在改革深水区攻坚克难,需要评价跟制度相关的地方营商环境。作为研究者,我勾画出了一套原则体系,就是从上海自贸区开始,在中国就明确要求形成一个高标准法治化的营商环境,首先应该是企业要面对的负面清单——这个事情要落实。负面清单之外,"法无禁止即可为",海阔凭鱼跃,天高任鸟飞,在政府保护产权、维护公平竞争的条件之下,企业敢于自己承担风险、自负盈亏去试错,去争取创新的成功。负面清单范围不能太大，上海各种红头文件禁止的，一开始可能有3 000项出头，后来逐渐精减下来了。对于企业是"法无禁止即可为"，而反过来对于政府，是正面清单，"法无授权不可为"，不要以为政府公权在手，做什么都是理所当然的，必须有合理的事权清单，还要有支出责任清单。这个事情现在已经在做了。除了事权清单、责任清单，还有原则上讲的"有权必有责"，政府行为事前、事中、事后，按照中央要求都要有绩效考评（当然，这个事情要落实还有一个过程，绩效考评意味着要量化打分，还要有奖惩）。这个原则体系我认为非常好，这就是高标准法治化营商环境——我们不仅应该认识到，还要达到操作落实的那种境界。

在厦门，我们已经有了从上海自贸区复制来的自贸区概念，但这套原则体系要真正落实，难度很大。在我参加的内部讨论里，高层的领导也说，原则非常好，落实何其难——这个大家都知道，但没有别的选择，地方营商环境的好坏，也必然应纳入地方政府在2023年两会之后要"全力以赴拼经济"的地方竞争中，这就要说到下一个问题：地方政府在产业升级、引导产业集群发展中应该起什么样的作用？

首先要认识到，政府和市场的关系是改革的核心问题，要全力打造高标准法治化的营商环境，就得先革自己的命。我认为长三角、珠三角，包括厦门经济特区，这些地方在这方面取得了明显的进步。建设服务型政府，政府诚心诚意以服务姿态欢迎大家来投资、来创业创新发展。当然，实话实说，在另外一些地方，其氛围与厦门相比就大相径庭。大家想一想，市场上的评价，在北方，曾经有人说投资不过山海关。东北已经出现了人口净减少。人心是什么？是"最大的政治"，政治后面跟着的是什么？是经济社会发展态势。现在，地方政府首先要抓营商环境建设。

其次我认为应该抓发展战略、顶层规划。在国土开发方面，一旦形成不动产，再纠错就太难了，这不是微观单位以试错方式就能够形成良好结构的，一定要由政府牵头调动所有的力量支持，包括购买国外的高水平的规划团队的服务、国内专家团队的服务，也包括民间智慧，形成一个尽可能高水平的自己辖区国土开发的总体顶层规划，并且动态优化。我深知各个地方这些年都是很看重这个战略规划的，还可以继续动态优化它，这是政府必须继续盯着不放的。

最后我认为还要有"守正出奇"的一套地方特定的支持发展的创新。"守正"是认识到市场资源配置的决定性作用，"出奇"是特别要认识到在宏观调控情况之下，货币政策是一个垂直系统，财政是分级的——地方政府手里有本级财政事权，可以使财政资金在自己手上得到尽可能高水平的运用，在保运转的前提之下（厦门的财力相对来说还是比较有支撑力的），产生"四两拨千斤"的放大效应、乘数效应。过去我们总结过，比如财政贴息、政策性信用担保、产业引导基金、PPP等，所有这些，就是财政必须有由它掌握的公共资源，形成"政策性资金，市场化运作，专业化管理，杠杆式放大"的一种"出奇"的效应。中国现在各地人事安排都已到位以后可以全力以赴拼经济，在大家都想有所作为的情况下，要更加注重出奇制胜。我认为这不是空想。比如贴息，中国在新冠疫情防控期间有很好的、大规模的资金运用。2020年，在筹资1万亿元发行抗疫特别国债后，中央马上拿出其中的2 000亿元，直达地方和基层，解其燃眉之急，让困难的小微企业能得到财政贴息的优惠贷款，而在商言商的银行，则继续按照市场经济的一般规则来控制风险，实际上风险是被财政公共资源冲抵了，而小微企业拿到手的这些资金是优惠的，资金价格被明显压低了。这个作用就是放大，是财政的一种特殊作用。它的贴息贴了几个百分点，比如5%，它的倒数就是放大的倍数，5%的倒数是20，即以5%的公共资金解决了100%的资金规模进入想支持的那个领域的问题。我国现在的就业，几乎都是由占市场主体绝大多数的小微企业提供的，这是中国现在的基本事实。没有这种就业的稳定，就没有大局的基本稳定。所以，虽然财政花了不少钱，但换来的是我们经受住疫情考验的这样一个首先从稳就业上取得成效的局面。

　　当然，在谋发展方面也有意义——比如政策性信用担保的作用是什么？支持小型科技企业升级发展、创业创新，其中大部分是小微的、民营的、"三农"概念下的企业。还有很多各方面一起发力对于举足轻重项目的综合支持，都用到了政策性信用担保。

　　PPP是做什么的呢？是政府出少量的股本，拉着更多的民间资本进来，规范的特殊项目公司，股权非常清晰，规则阳光化，而实际结果是政府、企业和参与的专业机构形成了"1+1+1>3"的综合绩效提升机制。福建在这方面，在全国是有先行之功的。20世纪80年代，中国试探性地利用外资做了PPP之后，20世纪90年代，厦门机场就是用科威特的优惠贷款建成的。之后从厦门去泉州的人流很快就有所提升，泉州政府认为机会来了，必须乘势进行规划以应对这个新局面。泉州政府想尽快建成刺桐大桥，但是没有钱，一筹莫展，于是想到了用PPP，所以中国大地上第一个民营资本和地方政府合作的刺桐大桥PPP项目诞生了。2014年以后，PPP在全国成为一个创新创业的重点。但PPP可能会出现低潮，在低潮里也可能酝酿着它重现高潮的机遇。我们地方政府在这方面要审时度势，在发展战略里，在大的方向上，不可能不用PPP，包括沿海地方政府，在财力相对雄厚的地方，也一定要抓住这样一个机制来守正出奇地争取在地方竞争中有尽可能好的表现。这个地方层面财政政策的特别意义，正是我前面强调的地方政府在引导产业升级、产业集聚发展的过程中大有可为的一个政策设计思路。

那么，实际上由地方政府指导的地方国有资本，怎么在引导产业转型升级中发挥作用呢？我的看法是，可以配合着发展战略，定制化地设计一些地方国企的重点作用机制。必须承认，地方国企要首先考虑城投，跟踪辖区内中心区聚集的一些基础设施、产业集群所需要的燃眉之急项目，这个时候可以淡化一些盈利导向，而首先贯彻政府发展战略里的基本意图。可以看看深圳地铁的案例。深圳地铁公司现在已经有2万多名员工，业务不限于地铁，不光中国，外界也注意到了，中国企业万科出现危机以后，突然由深圳地铁公司出手化解，双方还达成了战略合作。深圳政府和深圳地铁公司，在和万科开展战略合作以后，它们非常审慎，并不直接去指手画脚——它的股权比重已经非常高，但是在合作过程中只做财务投资而尽可能地让企业家精神有一个弹性发挥的空间。这就是地方政府和相关的地方国企决策者，以自己的理智，再结合实际情况，很好地把万科的品牌和深圳地铁的品牌合在一起，从而实现双赢。

厦门城市辖区的三大发展重点：一是抓科技创新，二是抓与整个发展配套的港口和港口区的改造与建设，三是抓城中村的改造工作，这三个重点工作都有相当可观的工作量，需要天文数字的投资。这时候地方的国有资本，是不是要在其中起到重要的作用？显然在城投、基础设施方面，地方国有企业起到了压舱石、主心骨的作用。在这方面，可以先导性地进入，但是特别要注意，必须遵循市场规律，尽可能调动民间资本来合作。PPP 就是这种类型的合作模式：地方政府开了一个头儿，可以占较小的股份，更大的份额留给非政府社会资本，大家一起把事情做得更快更好。

数字经济创新潮流中的高质量发展[①]

中国自改革开放以来的发展,具有"大跨步地跟上时代"的超常规追赶特征,显著缩小了自身与世界上发达经济体的距离。在"信息革命"引出的数字经济创新发展大潮中,中国学习美国"硅谷"经验并追随其步伐,已涌现出了若干家具有世界影响力的平台公司领头雁企业。但自2020年11月蚂蚁金服公司的上市被紧急叫停之后,发展态势出现明显的变化,对平台公司的整改与纠偏一度成为主基调,批评平台垄断的声音似乎盖过了全面客观评价平台得失的声音。

我撰写此文,力求理性、公允地认识中国数字经济平台的得失,勾画其所依托的创新发展时代背景与可做出的学理解说,在客观评价数字经济平台的经济价值与社会价值的基础上,全面看待其整改,深入分析其有别于既往企业案例的"垄断"问题,进而提出坚持数字经济创新发展对接高质量发展新时代的基本认识,以及以混合所有制改革实现各类企业共赢的思路。

[①] 本文英文版在2022年5月发表于SSRG International Journal of Economics and Management Studies,Volume 9 Issue 5,37-42。

一、数字化创新发展：大势上的基本认识

人类社会在发生工业革命和全球化之后，走到当今阶段发展的特征是信息技术日新月异，已经进入了数字经济时代。人们最耳熟能详的是大数据、云计算、区块链、移动互联、万物互联、机器学习、人工智能、人机互联等相关概念。

关于数字化的概念，在20世纪90年代，我作为研究者就注意到当时的说法，即"数字化生存"，以此为题的著作曾风靡一时，到现在，数字化生存发展的特征，就是每时每日都在我们周边涌动的发展大潮。与此相关，有很多理论对这种发展进行了描述，比如摩尔定律。从历史比较来看，100多年间，在头号强国美国的股市，市值居前十的企业有极为明显的变化，现在市值第一且遥遥领先的是苹果公司，然后是谷歌、亚马逊等高科技公司，一直排到第十位左右才是人们所熟悉的实体经济方面的大公司，以及金融领域的摩根大通等，形势变化中确实有全新格局。

中国数字化企业的发展有长足的进步，大数据、云计算、分布式计账、电子商务、人工智能等，这些新兴技术在和金融服务的结合中，又和实体经济日益结合，在整个运行过程中给各个行业赋能。

现实雄辩地证明了邓小平当年强调的一个基本概念，就是"科学技术是第一生产力"[①]，他的认识和马克思主义唯物史观对于科学技术"革命性力量"的认识，和西方学者有价值的思想贡献

---

① 参见新华网：https://baijiahao.baidu.com/s?id=17159176010168348038&wfr=spider&for=pc。

如熊彼特的创新理论所强调的"创造性破坏"概念，以及现在企业界大家认同的"颠覆性创新"概念，是相互印证、一脉相承的。

我所致力于理论创新的新供给经济学对此的解说，是生产力和根本上由其决定的生产关系的发展变革，其实都发生在供给侧，由于供给侧的创新，划分了经济社会不同阶段、不同时代，成为这种阶跃式上升中最关键的因素。在发展过程中，科技水平逐渐提高是生产力进步的重要标志，生产力三要素——劳动力、劳动对象、劳动工具，如果再把科技加进来，并不是给三要素做加法，而是做乘法，是放大，所以科技是"第一"。

人类社会脱离一般动物界以后，进行了三次革命，首先是农业革命，人类社会摆脱了生产力相当低下的原始状态，有了剩余产品，有了相对稳定可预期的产出满足人类需要。这个水平还是相当低的，但是已经明显上了一个台阶。其次是工业革命，又上了一个大台阶，工业革命以后的发展，按马克思所说，创造的生产力超出原来整个人类历史的总量。最后是信息革命后，再次上了一个大台阶，这是以"阶跃曲线"才能量化描述的"上台阶"的发展过程。

具体更细致的分析考察，就是各个时代的特征，从人和物的关系上，看到以工具为标志，怎样一个一个台阶地对应前面所说的时代概念。现在是典型的信息时代，就是大家已经在强调的移动互联、智能化、共享经济，人和人的关系是生产力从根本上决定的生产关系、社会形态，在不断随着生产力的创新发展而走向"共享经济"，这种从低级向高级的发展，又在体现着人类文明的进步。

二、数字经济平台的经济价值与社会价值

在这个发展过程中要注重数字化平台所代表的数字化，对应着中国现在发展到高质量发展阶段，要更好地满足人民群众美好生活需要，以更显著的供给体系质量和效率的提高，来处理好社会主要矛盾。数字经济发展过程中，大家已经感觉到，对现实生活产生重大影响的数字化平台作为代表，可以产生一系列值得肯定的经济价值。

这体现在，通过较完全的信息匹配和优化信用体系建设，实现经济生活中搜寻成本、交易成本大幅下降，在某些场合成本是趋于零的，人们所说的零成本在很多事情上可以得到验证，交易费用降到越来越低的水平，体现着效率的提高。与之相关的，就是供需双方的良性、及时互动，可以加大服务的密度和深度，降低部分行业的准入门槛，使生产要素的流动更加活跃，并促进知识与科技成果的扩散，扩大有效供给。很明显，这方面有值得肯定的正面效应。原本无法参与供给的潜在市场主体，也能在信息条件支撑之下，加入供给侧，扩大市场边界，对接海量的市场，有效支持创新，并且帮助创新成果更顺利地实现商业化。基于数据支撑，可形成更大规模的集聚效应，为流量变现提供渠道，实现少量用户付费、多数用户免费的平台自身运转，发展并共享经济，这些都是数字经济的特征。

对这种经济价值做一些概括以后，还要进一步看到它延伸扩展到社会价值层面，值得肯定的进步意义。

一是数字化平台搭建的基础设施支撑了多领域普惠发展。比如使带有普惠特点的经济贸易有了长足发展，原来的一些穷乡僻

壤也有淘宝用户了,还发展成为淘宝村甚至淘宝镇——全国在几年的发展中,形成了几万个淘宝村,几千个淘宝镇,过去大家觉得离中心区域还相当远的很多农村区域,进入了一个前所未有的带有超常规特征的发展过程。

二是数字化的技术提供了普惠金融,在中国也有卓越表现。我们需要肯定,网上小贷依托于技术进步,明显扩大了商业性金融的边界,很多小微企业的创新创业活动,得到了网上小贷的支持。

三是数字化的平台作为基础设施,支撑了普惠的科技,比如现在阿里云对社会是开放的,很多创业创新者、社会主体,可以便捷地以付费购买服务的方式使用阿里云,使技术成本降低了70%以上,综合的创新效率至少提升了30%。

四是数字化平台对于中国的行业、社会、民生的普惠效应要加以肯定——行业领先者带动了行业共同发展,少数的头部企业带动了大量的中小微企业一起形成产业集群,行业和平台双驱动体现创新并对应到精准扶贫的工作,使颇有社会意义的"社会政策托底"工作,也得到了数字化平台带来的正面效应的支持。

五是提高就业质量,增强创业和就业的包容性、灵活性,对促进真正的普惠性社会公平,也明显有所贡献。经济社会稳定发展和就业息息相关,中国现在每年必须达到的两会上所说的就业目标,是城镇新增就业 1 100 万人以上。之所以在复杂严峻的局面下,我们可以把就业指标完成得比较好,这与我们这些年面对挑战,抓住机遇,发展数字化平台支撑和服务于广大的中小微企业有内在联系,绝大多数民营企业是小微企业、个体工商户,合在一起是上亿个市场主体,提供了中国新增就业的 90% 以上。

六是政府的决策和服务的效率和质量，也得益于数字化平台发展产生的促进作用和催化作用。政府客观上也需要借鉴数字经济领域的发展经验，跟上数字化时代，继续发展所谓"金字号工程"，对应的有财政和税收的金财、审计部门的金审、海关的金关、公安的金盾、农业的金农、水利的金水等，二十几个"金字号工程"将更好地联网和升级发展。数字化大平台的发展趋势，不光是配合呼应体制内，在某些区域已经对社会开放，经过一定的资质认证，社会的企业和其他主体单位，也可以共享这种信息体系提供的信息。

三、数字化经济发展中的问题与中国数字化平台公司的整改

同时，我们也不可忽视数字经济发展中的纠偏和整改。高质量发展阶段，在创新的过程中，一定会有问题产生，任何事情都不可能十全十美，但必须正视在发展过程中出现的问题。

简单地说，这些问题包括：平台公司超范围从事金融业务，支付业务存在违规行为，通过垄断地位开展"二选一"式不正当竞争，等等。大家已经注意到正在实施纠偏，"二选一"已经被有关部门认定为垄断因素的不当机制，已有罚款，必须得到整改。

还有我觉得有些东西未必就是垄断的，但显然有不良作用，比如从服务水平来讲，不同市场主体的有效供给水平在网上会有一个排序，大多数消费者接触信息，是从网上排在第一位的看起的，那么谁可以排在前面呢？前些年出现了花钱买位次，把自己

的位置往前抬,这是明显误导消费者的错误机制,但这是不是垄断?未必是垄断现象,但显然是不健康、不正常的现象,需要纠偏。

我们的高质量发展,在这方面一定要注意出现的偏向并加以纠偏和整改。至于说可能威胁个人隐私、信息安全等,这确实是需要全球共同努力解决的问题。中国在这方面也有烦恼,比如中国老百姓已经习惯了进高铁站、航空港时刷脸,不刷脸就不能进去,但在国外这样做往往相当困难,他们认为这涉及公民隐私等。这实际上也是一种"中国特色",但怎样与国际社会对接?怎样寻求共同点?顺应信息化时代的发展,以后情况还会更加复杂。对于如何最大限度地保护个人隐私、尊重公民信息安全,我们还需要继续探讨。

对于金融业和传统银行业面临的挑战性问题,也不可忽视,具体如何处理,有很多可讨论之处。厘清垄断问题,在新时代需要进一步认识其性质与边界问题。过去,对于垄断,可以非常清晰地去认定,比如我在20世纪80年代到美国做访问学者,在匹兹堡接通电话的时候得知,电话公司原来是由美国政府依据反垄断法强制拆分的AT&T公司(美国电话电报公司),拆分以后成为当地的电话公司,目的就是减少垄断因素,为竞争局面提供更好的服务。

而现在对电子商务的类似垄断怎么认定?美国人认为有变化,所以对于大平台公司不是简单仿效AT&T公司的拆分办法。中国也有这样的问题,即怎样认识新时代的垄断问题。流量为王的信息时代,已经成为头部的企业都是千辛万苦地通过"烧钱"阶段才终于飞冲天的,更大量的是没有能够冲出来的,"互联网+"创业者千千万万名，全国成为头部的也就一二十家。从直观来看，市场份额跟垄断因素对应，但在新经济迅猛发展的过程中，对这种流量为王的新特征，就应做出理性的新的分析认识，估计在将来很长一段时间，我们都很难设想出可以简单地拆分电商平台的办法，硬把流量和市场份额往下压，必须找到更好的办法。

前有美国人对于亚马逊和微软被控垄断的问题，没有采取强制拆分办法；后有我国在发展到一定阶段以后，现在所说的原则性概念，叫防止资本无序扩张和反垄断。其实资本是中性概念，我们有国有资本也有民有资本，这是一种生产要素，不是贬义词，关键在于扩张不应该是无序的。如果形成了不当的垄断，就认为是无序，所以要进一步探讨如何合理地划清具体的界限，优化政策。大的方向是要在法治化建设的道路上规范有序与无序的界限与标准，继续坚定支持数字化平台创新发展。

中央和相关管理部门对于数字化平台头部企业做纠偏和整改的同时，已非常明确地说要坚定不移地支持我们的企业包括民营企业继续创新发展。在舆论方面有一些极端说法，影响着市场预期，并造成了一些令企业家人心惶惶的局面，随后中央决策层明确地强调，继续毫不动摇地支持民营企业的发展，现在没有变，未来也绝对不会变，这是权威的声音。

企业界的朋友不应简单地听信社会上的一些危言耸听的谣言，如底层逻辑已改变、大变革时代风雨欲来，等等，我们应该更有底气地考虑中国在以经济建设为中心的基本路线的执行过程中，中央发出的这些权威信息，是支持我们的企业，包括民营企业、数字化平台企业，继续按创新发展大方向寻求健康发展。

四、关于数字平台的"垄断"问题需进一步探讨和澄清

有些具体的、细致的问题分析,应该注重实事求是,加以厘清。比如有一些问题,即使不能称之为垄断,也是需要得到纠正的,既不能由于不好就直接认定其为垄断,也不可以对它们"放一马"。凡是发现不健康、不正确的,如花钱买位次,依靠大数据"杀熟"等,应坚决反对。在"除弊"方面,当然更应努力,要见成效。同时在"兴利"方面,亦可以做得更加有成效,这是一个问题的两个方面。

有些数字化平台市场份额比较大,它的竞争对手就说它垄断了,其实不能这样笼统地认定。在新时代的市场竞争中,可能更多地要考虑数量相当有限的头部企业,直观地看到对于具有寡头垄断特点的新经济主体,"兴利除弊"就是在承认流量为王带来直观的寡头垄断特征的时候,应积极引导和鼓励它们带动更多的中小微企业(包括上游和下游的),运用供应链金融等创新方式一起发展。这些头部企业融资能力比较强,而与头部企业形成产业集群的大量的中小微企业,按过去的经验,在融资方面较为弱势,很多金融普照之光照不到它们那里。如果用供应链金融,可以通过核心企业、供应链上的成功企业,给其上游和下游大量的中小微企业(特别是小微企业)增信,使它们也得到支持。我们要在这些方面做好引导,将整个发展潮流引向全民共享改革开放成果,促进共同富裕,并积极与国际合作,一起打造人类命运共同体。

我的基本看法是,反垄断,绝对不是国家支持和鼓励平台创新发展的方针有所改变,而是要对发现的问题进行纠偏,使创新

发展的"第一动力"更好地发挥。反垄断不应该被某些主体公器私用，成为部分企业泼脏水式恶性竞争的武器，看人家的市场份额比我高一点，就说人家不当垄断，要接受优胜劣汰，认同创新是第一动力，争先恐后加入市场竞争。反垄断也并不能指代所有需要防范和纠正的不良经营问题和风险问题。

讲到对接高质量发展阶段，这些数字平台所代表的数字经济，就是以超常规的创新发展渗透、影响、辐射方方面面、各行各业，并且也一定会对我们现在各行各业的高质量发展问题，形成应有的影响。数字化的发展使我们可以更加及时、更加细致地跟踪产业链、供应链上的各种信息，如此我们也可以更好地分析相关质量问题，做好质量管理和质量控制，打击假冒伪劣。这样的现实问题，显然需要各方继续共同探讨。

五、结语

以数字经济创新发展对接高质量发展新时代，可以这样理解。

第一，坚定不移继续"大踏步跟上时代"，锐意推进数字经济的创新，这对于各行各业都有莫大的意义，不是直接从事"互联网＋"业务的行业、企业，实际上也要认清自己，在现实生活中要跟上数字化的发展，直接、间接地实现"互联网＋"，是势在必行的（包括传统的餐饮业，哪怕是小餐馆，让顾客在餐桌上扫码就可以点菜、结算、支付，这实际上也是"互联网＋"）。

第二，毫不动摇继续支持民营企业和数字经济"头部企业"继续创新发展。

第三，民营企业实际上需要和国有企业一起，深化混合所有制改革。马克思当年已明确给出"资本社会化"的概念，即通过"现代企业制度"中具有代表性的股份制，使各类企业都能够进入资本社会化的大潮，具体的路径就是混合所有制改革。这样通过企业的制度创新，我们可以更好地寻求共赢、共融发展，使中国的现代化插上数字经济的翅膀，实现各行各业在满足人民美好需要的道路上更好地调动潜能、升级发展，以实现中国的民族复兴和"人类命运共同体"的构建。

科技创新引领加快建设现代化产业体系[①]

"2023年7月,中共成都市委十四届三次全体会议召开,会议审议通过了《中共成都市委关于坚持科技创新引领加快建设现代化产业体系的决定》(以下简称《决定》)。成都提出,要加快构建具有智能化、绿色化、融合化特征和符合完整性、先进性、安全性要求的现代化产业体系。"

《决定》描绘了成都在新时期建设现代化产业体系的蓝图。细究城市发展背后的逻辑发现,一些"信号"很明显。"加快"一词反映了成都推动建设现代化产业体系的紧迫感。至于如何出招,成都明确将"科技创新"作为发力点。

如此考量,源于现实。例如,科技和产业"两张皮"是不少城市在高质量发展过程中面临的一个难题,成都同样面临这一个"成长的烦恼"。

笔者在接受红星新闻记者专访时表示,成都在对城市发展进行新一轮谋划时高度重视科技创新,反映出成都下决心破解城市发展过程中科技和产业"两张皮"的问题,进而去构建现代化产业体系。

进一步来看,《决定》中关于加快建设现代化产业体系的细

[①] 2023年7月14日,笔者接受红星新闻采访。

化工作路径，对数实融合、成果转化、科技金融等均有着墨。对此笔者提出了如下三方面建议。

一、打造一批孵化器平台，培育更多本地数字经济平台企业

《决定》确立了五个基本原则，其中一个便是"突出实体为本、融合发展"，尤其注重"数字经济与实体经济加速融合"。在国家推动数字经济发展的大趋势下，对成都而言，数实融合既能实现做大经济增量，也能优化存量。

如何抓住数实融合发展机遇？成都的一大方向是壮大数字经济核心产业。成都提出，实施重点行业数字化转型提升工程和数字技术创新突破工程，围绕"芯屏端软智网"壮大数字经济核心产业。

其实这一思路早就有迹可循。在 2022 年印发的《成都市"十四五"数字经济发展规划》中，成都提出："力争到 2025 年，全市数字经济核心产业增加值占 GDP 比重达到 14% 左右。"2023 年 7 月市委全会中，上述指标提升到 15% 以上，时限锁定在 2027 年，数据之变凸显成都发展数字经济的更高要求。

"尤其是制造业迈入高质量发展，制造业环节尤其需要降本增效，数字经济的赋能很关键，深圳和杭州数字经济的发展由一批知名的数字平台头部公司引领，成都首先需要打造更多本地的数字经济平台企业。"以深圳和杭州为代表的数字经济发展水平较高的城市，形成了"大企业顶天立地，小企业铺天盖地"的数字经济生态，通过各种数字化创新技术对制造业进行赋能，催生

出许多经济新业态。

近年来，成都涌现出一批数字经济平台企业。"相较外地头部企业入局，成都需要培育更多诞生于本地的数字经济平台企业，其间也要注重培育催生本地头部企业，外地巨头企业受总部影响，一些业务未必能够落地，而培育自己的企业更能推动其与本地产业链形成深度关联，加快破解科技和产业'两张皮'现象。"

笔者观察到，成都目前强调企业"上云"，打造数字工厂、5G工厂，"这是一个比较普遍的现象，要在数字经济领域实现突破，还需要叠加一些新东西，比如，数字经济业态的更新，不仅帮助制造业'触网'，还要延伸更多新商业模式，拓宽经济增长点"。

然而，头部企业脱颖而出并不容易，企业壮大也并非立竿见影，从0到1的孵化至关重要。在笔者看来，可学习硅谷经验打造数字经济领域的孵化器，"政府或者纯市场化机构打造一批孵化器，营造创新氛围，吸引风投、创投、天使投等力量参与"，政府主要是在场地、税收、服务等方面提供帮助，企业"好苗子"的发掘则让创投、风投、天使投去判断和筛选，一定要尊重市场的选择，过多依赖政策扶持起来的企业走不远。

二、以母基金带出一批子基金，鼓励"投新、投早、投小、投硬"

以科技创新推动构建现代化产业体系，进而实现高质量发展，这已成为国内不少城市的共识。上海、深圳、合肥等地都坚持以科技创新引领高质量发展，不同的城市有不一样的发展路径。然而，有一个共同点是注重发挥资本力量对产业的撬动作用。在这方面，深圳正在打造千亿元级"20+8"产业基金群，合肥则打造科创基金丛林。

中共成都市委十四届三次全体会议提出"投新、投早、投小、投硬"的科技金融服务逻辑。相关统计数据显示，成都私募基金管理机构超600家、管理规模超3 000亿元。这么庞大的资本，如何投出去很关键。

"一定要扶持直接融资，推动风投、创投、天使投等机构在成都落地扎根，让这些机构活跃起来。"国资背景的基金往往受到国资保值增值的要求，在项目投资方面存在严苛的约束条件，"因此要鼓励市场化的风投、创投、天使投的资本介入，这类资本允许冒险试错，虽然成功率很低，但是个别项目成功后就能冲掉前期所有的'沉没成本'，从而带来全局皆活的结果，这也是硅谷模式的基本经验。对成都而言，应在政策、税收、人才、场地等方面大力扶持市场化投资基金，吸引更多外地基金落地，催生更多本土基金"。

尤其是深圳、合肥当地的国资凭借敢投、善投的闯劲去投项目，恰恰是这种与项目共成长、共担风险的方式投出了一批好项目。包括成都等城市都在研究深圳、合肥这类"创投城市"的投资逻辑，一个问题摆在面前——如何实现国资敢投？

国资不敢投的问题并非没有解决之道。事实上，近年来地方政府层面开始注重搭建产业引导基金。

"产业引导基金是一个解决办法。"笔者认为，政府出资母基金但并不亲自上阵操作，在此基础上，通过一系列的机制设计带出一批非国资为主的子基金，按照地方产业发展背景和经济发展目标去寻找投资标的，其中要有一套权、责、利结合的机制。这种模式下，母基金参股的比例不一定特别高，它甚至可以不要求分红，但可以有一票否决的机制。在此背景下，采取优先、劣后等金融规则，吸引非政府主体来成立若干子基金，发挥非国有主体的创造性和积极性，"非政府主体的投资机构的相对优势是比国资更敢于冒险"。笔者建议，成都可探索设立相关母基金带出一群子基金的形式对本地项目实施投资驱动。

三、构建"政产学研金"协同机制，大力支持中试实验室平台建设

就成都而言，科技成果转化仍旧面临链条不够完善、科技成果"墙内开花墙外香"等"成长的烦恼"，科技成果本地转化率不高，科技和产业"两张皮"现象便由此产生。

这种"烦恼"并非成都独有。"需要厘清的是，一些项目并非一定要在本地实现成果转化，当然，项目在本地转化对促进城市产业链上下游发展能够产生助益。"在笔者看来，促进成果转化要构建一种"政产学研金"的支持机制，借助这种机制去对接产业化过程中的科技创新成果，观察这类成果如何通过中试实现成果应用乃至大规模的产业化。

"政产学研金"涉及五个维度。"政府方面的支持很关键，比如，来自政府层面的政策性金融或者财政专项资金等支持。"不过笔者认为，政府要多考虑怎么顺应科研创新的规律，要改变思维，行政主导的科研创新会对创新主体形成束缚，应避免不当行

政干预。

谈及产业如何发展，笔者分析，市场的力量是关键。产业创新发展应更多寄希望于企业，比如，让企业自己去判断应该瞄准哪些领域开展研发攻坚，尤其是在未来产业的布局方面。

谈及如何联动学界，笔者认为，这需要企业加强和高校院所的交流合作，尤其是加强同相关研究机构的合作。而在金融方面，商业性金融、政策性金融工具都不可缺少。

构建一整套"政产学研金"协同发展机制去推动成果转化，如何发力？笔者建议，可重点瞄准中试进行突破。此次中共成都市委十四届三次全体会议召开期间，"中试"受到参会代表热议，而成都也提出要打造西部中试中心。

路径何在？红星新闻记者了解到，成都相关部门正在统筹研究该项工作的实施细则。笔者说："中试在成果转化中发挥着承前启后的作用，考虑长周期、高投入且面临失败风险，财力支持至关重要，应该大力支持中试实验室平台建设，财力之外，还要让整个'政产学研金'其他环节形成合力。"

"总之，推动科技成果转化，要注重市场的力量，政府更应该做好营商环境建设，营造创新氛围，提供好服务。要充分发挥市场化投资机构的作用去参与成果转化。"诸如概念验证、中试熟化、小批量生产等与成果转化相关的关键环节，应该发挥风险投资作用，推动市场化的力量参与投资，打通成果转化的"最后一公里"。

数字经济如何促进高质量就业[①]

党的二十大报告提出中国式现代化，这和人类社会推进现代化有共性的一般规律，也有个性的特定规律，在两者相结合的发展过程中，我们别无选择，必须跟着数字经济创新大潮实现高质量升级发展。

2010年以来，中国经济遭遇各种挑战，经受历史性考验。在稳增长、稳就业、稳物价等"稳中求进"的取向下，数字经济已创造了大量的就业岗位，促进了新增市场主体的快速增长，成为中国经济发展的重要支持力量。2021年，中国数字经济规模达到45.5万亿元，占GDP的比重近四成，数字经济已经成为中国经济增长的主要引擎之一。

一、结构性就业矛盾：失调中的危机

数字经济的发展需要各方面的配套支持，如进一步加强数字基础设施建设，促进互联互通智能化。数字经济产业化、产业经济数字化，意味着作为中国国民经济脊梁的实体经济，特别是其

[①] 2023年4月26日，在澎湃新闻与腾讯公司联合主办数字原野年度论坛暨颁奖典礼上的发言。

中的制造业要改造升级，要把中国经济的发展推向高质量发展的轨道，而这也意味着必须推动数字经济持续赋能，使传统产业转型升级达到中国式现代化的客观要求。

同时我们要意识到，数字经济的发展也必然带来对传统行业就业机会的排挤效应，这在人类社会一轮轮创新发展的过程中，早有历史经验。20世纪初期，汽车出现后，马车行业全链条上的就业受到了汽车作为新代步工具的挑战，马车供应链上的就业机会受到排挤。但总体的发展结果是新兴产业提供的就业机会，在很大程度上冲抵了其对旧产业就业的排挤效应。

我们在认识数字经济对于一些传统产业就业的影响时，应该将历史经验结合现实做全面的把握。数字经济在增加就业机会的同时，对就业的结构产生了重大影响，而结构性就业矛盾已对中国提出了挑战。

非常突出的一个挑战是，统计上称为16~24岁的青年就业困难，包括一些硕博士高学历人群，对于这个就业结构失调的问题，我们要特别加以关注并做出中肯的分析。

人力资本新生代由教育体系输送出来，却不能适应、满足社会实践需求，教育的"产能"不适应社会有效需求，无法形成有效供给。媒体曾报道，5/6的中国医科大学的毕业生不能走上医生的岗位，我当时看了以后还是很受震动的。如果说大比重的医学毕业生不能当医生，那么他们做什么？回答是大多数人做医药代表，卖药去了。那么再继续问到底是什么原因造成了这种情况，可能有几种不能不指出的原因。

第一，教育系统培养的未来的医生人才，普遍是分科的，如内科、外科、耳鼻喉科等，而现实生活中，大量需求的岗位是全科医生，他们不能匹配这种有效需求，无法形成有效供给。

第二，毕业生希望留在大城市，特别是北上广深这样的一线城市，他们很难接受到县级甚至乡镇级医疗机构去工作，而现实恰恰是大量的需求在县城、乡镇。

矛盾就表现在结构上，问题是如何通过优化人才供给结构去适应社会需要。

优化就业结构，要紧密结合数字经济时代提供的种种创新支撑力量，要对接已经提出的"高质量就业"这样一个概念。

二、"高质量就业"的可能性

中国的民营经济已经不止占据半壁江山，1.6亿个以上的市场主体里绝大多数是民营经济，它们带动了一批新的就业岗位，以此缓解就业压力。过去说90%以上的城镇新增就业由民营企业提供，而依据统计局数据，2020年以后，中国城镇新增就业岗位的100%甚至100%以上是由民营企业提供的。

怎么会出现100%以上呢？国有企业发挥着重要的作用，但总体的发展趋势是资本密集型，资本有机构成的提高使国有企业提供的就业总规模有所萎缩，萎缩的部分由民营企业来提供就业岗位进行"回填"，所以是100%以上。在民营企业中发挥着创造就业龙头作用的平台企业，产生了直接、间接，或辐射的作用。

民营企业绝大多数是小微企业和接近1亿户的个体工商户，他们提供的就业岗位，渗透在中国经济生活各个毛细血管的节点上，对于全局的意义是合成的，是非常值得注意和加以养护的。

新增就业岗位,对于16~24岁这些走向市场的年轻人安居乐业,会起到不可忽视的推动作用。

在短期结合中长期的视角上,要特别注意教育结构优化,按照数字时代企事业人才的需求调整教育体系和专业设置,以系统性的解决方案使人才供应能够更好地匹配现实需要。客观来讲,这个变量相对而言有"慢变量"的特征,所以在解决就业结构性矛盾的时候,既要有一些结合中长期通盘的安排,也要有一些过渡性举措。

现阶段,一个更为迫切的命题是,在数字经济推动下,更好地发挥平台企业"完成整改"、引领发展的作用,在走向高质量发展的过程中实现高质量就业。

三、谁来定义"高质量就业"

过去经济学比较强调的是"充分就业",为什么现在出现了"高质量就业"呢?显然它跟高质量发展有内在的关系。凯恩斯在《就业、利息和货币通论》中提出的"充分就业",指的是某一个工资水平之下所有愿意接受工作的人都获得了就业机会。

这个"充分"并不等于100%的就业,仍然存在一些可以接受的摩擦性、结构性失业。但是这种失业状态,一般来说存在的间隔期比较短,失业率可以等同于自然失业率。

我认为所讨论的"高质量就业"不仅仅是"充分就业",如果定义"高质量就业",它涉及的主体至少有三方面。一是劳动者,一般认为就是雇员、劳方,在薪资方面要满足高质量生活的需求,其高质量就业的核心要义主要是薪酬水平足够"高质量"。

二是资方、雇主。他们希望在双向选择的情况下，既能招来满意的雇员，又达到尽可能控制劳动成本的目标，这种情况属于他们的"高质量"。三是政府管理部门。他们的视角更注重于满足社会成员、社会公众基本的安身立命需求，既要实现自身在促进高质量就业方面的政府责任，将总体失业率控制在比较低的水平，又要在就业令人基本满意的情况之下，实现经济可持续、高质量发展。

四、数字经济如何促进高质量就业

以平台企业引领发展作为抓手。平台企业要依托自身的成功经验和创新举措发挥辐射作用。平台经济在经济价值上生发出的正外部性的社会价值，直观来看，表现为头部企业数量不多，但它们的上下游由大量的中小微企业形成供应链来共同发展，这种正外部性在研究中已经给出了理论联系实际的表述，我们称其为平台经济的经济价值和社会价值。

那么在这种综合价值发挥作用的过程中，平台要更多面向中小微企业和上下游产业链的各个环节，以交流分享、技术赋能、资源对接等多种方式，形成积极的辐射式"引领"带动作用，促进生成一系列新的就业岗位。

在依托平台企业区别于传统企业发展的韧性和适应性方面，应积极发挥引领作用，在特殊的经济社会波动冲击之下，形成对经济发展的有力支撑，引领、维持社会就业总体稳定发展。

政府引导平台企业协同促进高质量就业。平台企业绝对不能等同于慈善机构。它们是在商言商的市场竞争主体，各个大平台企业都有基于企业自身目标的战略规划，也应该掌握应有的企业自主的生产经营决策权。所有的市场主体，需要在竞争中、在遵纪守法的情况之下生存，否则企业不能生存下来还谈什么社会责任？加入竞争能够安身立命并继续发展，才可能更好地发挥社会责任，提供就业机会，促进社会经济发展。

政府在尊重市场在资源配置中的决定性作用的前提下，要依托经济利益杠杆，合理地引导平台企业协同推进高质量就业，如减免税收、财政资金做贴息而形成的优惠贷款和产业引导基金等。

政府要做好必要的过程协调和社保制度的安排，使社保体系进一步健全，分配政策进一步优化，以此促进利益平衡和社会稳定。每一轮创新发展都必然产生一批被边缘化的传统产业从业者，需要帮助它们适应这样一个过程，跟上经济社会发展步伐，共享改革开放成果。

如何进一步打开实体经济的新局面[①]

继党的二十大明确要求"坚持把发展经济的着力点放在实体经济上"之后,在加快建设现代化产业体系的取向下,2023年5月二十届中央财经委员会第一次会议对于我国高质量发展阶段实体经济的升级发展,进一步给出了加强战略谋划、增强系统观念、推动协同落实的指导方针与工作部署。为加快建设以实体经济为支撑的现代化产业体系,在未来发展和国际竞争中赢得战略主动,需要从四个方向充分重视并贯彻落实实体经济的发展升级路径。

第一,我们需要更清晰、更到位地认识当今信息革命与数字经济时代日新月异的创新浪潮,这是让实体经济保持充足发展活力的发动机。要紧密跟踪并追赶人工智能等前沿科技革命的发展浪潮,在保持并增强我国产业体系完备、配套能力强、全球总计666项细分产业一样不缺等优势的同时,也要学习、吸收和高效聚集全球创新要素。积极推进我国产业的智能化、绿色化、融合化,优化提升我国产业体系的完整性、先进性与安全性。

第二,我们必须坚持以实体经济为重,防止脱实向虚,进一步优化金融体系对于实体经济升级发展的支持机制,并防范金融

---

① 2023年5月11日,发表于《环球时报》。

自我循环的偏差。实体经济是国民经济最根本的支撑框架和繁荣发展的引擎，制造业尤其是先进制造业与"专精特新"企业群，是最为关键的国民经济的"脊梁"，其中提供"工作母机"的高端装备制造业，则是经济社会整体供应链、价值链的龙头，必须在响应党中央号召加强学习调研的基础上，更好地通盘谋划相关发展战略。三次产业并不是"此消彼才能长"的一块蛋糕，而是通过盘活传统优势与技术创新能越做越大的蛋糕，杜绝把传统产业转型升级等同于"低端产业"的简单退出，避免急于求成和闭门造车。

第三，我们应当正确认识、积极完善新发展阶段的产业政策与技术经济政策，在做好顶层设计、维护产业安全的前提下，增强产业政策的合理性、协同性、可操作性。一般对产业政策和技术经济政策的大方向比较容易认定，比如数字经济和绿色低碳经济的发展、"卡脖子"技术的攻关、"现代农业"的创新等，显然都需要产业政策支持。但其工作的重点难点，则主要是如何在打造高水平社会主义市场经济体制和实行制度型高水平对外开放的同时，正确处理"发挥市场在资源配置中的决定性作用"和"更好发挥政府作用"的关系，形成"守正创新""守正出奇"的可行机制，避免以"产业政策"为名出现的种种偏差、失误和扭曲。

近年来，我国在清洁能源领域进行深入探索并取得了一定进步，其中正反两方面经验教训就非常值得进一步总结和吸取。我国的光伏产业曾经有很好的发展势头，但是总体的战略规划框架、产业政策和技术经济政策与电网创新升级的发展出现了脱节，以至于在欧洲主权债务危机发生之后，以无锡尚德为代表的一批头部企业由于出口受阻而近乎全军覆灭。而后，政府立足于国内市场，以"对事不对人"的公平竞争财政补贴政策，对光伏清洁能源的有效供给加以支持，且审时度势减小补贴力度。今天，光伏发电可以在没有财政补贴的情况下竞价入网，是非常值得进一步巩固的优秀成绩。

第四，我们还特别需要重视"反周期需求管理"的扩大内需战略，推进中国式现代化"主线"上的供给侧结构性改革和创新驱动发展战略，并把两者有机结合起来。一方面，要用好我国的超大规模市场优势，在进一步打造保护产权、公平竞争的高水平营商环境和高标准法治化统一大市场的进程中，构建好以内循环为主体，国内国际双循环相互促进的新发展格局；另一方面，也要大力建设世界一流企业、培养"大国工匠"，让更多的优秀企业家脱颖而出，落实企业科技创新主体地位，打开生机勃勃的新局面。

企业家可以说是"人力资本"概念下最具稀缺性的宝贵资源，在激烈市场竞争中能够拼搏冲杀出来的优秀企业家，更值得珍惜爱护。企业是市场竞争主体和技术创新的生力军，因此在国家倾斜支持基础科学研究的同时，应当更多地以制度性安排把众多应用型科技创新事项交由企业去做，充分发挥企业决策者的主观能动性以及千千万万名市场人士的聪明才智和创新潜力。

在提振信心、改善预期的新形势下，深刻领会新一届中央财经委员会第一次会议的指导精神，贯彻落实好支持我国实体经济升级发展的指导方针，具有重大的现实意义和有所作为的空间。未来在我国超过 1.6 亿个大中小微企业等市场主体、各级政府管理部门和社会各方的共同努力下，整体经济运行有望在景气上升中开新局、促升级。

减税费为制造业增动能[①]

税务部门近日公布了自 2018 年以来，我国制造业累计新增减税降费及退税缓税缓费的情况。据统计，制造业减负总额已超过 3.5 万亿元，是国内减税降费规模最大的领域。与 2017 年相比，2022 年我国制造业企业税费负担下降幅度为 23.3%，其中装备制造业更是下降了 29.5%，是税费负担降幅最大的行业。可见，在以政策支持产业振兴和实体经济发展方面，对制造业特别是具有前沿性质的装备制造业的倾斜式支持，是税收政策的一大重点。

制造业是我国实体经济中最重要的组成部分，是国民经济的脊梁和代表性支柱产业。改革开放以来，制造业发展成绩显著，已成为绝对规模居全球第一位的"世界工厂"，但还有大而不强的问题，亟须在创新轨道上实现高质量发展，把"中国制造"推升至"中国创造""中国智能制造"。对此，以减税降费政策支持制造业，是政府在尊重市场在资源配置中的决定性作用这一前提下，更好发挥自身作用的一个重要工作要领。

我国制造业减税降费的成效，首先在于财税配套改革中的营改增、降低增值税税率、企业所得税优惠，以及加快留抵退税等

[①] 2023 年 4 月 29 日，发表于《经济日报》。

重头戏。其次是国家针对企业研发创新活动特别规定的税收优惠措施，在制造业得到相对广泛的运用。此外，有些国家为引导绿色低碳清洁发展而采取的税收优惠措施，也在制造业领域对应了许多生产经营实践活动。

我国第一大税——增值税的标准税率，已由原来的17%降低为13%，其下还有9%、6%两档的"照顾税率"。从改革的大思路来看，国家还将考虑在条件具备时，把现行的三档税率变为两档税率。方案推出的最大可能性，是将高档税率向中档税率并轨，这将进一步起到降低税负、增加市场竞争中创业创新积极性的作用。如果"三档税率并为两档"一步做不到，也可分步来做。这样一来，我国制造业也将是受益最大的领域。

2022年，我国还推出了新的组合式税费支持政策，增值税税制设计中"先缴后退"的留抵退税制度得到改进，实行了留抵税额的提前大规模退税，这为众多企业特别是制造业企业增加了现金流。当年退到纳税人账户中的增值税留抵退税款超过6 100亿元，企业受益非常明显。今后应在总结工作经验基础上，继续发挥这一政策安排的积极作用。

为鼓励企业形成高科技产能、加大创新和研发投入，税收优惠还体现为高新技术企业可享受15%的所得税优惠税率；企业的研发费用可以在缴纳所得税时做100%以上加计扣除，最新规定还在这方面进行了进一步优化、细化；对因开发新产品而减免增值税的企业，其相应的教育费附加也一并减征或免征，并随同减免的增值税一并用于新产品开发。由此，制造业会更积极地倾向高科技化，并使企业在努力提升科研攻关能力方面受到有效的政策激励。

此外，在绿色发展方面，利用"三废"（生产过程中的废水、废气、废渣）等废弃物为主要原料进行生产的企业，可在 5 年内减征或免征所得税。制造业企业挖掘"循环经济"潜力的创新发展活动，由此得到激励与支持。

在国家减税降费措施与优惠政策支持下，近年来我国制造业虽然受到新冠疫情等不利影响，但发展业绩仍表现不俗。2018—2022 年，制造业企业销售收入年均增长 9.4%，其中装备制造业年均增长 10.3%，明显超过 GDP 增速；同期制造业采购智能、研发和节能设备的金额年均增长 13.5%，预示着未来发展后劲、创新升级能力提升。全国制造业增加值占 GDP 的比重在 2022 年达到了 27.7%，比 2020 年提高了 1.4 个百分点。在减税降费政策支持下，我国制造业企业有望继续增强创新动力，发掘高质量发展潜能，并在 2023 年国民经济实现明显景气回升的积极态势中，乘势化解经营压力、对接新发展格局，打开蓬勃发展、创新升级的新局面。

中国制造与中国经济发展韧性[①]

改革开放40多年来,在解放生产力并取得巨大进步的基础上,中国已经发展为"全球经济总量第二,制造业规模第一"的"世界工厂"式的新兴市场经济体,中国制造的产品行销世界市场正在实现,在"新的两步走"的现代化道路上,努力使中国制造向"中国创造""中国智能制造"升级发展。在全球供应链、价值链上,我们要把中国主要的产能从所谓"微笑曲线"的中间位置入手,向左右两端的高收益水平位置托升。所谓"微笑曲线"是在直角坐标系上左右两端高、中间低的这样一条线,它有点像人微笑时的口形,所以被称为"微笑曲线"。横轴表示的是在全球供应链、价值链上,从一开始就要有创意创新,成功以后形成品牌,然后进入加工生产、批量生产,再对接到市场上的品牌营销、售后服务、市场扩展,在这个过程中,这个供应链的位置是从左向右移动的。

纵轴是表现在不同位置上的收益率,大量的经验表明左右两边是高端产业的位置,谁能够掌握左端的创意创新、成功的品牌,以及右端的品牌营销、售后服务,谁的收益率就是比较高的。中间的加工生产的收益率比较低,我们必须认清客观的现

[①] 2023年4月,在第七届"中国制造日"讨论专场演讲中的部分内容。

实。中国作为"世界工厂",有规模大的特征,但总体来说又存在着大而不强的问题,中国现阶段的主要产能还是在中间的加工生产部分。在改革开放之初,我们必须从中间这个位置切入,我们原来的基础相当低,那个时候必须看重"三来一补",两头在外,大进大出,引进国外的资金、技术、管理及商品经济、市场经济的观念和规则等,来促进我们完成原始积累。而现在经过这么多年的发展,我们的升级发展不能再安于现状,让大量的产能集中在中间位置,我们需要在创新发展中进一步解放生产力,把产能越来越多地推到"微笑曲线"左右两端的高收益位置。

与此相呼应,未来十几年、几十年,中国经济社会发展与构建双循环新发展格局过程中的长期表现,就是要进一步弥合二元经济,推进现代化,在广阔的市场上使14亿多人的美好生活向往不断释放需求,得到中国本土和全世界有效供给的回应,并继续表现出强大的韧性、回旋余地,实现超常规的发展。客观条件加上主观努力,我觉得有两个十分突出的具有内生韧性的着眼点,需要进一步认识和把握。

首先,中国人口规模巨大。中国有14亿多人,虽然现在人口增长慢,但是中国如果实现自己的现代化,这个人口规模将超过现在已经达到发达程度的所有现代化经济体的人口总和。当然,印度的人口还在不断增长,但是它的经济发展水平跟中国还是有差距的,它虽然也在追赶,也有广阔的前景,但总体来说与中国相比可能还有20年以上的差距。中国式现代化对于全球而言,其特点就在于人口规模巨大,虽然有艰巨性、复杂性,但是也有韧性,有客观条件去完成这个前所未有的现代化的伟业。在某些方面我们已经达到了全球罕见的水平,不要说印度和我们相差甚远，就是一些发达国家也不得不承认中国的高水平，比如在进出口方面。当然我们也有短板，我们的一线城市轨道交通远远比不上纽约、东京、巴黎、慕尼黑等城市，这是我们要补的短板，我们有能力补上这种短板。

其次，中国是全球产业门类最齐全的一个国家。世界上可比规范的666项细分行业，中国一样不缺。再加上我们的人力资本相当雄厚，虽然劳动力低廉的比较优势在下降，但这也合乎发展规律，那就是老百姓的工资水平越来越高。越南等国家的工资水平比我们低，我们也可以"腾笼换鸟"做一下调整，从而更多地把我们的劳动力投入高附加值产业。我们在这方面相对有优势，中国具有全球最大的工程师队伍，我们的贸易投资结构调整弹性很大，2018年贸易摩擦开始后的实践可以证明这一点。在全球既要正确处理中美双边关系，也要处理好多边关系，并且以多边关系制约中美双边关系，俗话说"东方不亮西方亮，黑了南方亮北方"，我们可以腾挪空间继续推进全球化进程。

最后，做一个小结。我们的客观成长性加上主观的努力，并以对内生韧性的认识展望未来前景。我们要将创新发展作为第一动力和推进现代化的核心，这是中央文件明确的表述，把制度创新、科技创新、管理创新、思想观念理论的创新有机结合，进一步解放生产力，抓住发展硬道理，焕发活力。我们要使中国制造以超大型、大型企业和数字化平台头部企业加上"专精特新"式的隐形冠军的企业（中国现在正在推出第五批"专精特新"企业的名录），以及1.6亿个以上的中小微企业千帆竞发的姿态，一起扬帆出海，迎接挑战，乘风破浪，当然也包括要应对出乎意料的惊涛骇浪。我们的先进制造业将作为台柱子，作为实体经济、国民经济的脊梁发挥重要的、不可缺少的作用。在以中国式现代化之路上的战略定力来面对"百年未有之大变局"的过程中,在"上有打压,下有追击"的全球博弈中,我们首先要看重当下乘势打开的经济向好的新局面。当前新的局面已经在眼前展开,我们要乘势把经济景气往上托,回到中央所说的坚定不移贯彻以经济建设为中心的党的基本路线上,把经济运行维护在合理区间,对接"十四五"跨越"中等收入陷阱",到2035年基本建成社会主义现代化国家,到2049年、2050年实现"第二个百年"目标,建成现代化强国。

青年人是现代化建设的生力军,并将成为中华民族伟大复兴的见证者。我作为已经步入老年的研究者,愿意和青年朋友一起不懈奋斗,迎接和拥抱中国梦梦想成真的那天。

"以数治税"强化统一大市场[①]

在数字科技创新成果日新月异的今天，大数据信息已成为供给侧的重要生产要素之一，高效规范的统一大市场成为使生产要素与各类资源畅通流动、公平竞争的重要载体。国家税务总局2023年5月发布系列税收大数据，分析和展示了近年来我国统一大市场建设中的一些进展和特点，包括省际贸易关系度增强，凸显统一市场的潜力优势；创新、信息要素配置增强，重点地区辐射带动作用明显；交通运输和物流支撑作用增强，现代流通体系逐步健全；等等。

国家税务部门掌握的大数据，来源于20世纪90年代开始建设的"金税工程"。当时，在统筹考虑推进现代化战略实施的要领与重点时，决策层清楚地意识到信息技术革命将带来挑战与机遇，决心在从国家管理调控走向治理体系现代化的过程中，兴办一系列政府"金字号"信息工程，如"金财""金审"等工程。"金税"工程也是其中之一，其长远目标是信息化管理的全面联网。在1994年分税制改革之后，"金税一期"启动，主要切入点是为实施增值税专票监管，开发交叉稽核系统，从而为分税制配套改革释放正面效应，提供一种技术性保障条件。1998—2003年推

[①] 2023年6月27日，发表于《经济日报》。

进到"金税二期",此期主要是完善交叉稽核,确定防伪税控,对增值税发票实施全面监控。2003年以后,"金税三期"启动,形成采集所有税收数据的综合性税收信息系统,还实现了与其他监管部门的联网。2018—2021年,随着国税、地税合并,社保缴费、土地出让金逐步划归税务部门征收,"金税三期"并库版正式上线,显著提高了信息化管理水平。

2021年8月,"金税四期"启动,并于2022年基本开发完成,如今全国范围内已有广州、山东、河南、山西、内蒙古、上海、重庆、天津等10省(区、市)进入运行试点。"金税四期"是金税工程的再升级,重点推行发票电子化变革,形成"全电发票",即发票开具、报销、入账、存储归档等环节全部实现电子化,发票即时开具、即时交付、即时查验。如果说"金税三期"的重点是联网,那么"金税四期"的重点就是上云,实施全流程监管,有望从三期的"以票控税"升级为"以数治税",并且联通非税业务信息,发展智能化的信息处理机制。

"金税工程"一期又一期升级发展,使税收大数据可依托科技创新成果,逐步提升其功能作用,日益具备"由税务看全局"的全景认知能力。向及时、便捷地掌握处理全景下各特定视角、特定局部相关信息,又将有效地支持宏观治理,为企业与纳税人提供更好的服务,促进精细监管与经济结构优化,提升综合绩效。伴随着依法治税,税收大数据可以直接、间接地反映统一大市场上投资与公共服务环境中的诸多生产要素流动情况,以及资源配置中方方面面的交易行为,也有利于及时发现要素流动、供需循环中的堵点和偏差,进而有的放矢地解决问题,促进高质量发展。

除税收大数据外，其他政府"金字号"工程也势必联网形成信息大平台，加之国家数据管理部门已将与非政府部门大数据合理化对接列入工作日程，今后我国相关数据要素的获取、发掘和有效利用，必将与推进中国式现代化的历史进程紧密结合。诚如研究者所指出的，所谓统一大市场，是指具有"高标准法治化营商环境"特征、适应解放生产力要求、塑造长期主义行为模式和可持续发展机制及态势的市场。所谓"统一"，是指统一的产权保护制度、统一的市场准入制度、统一的公平竞争制度，以及统一的市场监管规范、政府服务准则、社会信用体系等方面。大数据将为这一重大制度机制提供技术性信息反映图景、决策支持条件，并成为治理完善化的基础。

合理重塑数字化时代的政府与企业关系[①]

人类社会进入"信息革命"时代后,数字经济日新月异的发展,全面重构了经济运行机制,给传统经济模式带来了巨大的改变,也给构筑在传统经济模式上的政府治理机制和市场体系带来了前所未有的冲击与乘势做出积极改进的契机。

数字化技术成果的应用,为政府部门和市场主体带来了种种提高效率、降低有形与无形成本的好处,也产生了一系列具有挑战性的新问题。特别是在政府与企业两者关系的处理上,基于数字化技术的应用,双方的互动机制有某种"重塑"的必要性和紧迫性。以小见大,以前段时间社会各界高度关注的逃税案来看,在官方发布的消息中,提到该案是"税务部门经税收大数据分析发现",这就很有代表性和启发意义。新经济的蓬勃发展(包括直播带货的爆发式增长)依托税务等政府部门的监管,也依托于数字化。以后整个国民经济的数字化运行和高质量发展,将带来政府和市场主体(企业)什么样的新式博弈?如何"正确处理两方关系"呢?本文主要从政府视角,概要考察分析三个层面的原则与要领。

[①] 2022年2月6日,发表于《中国党政干部论坛》。中国财政科学研究院施文泼副研究员对此文亦有贡献。

首先，政府工作系统自身必须大力推进信息化建设。回溯20世纪90年代，硅谷引领而延续至今的"互联网+"创新发展之势出现后，改革开放中的中国，在决策层就已清楚意识到紧跟这一创新潮流的"信息化"建设势在必行，及时启动了被称为"政府金字号工程"的信息化方案，如"金财""金税""金关""金审""金农""金水""金盾"……其后的信息化建设过程，一般按分期规划安排，如前面提及的"税收大数据分析"，就具有金税工程已推到三期并要进入四期的背景。这样的信息工程建设，不仅可以明显地减少政府部门与市场运行、企业主体层面的"信息不对称"问题，十分有利于优化政策设计及其调整的科学化、精准化水平和提高政府调控与治理的效率，而且客观上产生了趋于体制内"无纸化办公""阳光化集体决策"境界的规范化积极效应，显著地催化、倒逼了廉政建设——"计算机不讲人情"，全流程所有环节上经手人的意见、影响研究处理决策形成情况的电子痕迹，一清二楚且不能私自更改，容不得"桌面下边拉关系、处关系"的作用空间，使得我国法治化的企业公平竞争环境建设，得到了政府自身制度机制建设的有效配套。结合自上海自贸区确立的"政府事权正面清单+责任清单"原则，基于此种信息化技术手段，将使我们继续挖掘"政府绩效+廉政"水平提高的潜力，促进面对企业的"服务型政府"的职能优化转变和相关制度机制建设。

其次，政府应秉承"包容审慎"的原则，毫不动摇地支持数字经济发展。现代通信技术、大数据、云计算、区块链、人工智能等数字技术的高速迭代，引发了生产要素的重构、重组，促进了联通供需全产业链的平台经济、工业互联网、智能制造体系等数字经济新业态、新模式的不断涌现。数字经济已经成为我国推动经济高质量发展的强大新动能。据统计，我国数字经济增加值不断增长，2019年较2005年增长了13.7倍，年均复合增长率达20.6%，高于同期我国GDP年均复合增长率7.8个百分点以上。2020年，我国数字经济规模为39.2万亿元，占GDP比重达38.6%，排名世界第二，在新冠疫情带来的全球经济下行压力下仍保持了9.7%的增速。面对严峻复杂的形势，大力发展数字经济注定仍将是我国"以创新发展为第一动力"而发展经济与促进就业的主要发动机之一。为此，我国"十四五"规划和2035年远景目标纲要都明确指出要"打造数字经济新优势"，强调"充分发挥海量数据和丰富应用场景优势，促进数字技术与实体经济深度融合，赋能传统产业转型升级，催生新产业新业态新模式"。由于数字经济的创新必然带有新的"试错""探索开拓"特征，给出一定弹性试错空间的"包容"和产生疑问乃至争议时政府出手介入的相对"审慎"，都是很有必要的。我国对于已经产生显著影响的一些数字化平台公司，包括部分"网红"直播带货主体的纠偏、整改，绝不是要否定企业特别是新经济领域里相当活跃的民营企业继续创新发展的大方向和包容审慎的原则性态度，而是要促成他们更为健康的、可持续的发展与成长。

最后，政府应坚持"宽严相济"的原则，形成数字经济市场主体合理有效的激励约束机制。对于数字经济，既不能过度管制扼杀活力，也不能放任自由、无序竞争，而是要以宽严相济的态度，合理规范、正确引导其发展。

具体而言，"宽严相济"应体现在法律监管和税收治理的强化和优化上。不论是在监管还是税收方面，面对数字经济中涌现的大量新型经济形态和复杂化的经济行为，在监管、税收的立法层面，都会出现部分空白。为此，需要在坚持依法治国原则的前提下，注重基于实践经验的总结，加快立法进度，积极消除法律空白与模糊地带。在法律监管层面，重点是防范垄断带来的不良后果。数字经济在提高效率的同时，也会通过网络经济效应形成类似寡头垄断的格局，对这种局面需做与时俱进的分析，合理区分其利弊，进而及时对"二选一"等大企业滥用垄断地位的做法加以纠正，防范不正当竞争，保护消费者利益。

在税收治理层面，一是完善对数字巨头超额利润的税收调节手段。在数字经济中，数据是核心生产要素，数据创造价值是数字经济有别于传统经济的最大特征。数据由用户产生并提供，单个数据并无经济价值，但数字平台企业在取得大量的用户数据后，通过加工、画像、应用，便提升了数据的价值，进而为数字平台企业提供了竞争优势，成为其巨额利润的来源。特别是头部企业，往往能攫取可观的超额利润。在用户创造的价值难以归到每个用户的情况下，这一部分价值不应为数字巨头独享，而应适当地划归为公共收益——这是值得研讨的对数字巨头征收超额利润税的一个理论依据。二是强化数字技术在税收征管中的应用，提高税收征管效率。大数据、云计算、人工智能等新技术在税收征管中得到充分、深入的运用，将推动和正在催化着税收征管从"以票控税"向"以数治税"转变，可极大提高税收征管的精准度和有效性。我国税收征管的数字化改革仍在进行，随着"金税工程"建设向纵深延伸，税收对市场交易和企业行为的监控与调节将更加全面、更加智能化，进而对企业税收方面的违法行为产生更强的约束力和更有效的纠错机制。

在提高税收征管力度的同时，为深化我国税制改革，很有必要适当降低增值税、企业所得税等主要税种的法定税负，合理优化个人所得税负担。同时，也将借助数字化管理调控模式，为经济高质量发展提供良好的制度条件。

关于现代产业集群的对策建议[①]

协同建设现代产业体系，是《成渝地区双城经济圈建设规划纲要》提出的主要任务和经济圈内相关城市的战略重点。《重庆市国民经济和社会发展第十四个五年规划和二〇三五年远景目标纲要》提出："壮大现代产业体系，着力推动经济体系优化升级"，重点任务包括加快制造业高质量发展、提升服务业发展水平、推动数字经济和实体经济深度融合、推动基础设施高质量发展。《成都市国民经济和社会发展第十四个五年规划和二〇三五年远景目标纲要》提出："持续深化经济组织方式转变，构筑产业竞争比较优势"，重点任务包括加快建设具有全球显示度的产业生态圈和产业功能区、加快构建具有国际竞争力和区域带动力的现代产业体系、大力发展数字经济、提升产业高质量发展核心竞争力、加快推进新型基础设施布局建设。

作为务实方案的战略目标设计，《成渝地区双城经济圈建设规划纲要》提出，到 2025 年，成渝地区双城经济圈现代经济体系初步形成，配套条件是：区域协同创新体系基本建成，研发投入强度达到 2.5% 左右，科技进步贡献率达到 63%，科技创新中心核心功能基本形成；优势产业区域内分工更加合理、协作效率

[①] 2023 年 5 月 13 日，在成渝地区双城经济圈高质量发展论坛上的发言。

大幅提升,初步形成相对完整的区域产业链供应链体系,呈现世界级先进制造业集群雏形;数字经济蓬勃发展;西部金融中心初步建成;现代服务业优势明显增强。

为了达成目标,成渝地区双城经济圈有关城市,需要进一步明确在全国、区域及经济圈的现代产业体系分工定位,发挥比较优势,错位发展、协同发展、联动发展,推进产业配套链、要素供应链、产品价值链、技术创新链"四链"融合,建立一体化产业政策体系,共同打造世界级优势产业集群。

在推进思路上,建议紧紧抓住"数字经济产业化,产业经济数字化""实体经济升级发展""产城结合、产融结合"的创新大潮,在构建现代化产业集群的过程中,实施"有效市场+有为有限政府"的守正出奇:"守市场决定论之正,出政府作用论之奇"。

在此重点强调三条要领。

第一,政府有公权在手,要坚定不移贯彻"以经济建设为中心"的党的基本路线,在改革深水区攻坚克难,冲破利益固化的藩篱革自己的命,打造好"企业负面清单+政府正面清单和责任清单"的高标准法治化营商环境,构建高水平社会主义市场经济体制和制度型高水平对外开放的统一大市场,保护产权,公平竞争,提振企业信心,改善市场预期,特别是要坚持"两个毫不动摇"的方针,使广大民营企业把"定心丸"吃到位,以进一步解放生产力,开创区域经济升级高质量发展的新局面。

第二,在双城经济圈,动态优化政府必须牵头掌握好(微观主体、基层单位无法以"试错法"形成)的通盘国土开发顶层规划的供给,配之以制度、政策、投融资、人才、科技、物流等方面的有效供给，做中国西部升级发展的第一团队，形成"第四增长极"。

第三，在"创造性贯彻中央方针"的努力中，在破除形式主义、官僚主义等惰性因素的基础上，进一步解放思想，实事求是地鼓励和推动产业、企业的创新，使装备制造业、数字经济新兴产业、电子信息产业、汽车产业、现代高效农业、现代服务业等相互呼应、相得益彰地在"双城"区域经济中，形成高水平的互动态势。各方面应特别注重以创新大方向下的"创造创新条件"为第一要领、第一动力，再跟上技术性、可行性的方案，而不是只讲技术性、可行性而延迟、等待，从而贻误时机。双城经济圈在产业升级中，要有忧患意识、大局意识、拼闯意识并辅以科学精神、团结精神、自强精神。

祝愿双城经济圈瞄准国际竞争力的高水平，志存高远，行稳致远，激流勇进，创造辉煌！

第四章

民营经济：理论探源与发展逻辑

发展中的股份制：以"重建个人所有制"的资本社会化达成资本私有制的积极扬弃[①]

本文认为"重建个人所有制"的核心与实质，是以股份制为实现形式的"社会资本"，即"资本社会化"与私人股权的内洽，其逻辑起点是马克思强调的股份制对于生产资料私有制的"扬弃"。本文的分析论述指出，这种扬弃应当结合当代实际生活中股份制的发展，使之成为"公有制的主要实现形式"，以及结合混合所有制作为中国特色社会主义"基本经济制度的重要实现形式"，来进一步深化认识、积极探索在股份制升级发展中，以"重建个人所有制"的资本社会化带来对资本私有制形成"积极扬弃"的原理与路径。

在创新发展中运用马克思主义基本原理指导人们思想的解放与改革的实践，就应该面对重大现实问题，与时俱进地坚持和发展充满生机与活力的马克思主义。在建设与完善中国特色社会主义市场经济的现阶段，实际生活中关联整个经济运行体系现代化升级的重要问题，就是构建"现代企业制度"取向下股份制经济的发展方向。深化这方面的理论探索，对于合格的马克思主义者

[①] 发表于《全球化》2019年第4期，与苏京春合作。

而言是应有的作为,也是继承与发扬马克思思想体系中重大理论命题的合乎逻辑的积极努力。

马克思在《资本论》里提出,应该在资本主义时代成就的基础上,在协作和生产资料共同占有的基础上,"重建个人所有制",而这种重建的核心与实质究竟应该是什么呢?过去学术界虽有讨论,但不是很充分,往往囿于认识的局限性,停留在马克思、恩格斯著作的中文版本里曾为人们十分强调的"消灭私有制"这个"条条框框"中,试图自圆其说,抑或归结为仅是在生活资料方面个人所有制的重建。

在《共产党宣言》的中文版本里,确实有"消灭私有制"这样的表述,但是细究 1848 年 2 月问世时及其后再版时由马克思、恩格斯规定为以后各个经作者同意的版本之基础的德文原文,"消灭"的用语是 aufhebung,即"扬弃",准确的中文翻译其实应为"扬弃私有制"。著名经济学家董辅礽先生生前曾撰文专门指明这一点。英文版在翻译此单词时,用的是"abolition",即"废止"(应用 sublate,语义更为贴切),当再译为中文时,估计当年陈望道等人参照英文版、依从日文版的处理,未能对证德文原版,所以表述为"消灭",以致以后各中文版本沿用至今。

"扬弃"是作为马克思主义来源之一的德国古典哲学中的重要概念,康德首先用于其哲学体系内,后为费希特大量使用,至黑格尔,赋予这一概念肯定和否定的双重含义,并用来构建自己的以辩证法为人类思想史重大贡献的哲学体系,表示的是事物发展中对旧质既抛弃又保留、既有克服又有继承的关系。中文曾将这一个德文单词音译为"奥伏赫变",后又译为"扬弃"——这两个字被学者评价为译得"信达雅且形神兼备，相当思辨"，可令人联想到麦稻收割后的扬场之去粗取精，自体升级。

如力求完整、准确地理解马克思、恩格斯在《共产党宣言》中表述的相关思想，"扬弃私有制"应当是较准确的汉译。同是这篇文献，马克思、恩格斯特别说明，"共产主义并不剥夺任何人占有社会产品的权利，它只剥夺利用这种占有去奴役他人劳动的权利"，说清楚了"个人占有"和社会产品的必然关系。所谓"消灭（扬弃）私有制"，在马克思的思维逻辑和论述脉络中，只可能指生产资料所有制上的私有制概念，这是个早已在命题中锁定的十分明确的概念：与个人相关，能够重建的是什么呢？如果说重建的是生活资料的个人占有，那么实际生活里生活资料天然的存在形态就是归个人所占有的，包括工人阶级必要生活资料里"V"的部分，天然是工人需要占有的，该吃的吃进去，该穿的穿起来，他才能作为劳动力发挥功能——这种个人对于生活资料产品的占有制度，无所谓重建的问题。

本文提出，应将"重建个人所有制"的核心与实质，放在以股份制为实现形式的"社会资本"，即"资本社会化"对私人股权的包容与内洽上来。这个内洽不是凭空产生的，其逻辑的起始点，正如马克思在其代表性著作《资本论》中所指出的，是股份制对于生产资料私有制具有"扬弃"作用，而关于这种"扬弃"，我们应当结合当代实际生活中股份制的发展已使之成为"公有制的主要实现形式"，以及结合混合所有制作为社会主义"基本经济制度的重要实现形式"，来进一步深化认识，依严谨的学理来探索在股份制的发展中为什么"重建个人所有制"的资本社会化，能够带来对资本私有制"积极扬弃"的原理与路径。我们以本文的相关探讨，试为中国特色社会主义市场经济下的股份制与混合所有制改革，提供可供探寻的理论认知框架和深化创新的路径指向。

一、股份制对生产资料私有制的扬弃

（一）马克思对股份制"扬弃"作用的认识

马克思在有生之年，已敏锐地意识到股份制的特异影响和对社会发展的可能贡献。从社会经济生活角度来观察："假如必须等待积累去使某个资本增长到能够修建铁路的程度，那么恐怕直到今天世界上还没有铁路。但是，通过股份公司转瞬间就把这件事完成了。"从生产关系的制度角度演变来观察："那种本身建立在社会的生产方式的基础上并以生产资料和劳动力的社会集中为前提的资本，在这里直接取得了社会资本（即那些直接联合起来的个人的资本）的形式，而与私人资本相对立。并且它的企业也表现为社会企业，而与私人企业相对立。这是作为私人财产的资本在资本主义生产方式本身范围内的扬弃。""资本主义的股份企业，也和合作工厂一样，应当被看作由资本主义生产方式转化为联合的生产方式的过渡形式，只不过在前者那里，对立是消极地扬弃的，而在后者那里，对立是积极地扬弃的。"

这些文字反映了马克思关于股份制论述中的核心观点。首先，可知马克思在有生之年，明确判断了由于股份制的出现而形成的"直接联合起来的个人的资本"的"社会资本"属性，以及其与"私人资本相对立"的意义,并伴随着由"私人企业"转变为"社会企业"的破茧成蝶式的升级。他虽然还未直接认可股份制已经将资本主义下的私有制转变为公有制,但已经明确认识到这是私人资本在资本主义生产方式本身范围内的"扬弃",其所新产生的"社会企业"中社会资本与私人资本的对立,是由资本主义生产方式转变为联合生产方式的过渡形式。其次,结合马克思、恩格斯在《共产党宣言》中的论述,"资本是集体的产物,它只有通过社会许多成员的共同活动,而且归根结底只有通过社会全体成员的共同活动,才能运动起来",以及结合在《〈政治经济学批判〉序言、导言》中"两个决不会"原理所揭示的公有制形成的新社会形态是在"旧社会的胎胞里成熟"起来、"在资本主义时代的成就的基础上建立起来"的一种社会制度的基本逻辑,不难看出,虽然那时他仍把一般的股份制归为一种"消极扬弃",但是对资本主义制度下出现股份制而对资本主义生产方式发生形式否定、对其具有的资本社会化运行特征,以及其所引发的走向新生产方式的"过渡态",是持积极肯定态度的。同时,他还明确地肯定了这一"社会资本"形式下的劳动者合作工厂机制,是已出现的"积极扬弃"。

(二)马克思对"重建个人所有制"的论述逻辑

在论述资本主义积累的历史趋势时,马克思对私有制的核心认识有两层:第一层是"第一个否定",第二层是"否定的否定"。

所谓"第一个否定",指的是马克思对私有制从"小生产私有制"发展到"资本主义私有制"的必然性认识。马克思指出："私有制作为社会的、集体的所有制的对立物，只是在劳动资料和劳动的外部条件属于私人的地方才存在。……劳动者对他的生产资料的私有权是小生产的基础，而小生产又是发展社会生产和劳动者本人的自由个性的必要条件。……这种生产方式是以土地和其他生产资料的分散为前提的。……它发展到一定程度，就产生出消灭它自身的物质手段。……靠自己劳动挣得的私有制，即以各个独立劳动者与其劳动条件相结合为基础的私有制，被资本主义私有制，即以剥削他人的但形式上是自由的劳动为基础的私有制所排挤。"由此可知，简要地说，这是第一个否定，即"资本主义私有制对小生产所有制的否定"。

所谓"否定的否定"，则指马克思对"资本主义私有制"发展到"重建个人所有制"的必然性认识。对于资本主义私有制，马克思这样论述："……现在要剥夺的已经不再是独立经营的劳动者，而是剥削许多工人的资本家了。……这种剥夺是通过资本主义生产本身的内在规律的作用，即通过资本的集中进行的。……随着这种集中或少数资本家对多数资本家的剥夺，……那些掠夺和垄断这一转化过程的全部利益的资本巨头不断减少，……日益壮大的、由资本主义生产过程本身的机制所训练、联合和组织起来的工人阶级的反抗也不断增长。资本的垄断成了与这种垄断一起并在这种垄断之下繁盛起来的生产方式的桎梏。……剥夺者就要被剥夺了。"

围绕以上两个层面的否定，马克思在阐述自己的认识时特别提出，第二个层次上的否定，是资本主义私有制"对自身的否定"，是在第一个层次上的否定即资本主义私有制对小生产私有制否定基础上的再次否定,从而是"否定的否定"。而马克思特别强调了这种否定所指的方向,那就是:"不是重建私有制,而是在资本主义时代的成就的基础上,在协作和对土地及靠劳动本身生产的生产资料的共同占有的基础上,重建个人所有制。"特别值得注意的是,马克思为这一结论,列明了最为重要的生产资料条件,那就是"协作和对土地及靠劳动本身生产的生产资料的共同占有"——这一条件,充分揭示了马克思对资本私有制发展方向是升级为公有制的思考。马克思在说到由此而"重建个人所有制"之后,紧接着又提出:"以个人自己劳动为基础的分散的私有制转化为资本主义私有制,同事实上已经以社会的生产经营为基础的资本主义所有制转化为社会所有制比较起来,自然是一个长久得多、艰苦得多、困难得多的过程。前者是少数掠夺者剥夺人民群众,后者是人民群众剥夺少数掠夺者。"结合前面的分析,这句话当中的"以社会的生产经营为基础的资本主义所有制转化为社会所有制",很显然就是继续论述第二个层次上的否定问题,而结合马克思所强调的条件中所指的"生产资料的共同占有",可以得出结论,那就是这个重要条件所指的新的"社会所有制",即"重建"的"个人所有制",结合股份制的具体特征,应在此逻辑框架内理解为由私人资本的扬弃而来的资本的社会化——"社会资本"的公有制。在社会实际生活中,股份制止是以具有清晰的个人持股形式和聚沙成塔的联合机制,结束从小生产私有制(个人所有制)到资本主义私有制的"否定之否定",是以实质上的"社会所有制"为结局、以普遍的社会成员的股权"个人所有"为形式的社会企业制度。

（三）股份制作为企业制度的创新，是实现"对生产资料私有制的扬弃"而"重建个人所有制"的关键

马克思所强调的第二个层次上"否定的否定"，指否定了资本主义私有制，又绝不是重建实质性的私有制，而是重建个人所有制，或者说重建以"社会所有制"为实质性结局的个人所有制形式。在这里，笔者认为有必要强调一下马克思在此认识中有所指向的隐性判断，那就是社会所有制正是通过重建以股份制为创新形式的个人所有制而最终实现的，而特别值得注意的是，在生产资料资本主义私有制条件下，社会机体"内生"而来的新企业制度——这种有清晰的私人持股权的股份制，却能以一种客观必然性的力量，开始呈现出对生产资料私有制的打破——关于这个问题的认知，关键之处就是"扬弃"（这一概念的内生、去粗取精、破茧成蝶式升级演变之意），而"扬弃"的由来这一过程，实质上就是在资本主义私有制的条件下产生的"日益壮大的、由资本主义生产过程本身的机制所训练、联合和组织起来的工人阶级的反抗"，以及这种反抗背景下出现的"资本主义的股份企业"和"工人建立的合作工厂"这些形式所达成的私人股权与"社会资本"的内洽。股份制的这种内在包容性一直演变到当下的历史阶段，其扬弃成果的集中体现形式，就是代表"现代企业制度"的股份制"社会企业"，已具有了越来越明显的普遍性与主导特征。正如马克思所说的那样，股份制"是在资本主义体系本身的基础上对资本主义的私人产业的扬弃；随着它的扩大和侵入新的生产部门，它也在同样的程度上消灭着私人产业"，也就是说，虽然仍然存在个体的小生产和家族式的私人企业，但企业制度的

前沿形式，即中国改革开放中所认定的"现代企业制度"的代表形式，只能是愈益风行全球的股份制，而正是这个股份制，是实现"对生产资料私有制的扬弃"的关键性机制。

（四）股份制"对生产资料私有制的扬弃"有一个从"消极扬弃"到"积极扬弃"的历史过程

马克思所指出的资本主义生产方式下生产关系制约生产力发展的基本矛盾和"桎梏"，是生产的社会化和生产资料私人占有之间日益形成的矛盾。沿着解决这一矛盾的思路观察，马克思认为，"工人自己的合作工厂，是在旧形式内对旧形式打开的第一个缺口，虽然它在自己的实际组织中，并且必然会再生产出现存制度的一切缺点。但是，资本和劳动之间的对立在这种工厂内已经被扬弃，虽然起初只是在下述形式上被扬弃，即工人作为联合体是他自己的资本家，也就是说，他们利用生产资料来使自己的劳动增殖。这种工厂表明，在物质生产力与之相适应的社会生产形式的一定发展阶段上，一种新的生产方式怎样会自然而然地从一种生产方式中发展并形成起来"。在此基础上，马克思对资本主义社会中的股份制与工人自己的合作工厂进行了对比，即"资本主义的股份企业，也和合作工厂一样，应当被看作由资本主义生产方式转化为联合的生产方式的过渡形式"，但他跟着加上一个对比："只不过在前者那里，对立是消极地扬弃的，而在后者那里，对立是积极地扬弃的。"这便为我们带来了极为重要的基本思考线索和深化认识空间："消极"是更多地停留于形式层面的，而"积极"则是更多地涉及实质层面的。马克思的思维框架与论述逻辑，内含着对这样一个"升级发展"历史过程的认可与期待。

二、股份制对生产资料私有制的扬弃，是以特定的"聚沙成塔"机制形成对生产社会化的适应性，即资本的社会化

（一）股份制对生产资料私有制扬弃的一百多年概要考察

"扬弃"（德文为 aufheben，aufhebung，英文为 sublate）原是哲学术语，指事物在新陈代谢过程中，发扬自己体内肯定性因素而抛弃其体内否定性因素的升级式演变（一如中文"留取精华，弃去糟粕"、激浊扬清、破茧成蝶等——意在强调，仍是原主体，却明显进入了升级形态，可作为一种比喻来理解"扬弃"式演变）。不论对于马克思的"消极扬弃"与"积极扬弃"评价做出何种分析解读，其基本逻辑指向，至少具有"形式"和"过渡"方向上的肯定，余下的便是如何使形式与内容相对应的问题。

正如恩格斯所说，"1865 年交易所在资本主义体系中还是一个次要的要素"，但是 1866 年危机之后，世界范围内所有的工业国家都出现了"生产的扩展赶不上积累的增长，单个资本家的积累已经不能在扩大自身营业方面全部用掉"的情况，他特别举例指出"1890 年德国的股份公司认股额达到 40%"。也正是从这个时代开始，股份企业开始正式登上历史舞台，并开启长达百余年的主导地位，在不太长的时期内形成具有全球影响力的若干跨国

公司，这一局面一直延续至今。

任何理论观点的提出都带有时代特征与客观局限，马克思对股份制的认识，是提出于生产力水平远低于当代的100多年前，但在当时社会制度和经济发展背景下，股份制所具有的哪怕是带有"消极扬弃"意味的"社会资本"特征，已为马克思带来了思维灵感和重大期待。面对其后100余年的历史进程，结合"实事求是""与时俱进"的原则，我们完全可以沿着马克思的思维逻辑与思想指引，来深化认识。100多年以来，股份制下的市场主体（即股份公司）已经发生了非凡变化。股份制前所未有地使社会成员（包括广大普通劳动者）分散的、体量往往"微不足道"的私人财富，都可以按照十分清晰、法律确保的"同股同权"规则而资本化，"聚沙成塔"地完成原来无法想象的巨大规模的资本集中，并催生这种资本社会化形式所自然而然要求的"公众公司"（即马克思所表述的"社会企业"）的一系列有关透明度、对股东及所有"利益相关者"负责的责任机制，以及社会化监督机制、调整机制与阳光化的市场规则。除了早已普遍存在的本企业员工、产业工人持股和社会上的普遍劳动者、公共机构在上市股份制企业中持股，"国家"特定层级的政府也可持股并酌情进行增持、减持的操作，从而对宏观经济运行和社会生活产生重要的正面效应。市场主体（公司）在达到一定规范程度后可以上市，而上市这一环节在英文中是"go public"（走向公共），绝非"私"的取向。无论是股份制中的公共机构持股，还是公司走向上市而开启公共募集资金的模式，都表明即使是资本主义制度下的市场主体，也已经呈现内部产权结构多元化而"混合"地超越简单私有制的特征。社会化大生产中的上市公司这种公众公司，不仅其持股人在很大程度上是"公共"的，而且其经营状况信息要充分披露，进而要接受全社会公众的监督，财务以较充分的透明度及其由此产生的公众监督，使公司发展和社会公众利益实现了更有效的互动与结合。此即由股份制企业制度而带来越来越多实质性意义的资本社会化，进而呼应了生产社会化的客观需要。

（二）股份制下的资本社会化带有积极扬弃因素渐增的特征：全球化视角与供给侧创新

据恩格斯的论述，股份企业首先是从工业开始实现转变的，需要巨额投资的钢铁业、化学工业和机器制造厂、纺织业、啤酒厂，都逐步实现转变，而后托拉斯创立了实行共同管理的巨大企业，再以后各个商号也进入了"建立股份公司"阶段；商业方面建立股份公司，使银行和信用机构也从只有几个私人股东转变为有限公司，农业随后也以地产的形式实现了股份制，发展到了"一切国外投资都已采取股份形式"的阶段。从马克思和恩格斯提出相关论述的时代发展至今，沿着历史纵轴来观察，当时的股份制只是资本主义私有制内部开始出现破壳动力的萌芽阶段，当时股份制下的资本社会化在很大程度上自然会带有较为形式化的"消极扬弃"的特征，其幅度和范围都还比较有限。

随着生产力的发展，以供给侧生产力升级换代为代表的演变，实际上决定着社会生产和经济发展的不同阶段乃至时代的更迭。每一次产业革命的爆发都源于供给侧创新，而每一次供给侧创新都直接提升人类对物质需求的满足度。跟随着不同的供给侧创新发展阶段，股份制企业也呈现出不同的特点。在从蒸汽时代过渡到电气时代的过程中，手中仅仅拥有资本的资本家逐渐偏离社会财富的中心，拥有创新技术或管理专长的人才作为"工人"与"职业经理人"的代表，开始在资本的支持下建立股份制企业，"消极扬弃"由此潜移默化地被"积极扬弃"所取代。步入电气时代后，逐步得到发展的股份制企业更加成熟，呈现出的特征是股权的分散化程度越来越高，借助小额股票的可得性与职工持股计划的推行，企业内的技术人员、产业工人可以自由地持股，上市后更是有大量的社会成员包括越来越多的普通劳动者进入股市而成为股东，一家大企业主要的股份仍然属于某一位大资本家的情况逐渐减少，乃至走向罕见，共同基金等"机构投资者"越来越多地取代了"大资本家"的地位（20世纪末，美国机构投资者占企业总资产的比重已在48%左右），而不论他们的偏好是"战略投资"还是"财务投资"，企业高管层"职业经理人"的作用都愈加突出。早在20世纪40年代，就有研究者把这种资本社会化趋势称为"人民资本主义"。当时的美国商会会长约翰·斯通在《不受限制的美国》一书中，首次提出这一概念，其后相关的理论探讨风靡美国、西欧、日本和加拿大而经久不息，所形成的最基本的三点认识如下。第一，所有权分散论。认为在资本主义发展中，私有财产的分配发生了深刻的变化，日益转为人民群众手中的资本所有权（如美国通用汽车公司20世纪50年代末股东人数为几十万人，70年代末便高达200万人，平均每个股东只持有200股；美国电话电报公司20世纪20年代末股东人数为46万人，70年代末已高达300万人）。此外，还要再加上间接通过经纪人持股票者（1996年，美国成年人口43%持有股票；2000年之后，此比例上升到总人口的70%左右）。

第二，经理革命论。认为资产所有者在管理企业方面已退居次要地位，领导权已日益向管理者、技术生产知识界转移。第三，收入革命论。认为在国民收入的分配方面发生了深刻的变革，工人和劳动者在国民收入中所占比重增加与产权收益有关。这种"人民资本主义"的认识，虽然也可能有过于理想化的色彩和某些可商榷之处，但其"与时俱进"而"实事求是"地提出新命题的基本态度和思路，确实值得研究者积极借鉴和继续深化思考。

随着人类社会步入信息时代，海量数据存储和应用得以实现，世界互联网建立健全，股份制企业更加具有"go public"的客观条件，也逐渐呈现出更加社会化的特点。例如，通用汽车公司作为世界上有名的标杆式大公司，在2008年未改组之前，股权已高度分散，很难说其具体归属于哪个资本家，为数众多的持股人是本企业的员工、产业工人和社会上的劳动者。2008年全球金融危机中，由于通用汽车公司遭受重创，美国财政部对其进行注资，改组后的通用汽车公司股权结构为：美国财政部作为最大股东占72.5%股权，美国汽车工会的工人退休医疗基金作为第二大股东占17.5%股权，通用的债权人占10%股权。而时隔数年，根据2014年7月15日调查的情况，美国汽车工会的工人退休医疗基金为其十大股东之首，持股比例为8.74%，加拿大政府为其第二大股东，持股比例为6.86%，十大股东合计持股比例也仅为38.29%。另一家著名的通用电气公司，在2014年7月25日的股权结构中，十大股东居第一位的先锋领航集团的持股比例为4.99%，第十位的Global Investors（全球投资者公司）持股比例为0.78%，其"十大股东"总份额仅为20.6%。这些情况都在客观地表明，股份制使资本集聚的规模变大，并具备在要素流动中做出调整的较充分弹性与便利性，实质意义正在于资本社会化特征与属性在不断强化走高，客观上已明显地缓解着生产社会化与生产资料私人占有之间的矛盾，而且政府作为公权主体审时度势运用公共资源向股份制企业注资从而缓解经济危机冲击影响的调节减震反危机的机制，可以使生产关系得到良性调整，适应和有利于生产力的发展。

特别值得注意的是，20世纪70年代以来，职工持股计划（Employee Stock Ownership Plans，简称ESOP）的发展，使"工人所有制企业"得到发展，职工可通过ESOP把企业全部或大部分股票买下，成为企业的控制者和支配者。如1984年美国威尔顿钢铁公司7 000多名职工以3.8亿美元买下了即将倒闭的这家公司，工人拥有全部股权，当年就实现了扭亏为盈。1994年，世界上最大的航空公司——美国联合航空公司把55%的股份转让给职工，由职工经营该公司。20世纪80年代，日本上市公司中已有80%左右建立了职工持股制度。量变为质，可观察到在这样的股份制经济演变中，马克思当年所肯定的"积极扬弃"正变得越来越有广泛性与影响力。

（三）股份制下已有的"积极扬弃"仍存在局限性与升级发展空间：标签、差异和共性

迄今已有的股份制框架下对于资本私有制的扬弃，最具有"积极扬弃"意义的当推中国改革开放之后，"解放思想，实事求是"方针路线指导之下企业改革的伟大实践。在多种经济成分共同发展的局面中，中国民营（私营）企业的升级发展，一旦进入

股份制和"混合所有制"的轨道,就进入了"资本社会化"的轨道,而且与之密切相关的外部环境,是把股份制确认为"公有制的主要实现形式"的中国特色社会主义市场经济的建设与完善过程。在中国计划经济传统体制下转轨而来、影响力举足轻重的国有企业,也义无反顾地进入以"股份制改造"为主线的"战略性重组"改革过程。两方合流而成的,是日趋发展壮大的"混合所有制"改革潮流,这种混合所有制被决策层认定为"基本经济制度的重要实现形式",它显然是一种在供给侧创新中将进一步"共赢"式调动一切潜力和活力、解放生产力的极其重要的制度建设。

毋庸讳言,被历次中央指导文件所肯定、反复强调深入推进的混合所有制改革,在实际生活中还面临不少困惑、争议、摩擦、障碍,以及将可能继续展开的见仁见智的探讨,而且在全球化背景下,这一"混合"过程已不限于"国家"概念,早已是以跨国空间为参照系的"混合"行为了(包括过去认为关系"国家命脉"的工农中建几大银行,也早已在引入国外投资者而势在必行"混合所有制"之列)。在未来的演变和发展中,也可能面对一系列的新问题、新挑战。一方面,这主要反映的是股份制的"扬弃"在实际生活中必然是具有阶段的、场景的、特定制约条件下的种种局限性,这也符合事物发展的一般规律,即必须在探索、试错、纠结中,使制度的创新进步逐步明朗化和成熟起来。

但是另一方面,中国特色社会主义市场经济的创新发展实践,以及在此实践中国内的"资本社会化"与国际的"资本社会化"的必然融合,更是不可逆转与阻挡的客观过程。中国本土的混合所有制改革与中国本土之外其他经济体的股权"混合"式共赢发展过程，总体上还都方兴未艾，有巨大的发展空间和升级发展的前景。近几年在中国本土已经做得风生水起、未来在"一带一路"共建和国际合作的基础设施建设领域还将进一步发展的PPP，其每一个特殊项目公司，几乎都必然是一个混合所有制的寻求共赢的市场主体。"你中有我，我中有你"实行以资本为纽带的社会化联合的跨国公司，也将在中国和平发展以及中国与世界的互动中得到长足的发展。这个历史性发展潮流中的"资本私有制"的扬弃，难道不愈加体现着其"积极扬弃"的意义吗？在中国实践中被称为公有制创新性实现形式的股份制，在这一潮流和轨道上，不是延续着传统计划经济"国有制"的逻辑，而是对接了马克思从"消极扬弃"到"积极扬弃"的"否定之否定"逻辑，兼容并蓄地把国有、非国有、公有、非公有、国内、国外的各种分散的股权，结合成资本社会化的、适应于社会化大生产的资本集聚、集中，支持信息革命时代生产力的进一步解放。

在具体的现实观察与认知中，差异化的特征当然比比皆是，并很容易引发人们"贴标签"式的思维惯性。比如，2008年美国金融海啸发生并迅速形成冲击全世界的金融危机以后，美国当局最关键的供给侧管理举措（这方面需要人们总结借鉴），是动用公共资源给花旗、两房、贝尔斯通等金融企业注资，一直到给实体经济层面的通用汽车公司注资。这都是在股份制的框架之下对应于其制度机制的包容性而采取的一些特定操作。当时有人惊呼社会主义救了资本主义，而资中筠老师马上就做出了评价：希望不要贴这种标签。显然，它是在股份制这样一个调节机制里自然可以有的相机抉择式股权结构的变化，不应把这个股权占比升一点降一点，直接跟姓社姓资结合在一起。的确，对股份制框架下的某一具体调节案例，一定要贴上标签的这种思维，已不适应我们所讨论认知的股份制历史性"扬弃"过程中的共性，其他的在这种适应生产力发展的生产关系"扬弃"式演变中的中外种种差异与个性，都不足以否定马克思"扬弃"认知框架下关于生产关系是在根本上由生产力发展需要所决定的这一共性内涵，可知股份制对于进一步解放和顺应生产力的适应性，就是其在世界范围内的共性。

三、从股份制到"重建个人所有制"的关键，是以产权制度的清晰和法治化为基础的实质性资本社会化

（一）从股份制到"重建个人所有制"：逻辑上的畅通、实践中的阻滞与创新的重任

如上文所述，按照马克思的论述，在资本主义私有制的背景下，股份制与"重建个人所有制"之间存在一个逻辑链条：股份制—对资本的"消极扬弃"与"积极扬弃"—对资本主义私有制的扬弃—重建个人所有制。这个逻辑链条可分为三个层次。第一，从股份制到对资本的"消极扬弃"与"积极扬弃"。股份制的发展阶段将经历从资本的"消极扬弃"到资本的"积极扬弃"，而资本的"积极扬弃"实际上就是在资本主义私有制的条件下产生的"日益壮大的、由资本主义生产过程本身的机制所训练、联合和组织起来的工人阶级的反抗"所促成的生产关系调整变革。第二，从对资本的"消极扬弃"与"积极扬弃"到对资本主义私有制的扬弃。按照资本积累历史趋势的视角下马克思对私有制两

个层次的认识，资本主义私有制是对小生产私有制的否定，而资本扬弃实际上就是资本主义私有制下自身破壳而出的对原所有制的否定，是"否定的否定"的实现形式，即实现了对资本主义私有制的扬弃。第三，对资本主义私有制的扬弃这一过程的结局，其实质不是重建私有制，而是在资本社会化基础上重建个人所有制。由此观之，股份制的创新在适应生产力的轨道上，实际上是贡献了"重建个人所有制"的实现形式，尤其是在历史视角和供给侧创新的视角下，在"公有制"基础上"重建个人所有制"最为重要的实现形式，在很大程度上具有其必然性，这一逻辑在理论上可以说是贯通的。

然而，与此同时，特别值得注意的是，实践中各国的这一进程也必然会面对种种阻滞。在社会主义公有制导向下，我国从股份制到"重建个人所有制"，实践上的阻滞至少来自两大方面。第一，重建个人所有制目标下的私人产权，虽已进入宪法保障范畴，但并未充分到位。在我国现行宪法的内容当中，明确规定"神圣不可侵犯"的只有一个，那就是"社会主义的公共财产"，而相应的，如果对"个人财产"的入宪进行观察，会发现其相关保护规定仍处于相对弱势地位。这实际上是在"法治"环境概念下，客观地遗留了对"重建个人所有制"的不利与阻滞因素。第二，国有的和集体的土地资源等财产，目前尚没有纳入股份制范畴的全面解决方案中，改革之路上攻坚克难的大量的考验与此相关。已有的"土地入股"、"资源入股"、股份制改造的种种试验和探索，还是创新之路上需要继续开拓前进的重要"进行时"创新探索使命。未来资本的社会化如何较全面、顺利地被纳入"重建个人所有制"的法治化保障范畴和形成解放生产力的巨大正面效应，中国仍任重道远，但将有望以此为全人类的升级发展和文明进步做出中国自己的卓越贡献。

（二）混合所有制是联结股份制与"重建个人所有制"的关键性创新机制

如果说在"资本主义"名号下的这种股份制和必然派生的混合所有制，已在发生扬弃"私有"不适应社会化大生产发展制约因素的积极作用，那么当然应如实地认识这种变化，把股份制下"以混合所有制"为取向的发展变化与"马克思主义中国化"的实践紧密结合。没有理由对股份制进行"姓社姓资"的诘难，更应淡化"姓公姓私"的贴标签式思维，充分肯定中国大地上和中国对外互动中近年来"积极扬弃"式的不断尝试和探索——而这也同时意味着，在中国今后几十年联结民族伟大复兴"中国梦"的改革发展过程中，混合所有制取向的股份制，定将进一步打开"解放生产力，发展生产力"的潜在空间，长远而深刻地影响我国的现代化进程。

中国支持"现代国家治理"的现代市场体系的产权制度基石，已可以在混合所有制概念上予以说清。如上所述，混合所有制是内在于标准的"现代企业制度"的股份制框架的，其中某一企业股权的来源，可以把国有的、民营的、公有的、私有的、内资的、外资的都"混在一起"而又产权清晰、权责明确。在法治化的环境下，所有利益关系都将得益于这种"风险共担，利益共享"合作机制中的解决方案，有利于以最低的交易成本实现"共赢"的预期。在混合所有制的相关持股主体互动中，组织和自组织、调控和自调控、管理和自管理、规范和自规范这种现代化治理要素的结合，极其有助于潜力、活力、创造力的释放，即生产力的解放。中国在"后来居上"的现代化进程中，要更多依靠这样的产权基石而合成一个现代化市场体系，搞活企业，以求使和平发展、和平崛起之路越走越宽。

按照现代经济理念与实践来理解股份制，结合上文论述，需要再次强调：对股份制不必也不能贴标签作姓社姓资、姓公姓私的界定。股份制是人类经济文明从产权基石层面规范地形成的以法治化为背景的一套基本制度规则，在高标准、现代化、法治化的营商环境下，其最具多元包容性的特征，以及可以为企业提供可持续共赢发展的制度安排。由此可知，股份制框架下混合所有制的这一形式，理应成为中国特色社会主义市场经济的重要实现形式和全面改革阶段以及中国和平发展走向"现代化"民族伟大复兴历史进程中在企业改革领域的主要形式。

（三）重建个人所有制的核心与实质是资本社会化：社会化大生产中以制度创新、技术创新支持的"人类命运共同体"

在通过混合所有制打通从股份制到社会性的公有制实质基础上"重建个人所有制"的阻滞后，继续对重建个人所有制的核心与实质做出表述和认识，应该明确地落到"资本社会化"上来。中国在私人财产保障"入宪"的新起点上，在通过混合所有制将国有的、集体的生产资料纳入股份制范畴的背景下，生产资料的公有制将被赋予更加丰富和深刻的含义与演变中的包容性。这时，生产资料原来所表述的国家所有制和集体所有制，将不再是以一种行政化扭曲的、错配概率很高的、朝令夕改的体制机制进行配置，而是在一种法治化的、清晰的长效机制下，通过市场机制发挥资源配置的"决定性"作用基础上的股份制具体形式，以"go public"的形式最终形成一种资本社会化局面，其中又以一股一股的形式，将多样化的选择权利送达个体手中。而这种资本社会化形成的过程，实际上就是马克思所指出的重建个人所有制的过程。这种过程与公有制不但不存在矛盾，反而升级了其实现形式，或者可以说将以更加有效率而同时更加注重公平的形式完成了生产资料公有制的升级版实现。这种资本社会化与供给侧创新也将继续密不可分，在技术发展到移动互联、万物互联、区块链、人工智能的当下与未来，经济发展呈现出的共享模式赋予资本社会化实践层面更加丰富的形式和路径。按照马克思的论述思路，重建个人所有制的发展目标是社会所有制，而当下这种以资本社会化作为核心与实质的重建个人所有制路径，显然符合向社会所有制发展的方向。

四、小结与展望

中国特色社会主义市场经济达成资本"积极扬弃"的时代契机与历史路径，是社会化大生产中要素流动支持的"人类命运共同体"式的共赢发展。

在中国改革开放探索过程中，明确认定的和平与发展的时代主题，正是邓小平所强调的再也不可错失的战略机遇，实际上完成了在深刻认识供给侧创新基础上，从列宁、毛泽东"战争与革命"时代战略判断到"以经济建设为中心和平发展"时代战略判断的转变。理解和紧紧抓住这一历史契机，在"摒弃你输我赢旧思维"，不再陷于"谁战胜谁"纠结的这一时代背景下，本文所讨论的股份制—混合所有制发展脉络上，对马克思从"扬弃资本主义私有制"到"重建个人所有制"的思想及其"与时俱进"的展开，可以做如下总结。

传统的私有制在社会化大生产形成以后，"否定之否定"升级发展的过程中，所谓"重建个人所有制"，可认为不是简单停留于形式上只管"消灭私有制"层面，也不应理解为是在生活资料层面，它就是可以将一股股的所谓分散资本、虚拟资本和后面实际运行的实体资本，形成一个规范化、社会化的市场连接机制，而使社会成员在这里面可以根据自己的意愿以个人所有的股权来参与投资，形成公募股市交易和私募股权交易带出的要素流动，在适应社会化大生产需要的同时，这里面可以内洽地有一种"个人所有制"的重建，把这种资本社会化机制融合于股份制框架下"混合所有制"的发展中——这就是我们需要探讨认知的从"消极扬弃"到"积极扬弃"的升级。

我们在由共产主义这个远景引导之下的社会主义实践里，从不成熟走向成熟，当然就要利用这种社会化大生产背景下已经有的一系列的资本社会化发展机制，进行与时俱进的创新。在这方面的探讨，又有一个过去已有、说起来有点压力的说法：这一套分析听起来是不是"趋同论"，不讲姓社姓资，就讲资本市场股份制标准化以后有这么大的包容性，不就成了一种趋同？我们认为，不要把趋同论弄成一顶政治帽子，如从社会发展的过程来说，文明越发展越有某些趋同特征，现在我们从全球化背景来看，领导人提出的"人类命运共同体"的趋向，里面不就是承认这种文明上升过程中有趋同的共性吗？这里面的趋同，不应成为不能讨论的问题。所以，应借这个机会再强调一下解放思想。我们认为一定要清醒地认识到，马克思主义本质上是在与时俱进的科学探索中动态发展的思想体系。党中央所重视和强调的"马克思主义的中国化"，也就是要在中国的实践中坚持和发展马克思主义，而且今后还要不断发展。如果我们不能与时俱进地在所有制"扬弃"等理论领域坚持和发展马克思主义科学真理，那么我们是不配称作"合格的马克思主义者"的。

依基本原理扩展的"剩余价值"认知框架及"管理劳动"的相关辨析[①]

本文从马克思剩余价值理论相关的两个假设角度入手，依基本原理探讨发展和丰富马克思的剩余价值认知框架体系。由此得出"不占有生产资料的劳动者劳动和占有并管理生产资料的企业家（主）的劳动可同属于抽象劳动来源"的结论，以及"作为利润本质的剩余价值形成的来源，一部分来源于直接劳动，另一部分则来源于间接劳动（管理劳动）"的结论，从而合乎逻辑地在劳动价值和剩余价值理论体系根基之上，扩展马克思主义剩余价值理论的覆盖面与解释力，并为更好地认识"复杂劳动"与"管理劳动"的贡献与肯定企业家作用、弘扬企业家精神，以及正本清源认识"剥削"问题，理性把握"按劳分配"与"按要素分配"的并存问题，形成坚实的理论基础。

一、基本概念、问题的提出和文献概述

（一）基本概念：三对"劳动"概念及内在的对应性

- 体力劳动与脑力劳动

[①] 发表于《全球化》2023年第2期，与张新强合作。

- 简单劳动与复杂劳动
- 直接劳动（劳动）与间接劳动（管理劳动）

以上这三对概念在《资本论》从第一卷到第三卷都有涉及，都可以被视为在付出人身能力耗费维度上的一般无差别人类抽象劳动，即属于能够创造价值的劳动。

一般而言，体力劳动、简单劳动和直接劳动这三者间，有更多的对应性和一致性，相应地，脑力劳动、复杂劳动和间接劳动这三者间，有更多的对应性和一致性。卓别林电影中表现的生产线上的工人所从事的劳动显然属于前三者，工程师、科研人员和职业经理人等的劳动则主要属于后三者。

本文中还将涉及一对概念，即不占有生产资料的纯雇佣劳动者的劳动与占有生产资料的雇主/管理者的劳动。以上这一对概念，在对劳动进行同质抽象的规定基础之上也是能够成立的，即两者都具备人的劳动能力可以按照时间与强度、复杂性等为计量单位而在"耗费付出"维度上的规定性。

一言以蔽之，以上提及的四对概念，都具有人类无差别抽象劳动的性质。

（二）问题的提出

本文提出问题的切入点，是基于劳动价值论原理而由马克思形成重大思想贡献的剩余价值学说，在当代市场经济中其原理性意义仍然成立的同时，其核心概念"剩余价值"所由劳动创造而来的"劳动主体"的边界，是否应合乎逻辑、回应现实地有所扩展？

对此，我们首先应该清楚界定究竟什么才是商品价值决定的因素。关于价值理论，经济学界存在三大理论体系——古典经济学的劳动价值理论体系、新古典经济学的供需均衡价值理论体系和斯拉法的商品价值体系。在马克思主义以古典政治经济学为其来源之一的经济学理论体系中，我们应该正本清源，在坚持将劳动作为价值及其交换价值以及剩余价值形成实体的原理性认识基础上，有必要结合时代发展和新的经济环境，深化对古典经济学及马克思主义劳动价值论的研究——在确定（剩余）价值来源的内涵是劳动的大前提之下，有必要从更为开阔的视角对价值来源的外延，即"相关的劳动都包括什么"进行基本的整理。

（三）简要综述与点评

"在不研究人们除市场交易关系以外的其他社会经济关系的国外主流经济学家的各种学说中，是不存在剩余价值理论的。在这些经济学家看来，完全竞争的情况下，工人出卖的是自己的和其他物质生产要素一样的劳动，可以按照自己的劳动加到产品中的价值得到收入，所以不会生产出剩余价值，利润的产生与工人的劳动无关。"最为彻底地批判马克思剩余价值理论的庞巴维克就断言："如果价值仅以劳动含量为基础，那就不能解释现实世界的价格和利润。如果劳动价值论不能解释价格和利润结构，那么断言资本主义建立在对工人剥削的基础上的剩余价值理论也就崩溃了。"在日本，柄谷行人则尝试用他的浪漫主义与主观唯心主义来解构马克思的剩余价值理论体系，比如他认为"产业资本的增殖（生产领域的剩余价值的产生）是通过提高劳动生产率，从而形成'时间'意义上互不相同的两种价值系统来获得差额。这意味着生产领域剩余价值的产生只和劳动生产率有关，而和工人的生产劳动无关"。以上对于剩余价值的否认，以及对于剩余价值来源的完全割裂劳动力与劳动生产率相关性的解说，都是我们所不接受的。

  本文限定（剩余）价值来源的实体只是劳动。对于价值及剩余价值来源的外延分析，依然纷争不断，需要尽量厘清认识。比如在马克思主义政治经济学理论体系中，剩余价值（surplus-value）被规定为"在生产过程中由雇佣工人新创造的超出劳动力价值的那部分价值"，也就是由工人的活劳动创造出来并被资本家无偿占有的那部分价值，由此形成了必要劳动、剩余劳动这一对概念。但直到如今，在对马克思主义劳动价值论的认识深化中，还有从复杂劳动、脑力劳动、管理劳动（间接劳动）等角度对剩余劳动来源进行的不断探索，比如有论者提出，"工人的劳动是微观的，而资本家的劳动却侧重于宏观方面"，由此作者认为"剩余价值是由工人与资本家共同创造超过劳动力价值的价值。资本家并不是剥削了全部剩余价值，而只是无偿地占有了工人创造的部分剩余价值"。虽然这里"微观、宏观劳动"的概念并不严谨，但这类认识，显然意味着雇主的劳动也至少是一部分剩余价值的来源。有作者在《试论知识参与创造剩余价值》一文中，尝试说明脑力劳动和复杂劳动是剩余价值创造的源泉而非"剥削"的获得来源："相对剩余价值的增加，在一般情况下并不需要增加知识创造者的劳动量，所以，资本家获取相对剩余价值的'剥削'性质就被大大地淡化了。"该文实际上已经初步肯定了作为直接劳动以外的间接劳动及作为间接劳动主干的脑力劳动和复杂劳动,也成为剩余价值形成的源泉,只不过作者尚没有在理论探索上把步子迈得更大些,比如没有直接肯定占有生产资料的劳动者(包括资本家和企业家)的劳动应是以脑力劳动和复杂劳动为劳动特质的另外一种形态的管理劳动,从而有可能成为剩余价值形成的源泉。此外有作者在《剩余价值理论的三大现实挑战及回应》一文中,一方面承认被雇佣劳动者的管理劳动是创造剩余价值的:"一旦劳动从属于资本之后,管理劳动者与其他劳动者一样都成为雇佣劳动者。他们把自己的劳动力直接同资本交换,不仅把资本的价值再生产出来,还为资本家创造剩余价值。在这里,管理劳动是创造剩余价值的生产劳动。"另一方面认为,同一的管理劳动(活动)只是因为出现占有生产资料的情况,由此就作为不创造剩余价值的标准:"可见,资本家的收入本质上是工人劳动创造的剩余价值的一部分。资本家管理劳动是对雇佣劳动的剥削。这种劳动所得就是无偿占有工人创造的剩余价值,并且剩余价值量的大小不是取决于管理劳动的努力程度,而是取决于对劳动的剥削程度。"而我们可以看到,同一性质的劳动只是由于劳动者关系之间是否占有生产资料的"阶级差别"而导致是否创造剩余价值及由此带来的收入分配的剥削属性的差别,这样的解释显然牵强,难道同一性质的劳动是否创造剩余价值及其有无剥削性,只是来源于劳动主体是否占有生产资料的差别?这显然无法自圆其说(在产业工人也已广泛地持有股份的现代社会,这一点更加明显)。如果坚持将劳动作为商品价值形成的唯一来源,那么由以上的考察我们可以推导出剩余价值即利润的产生,也会与资本家、企业家的管理劳动有关。

从以上的论述，已经可以初步得到一个非常值得深思的问题，那就是在马克思的政治经济学视域中，占有生产资料的主体是不被视为劳动者的，从而他们的活动也不会被视为劳动，由此更不可能创造劳动价值及剩余价值，这是很长时期"正统的"马克思主义政治经济学的理论大前提。而对这个大前提，我们有必要作更深入的讨论，以求得认识合乎科学规则、逻辑规范的延伸与丰富。对此大前提的形成，有必要回到马克思及古典经济学的原始文本中去追溯。

二、马克思所阐述的剩余价值理论形成的基础之一：在《资本论》中，雇佣工人的直接劳动是商品价值的唯一源泉

马克思的剩余价值学说，是由一组较清晰的假设条件，经分析论证综合形成的思想认识。继承和发展马克思主义，我们需要对马克思的相关理论做出更为开阔的延伸考察与讨论。在马克思看来，形成剩余价值的本质，是资本私有制导致资本所有者购买劳动力商品后，其使用中所带来的不劳而获的剥削。这对于《资本论》所聚焦的对资本主义社会的批判任务，意义十分明显，如熊彼特在其《资本主义、社会主义与民主主义》一书中提到的那样："顺便让我们来夸奖一下这里的教授法：不论剥削这个词现在所取得的意义如何别致，并且离它的平常的意义有多远，不论它得自自然法、经院哲学、启蒙作家的支持如何可疑，它到底被接纳到科学论证的领域之内，从而有助于帮助其门徒进行战斗。"

如完全从学理角度来思考，我们有必要先看看马克思是如何论证并提出剩余价值这个概念的。在这里应有两个视角剖析马克思是如何形成剩余价值这个概念及由此形成逻辑自洽的：可以将他在理论创作中的探寻作为第一个视角，并将早于他所处时代的古典经济学家的认识是如何启发他分析论证剩余价值作为第二个视角。

我们首先来看马克思对剩余价值的定义。在《资本论》第一卷第四章中说："因此，这个过程的完整形式是G—W—G'，其中的G'=G+ΔG，即等于原预付货币额加上一个增值额。我把这个增值额或超过原价值的余额叫作剩余价值。可见，原预付价值不仅在流通中保存下来，而且在流通中改变了自己的价值量，加上了一个剩余价值，或者说增殖了"，"它只有在货币上才具有这种形式。因此，货币是每个价值增殖过程的起点和终点"，"它离开流通，又进入流通，在流通中保存自己，扩大自己，扩大以后又从流通中返回来，并且不断重新开始同样的循环"。可见，马克思在最开始酝酿他头脑中这个有创意的概念时，是通过货币流通而逐渐深入的。可是很快，马克思的思路在《总公式的矛盾》这一节出现变化，他强调剩余价值不应该是从流通中形成而只能通过生产形成，"商品流通就它只引起商品价值的形式变换来说，在现象纯粹地进行的情况下，就只引起等价物的交换"，他拿葡萄酒生产商和谷物生产商的交换来论述这个道理，认为葡萄酒生产商如果生产了100价值的葡萄酒，但是谷物生产商在大体相同的时间内生产了100价值的谷物，于是葡萄酒商和谷物商的交换就只能是等价交换。此外，他又论述了交换中"假定是非等价物的交换"这一形式，他认为在商品市场上普遍的加价行为，卖者加价 10% 卖给买者，可是买者又同时作为卖者加价 10% 卖给最初的卖者也就是这笔交易的买者，想必这种普遍的加价并不能使每个人获得剩余价值，接下来又用生产者和消费者互为卖者和买者来论述这样的交易同样不能产生剩余价值，总之，马克思分析的目的就是要说明，剩余价值不应该是从流通中形成的而只能是通过生产形成的。

　　让马克思更加执着、更费尽心思的是他如果试图证明剩余价值不是在交换（流通）中形成，就必须说明剩余价值是如何在其他地方形成的，他把这个地方归为不占有生产资料并被雇佣的工人的生产领域。如果说马克思在《资本论》第一卷第四章试图从反面说明剩余价值不是从流通中产生的，那么在第五章，马克思从正面讲述了一个故事，那就是资本家是如何像变戏法一样使价值增殖了，以资本家组织的生产棉纱的劳动为例，他说道，"我们的资本家早就预见到了这种情况，这正是他发笑的原因。因此，工人在工厂中遇到的，不是 6 小时而是 12 小时劳动过程所必需的生产资料。如果 10 磅棉花吸收 6 个劳动小时，转化为 10 磅棉纱，那么 20 磅棉花就会吸收 12 个劳动小时，转化为 20 磅棉纱。我们来考察一下这个延长了的劳动过程的产品。现在，在这 20 磅棉纱中对象化了 5 个工作日，其中 4 个工作日对象化在已消耗的棉花和纱锭量中，即 24 先令，1 个工作日是在纺纱过程中被棉花吸收的，即 6 先令。5 个工作日用金钱来表现是 30 先令，或 1 镑 10 先令。因此这就是 20 磅棉纱的价格。1 磅棉纱仍然和以前一样价值 1 先令 6 便士。但是，投入劳动过程的商品的价值总和是 27 先令。① 棉纱的价值是 30 先令。产品的价值比为了生产产品而预付的价值增长了 1/9。27 先令转化为 30 先令，带来了 3 先令的剩余价值。戏法终于变成了。货币转化为资本了"。最重要的是，马克思意在由此让读者明白一个道理，那就是这种剩余价值只是雇佣劳动者创造出来的，和资本家没有一点关系，这成为资本家对普通劳动者赤裸裸的"剥削"。在他对商品价值变动的分析框架中，完全忽略了资本家介入生产活动在其中所发挥的作用，在这一章中马克思所用的概念、思路，都只是结合这个逻辑框架而产生的。

与之相关的一个关键性概念也需交代，是马克思在第五章中讲述剩余价值只能是从雇佣劳动者的生产中产生时，提出了一个由他表述的新概念：必要劳动（时间），并在第七章论述绝对剩余价值时，做出理论上的系统化论证。而究竟雇佣劳动者为了维持自己的基本生存和劳动能力如何划定这个必要劳动时间，并由此推出劳动过程的第二段时间（剩余劳动时间）及创造的价值呢？首先从"定性研究"角度来看，剩余价值概念正确不正确，要看劳动价值论框架内，剩余价值以及形成剩余价值的上位概念——必要劳动时间及必要劳动价值的概念论证，是否符合逻辑。很显然，从客观现实角度来说，每个工人每天的劳动时间中的确有一部分是为了他们自身的生存以及劳动力的再生产而必须劳动的时间，而李嘉图也表述过相关观点，比如李嘉图所规定的"劳动的自然价格"。只不过到了"定量研究"视角，这段时间究竟是多长，即这个必要劳动时间为什么不能再短点抑或再长点？

---

① 24 先令的不变资本、3 先令的可变资本投入。

反对者提出,"实际上,把劳动分为'必要劳动'和'剩余劳动',还把劳动时间分为'必要劳动时间'和'剩余劳动时间',仅仅从实际的生产过程进行这种区分是不可能的","可见,哈特和奈格里将劳动力价值和满足劳动力生命需要的使用价值等同起来。这样一来劳动力价值自然也就无法量化。剩余价值要以劳动力价值为基础,劳动力价值无法量化,那么剩余价值也就必然无法量化"。

但以上无论是从交换流通领域并不形成剩余价值的视角还是从工人的劳动时间被区分为必要劳动时间和剩余劳动时间两部分的视角分析,都并不必然引向资本家、企业家(管理人员)不创造劳动价值这一命题。马克思在论证这两个将其作为大前提的命题的时候,隐匿遮盖了另外一个更大的前提,而正是这个并没有被明说的大前提,才构成了上述两个视角认识的支点,这个被隐匿得很深的大前提就是:占有生产资料并雇佣其他人从事直接劳动的一切其他活动,并不具有抽象劳动的特质,因此就不具备创造劳动价值及剩余价值(的一部分)的可能。这本身应是科学探索中一种需要该论证其真伪的假设,却被马克思当作一种值得肯定且隐匿化的最大前提,"在这一点上,'论证'掩盖了这种消失,但是也暴露、背叛了这种消失",而这正是马克思的剩余价值理论的逻辑原点之一:"这个本质方面既是可以看见的,又是隐蔽的,既是出现的,又是不出现的。它的不出现是由它的出现的性质本身决定的,是由马克思的革命的发现的令人困惑不解的独创性决定的。"但其实这个问题并不起始于马克思,还有必要向前追溯。

三、马克思的剩余价值范畴的形成基础之二：马克思以前的古典经济学家同样只认可不占有生产资料的主体活动才是劳动

第二个视角，则是看马克思所处时代之前的古典经济学家是如何分析论证剩余价值来源的。想必读者会产生一种疑问，就是为何资本家的劳动不创造价值抑或资本家占有并管理生产资料的实践活动不算作劳动？我们有必要先回顾一下马克思的剩余价值理论假设的另一个认识源泉。

这里先回顾一下剩余价值发现史。首先，重商主义学派的斯图亚特提出了让渡利润或贱买贵卖说，魁奈提出了土地纯产品说，西尼尔的最后一小时或节欲报偿论以及资本家的劳动说，欧文的货币存在论以及马尔萨斯的流通领域剥削说，萨伊的非劳动要素收入或创造说，等等，都从不同角度解释了占有生产资料并作为雇主的经济主体，其收入来源的成因。而作为古典政治经济学开创者的亚当·斯密，则将其理解为其他生产要素对劳动创造价值的无偿扣除说，以及李嘉图的观点是为了工人总体收入的增长或积累而不得不无偿提前扣除说。在他们纷繁复杂的理论模型中，其实都隐含了一个没有明示的大前提，资本家的劳动是不能算作劳动的，只是没有像马克思这样既隐晦又明确地规定、肯定它。通读古典经济学家所规定的劳动概念论述，充满了对生产过程中的各种劳动相关因素的现实考量，但是唯独没有将区别于工人的资本家、企业家的劳动也当成一种特殊的更有价值的劳动！因此，资本家自己所表现的生产性活动也就不创造（形成）哪怕一丝一毫的价值。这自然而然就得出了

这样一个结论：为资本家所雇佣的劳动者的劳动，就是创造价值的唯一源泉。可是理论这时是自相矛盾的：既然商品的价值形成中只有雇佣劳动者通过劳动创造的价值，而商品中除了劳动创造的价值和劳动对象客体的保存价值，又从哪里形成的利润呢？于是他们只能将这种情形归因于是资本家的可变资本和普通劳动者的劳动收入的不等价交换。对于这种不等价交换，亚当·斯密认为是资本主义生产方式下区别于古代封建简单商品经济的经济特征，从而出现支配的劳动和耗费的劳动的不一致，"由于在文明国家内，交换价值单由劳动构成的商品极不常见，大部分商品的交换价值，都含有大量的利润和地租，所以，社会全部劳动年产物所能购买或支配的劳动量，远远超过这年产物生产制造乃至运输所需要的劳动量"，而实际上这里亚当·斯密所强调的劳动量所对应的，都是不占有生产资料的直接劳动者所做的劳动，而不包括占有生产资料者的雇主方生产实践行为所耗费的劳动量。

与此同时，马克思还要与那些同时代坚持多元价值源泉论的资产阶级经济学家做理论上的斗争，比如穆勒、萨伊、孔狄亚克等，像萨伊从亚当·斯密那里借用来的"三位一体公式"，就认为商品的价值是由劳动、资本和土地三个要素协同创造的，而借用的这三个要素所形成的要素价值就构成了三种收入：工资、利息和地租。这三种收入相当于三个要素在创造效用时各自耗费的代价，构成效用的生产费用，于是剩余价值的来源就是资本和土地两个要素协同创造的，这一点马克思有所批驳，他认为这是拿生产使用价值的要素来说明生产商品价值的源泉。此外，孔狄亚克提出的效用价值论等，也属于类似的表述，而穆勒或是麦克库洛赫则认为资本也是一种积累劳动,从而区分于那种工人的直接劳动。可是难道资本家的技术变革、经营管理决策劳动,就只是积累的劳动而没有与工人的那种直接劳动性质相同的活劳动吗？又如新古典政治经济学家认为价值的实体是商品的边际效用,而商品的价值是消费者以边际效用为依据赋予商品的一种主观评价,该价值论是建立在戈森第一定律即效用递减法则基础上的,总之,与马克思相对立、相区别的多元价值论,要比马克思所坚持的劳动价值论的队伍庞大很多。

本文重点分析一下亚当·斯密和李嘉图对形式上的剩余价值的相关论述,这只是因为他们的理论观点最接近劳动价值论。比如亚当·斯密在认为劳动创造价值的同时,又认为资本主义社会以前的商品价值是由耗费的劳动直接决定的,显然这种对"商品背后所能支配的劳动"的理解很有意义,比如一件商品由工人的直接劳动创造的价值是10（通过其工资来体现）,但是最后该商品卖到了15的价值,那么对亚当·斯密提出的"商品背后所能支配的劳动（量）"就可以有两种理解,比如资本家克扣了本也是工人的直接劳动所创造的剩余劳动价值5,又如资本家的劳动在这个商品形成过程中贡献了接近5的价值,只不过资本家是以间接劳动所贡献的价值对应于工人直接劳动所创造的价值。李嘉图所理解的只是前者而非后者,由此李嘉图说:"亚当·斯密准确说明了交换价值的最初来源,所有物品的价值与生产它们所耗费的劳动量是成比例的,他应当使这一逻辑保持一致性,但是他却确立了另一种价值衡量标准,并声称物品价值的大小随着交换衡量标准的变化而变化。他有时将谷物作为衡量标准,有时将劳动作为衡量标准；这里所说的劳动并不是指生产商品所耗费的劳动量,而是指该商品在市场上所能交换到的劳动量,似乎这两种说法是等同的,就如同一个人的劳动效率提高一倍,他生产的商品量就会增加一倍,那么他用这种商品交换其他商品获得的量就会比以前多一倍。如果事情确实如此,如果工人的报酬与其生产量总是成一定的比例,那么工人在商品中耗费的劳动量应该与这件商品所购买的劳动量是相等的,并且这两种劳动量中的任意一种劳动量都可以准确地衡量出其他商品量的变化,但是两者并不等同。"李嘉图看似抓住了斯密第二种价值论的矛盾,按照斯密的说法,劳动者的报酬总是和他的生产量成正比,那么投在一种商品内所需要的劳动量和该种商品所能换得的劳动量就应该相等,可事实上却并不相等——显然该种商品所能换得的劳动量是要大于投在其中所需要的劳动量,这虽然只是因为劳动效率上升了一倍而导致商品其内在的劳动消耗价值减小为之前的一半,但是其市场价格与自然价格相统一条件下的交换价值,即所能换得的劳动量却依然几乎等同于(或略低于甚至高于)劳动效率没有增加一倍时的商品价值。由此可见,这种差别形成的原因,依然是没有将所有参与商品创造的劳动者的劳动,都认定为同一抽象劳动本质前提下的两种异质类型的具体劳动所导致。

  斯密和李嘉图的隐晦而又不彻底的理论,客观上为马克思提供了理论批判的可能,但马克思还是认为斯密和李嘉图的价值论已更贴近劳动价值论。无论如何,笔者认为斯密和李嘉图的价值论还不是真正彻底的劳动价值论,因为劳动价值论的表述只是用于说明价值的实体只能是劳动而非其他,但是在斯密和李嘉图的"劳动价值理论"中，比如斯密的劳动价值理论，更多分析论证的是支配的劳动和耗费的劳动相交换而产生的交换价值理论；李嘉图的劳动价值理论则基本上是在阐述劳动价值决定于劳动时间理论，或是商品价值一方面取决于所耗费的劳动量的多少，另一方面取决于单位劳动价值的多少，资本也是一种蓄积劳动的转化物等思想，因此他们狭隘而肤浅的劳动价值理论并非像马克思的"劳动价值理论"那样，分析究竟什么才是构成商品价值的价值实体理论，而也正是这种理论上的差别，即马克思之前的古典政治经济学家的劳动价值理论在阐述劳动价值实体论上的相对缺失乃至自相矛盾，为马克思批判以往的劳动价值理论并创建具有自身逻辑体系特色的劳动价值理论提供了可能。这也为李嘉图的反对者包括马克思进一步提出并批判"李嘉图两难"这一伪命题提供了可能。

反观马克思的劳动价值论，是为以往政治经济学家劳动价值理论的不彻底、缺失甚至自相矛盾提供了解决途径的。马克思提出了一整套在现实经济体系中极有可能实现逻辑自洽的理论体系，如劳动二重性理论、劳动与劳动力以及可变资本与不变资本、必要劳动价值和剩余劳动价值相明确区分的理论等，这些为马克思版本的剩余价值理论创新提供了原理层面的支撑，而这些解释符合等价交换的原则，比如劳动力价值和资本交换是等价的，但工人抽象劳动所创造的价值大于其为了维持劳动力再生产的劳动力价值，从而产生被资本家剥削的剩余价值（利润），因此就能解决马克思的思想前辈对于劳动价值理论上论证的不充分、混乱甚至自相矛盾的问题。但不得不进一步反思的是，这种解决的办法仍然存在逻辑断点。正是马克思这样一条解决途径，将工人劳动作为价值唯一源泉，进而使剩余价值剥削论成为必然。除了马克思在谋划他的政治经济学逻辑框架过程中始终以维护无产阶级利益为最高宗旨而引向否定（扬弃）资本私有制，另一个重要的成因，就是马克思之前的那些政治经济学家，并没有明确地将非雇佣工人的活动视为同属人的本体活动并赋予其劳动价值，进而马克思认为"资本是死劳动，它像吸血鬼一样，只有吮吸活劳动才有生命，吮吸的活劳动越多，它的生命力就越旺盛"，是"凝固的劳动""僵死的劳动"，而且他把管理"死劳动"的资本家、企业家的市场调查预测、生产经营方案设计与决策等活劳动，也一同认作"死劳动"，即不属于劳动创造价值的范畴。

总之，马克思在有所批判中继承了以往的古典经济学家所认为的"资本家的劳动不是真正的劳动"这一思想，从而认为作为利润、地租等本质的剩余价值，只是资本这一生产要素的占有者所获得的剥削收益。上文所提到的第二个大前提，也是古典经济学家不予否定的。基于此，马克思认为资本家所雇佣的劳动者是创造价值的，而因为资本家在这个生产全过程中没有与工人的劳动形态相似的劳动特征，资本家的"劳动"形态并不创造劳动价值，于是作为商品的总价值扣除必要劳动价值，就是资本家赤裸裸的"剥削"普通劳动者所创造的剩余价值。不能不说，马克思的剩余价值理论逻辑体系虽总体上是自洽的，但是又具有其论证逻辑链条上的遗漏项。合乎逻辑地以科学精神研讨这一问题而做出应有的延展认识，是我们作为马克思主义学说后来人应尽的职责。

四、剩余价值来源应包括生产资料占有者的生产实践活动

如上所述,马克思连同古典经济学家,都不把以非体力消耗为主的创意创造、管理生产资料(比如管理土地等自然资源、数据、人力资本、科学技术知识等)并雇佣其他人劳动的企业经营活动(市场调研分析和预测、投资风险评估与决策、市场营销思路指导与贯彻等)视为劳动,由此不认为这些也是价值创造的源泉。接下来我们试图做出弥补遗漏项、连接逻辑断点的补充,必然面临的问题是如何解释资本要素所参与的收入分配。

对此,已有论者提出"在新古典要素价格理论中,企业家仍然被看成企业资本的所有者,尽管他也利用一部分借入的资本,而企业家才能实际上被看成一种边际生产力很高的特殊劳动要素,其所获得的正常利润也就成为支付给这种特殊劳动要素的报酬""也就是说,生产劳动者的范围不是仅仅局限于在第一线从事体力劳动的产业工人,它包括从事管理劳动的资本家,从事发明创造的专业技术人员等脑力劳动者,只要实际参与了生产过程,为生产的顺利进行做出了实际贡献的人,都是总体工人(总体劳动者)的一员,都是劳动者"①。还有论者指出"尽管斯密、马克思等对生产性劳动和非生产性劳动的区分很重要,但至今还没有清晰地界定总体劳动从哪儿开始,以及到哪儿结束,不仅马克思本人并没有找到这个问题的合理答案,甚至至今还没有任

---

① 引自冯海波、张峰《马克思理解的"剥削"和"资本家"》,发表于《科学社会主义》2011年第1期。但需要说明的是,作者在该文运用了马克思的"总体工人"的思想,可是如果结合本文第二部分对马克思关于剩余价值来源的分析,二者的逻辑体系是存在某种冲突的。

何人找到让人信服的答案,即社会劳动的内涵和外延究竟应该如何界定?它们在价值创造中所起的作用究竟如何理解?……一般来说,直接生产劳动所创造的价值可以直接由它的劳动量来衡量,非直接生产的社会劳动所创造的价值则主要由它增加直接生产劳动的有效性及相应增加的价值量来衡量!"这就意味着,从以往的非马克思主义政治经济学家的"劳动价值论",也可以有所批判地开辟出广义的劳动价值论,而非从马克思所限定的只有工人的直接劳动才作为唯一的价值创造(或形成)来源。从这个视角进行理论上的开辟,具有逻辑上的合理性和现实意义。

事实上,综观那些非劳动价值论派经济学家所提出的非劳动生产要素的价值及其来源,其背后驱使并承载其非劳动生产要素价值形成的所谓主体客体化的实践活动,不正是以企业管理者、资本运营者、土地开发者以及科学技术人员等脑力劳动者或至少绝大多数是非简单体力劳动者等为主体的这一类人的劳动吗?而这一类占有生产资料的行为主体,其管理各类资本、土地等自然资源以及从事科技创新等活动,不正是形式上区别于作为主体的普通劳动者那种主要以体力耗费的方式直接作用于客体的那些劳动形态的劳动,但在人类"抽象劳动"意义上相同的人类劳动吗?"因此,在我们所研究的关系中,具有实际上推动社会生产资料的能力的要素(劳动者)不仅由雇佣劳动者和非雇佣劳动者(智力劳动者)构成,而且也由执行监督和组织这些技术职能的资本家本人所构成。"

当我们深究马克思本人对抽象劳动、具体劳动以及劳动的定义时同样可以发现,对它们的规定不仅适用于不占有生产资料的工人的直接劳动,也完全适用于占有生产资料的雇主的间接劳动。需特别注意的是，如马克思本人所说，"一切劳动，一方面是人类劳动力在生理学意义上的耗费；就相同的或抽象的人类劳动这个属性来说，它形成商品价值。一切劳动，另一方面是人类劳动力在特殊的有一定目的的形式上的耗费；就具体的有用的劳动这个属性来说，它生产使用价值"，"劳动力的使用就是劳动本身"，"我们把劳动力或劳动能力，理解为一个人的身体即活的人体中存在的、每当他生产某种使用价值时就运用的体力和智力的总和"，"劳动首先是人和自然之间的过程，是人以自身的活动来中介、调整和控制人和自然之间的物质变换的过程"。只不过不占有生产资料的被雇佣劳动者的劳动，像马克思当年所规定的那样，更多是以体力耗费为主的劳动，是直接作用于劳动对象或劳动资料的劳动，从而可以区别于以市场分析预测、资本融通、科学技术创新、管理分工、配置资源、风险控制、经营决策等这一类间接作用于劳动对象或劳动资料的劳动，但绝不能就据此说这些生产特殊使用价值的劳动者的劳动，就不是劳动或不具有抽象劳动的实质了。

狭义劳动价值论派的经济学者人为割裂了广义层面的劳动及其生产范畴，从而给马克思肯定"工人劳动是唯一创造价值的对象"这一个显得极端的论断埋下了伏笔，并客观上促使劳动价值论派越发成为经济社会中许多人直观感觉上的一种并不符合现实的异端，似乎只表明了马克思式"抽象价值"学说的独特性。如果能充分理解和认知马克思"劳动价值—剩余价值"理论已具备的基本逻辑框架上的自洽性，并基于基本原理而推演、延长其逻辑链条以弥补马克思有生之年未能察觉和填补上的遗漏项，那么需要秉持实事求是的科学态度发展和丰富马克思的相关思想成果，不再把占有生产资料的这一主体（资本家、企业家、雇主等形式上有不同称谓，但本质上却是颇为一致的社会成员）及其生产活动所创造的价值排除在外。马克思当年为了强调与剩余价值相关的剥削论的成立，将占有生产资料主体的这些广义生产活动及其所创造的价值排除在外，而今，如果我们不将这些广义的生产活动所创造的价值排除在外，就会因为在两类经济主体之间剩余价值分割的比例的差别，必然带来剥削并非对应 100% 的剩余价值的认识。

亚当·斯密其实也试探性地说明过，与工人的工资相区别的占有生产资料的实践主体的收入被归结为"特种劳动"所得，比如他说，"资本的利润只是特种劳动工资的别名，换言之，不外是监督指挥这种劳动的工资"，但他又立刻觉得这种理解方式很棘手、很"矛盾"，于是他又说，"但利润与工资截然不同，它们受着两个完全不同的原则的支配，而且资本的利润同所谓监督指挥这种劳动的数量、强度与技巧不成比例"。事实上，如果亚当·斯密能够像马克思那样坚持抽象劳动观并依此发展，从而只是将承载这种同一的抽象劳动形态的劳动力主体做出形式上的区别，比如占有生产资料的劳动力和不占有生产资料的劳动力，那么很可能就不会让日后的马克思借自身提出的抽象劳动概念，来隐晦地肯定占有生产资料的主体实践不具有抽象劳动的特质，形成这一内含对抗性而非包容性的理论框架了。进一步来说，如果两种类型劳动力商品的价值倘若和亚当·斯密所说的那样受着两个完全不同方式的原则支配，那么我们就可以用类似于西方经济学已有的技术性的生产函数来进行计算，比如类似于柯布道-格拉斯生产函数那样的形式，用同一个劳动计量公式的骨架，却在其内赋予不同的系数和计量单位，比如在占有生产资料和不占有生产资料的劳动主体的劳动力商品价值计量公式的骨架中，都包含劳动强度、劳动时间和劳动复杂度，但是占有生产资料的劳动主体的劳动力商品价值计量公式还包含着占有生产资料的多少、质量及其对应的配比系数的大小（对应于"按要素分配"法则），这样我们就可以看到，事实上占有生产资料的实践主体和不占有生产资料的实践主体具有同一的抽象劳动特质，而技术化的计量形式则可以是区别化的两种类型的计量公式。

既然劳动力在交换经济中作为商品而存在，那么，在这里我们可以得到一个二类型的劳动力价值计量公式。首先我们假设单位时间的劳动强度系数是 s，简单劳动的复杂度系数是 c，单位劳动时间系数是 t，而占有生产资料的劳动者的劳动计量系数要包含每个系数的配比系数，并分别设为 s1，c1，t1，于是不占有生产资料的简单体力劳动者的劳动力价值公式则可以计量为 sct，而占有生产资料的、从事管理性质复杂脑力劳动者的劳动力价值计量公式则可以是 $s^{s1}c^{c1}t^{t1}$，小字母则为劳动计量系数的劳动配比系数。在资本经济社会，我们可以根据单位时间内所生产商品对应的二类型劳动力价值计量公式的加总，以及由之前确定的 s 和 t 以及 c 的大小，来倒推占有生产资料的劳动力其各自的劳动配比系数的大小。这里存在两种情况。一是这种倒推所得出的劳动计量系数与客观真实发生的劳动计量系数似乎并不一致，这很可能是因为一种商品的市场价值往往受到更复杂的供需因素影响而显得量值波动大，从而得出一个暂时偏离劳动主体其劳动自然价值计量系数及其配比系数的值。二是占有生产资料的劳动力的劳动配比系数也是动态调整的，这种动态调整往往体现了两个类型的劳动力各自的市场价值波动情况,① 从而我们可以看到,所谓的劳动者(力)商品的自然价值和市场价值是可以在生产要素结构发生变动的情形下纳入统一认识框架的,即市场价值既可以按照其自然价值进行波动,而其自然价值也可以随着持续变动的市场价值演化趋势而自我调节。由此可见,可最终体现为在市场经济社会,统一的劳动计量公式下的按劳分配是可以广义化而合理地形成其包容性的。

由此展开,我们可以得出以下几个有关剩余价值的新的认识。一是,剩余价值是雇佣工人和占有生产资料的管理劳动者的劳动共同创造的,比如设不占有生产资料并被雇佣的劳动力所创造的劳动价值为 $1^{工}$,占有生产资料并雇佣其他人劳动的劳动力所创造的劳动价值为 $1^{占}$,剩余价值为 m,工人获得的工资为 v,则 $1^{工}$=s(工)c(工)t(工),$1^{占}$=s(占)c(占)t(占),v= 工人实现的劳动价值 = 被雇佣的劳动力商品的价值,那么 m= s(占)c(占)t(占)+ s(工)c(工)t(工)–v,由此可以看到,马克思高估了资本家"剥削"工人创造的剩余价值,也低估了构成工人必要劳动时间的长度。二是,不占有生产资料的工人人均被剥削的劳动价值 = [$s^1c^1t^1$– s(占)c(占)t(占)]/ 不

---

① 需要说明的是,常态化的供需动态变化指的是,那种由于价格调节因素起到先发主导作用而发生的市场供需调节,相对应的则是马克思所说的劳动力商品的第二种社会必要劳动价值,因此其价格变动相对更加平缓。非常态化的市场供需调节所作用的价值调节类型更像是正文中所说的那种单一纯粹的市场价值变动机制,其并不是由于价格因素而是其他外生的不确定因素发挥先发主导作用而发生的市场供需调节,因此其价格变动相对更加剧烈。但无论是常态化的还是非常态化的供需动态变化,在这里所说明的供需调节的变量主体,都是劳动者,既包括雇佣劳动主体,也包括管理劳动主体。

占有生产资料的工人人数，而占有生产资料的管理劳动者人均剥削工人创造的剩余价值 =$s^{s1}c^{c1}t^{t1}$– s（占）c（占）t（占）。三是，如果一个工人在没有被资本家雇佣之前仅拥有很少的生产资料，比如拥有一块具有平均产量的土地——并且这样一块土地并不是与地主交换得来的，他在同样的劳动强度、劳动时间及劳动复杂度下可以创造并维持自身生存的必要劳动时间为 5，但是当他被占有生产资料的劳动者雇佣以后，其劳动强度还有劳动时间及劳动复杂度的综合系数假设都是之前两倍的话，按理说，被雇佣的劳动者应该获得 10 的必要劳动时间所对应的劳动价值，实际上雇主只是给他们不到 10，但必须超过 5 的价值。可是我们在这里一定要注意，占有生产资料并只是作为自雇者的必要劳动和不占有生产资料并被雇佣的必要劳动，已经不是一个概念而是一对相关概念，我们断然不能将之前占有平均产量的土地这一生产资料的必要劳动概念，理解成现在不再占有生产资料并被雇佣者的必要劳动概念，显然二者是不同的，即过去为了维持自身生存的必要劳动及其所对应的劳动价值是干更少的活拿更少的钱，但现在是干更多的活拿到更多的钱——只不过在同样的劳动综合系数下拿到了相比之前更少的钱，而这就成为马克思及其他一些古典经济学家所理解的剥削的思维源泉之一。四是，影响 $v/l^⊥$ 和 $m/l^占$ 即偏离系数大小的因素往往在较长的一段时间之内是较为稳定的，而影响这种较为稳定的偏离系数的因素往往是多元的，鉴于分析的复杂性，这里只是提出该命题，有待以后进一步深化分析说明。

需要补充的是，马克思在其理论体系中不论是有意还是无意，忽略了复杂劳动或是脑力劳动概念体系的展开考察，这种劳动异质性的忽略,会带来一个什么结果呢?即认为(或隐含认定)一切劳动力商品的劳动复杂度都是同一的,这会带来劳动复杂度的差异性被抽象掉,即成为同质同一的了。但是我们可以发现,这个规律如果在原始社会或是古代私有制社会是近乎适用的,但是到了技术变革系统演化水平高度提升的现代化大生产与科学技术高度发达的经济社会,这种假设的现实环境就基本不存在了,因此这种理论模型也就缺乏适用性了。可是这又要回到上文提到的逻辑自洽性的问题上来,即如果马克思强调了劳动异质性,那么他的理论体系中就必须允许交换价值同样通过倍加价值或是交换过程来形成,这一命题存在且具有合理性。

而且进一步来说,马克思如只是承认随着劳动生产率的上升,商品价值只是下降不上升,那也会引出如下认识:如果承认商品价值也上升以后,就涉及同一类商品的劳动异质性问题,也就是这一类商品价值上升的创造归属问题,是工人的劳动变复杂了吗?可是结合现实来看,这种产品的直接生产工人的劳动复杂度从客观角度来说并没有同比例增大——甚至就没有增大;是强度变大了吗?还是雇佣管理他们的领导劳动变复杂了,从而价值变大了?如果都变大了,那么谁创造的部分更大?如何分配?这直接导致了同一商品只由单一主体创造价值论认识体系的不周延,而合乎逻辑地应该转变为同一商品的多主体创造价值论。于是,所谓剩余价值100%"剥削"论便难以成立了。显然,有意或是无意地忽视了同一商品的多劳动主体论和劳动异质性思想(忽略了复杂劳动及脑力劳动的展开分析),是理论体系中的不足,而又是可以基于马克思已提出的逻辑框架基本自洽的原理性认识,而加以延展和弥补的。如果对马克思的经济分析做出进一步的科学延展，就需要更好地结合垄断理论、效用价值、超额利润、技术变革等概念进一步做出凝练、丰富和完善。

五、结论

通过以上的分析考察，我们可以得出一个明确的结论，即剩余价值并非全部是工人的劳动创造的，而是占有生产资料的雇主（资本家）的管理劳动、职业经理人（企业家）的管理劳动与工人的劳动共同创造的。简要归结为两点，即"不占有生产资料的劳动者的劳动和占有并管理生产资料的企业家（主）的劳动可同属于抽象劳动来源"，以及"作为利润本质的剩余价值形成的来源，一部分来源于直接劳动，另一部分则来源于间接劳动（管理劳动）"，而这也为剩余价值剥削论的解构提供了一个新思路。

如果沿尽可能完整的、合乎逻辑的认识链条而形成的认识框架，定性地说，应是：（两种意义上的）人类"社会必要劳动时间"决定商品（产出物）的价值；在其中，抽象劳动包括"简单劳动倍加"而成的复杂劳动、管理（决策）劳动的折算，而不论这种劳动主体有无其对生产资料的所有权（在这些劳动主体中，既包括从事管理活动的"资本家"，也包括"职业经理人"，还包括"有股权的企业员工"）。股份制下，惠及"食利者"（依股权规范而取得红利者）的"不劳而获"，则可认为至少有一部分是对其"用脚投票"的"决策劳动"的"风险回报"。

因此，"剩余价值"不是仅以"剥削"可以概括的概念。如做理论联系实际的考察可简要提及的一点是，资本主义早年"血汗工厂"式剥削，已随法规、社保、工会等相关制度机制的发展而得以遏制。对于可能存在的"资本对劳动强势"的相关因素（可能包含部分"剥削"因素）的认识（如皮凯蒂在《21世纪资本论》所指出的基本结论所示），需要做出更为细致、复杂、全面的分析。

当然以上的结论，只有在更为系统深入展开的逻辑框架中才能得到更为细致、丰富和完整的说明，比如为何在面临假设同一的劳动强度及复杂度、时间等条件下，一般而言占有生产资料的劳动者比不占有生产资料的劳动者抑或占有更多的生产资料的劳动者比占有更少生产资料的劳动者，其劳动力价值更大？① 进一步来说，古典经济学家对剩余价值成因的分析，除了建立在本文所指出的"占有生产资料的经济主体的活动不算作劳动"这个大前提下，还包括像马克思和马尔萨斯等人对其分析的命题的范畴产生直觉上的偏差所致，比如本来是应该分析"剩余价值的生成"或是"剩余价值即占有生产资料的管理劳动者的收入为何不仅比工人的廉价工资更高，还在一定程度上高得离谱"的成因分析，但往往在过去被归结为"剩余价值为何具有'必然'的剥削性"这一过于简单化的命题——这只是因为在某种假设条件下，这个命题并不具有存在的必然性而只具有或然性，由此原认识框架中的遗漏项所引致的归因偏差，带来进一步认识上的偏差，即认识路径表述上的彻底分离。因此，面对马克思身后经济社会发展实践中关于"肯定企业家作用，弘扬企业家精神""科技第一生产力功能作用""管理决策科学""按劳分配与按要素分配相结

---

① 这里用"假设"二字是要说明某些劳动计量单位的计量系数并不是通过单一生产端直接确定的（比如劳动复杂度计量系数），而是要包括在交换端乃至整体的生产关系结构的抽象化中才能形成较为稳定的劳动计量系数。

合"等方面密切关联于复杂劳动、间接劳动、管理与决策劳动等概念的认识进步，严肃的、求真的马克思主义者，很有必要基于马克思所揭示的"劳动价值—剩余价值"基本原理，将马克思的认知体系中遗漏项造成的意识构造框架中的认识偏差矫转回来，从而得出更为科学、全面的认识结论。

民营经济发展新逻辑[①]

新冠疫情防控转为常态化之后,我国经济复苏进程备受关注。虽然2023年"淄博现象""五一现象"火爆,不过与新冠疫情前相比,旅游门票收入只有2019年的84%。2023年消费回升伴随着一定的"消费降级",最活跃的年轻人群体消费能力不强,旅游花费自然更加精打细算。

数字经济发展关系到国家现代化的命运。民营经济为主的中小微企业是支持中国经济复苏最广泛的群体。企业家是当代中国的稀缺资源,企业家精神体现为"创业创新强烈意识""勇于竞争和试错""敢于承担风险"等品质。成功的企业家和在试错创新中遇到挫折的企业家,都应当获得社会的尊重与爱护。

一、烧烤和房市说明了什么

"淄博烧烤"代表的消费热潮由多种原因促成。山东省淄博市政府的综合服务能力和当地民众的热忱好客,受到各方充分肯定,赢得良好声誉。优良的城市名片、政府形象,可以带出更多发展可能,这些经验值得总结。

---

① 发表于《法人》2023年第6期。

烧烤总体上属于低消费范畴，其突然"翻红"代表疫情过后的消费回升，并伴随着一定程度的消费降级。百姓收入与消费活动受到新冠疫情冲击，一旦疫情可控了，就会出现消费反弹，在年轻群体中产生一个"嘉年华式"的消遣乐趣。"五一现象"叠加"淄博现象"，带动了低消费群体的消费热情。以此开启消费市场回暖，不失为一种暖心于民和打开发展新局面的方式。

房价数据波动，反映了房地产市场情况，但成交均价无法反映更为细化的问题。从住房角度来看，我国房地产市场近年经历了"三重压力"和"合成谬误"。目前，中国房地产市场在呈现"冰火两重天"格局后，由低迷转为整体上保持稳定，并有望有所回升。

一些城市房地产市场已出现回暖迹象。深圳、杭州等城市房价有所上涨，北京和上海前段时间也有类似表现。2023年4月数据显示，一线和某些次一线城市二手房房价出现回调，未来将如何波动，可密切跟踪相关信息。"二线"概念的一些区域确已刮起暖风，如成都房地产市场明显回升，哈尔滨中心区住宅价格上调。从全国整体来看，房地产市场正在进入企稳回暖阶段。

中国财政科学研究院在2023年初曾对全国521个市县财政部门展开问卷调研。结果显示，原来西部地区"财力保基本、发展靠举债"的格局，已在东部地区呈现出来。

总体上，新冠疫情期间，地方政府支出压力明显加大。为化解"财力吃紧"困局，原则当然是"增收节支"。但节支要服从"刚性制约"，必有各个时段上的硬约束空间，而地方政府在增收方面，从中长期来看，需要依靠财源建设实质性合理化。具体来看，地方税体系建设属于"慢变量"，除此之外，财源建设合理化方面的"快变量",离不开经济基本面繁荣、景气指数的回升。如果2023年经济回暖,可望缓解财政收支矛盾。从短期来看,在我国现行税制下,只要有经济活动,即有流转税收入库,那么无论企业盈亏如何,地方财政压力都会得到一定缓解。前瞻性的重点在于,怎样更好地实现高质量产业升级、持续壮大财源以及"啃硬骨头",即做好地方税体系建设的攻坚克难。

二、如何投资才"有效"

当前,波动中的房地产业已基本稳住,一些城市房地产出现回暖迹象,信心恢复和消费热情回升还需要一个过程。地方财政在三年疫情期间消耗较大,财源建设合理化的关键在于有效投资。

目前,各地都在强调扩大有效投资。笔者强调,社会再生产中的经济可持续升级发展,始发环节是有效投资。只有依靠投资形成有效产能,才能充分提供有效供给。有一种"抓住刺激消费,中国的所有问题都可迎刃而解"的说法,使人很容易陷入认识误区,合理化顺序应是"积极形成有效投资,带出就业机会,带来老百姓收入增长,并配上社会保障,进而充分发掘消费潜力"。也就是说,要让老百姓有活干,有钱赚,并且有了钱还敢花钱,这样才有后续消费能力的不断形成和14亿多人口大市场消费潜力的可持续释放。

那么,如何投资才算"有效"?符合绩效提升的投资,要具体区分"直接效益"和"综合绩效"。直接效益以一般的"成本效益分析"方法即可衡量,但通盘有效投资的复杂性在于,对那些有益于综合绩效的项目形成"量化认识"。比如基础设施、公共工程，其综合绩效主要体现为增加发展后劲、改善民生，但其项目在财务表现上未必有高回报率，甚至可能有亏损。

对于有效投资项目的选择与组合，从全局来看，通盘的国土开发和"一盘棋式"项目组合必须统筹安排、动态衔接、密切协同。中国工业化、城镇化推进纵深发展建设还有巨大的"成长性"，各个地方政府辖区内中心区域的轨道交通网、应遍布路网各节点的停车场停车位、几百个城市的老旧小区改造、必须大力兴办的"新基建"和与之配套的老基建，以及海绵城市建设、综合管廊建设、乡村振兴中必须要做的特色小镇和相关基础设施等方面，一个都不能少。

在产业升级前沿概念上，必须紧紧抓住"数字经济产业化、产业经济数字化"高质量发展。《数字中国建设整体布局规划》明确要求，打通数字基础设施大动脉、畅通数据资源大循环。数字经济代表"科技第一生产力"，中国在数字经济发展方面别无选择，要加速完成头部企业整改，追赶硅谷引领的创新大潮，这关系到整个国家现代化的命运。

三、激活民间投资提振信心

近年来，民间固定投资增速呈现下降趋势，反映出市场信心不足。2019年，民间固定资产投资增速为4.7%，到2022年已下降到0.9%。2023年3月，民间固定资产投资累计同比继续降至0.6%。

如何激活民间投资？要结合中央扩大内需、刺激需求方针的贯彻落实，解决好民营企业提振信心、改善预期的问题。尤其应注重我国这一基本现实：以民营经济为基本组成部分的1.6亿个以上的中小微企业和个体工商户，是提供就业的主体，也是支撑中国经济复苏的最广泛群体。如果这个规模庞大的企业和市场主体信心不振、预期转弱，大局面就好不起来。

以中小微企业为绝大多数构成的民营经济，在国民经济中早已不止"五六七八九"的分量了，一些增长极区域已是"五个九"的问题。"五六七八九"指民营企业的贡献分别为税收占到50%以上，GDP占到60%以上，科技专利创新占到70%以上，就业占到80%以上，企业数和新增就业占到90%以上。如此大体量的民营经济，实际上增长预期明显弱于国有企业。

我国基本由民企构成的中小微企业，吸纳就业人数最多，支持中小微企业和实体经济，实际上是保增长、保就业、保市场主体。特别值得一提的是，中央明确倡导的"珍惜爱护优秀企业家"，为企业发展提供了良好的舆论环境。中央提出和反复强调的"两个毫不动摇"大政方针，以及民营经济与民营企业家的"自己人"定位，既是正面阐述与重要指导，又是"问题导向"下"有的放矢"的纠偏。

一段时间以来，一些人利用互联网和自媒体，煽动极端情绪，进行蛊惑人心的网络攻击、造谣，对民营企业横加污名，这类现象损害了企业和企业家的形象及声誉，使民企从业者心生忧虑，该现象理所当然必须纠正。中央网信办针对网络乱象已进行整治，严厉打击在互联网上恶意损害企业和企业家形象及声誉的违法违规行为，正逢其时。

海南省推出了"四不原则"，即能不捕的不捕、能不诉的不诉、能不判实刑的不判实刑、能不继续羁押的及时予以释放或变更强制措施。这项政策实际上重申了"法官自由裁量权"指导原则。海南省表明支持和保护民营企业和民营企业家的决心及态度，目的在于为民营企业创造更加公平公正的法治环境，以及更为健康的包容性发展营商环境。

支持民营企业发展需要思想观念、基础理论的创新[①]

党的二十大的一项重要指导精神，是构建高水平社会主义市场经济体制，其内在逻辑紧密联系中央历次重要会议、重要文件反复强调的必须坚持"两个毫不动摇"，促进民营经济的发展。2022年末，党中央经济工作会议还在"问题导向"下，特别强调指出：要切实落实"两个毫不动摇"，针对社会上对我们是否坚持"两个毫不动摇"的不正确议论，必须亮明态度，毫不含糊。这一指导精神的现实针对性，是显而易见的。在实际生活中，近年来中国的舆论场中对市场信心冲击巨大的违背党中央"两个毫不动摇"大政方针的错误思潮，从"私营经济离场论""新的公私合营论""直接控制论"，到2021年出现的"深刻变革荡涤论"，以及"民营经济重要性只是工具意义上的，不是合法性上的"论调，无不引出轩然大波，败坏民营企业信心与预期。在民营经济发展方面，显然亟须在创新发展作为第一动力的这个现代化主线上，破除相关的一些阻碍因素。党中央"两个毫不动摇"大政方针的贯彻，应该讲是当下中国经济社会在现代化之路上乘风破浪实现"新的两步走"可持续发展的重大现实问题

[①] 2023年一季度，在华夏新供给经济学研究院宏观研讨会上的发言。

之一。党中央的这些重要会议、指导精神中包含的在此方面的多次强调和重视，显然就是于"问题导向"之下，要解决相关的现实矛盾纠结问题。本文重点从思想观念、基础理论这个视角，来谈一谈作为研究者，需要非常重视并加以探讨的相关民营经济发展迫切需要的思想观念和基础理论创新问题。

前一段时间，我们注意到在一些讨论场合，有不少学者也在这个视角上做了特别的强调。据我所知，清华大学蔡继明教授，过去在厦门大学后来到中国科学院大学的洪永森教授，北京大学国家发展研究院的姚洋教授，他们在不同会议、不同场合专门强调了要有基础理论方面的创新，来支撑应对现实问题，解决好支持民营企业发展这样一个党中央大政方针的贯彻。

从现实民营经济发展的体量上来看，中国民营经济早已经不止"五六七八九"了，有数据表明中国的民营企业不仅在一些增长极区域已经是"五个九"的问题，而且从全国来看，过去印象中以中小微企业为主的民营企业里，近十余年来已经涌现出了一些头部企业、大企业，而在中国最新的 500 强企业排名中，民营企业已经占据了 300 多个席位。在现实生活中，从我国整个国民经济中 1.6 亿个以上的市场主体来看，如果说民营企业在其中占绝大多数，那么从业人员数量可能要翻几倍，再加上他们的家庭成员，总体来说，显然中国大多数社会成员都在这个阵营中。领导人早就强调，民营企业和民营企业家是自己人。但在现实生活中却"区别对待"。大家关注的企业信心不振、预期转弱，也是中央所说的"三重压力"交织在一起产生的非常重要的问题之一，在民营企业这边尤为明显——"预期"在民营企业这边，显然弱于国有企业。

分析我们的民营经济"定心丸"总吃不到位的问题的成因，必须指出，很重要的一个是根深蒂固的"消灭私有制"传统观念加上"宁'左'勿右"的体制内外的普遍社会氛围与行事方式。继董辅礽、胡德平等同志之后，我与合作者也以研究者身份在许多场合明确指出"消灭私有制"是中文版《共产党宣言》的误译。对这样一个基础理论层面的重大问题，我们需要正本清源。按照马克思、恩格斯德文原版的正确表述，应该是"扬弃私有制"，这合乎逻辑地对接了《资本论》中关于以股份制带来"否定之否定"的"资本私有制的扬弃"而"重建个人所有制"的重要思想指引。我们需要进一步在百花齐放、百家争鸣的学术研讨过程中，去凝聚符合马克思主义实事求是这个精髓的一些基本共识。关于"消灭私有制"，我们已有长篇论文①发表，也在很多场合做过强调，在此不再讨论。

这里我想重点讨论另外一个需要从马克思理论基础层面阐述的，应该加以发展、完善、补充的重要问题，即在"劳动价值论"的认知框架下，"管理劳动""剩余价值""剥削"的关系。

说到民营企业，普遍存在一个思维定式：大大小小的资本家是民营企业的带头人，他们凭借生产资料的私人占有剥削雇佣工人劳动创造的剩余价值。这种话语在一般的场合很多人虽不直接说，但骨子里是按照这样一个逻辑认识问题的。我和不少学术期刊编辑人员的接触中，发觉他们几乎所有的人都是这样看问题的。至于民营经济阵营里的那些个体户、小业主，人们实际上自

---

① 《发展中的股份制：以"重建个人所有制"的资本社会化达成资本私有制的积极扬弃》，发表于《全球化》2019 年第 4 期，与苏京春合作。

觉不自觉地也把他们都归于这样一个因私有制而会形成剥削的社会成员阵营中。所依据的基础理论认识框架，似乎就是马克思主义的劳动价值论、剩余价值学说及对资本主义社会存在的剥削的批判。

在马克思主义三个来源之一的英国古典政治经济学中已提出劳动价值论，马克思进而创立的剩余价值学说，成为批判资本主义发展中以早期血汗工厂为代表的雇佣剥削的思想武器。但在马克思之后 100 余年的今天，真正的马克思主义者，需要与时俱进地以马克思推崇和遵循的严谨的科学精神，基于其基本原理和内涵的严密逻辑，来丰富发展关于"劳动价值"来源的分类研究，并延伸、优化、加强相关认识对现实生活的解释力，进而提升我们现在所强调的马克思主义的原理作为基础理论对我们构建社会主义市场经济的实践的理论指导力。

根据我在研究中已经形成的基本认识，在本文中简要地讲述如下五个方面有递进关系的观点及相关分析、基础逻辑。

第一，关于劳动产出物（产品和服务）的价值内涵 c、v、m 三个部分这个认识框架，不仅适用于资本主义社会，而且适用于自人类社会生产力发展到可形成剩余产品之后的所有社会形态。剩余价值的分配所得，并不直接等于不劳而获的剥削收入。比如大家知道财政分配是主要来源于剩余产品价值部分的公共资源的配置，它的分配结果涉及马克思早已经指明的"必要的社会扣除"等。又比如人们所看重的初次分配，涉及按要素分配概念下各个社会生产参与主体的各得其所，对各方所得，都绝不能简单地与不劳而获相提并论。

第二，这些价值的创造，以及其中剩余价值的分配源于这种社会劳动,马克思在《资本论》中讨论或提及了至少三对概念:体力劳动与脑力劳动,简单劳动与复杂劳动,直接劳动(可称为一线劳动,一线产业工人的劳动是典型的直接劳动)和间接劳动,比如科学研究工作者、企业管理者(包括所谓资本家),他们所做的管理劳动、决策劳动。这些都属于付出人身能力(脑力、体力)耗费的可抽象为一般无差别人类劳动所对应于实际生活的具体形态,其共性抽象在一起,就是马克思所说的"抽象劳动"的概念,即留着它们的共性而舍弃了它们的个性,共性就在于他们都是可能创造价值的来源。价值衡量的尺度是什么呢?是"社会必要劳动时间",是在社会中实现它的量化于交换价值之上的,也就是落在价格之上的。通常可以认为脑力劳动、复杂劳动、间接劳动(包括管理劳动、科研劳动等),可以形成体力劳动、简单劳动、直接劳动所包含的社会必要劳动时间的"倍加"。这是马克思在他的代表作里早已经说明的一些基本认识。

  由此我们可以清楚地引出合乎逻辑的认识:企业管理者和现实生活中的民营经济里的企业主和管理者,他们的劳动,以及科研人员、教育工作者的劳动等,都是创造价值的劳动,最终实现的价值,是由马克思《资本论》从第一卷到第三卷完整给出的"两种意义的社会必要劳动时间"(一种是指正常生产条件下以社会平均劳动熟练程度和强度制造某种使用价值所需的劳动时间,另一种是指社会总劳动中按比例规律分配给该商品生产部门的必要劳动时间),综合决定于市场经济的社会再生产整个竞争过程。

  第三,从事劳动的人,所谓劳动者本身,是否拥有对生产资料的所有权,和他的劳动是否可以创造价值的问题,并不发生牵连或冲突。我们囿于过去的思维定式,就在这里被卡住了,有的学报编辑说,资本家的劳动和工人的劳动难道是一样的劳动吗?我要反问:它们作为共性的劳动,难道是不一样的劳动吗?其共性是抽象劳动,到了具体的社会过程中,由社会过程决定的以社会必要劳动时间形成交换价值量,这有什么不一样?现实生活中,其实不仅厂主们拥有生产资料所有权,拥有股权的员工、职业经理人,以及上市公司的持股股民,都是具有这样的所谓生产资料持有主体的地位。我们早已知道,在现实生活中,广大的社会成员都可能持股,广大的企业员工可以参加共同持股计划,这里面不能再沿用过去的简单的思维定式,认为"资本家"与"非资本家"是截然分开的,把贬义的"资本家"的帽子,单单给民营企业的厂主这些企业家扣上。《资本论》聚焦于批判资本主义弊端,而在考察资本剥削时,实际上有一种内含的假设,即资本家并无管理劳动,仅凭生产资料所有权攫取剩余价值,对于这一认识框架,我们有必要在还原于实际生活时延伸其逻辑而弥补其遗漏项——凡是在社会再生产流程中从事劳动(包括民营企业家的管理与决策劳动)的人,都应具有价值创造者的地位。不能认为不拥有生产资料的雇佣工人的劳动才是创造商品价值的唯一源泉,一个人只要拥有了生产资料(成为厂主或股东之一),他的劳动就不再创造价值——没有这样的逻辑。

在实际生活中,这种劳动创造价值的成败、价值量的高低,都是由社会过程决定的,就是整个社会在生产过程中有竞争,竞争决定着可分配的这些资源最终是怎么样的一个分配结果。由此再补充一句:并非所有的劳动都创造价值——存在无效劳动,以及破坏绩效、产生"负价值"的劳动,即破坏活动。

第四，按照马克思主义基本原理和学术逻辑应该有的严谨性，做理论联系实际的考察分析，我们可以知道，社会再生产中价值和可分配的剩余价值的来源，应该包括生产资料占有者所从事的生产实践活动，包括管理概念下的市场调查、方案设计、脑力体力付出、精神承压、风险防范与经营拍板决策等相关因素，这类管理劳动的成功，总体而言还必定在社会过程表现为一般简单劳动的倍加。全面看待剩余价值，应是由占有生产资料的雇主所从事的管理劳动、职业经理人所做的管理劳动，还有工人所付出的一线劳动共同创造的。

第五，回到前面强调的剩余价值概念，绝对不是仅仅与"剥削"对应的概念——资本主义早年"血汗工厂"式的剥削，已经随着法律法规、社会保障体系、工会组织及其功能等相关制度机制的发展而得以遏制。对于可能存在的资本对劳动强势而影响收入分配的因素，理论上可认为包含部分不公正因素，比如参考皮凯蒂《21世纪资本论》的基本结论，有些人会认为这里面有不公正的"剥削"部分。对这些需要做出更为细致、复杂、全面的分析。

至于"食利者"（什么事情都不做，只拿好处的人），直观地看有股份制下由股权规范而取得红利者与常规商业金融条件下的利息获得者（有存款的人都有利息收入）。在这个意义上来讲，也并不能简单地拿一个"不劳而获"概念将红利、利息说成是剥削，这是我们在传统体制下就已经讨论过的问题。按照现代经济学理论使用的语言，即按照"食利者"概念来说，至少有一部分是他们"用脚投票"而加入社会再生产的所谓"决策劳动"的风险回报，至于其他更复杂的因素（如本金的不同来源等），我们还得做更多的分析。

总之，对以上五层次基本认识做一个小结，我认为在"问题导向"下，我们基于学理，即以基本原理作合乎逻辑的推演，可知经济生活中商品价值、资本的利润和可分配剩余价值，一部分是来源于直接劳动，另一部分则来源于管理劳动的间接劳动（当然，本文并没有讨论科研工作者及相关协助者的"科研劳动"）。我国民营企业家的管理劳动，对于价值创造、经济繁荣和现代化发展的贡献不应该被低估，更不应该被贬义化、妖魔化。对于马克思主义的剩余价值理论，应该合乎逻辑地延伸、扩大其理论覆盖面与解释力，进而以科学精神深刻理解党中央支持民营经济发展的大政方针，更好地认识复杂劳动与管理劳动的贡献，为肯定企业家作用，弘扬企业家精神，以及正本清源认识"剥削"问题，理性而全面地把握按劳分配与按要素分配的并存问题，形成坚实的理论基础。

这方面的深入研讨，显然需要遵循解放思想、实事求是精神和党的二十大报告重申的"百花齐放、百家争鸣"方针，更好地体现当代理论工作者、坚定的马克思主义者应尽的社会责任。

有关民营企业的错误言论可以停止了①

2023年以来,党中央在重要指导方针的宣示中,多次强调"两个毫不动摇",可以说是三令五申,很明显这是在"问题导向"下的有的放矢,所针对的就是我国民营企业如何提振信心、改善预期的现实问题。

影响民企信心和预期的,既有"实务歧视"方面的不利待遇,也有"错误思潮"方面的不良冲击。

继2018年11月1日习近平总书记在亲自主持的座谈会上提出"民营企业和民营企业家是我们自己人"②的明确定位之后,2023年两会期间,习近平总书记指出,"党中央始终坚持'两个毫不动摇'、'三个没有变',始终把民营企业和民营企业家当作自己人"③。

2022—2023年,党中央前所未有地数次在重要会议等场合特别要求:对于社会上关于"两个毫不动摇"的错误言论,要亮明态度,毫不含糊,即要做出批驳以正视听。

李强总理于2023年两会结束时的记者招待会上,也批评指出:"去年有段时间,社会上有一些不正确的议论,使一些民营

---

① 2023年4月12日,凤凰网评论部约稿。
② 参见中国政府网:https://www.gov.cn/xinwen/2018-11/02/content_5336696.htm。
③ 参见人民网:http://theory.people.com.cn/n1/2023/0411/c40531-32661257.html。

企业家内心感到忧虑。"显然，为贯彻落实党中央、国务院这一系列的指示精神，为民营企业界人士消除忧虑，提振信心，改善预期，在中国社会中，极有必要把"亮明态度，毫不含糊"以正视听的实事，更多更好地做起来。

2023年4月，中央网信办下发给各地网信办的文件，正是对一件值得点赞的实事，做出了权威管理部门的工作部署：按照2023年"清朗"系列专项行动总体安排，即日起要在全国范围内启动为期3个月的"清朗·优化营商网络环境　保护企业合法权益"专项行动。

重点治理的十类网络乱象中包括采用"贴标签""带节奏""放大镜"等方式恶意散布所谓"民营企业卖国论""民营企业离场论""国进民退"等论调，渲染丑化、煽动抵触国有经济、民营企业，并采用"标题党"歪曲新闻原意、断章取义企业家过往言论和片面解读企业财务报表等方式，干扰企业正常经营，等等。

中央网信办所指出的种种网络乱象，正是社会上错误思潮兴风作浪、造成民营企业家内心忧虑的一些典型表现。

中央网信办的文件指导，就是把整治这类网络乱象作为实事来办，在工作要求方面，还十分明确地提出了四条要领：一是提高思想认识，二是健全工作机制，三是开展工作督导，四是加强宣传曝光。

应当说，中央关于"两个毫不动摇"的大政方针，是一以贯之、十分清晰、坚定不移的，但贯彻落实中央这一重大指导精神的"实事"，在若干年间，还做得不够，这和民营企业的"定心丸"总是吃不到位有密切的关联。

此次中央网信办在以做实事贯彻中央方针方面，是官方管理部门"表明态度，毫不含糊"的应有作为，也希望其他有关部门在落实中央要求指导等重要方面，更积极地有所作为。

作为一个十分关注社会舆情的社会科学研究工作者，我感觉上述社会上的错误思潮之所以屡屡造成黑云压城、呼风唤雨式的影响力，和其推动者的"煽动技巧"有很大关系。

那些说法和观点，本质上是与中央指导精神唱反调的歪理邪说，但往往精心选择了能够触动大众敏感点、吸引眼球的某些主题词，包装了一些听起来冠冕堂皇的言语外衣和似是而非、误导性强的论据，把片面化、走极端、"高级黑"、"低级红"、搅浑水等手法兼施并用，并且有时还颇能配上些佐证式的"合唱""助攻"。

比如以研究者身份在公众号和网站上出现而引经据典打"语录仗"，来呼应着推波助澜。往往推动者也确实能够动员某些思想僵化、观念过时、缺乏改革创新意识乃至与新时代在思想上格格不入的学者来化名发声——如"推动者"这边讲"离场"时，"学者"那边也就起劲儿地论证"就是要消灭"云云，造成民营企业家内心忧虑、信心下滑。

所以，就思想理论界的"问题导向"而言，我认为在中央网信办推出专项行动整治网络环境的同时，有社会责任感、真心拥护改革开放、勇于担当的学者，坚定的马克思主义理论工作者，十分需要注重从"理论密切联系实际"的角度，对一些相关的重要基础理论问题，加以正本清源的研讨、澄清和与时俱进的发展，拿出以理服人的真知灼见。

"真理越辩越明"，在党的二十大报告重申"百花齐放，百家争鸣"方针的指导下，我国思想理论界的学术工作者，理应更为积极地以理论研讨产生的严谨、中肯的认识成果,服务现实生活,批驳错误思潮,开展健康有益的思想交锋,促进学术的繁荣。在解放思想、实事求是路径上形成学术进步,贡献出服务于中国式现代化的思想成果,这也是当代思想界和理论界人士应该努力做好的"实事"。

与此相关,我也在此表达一个愿望:衷心希望有关部门进一步优化打造有利于使"百花齐放,百家争鸣"方针贯彻落实的环境与条件。

企业家精神是最稀缺的资源①

2017年9月25日,中共中央、国务院发布《关于营造企业家健康成长环境弘扬优秀企业家精神更好发挥企业家作用的意见》。这是中国官方第一次以"中共中央、国务院"联合发文来强调企业家作用,点赞与弘扬"企业家精神"。随后,新华社撰文"让企业家在复兴伟业中发挥更大作用",各方反响热烈,好评如潮。

2017年10月18日,党的十九大报告进一步指出,"激发和保护企业家精神,鼓励更多社会主体投身创新创业。建设知识型、技能型、创新型劳动者大军,弘扬劳模精神和工匠精神"。把"企业家精神"和"工匠精神"放在重要地位加以强调,在企业界催生出更加巨大的正能量,鼓舞和动员广大企业家和市场人士积极投身决胜全面建成小康社会进程,形成新时代中国特色社会主义实现"强起来"的历史飞跃和中华民族伟大复兴中国梦的强大动力。

企业家一词的英文为 entrepreneur,是从法语中借来的词,原意是指"冒险事业的经营者或组织者"。当经济学界最初使用"企业家"这个术语时,并没有专指某一类企业的管理人,而是

---

① 2023年5月30日,在第四届搜狐号创作者大会上的发言。

泛指有创新、创业精神的从事企业活动的能人。按美国经济学家熊彼特的说法，企业家就是开拓者、创新者，特别是把科学技术发明引入经济生活之中，把经济向前推进的人。在汉语语境中，其实一般的企业经理并不能被称为企业家，只有那些敢于创新、勇于坚守、心系社会、业绩不凡的企业领导者，才能称得上是企业家。

"企业家精神"则是企业家特殊技能（包括心智、情怀、才华与技能）的集合。它是一种重要而特殊的无形生产要素，十分稀缺，非常宝贵。特别杰出的企业家发挥他的企业家作用，体现他的企业家精神，甚至称得上是可遇而不可求，哪怕组织部门专门做许多场企业家培训，希望在里面能产生什么出类拔萃的人物，也未必如愿。在市场竞争中究竟谁能冲出来，真正在前面领跑，往往人们（包括政府与组织部门）是很难做出准确判断的。

从互联网内容创作方面来说，那些敢于开拓创新、勇于坚守、拥有社会责任感的创作者，我认为正是具有"企业家精神"的内容创作者。AIGC（生成式人工智能）一度成为近几年的热点，很多人说：AI（人工智能）会给内容创作领域带来新的冲击。毫无疑问，我们正在经历着一场内容生产力进化。无论是在宏观的社会层面，还是在内容创作、网络图文视频生产层面，未来都会有更多人面对新的挑战。而我们应该以什么样的精神面对这种变化？我想，正是"企业家精神"，在面对未知和快速变化的环境时，每个人都可以认为自己是人生的"企业家"。

我不止一次强调，企业家是当前中国社会"最稀缺的资源"。21世纪最宝贵的是人才，而人才里真正尖端的人物是企业家。要培养几个真正特别成功的企业家相当难，可能谁也拿不出方案。为什么呢？这是因为企业家是在激烈的竞争中自然而然地冲出来的，创新项目失败率极高，真正能够经受住市场考验的成功企业家，其贡献往往是"正外部性"十分明显，即他们不仅自己的企业办得好，还引领了创业创新的社会氛围。

此外，企业家一定会有个人特色，很多企业家可能"辫子一大把"，要抓他的毛病非常简单，但抓了毛病却难以找到替代他的人，成功企业家的角色不是谁都能充当的。

从财经创作领域的角度来讲，企业的社会责任的概念，指的是首先企业能够在市场竞争中生存，在遵守法律法规的大前提下实现自身发展，提供就业和有效的产出。如能做好做强做大，则应再上一个层次，以热心公益慈善来承担更多的社会责任。延展出来，创作领域也是一样，优质的、头部的内容创作者、意见领袖，他们的发声必然应当是具有社会责任的，在确保内容遵守法律法规的前提下，实现自身的流量发展，甚至可以发展成为具有一定规模的内容生产团队。然后用他们所获取的关注，去做对社会有益处的事情。他们通常都有非常鲜明的个人特色，我想这也正是他们能够获得大众关注的原因之一。

"有意栽花花不发，无心插柳柳成荫。"企业家的成长和"企业家精神"的表现是，不仅有勇于创业创新的强烈意识，敢于竞争、试错和承担风险的品质，有胆识、有悟性、有毅力甚至有直觉上的过人之处，还一定要有对于市场和市场机遇的独到的理解和把握。在创业创新的企业家涌现的过程中，我们不仅要看到会有大量鲜花、掌声、"粉丝"所拥戴的少数成功者，还要看到更多的探索者、受挫折者和阶段性的乃至最终的失败者。无论成功者还是失败者，他们都应该得到我们的尊重和社会的宽容与保护。

从"企业家精神"中，我们也看到了长期主义的身影。能够从激烈的竞争中脱颖而出，经受住环境和市场考验的人，必然是有个人坚守、有长期主义信仰的一类人。相信在内容创作中也是如此，互联网内容创作领域如大浪淘沙，能在这个过程中坚持下来、经受住快节奏迭代考验，甚至还能用自身影响力引领行业创新氛围，并勇于承担自身社会责任的一批人，我认为是内容创作行业最稀缺的人才。

最后，我愿借此机会呼吁大家学习"企业家精神"，传承"企业家精神"。也希望看到更多人践行和弘扬稀缺而珍贵的"企业家精神"。

提振市场信心，改善民营企业的预期[①]

推进中国式现代化新的"两步走"发展目标，要坚定不移地坚持深化改革开放，构建高水平的社会主义市场经济体制。

一、从政策和舆论上鼓励民营经济发展

在贯彻党的二十大精神方面，我们特别注意到，2022年底召开的中央经济工作会议再次明确提出要切实落实"两个毫不动摇"，针对社会上对我们是否坚持"两个毫不动摇"的不正确议论，必须亮明态度、毫不含糊，要从制度和法律上把对国企、民企平等对待的要求落实下来，从政策和舆论上鼓励支持民营经济和民营企业发展壮大。这显然是中央最高决策层在问题导向之下的一个重要的指导精神。

在经济下行的过程中，我们的企业显然需要进一步提振信心、改善预期。现在我们面临的"三重压力"中，很明显的一个问题就是预期转弱，对此我们必须采取措施努力转强。相对于国有企业，民营企业在信心和预期方面的问题较为明显。

[①] 2022年12月，发表于《经济导刊》。

二、强调民营经济在国家经济中的作用

毋庸讳言,近年来,民营企业、民营经济发展遇到了不少困难。从统计数据上来看,2022年1—11月,全国的固定资产投资同比增长5.3%,但是民间投资仅仅增长了1.1%。2022年11月,大中小型企业制造业的PMI分别是49.1%、48.1%和45.6%,比上月分别下滑了1个、0.8个和2.6个百分点,小企业的降幅更大。而小企业绝大多数是民营企业。

民营企业是解决我国就业问题的主力。从全局来看,民营经济在国民经济中发挥的基础性作用已经不止"五六七八九"了。中国的市场主体有1.6亿个以上,其中民营经济占了绝大多数。从企业从业人员来看,估计应该是几亿人。绝大多数民营企业是小微企业,但每个小微企业平均下来总有几个从业人员。从1亿多翻几倍以后,就是4亿~5亿人的人员规模。如果再把他们的家庭成员放到一个社会成员大板块中,这个规模就更可观了。

民营企业怎样提振信心、怎样振作起来,显然是影响我国经济增长、就业稳定、创新发展,实现市场活力和支持高质量发展的一个非常重要的方面。

三、民营经济发展低迷的多重因素

简要分析民营经济发展比较低迷的多重因素,从外部来看,这些年中美关系紧张,美国努力调动其盟友的力量,以贸易摩擦切入,对中国经济实施全方位、持续的打压。我国很多高科技的旗舰企业是千辛万苦通过烧钱的瓶颈期才脱颖而出的头部企业,

社会上的负面影响对这些企业来说不可忽视。

更大量的中小微企业在环境方面受到的影响是综合性的,包括前景的不确定性,以及感受环境的不良性,还有其他主客观因素综合形成的预期转弱的外部因素,叠加内部因素这样一种态势,如"一刀切"、层层加码、形式主义、官僚主义、走极端的情况等。必须指出,一些政策存在着合成谬误、分解谬误这样的不良效应。

一些网上、社会舆论场上的否定市场经济、否定民营经济的不当言论,造成舆论上的一些实际压力,给民营企业家、民营企业带来了不少思想压力,甚至使民营企业产生迷茫和恐慌的心态。

当下,中国经济抓住防疫政策优化调整的契机,扛过国内各个地区先后出现的新冠疫情高峰期压力之后,2023年初始,要打开新的局面。应该更好地领会、理解党的二十大精神和贯彻中央经济工作会议指导方针,努力给民营企业吃"定心丸",提振民营经济的信心,使民企、国企共同提振信心,更好地形成推进中国升级发展的合力。

第一,需要进一步为民营经济正名。充分肯定民营经济在拉动就业、促进创新、激发市场活力等方面的作用和贡献。舆论宣传要按照中央的指导,坚决同否定市场经济、否定民营经济的错误言论做斗争。如果让一些错误的言论破坏市场经济稳定发展的根基,那么将很难使党的政策在广大的民营企业中形成比较高的公信力,我们需要在这方面做出努力。

第二,要贯彻中央这几年反复强调的"弘扬企业家精神"这个方针。市场经济一个基本常识就是高风险往往对应的是高收益，特别是创业创新活动，特别需要敢于冒风险的企业家精神。

人们通常看到的是少数成功企业家的辉煌，没有看到大多数的失败者。现代经济特别是数字经济，创业创新称得上是九败一胜，甚至只有百分之几的成功率。这些屡败屡战的创业者，他们的坎坷和艰辛，应该让社会更好地了解，同时也要给企业家精神正名。

企业家精神绝对不限于几个成功者的风光无限，应该属于整个创业创新群体，他们艰苦奋斗，敢于冒险和承担巨大压力，去争取一个成功率并不高的结果。一旦有百分之几的成功，带来的可能是整个局面的焕然一新。

坚决贯彻中央构建高水平社会主义市场经济体制的指导方针，进一步保护产权、公平竞争，明确地赋予企业平等市场地位。在出台与融资、审批、营商环境相关的一些具体政策规定时，应该按照高标准法治化营商环境，引导鼓励支持所有的企业特别是民营企业一起发展壮大。

中央的精神是非常明确的，就是要积极推动平台经济完成整改，鼓励它们振作起来，进一步推进创新。在优化常态化的监管水平下，要抓紧推出一批绿灯项目。

在总结经验的基础上，监管要更多地体现促进平台经济在创新中实现健康和繁荣发展的作用。必须意识到，中国这些已经冲在前沿、为数不多但已经有国际影响力的数字平台、头部企业，在引领发展和创造就业方面，在国际竞争中是有潜力继续大显身手的，要支持它们，纠正偏差以后，真正振作起来去更好地在创新的轨道上升级发展。

四、体现政策的稳定性、连续性、可预期性

要特别强调实体经济的发力,把制造业作为实体经济的脊梁进行升级、转型和民营企业在制造业实体经济中更好发挥作用结合在一起。大量的民营企业是有这方面的敏感性的,很多"专精特新"企业出自民营企业。国家有关部门已经公布了第三批"专精特新小巨人"企业名单,以后会更多地定向支持"专精特新"企业成长起来,而民营企业是不可忽视的生力军。

中央特别重视房地产业,要打通稳楼市的"最后一米"。中央强调,要化解优质头部房企的风险,就是要推动一些带头的、有一定影响力的房地产开发企业的资产负债状况得到改善,促进房地产市场回归常态,并且要对接配套改革,打造实现健康发展长效机制的新发展模式。

要因城施策,优化调整原来有关房地产领域的各项政策。在总体取向上,中央已经暖风频吹,要进一步落实好在投融资方面给予支持的16条,因城施策地给予更好的投融资支持,扭转已经形成的"冰火两重天"格局,使各个地方出台更合理的高水平定制化解决方案,使房地产业更好地发挥支柱作用。

总结我们过去已有的一些经验,要更好地推进法治化建设。在切实保护民营企业产权和企业家权益方面,要体现政策的稳定性、连续性、可预期性。中央特别强调要保护产权,纠正侵犯企业产权的错案冤案。在民营企业出现一些商务纠纷、经济诉讼案例的时候,应更合理地掌握一些要领,在总结经验的基础上把这些做得更好。

在各个地方扛过疫情高峰期的基础之上,我们已经有更充

分的把握，把 2023 年度引导性经济增长的目标设定为 5% 左右，恢复到经济的潜在增长水平。这应该成为一个契机，我们要使从短期到中长期的各项措施形成一套组合拳，引导广大的企业，特别是民营企业，更好地领会中央的精神，在提振信心的同时，形成长期的行为，更好地推进中国式现代化升级发展的进程。

在有效投资和调动消费潜力等方面还有很多可用的空间，也有很多的政策工具，要更好地优化使用，使民营企业看到从制度层面到政策层面，都有利于改变预期转弱的积极因素，让民营企业感受到政策的阳光普照，这有利于提振整个民营经济的预期和信心。

信心比黄金更重要，在当下有非常好的针对性，而党的二十大和中央经济工作会议给我们在这方面做了很好的指导。要共同努力，把整个市场、企业、信心提升起来，以更好的预期来支持我们升级发展的新局面。

影响民营企业信心的关键问题[①]

近期,在中央"三令五申"式强调"两个毫不动摇"大政方针、提升民营企业信心、改善市场预期的权威信息指导下,结合 2023 年有望出现经济发展新局面的重大契机和各地争前恐后"全力以赴拼经济"的社会氛围,民营企业界人士的心态趋稳,发展潜力可望得到进一步激发。

但同时必须正视:近年来人们反复提及的如何使民营企业把"定心丸"吃到位的问题,还有待进一步解决。一些相关的复杂因素,值得做更深入的考察分析,以求引出更为中肯和具有建设性的认识。

我国民营企业在改革开放后经过几十年的发展,已形成了不止"五六七八九"的远超国民经济"半壁江山"的实际局面。而在长三角、珠三角等增长极区域,县域经济发达的具体场景中,以上指标更是达到了"五个九"的绝大分量。

另外,国务院参事室陈全生等研究者依国家统计局数据细致分析后指出,2020 年后,因国有企业资本密集型特征进一步强化等,全国城镇新增就业的 100% 都是由民营企业贡献的,甚至达到"100% 以上"——意味着国企吸收就业总规模的萎缩也是

---

① 2023 年 4 月 26 日,发表于微信公众号"贾康学术平台"。

由民企方面补上的。

从就业到科技创新,再到经济增量、经济总量,以及政府履职不可或缺的税收收入,民企的支撑作用都不言而喻。至于14亿多中国人口中,与民企相关联的从业者及其家庭成员,其占比一定是城镇常住人口和农村"乡镇企业"相关人员的大多数。

由此可知,从经济层面上升到政治层面,切记"人心是最大的政治",必须充分注重"人心"因素,在当下的中国社会成员之中,重心在哪里,也就不言自明了。

党中央的"两个毫不动摇"大政方针和领导人"民营企业和民营企业家是自己人"的定位,既是正面阐述与重要指导,又是"问题导向"下有的放矢的纠偏,并且在近期的中央表述中,还特别加上了一句话:针对社会上对是否坚持"两个毫不动摇"的不正确议论,"必须亮明态度,毫不含糊"。

结合中国舆论场上的现实,虽然有党和国家领导人态度如此鲜明的批驳,仍时不时有这一类错误观点与社会思潮兴风作浪、推波助澜。社会思潮、错误议论冲击这一因素,是民营企业信心不足、预期不好、"定心丸"总吃不到位的重要原因之一。除此之外,还必须特别指出,在务实层面,广大民营企业生产经营活动中要打交道的管理部门、金融部门,在实际态度和方式上,与"自己人"的定位往往出现差异,可称为"实务歧视"现象。

以金融服务为例,在总书记2018年11月的讲话中明确要求金融管理部门要对各银行和金融机构支持民企做出业绩考核之后,央行曾宣布了具体的量化要求,但工作指标公布了,在大量业务实例中,金融界的情况仍是有区别对待的,在民企融资支持上很容易出现"玻璃门""弹簧门""旋转门",难以"一碗水端平"

地落实。

比如在调研中,金融界人士说,"贷款风控是责任终身追索的,我们在风控工作环节上的首选,还是避开民企"。究其原因,固然有大量作为中小微企业的民企,具体案例上贷款安全性评估必然表现出高风险、低安全性的特点,但同时,还有非技术性原因的"风险度差异"问题——对民企的贷款一旦出事,就有与国企贷款出事迥然不同的"说不清"的问题,当然在工作环节上也就避之唯恐不及。

再如,从中央所明确要求的"弘扬企业家精神""保护产权""纠正侵犯企业产权的错案冤案"的落实情况来看,虽有一定进展,但与民企人士的普遍期待相比较仍有差距,一些具体案例上的感受依然是"要入另册""难上加难"的。

因此,至少上述思潮冲击与实务歧视两个层面的原因,促成了关于"民企到底是不是自己人"的"世间疑惑",无形中,往往似有"达摩克利斯之剑"悬于头顶,使民企人士缺乏方向感、安全感、希望感,"定心丸"自然也不能按中央的要求吃到位。

新近海南省政府在关于支持民营经济发展的通知中,复述了原已由最高法、最高检在正式文件中表述过的"少捕慎诉慎押"等方针原则。应当说,这是对司法案件中必然相关联的法官"自由裁量权"范围的正确指引,但在社会上却引起"还有无司法公正"的疑惑乃至抨击。一些人士担心的是"司法机关想松时可松,想紧时可紧"的不公正问题,这正是从一个具体事项上反映着"世间疑惑"。

应针对性地批驳澄清错误言论[①]

2023年7月发布的《中共中央 国务院关于促进民营经济发展壮大的意见》,由中共中央和国务院联合发出,应该说是最高层级的权威性文件。这是在中央反复强调"两个毫不动摇"的大政方针、密集地三令五申之后,出台的一个系统性的、内容非常充实、具有条理化特征和具体操作细节紧密结合在一起的、现实意义突出的文件。这份文件在"问题导向"之下,显然要化解我国经济社会发展中实际面对的相关矛盾纠结。

一、应当针对性地批驳澄清错误言论

文件中提到"坚决抵制、及时批驳澄清质疑社会主义基本经济制度、否定和弱化民营经济的错误言论与做法,及时回应关切、打消顾虑",这和前面一段时间中央所给出的指导精神是一脉相承的。过去已有中央表述:对于社会上违反"两个毫不动摇"的错误认识和议论需要"亮明态度,毫不含糊",这次又特别有了"坚决抵制、及时批驳"这样的具体要求。

在此之前,2023年两会上相关领导答记者问的时候,直言

[①] 2023年7月21日,发表于新经济学家智库。

不讳地说道，2022 年，有一段时间社会上就有违背"两个毫不动摇"的错误议论，使民营企业人士心生忧虑。

这次的文件鲜明体现着在有针对性的问题导向之下，要校正这些错误的言论和做法，从而消除其不良影响。现在的社会关切，是怎样提振民营企业信心，改善预期、打消顾虑，而显然这份文件于此是针对性极强的。

二、法治化轨道上深化配套改革，打破地方壁垒

过去许多年，地方政府从自己的局部利益，也就是所谓地方本位主义的立场出发，采取了一些不适当的阻碍生产要素自主流动的设立壁垒的办法。

最关键的解决之道，还是要在法治化轨道上深化配套改革。党中央已经在此之前有关于建立完善统一大市场的指导文件，就是要让要素能够充分地自主流动，消除壁垒。

这个文件的指导精神，是在原来已有的明确的原则之下，又专门点到了地方政府怎么样贯彻统一大市场建设的方针政策，比如采购应该是公平竞争的，而不是以指定某个本地品牌的方式。所联系的基本概念，就是必须建立一个以高水平社会主义市场经济体制来匹配的、生产要素能够充分自主流动的公平竞争统一大市场，消除不适当的政府准入壁垒。

对准入不能说完全取消，有些领域里边还是要有的，比如考虑到与防范污染、防范金融风险相应的准入规定，但是应适当设立的准入门槛，在过去非常容易被扩大化，一些地方政府也往往借着准入之名，行地方保护主义之实。在法治化的轨道上深化配

套改革，才有望决定性地打破这些不当的地方壁垒。

三、公检法部门应做更多的细则与司法解释，促进以法治化机制解决经济纠纷

在保护民营企业产权和企业家权益方面，过去已经有类似的文件做出这样的表述。这次中央文件非常明确地讲到要防止和纠正利用行政或刑事手段干预经济纠纷，实际上就是说，在法治化轨道上处理经济纠纷，应该是先调解、仲裁，如仍未得到解决，那么需经过在法院打官司这样的诉讼程序来解决。在法院的这种规范程序没有走完之前，先用行政力量或者直接用刑事手段去干预经济纠纷，显然非常容易失去公正性，甚至造成冤假错案等。

所以这个方面的中央指导非常有现实意义。因为在全面依法治国的理念上，我们过去也听到了不少相反的不良案例，这次文件里有针对性地强调了这一点，我觉得为推进落地，公检法部门应做出进一步的细则规定、司法解释，特别是针对一些具体案例，要给出能落到操作层面的指导，这是很有必要性的。

四、PPP 合同中，政府和企业应该是平等的民事主体

完善政府诚信履约机制很重要。政府是公共权力机构，手上掌握着公权，本来应该特别体现社会公平正义，但是我们在现实生活中也感受到，一些实际做法往往没有体现出公正诚信，已经形成的一些契约，在履约方面往往打了折扣。

我们接触到不少这样的案例，比如这些年推行的PPP，是政府和自愿参加项目建设与运营的市场主体、中介机构签约合作，受到相关法规的约束来履行协议条款，从而使PPP这个机制能够发挥正面效应。但是往往地方政府开了头以后，在履约方面非常容易出现各种变化，比如应该支付的资金无法支付，存在不少诸如此类的困扰非政府主体的问题。

在实际生活中，过去还碰到了PPP协议或者合同有了纠纷以后怎么解决这样的棘手问题。举个例子，最高法曾经有个说法，PPP的大部分合同可以认为是行政性的合同，即行政协议。我认为这就非常麻烦了。依行政关系形成的文字不是严格意义上的合同，其实就是个备忘录。

行政关系的实质是上下级间的联系，这方面有非常明确的下级服从上级的原则。如果PPP合同是行政协议，那就是一纸行政的备忘录、行政的字据，民营企业怎么可能以这样的一种解释，放心地去参与PPP，去自愿签约呢？你如果按照行政协议去打官司，那么非输不可。这个事情在过去确实没有解决好。

要让政府诚信履约，就一定要把契约关系说清楚。如果在创新发展道路上政府和企业进行PPP签约，那么就是双方以平等的民事主体身份来合作，政府必须自我革命，放低身段。财政部一向明确主张说，PPP的合同就是受相关法规调节和制约的平等民事主体性质的契约，双方自愿签约后，应该按照诚信原则来履约，这样才可能有一个让民营企业放心参与PPP的可持续的机制，才有法治保障。

五、应大力支持民营企业参与国家重大战略

支持民营企业参与国家重大战略很有现实意义。所谓国家重大战略，是涉及服务于推进"新的两步走"的现代化时间表的重大事项。过去讲关系国计民生的那些重大的事情，似乎只是由国有企业承担，不涉及民营企业，意思就是民营企业好像跟这些事情没有直接关系。

而现在民营企业跟国有企业一样，都应该按照文件精神参与国家重大战略的贯彻落实。比如新基建，党中央、国务院已经有多次文件指导，它显然是国家重大战略，事关数字经济发展创新中必须在前沿位置上追赶硅谷等地引领的创新潮流。新基建实际上涉及很多在特定赛道上终于取得成功而冲杀出来的民营头部企业，或者以民营股份为主的头部平台企业，它们参与新基建进一步的升级发展、创新发展，显然是在参与国家重大战略。

又如，很多地方政府在辖区里致力于打造增长极概念的重大建设项目，像北京以南 50 公里固安的连片开发，就是民营企业在做开发，这应该认为与国家重大战略密切相关，也被管理部门明确列为示范项目。这些已有的经验得到肯定，在这个文件里又明确地加以表述，会更强化其指导意义，以确保民营企业参与国家重大战略，在配套改革和政策体系优化的过程中，更好地在贯彻执行方面体现出确定性，同时消除过去存在的一些疑虑。

六、应支持数字经济平台企业创新赛道上的绿灯项目

绿灯项目按照党中央表述的红绿灯概念，就是指应当引导、

鼓励、支持的资本有序发展扩张的项目。在防范资本无序扩张的红灯之外,一定需要匹配支持引导鼓励资本有序发展、健康发展扩张的绿灯项目,而这在当前具有特别的现实意义,就是在民营企业信心不强、预期不好的情况之下,应抓紧落实党中央前面一段时间强调要推出的一批绿灯项目——所谓一批,就不是一两个,应具有批量特征,而且这些项目所产生的影响一定是具有示范意义和辐射性的,能够发挥正面效应。现在可以看到端倪的,就是数字经济头部企业完成整改,需要支持它们抖擞精神,做好产业升级和创业创新。

在公布对于头部企业罚款的信息之后,相关领导专门召开头部企业的座谈会。"靴子"落地以后,亟应乘势"另起一段"追赶硅谷等地的创新大潮。在ChatGPT这种人工智能升级发展的挑战面前,我们要做出积极的回应。在"数字经济产业化"与"产业经济数字化"融合的创新赛道上支持数字经济平台企业开创新局面,这显然应该属于颇有影响力的绿灯项目。

七、近期多部门应该有更务实的政策出台

党中央推出这么重要的文件以后,应该跟着采取一些贯彻落实文件精神的措施。从中央层级有关管理部门到地方政府,我们已经看到了一些铺垫,比如国家发改委已经召开几次企业家座谈会,侧重于让民营企业参与,其实也体现着此次文件的精神,请优秀的企业家提供咨询意见,参与国家事务、公共政策的决策。

在此基础上,我觉得其他的国家管理部门都应该有进一步的务实措施出台,比如财政、税收、工信、国土资源开发、环境保

护管理部门等，都应该有与支持民营企业发展壮大相关的贯彻文件精神的落实措施。

包括教培行业，有新的信息说，可以让民营主体进入教培行业，但是在政策要领上，这个领域里的活动要体现为非营利性的，相关民营主体的盈利需要其他的配套业务去解决。这些迹象都可能预示着后面陆续会有各个方面、各个部门应该有的贯彻文件精神的措施出台。

我认为，宣传管理部门也应该在贯彻文件精神过程中，积极采取措施进一步消除社会舆论里面那些错误的言论。

警惕"要公平、不要竞争"心理[①]

2023年以来，在一些关于民营企业和市场经济的讨论中，以及在网上信息中，我感受到了不同观点的交锋碰撞。

有的市场人士面对民营企业信心不振、预期不好、投资低迷等问题，呼吁给民企松绑和消除"实务歧视"，但反对者讲民企发展中有种种不正当竞争的"原罪"，说它们就是靠偷税漏税、走私、假冒伪劣等才发展起来的。

在经济下行、各行各业谈论"内卷化"的氛围里，人们往往把种种不良感受归结到对"竞争"的污名化抨击，认为竞争不是好事，大众情绪中颇有一种"要公平、不要竞争"的取向——原本的"公平竞争"概念，被切分开来成了两个相对立的概念。这些远非严谨中肯的看法，倒是很容易形成一种非理性思潮，其骨子里是回归旧体制"大锅饭"式的思维，把企业竞争特别是民企加入竞争视为祸水，而相关看法内含的逻辑关系又难以自洽，如同"一团乱麻"。

这促使我以研究者身份，试图澄清一下"竞争"这个自改革开放以来便既受推崇又遭不满的关键词的内涵及其相关联的认识要点。

[①] 2023年7月17日，凤凰网特稿。

一、民企已过"草莽竞争"阶段，公平竞争带来效率

中国改革开放以来走过的路，其实是使市场竞争由不充分、不规范走向提高其充分性和规范性程度之路。逐步发展壮大起来的民营企业、不少"小微"与"草根"的市场主体，较早时经历过在市场发育明显不足、体制转轨跌跌撞撞摸索前行大环境中的"野蛮生长"阶段，种种主客观原因综合形成的不正当竞争情况确曾发生。

但总体上，发展的过程已超过了民营企业不良、不正当竞争行为"倒 U 形曲线"的峰顶，正在从总体带有粗放特征的发展阶段，对接集约特征的高质量发展阶段。一些民营企业已发展成为规范化的股份公司、跨国公司，从而进入"世界 500 强"。

但在经济增速下行的调整和"三重压力"的交织复合中所形成的社会上人们较普遍的不愉快感受，却可能非理性地将市场竞争行为特别是民企加入的竞争行为，走极端地加以污名化。兹事体大，不可不察。

关于竞争的传统定义，是指人与人、群体和群体对某个具有排他性成果的争夺。经济资源的稀缺性，决定着资源配置中竞争的必然性，特别表现为竞争与市场机制的不可分割性。

有市场就有竞争，竞争是市场配置资源的基本机制。作为市场主体的生产经营者，要努力降低成本，提高产品与服务质量，使自己能占据一定市场份额，进而实现自身的物质利益诉求，产出越是价廉物美、物有所值，便越有竞争力。

各个自主决策的市场主体，都以此为运行机制加入竞争而"优胜劣汰"，便总体上形成市场资源配置机制的"活力"。无数

人类经济活动中形成的经验性常识告诉我们，有竞争才有效率，进入市场竞争状态，正是优胜劣汰的作用，带来了总体而言"看不见的手"方式的资源配置优化。

我国追求现代化要构建中国特色的社会主义市场机制，在探索开拓中我们已明确认识到，必须承认、敬畏和顺应市场资源配置"决定性作用"，这样中国才能在全球竞争中发展起来，去实现现代化目标。

二、正确认识公平竞争的"六大方面"，反对"竞争污名化"

但需强调，市场竞争的功能作用要得到较好发挥，有其先决条件，即市场主体的产权须得到法治可靠保护，竞争的环境应当是公平的。这个"公平竞争"已成为全世界商业文明的共识，但其实现绝不是简单容易的事情。中国改革开放的时代，就是在推进高标准法治化营商环境建设道路上，披荆斩棘，向打造公平竞争的统一大市场而努力前行。

具体考察"市场竞争"，有多个需指出的相关重点与认识要领。

第一，完全的公平竞争必然达不到绝对化，但理应争取它最为充分的实现。理论上假设的"完全竞争"，即生产要素无任何限制地自由流动而不存在任何垄断因素，具有其分析方法、认知规律性方面的简洁概括之利，但在现实世界中，却总是处于某种程度的非完全竞争状态——行政垄断、自然垄断、出于弥补市场失灵和维护安全与可持续目标的市场准入规定等。所以在认识上，不应把竞争的完全与公平绝对化。但是，从"搞活经济"、实现综合绩效最大化所应遵循的客观规律而言，我们需要争取"公平竞争"最为充分的实现，这正是以经验性常识维护经济发展动力充沛状态必然选择的努力方向。为搞活企业、发展经济，解放生产力，这一取向必须坚定不移、毫不动摇。

第二，"竞争中性"是实现制度型高水平对外开放和深化改革所应该对接的世界商业文明规则。竞争中性概念，最早于20世纪90年代出现于澳大利亚，后由OECD成员和世界主要经济体所普遍接受与运用，其实质内容，就是认定所有市场主体是非差异化地处于一个公平竞争环境之中。我国在实施深化改革、扩大开放战略方针中，已合乎逻辑地紧扣公平竞争表述而接受这一概念，理应在实践中将其更好地确立和贯彻。

第三，竞争中性必然与"所有制中性""资本中性"一体化。竞争中性在提出伊始，就是有针对性地强调国企、非国企所受到的外部环境和面临的政策原则应该是平等相待、一视同仁的，因而这一概念与"所有制中性"实为一枚硬币的两面。而国企、非国企都是凭借明晰的产权将资本作为不可缺少的生产要素而加入竞争的，于是"资本中性"自然应成为与之逻辑贯通的相关认知。

第四，生产力创新发展、数字经济引领的信息革命时代，使市场竞争趋向于摆脱"零和博弈"，而对接于"共享经济"。过去时代具有"寡头垄断"特征的大企业，极易产生压抑中小企业、阻碍创新行为的弊病，所以有政府执行反托拉斯（反垄断）法规的必要。但数字经济平台头部企业，却由于新技术革命而形成了带动大量中小微企业共同发展的共享经济特征，中国"互联网+"

创新大潮中的"网上小贷""淘宝创业""直播带货"等,已使无数"草根"层面的社会成员(包括身处穷乡僻壤的人)受益,数字经济平台公司直观的"寡头垄断"格局已与以往的"寡头垄断"迥然不同,可产生"普惠"效应,打造"共赢"的产业链和产业集群。这是我们在新时代应特别注意"与时俱进"的认识。数字经济平台公司发展中的纠偏整改确有必要,但其主流是凭借"科技第一生产力"来引领"创新发展第一动力",开创高质量发展新局面。因此,按照要求完成其整改之后,应大力推进"数字经济产业化和产业经济数字化"的"数实融合",支持其升级发展。

第五,必须正视和防范"不正当竞争""恶性竞争"问题,但不应当抓着民企初级发展阶段上"野蛮生长"环境中的"原罪"问题,以偏概全,把民企和竞争污名化。这与不应看到有过一个阶段上的"官倒""军倒"而做出纠偏,就可以对国企、军队污名化,是一个道理。

第六,竞争机制必须匹配社会保障机制。保证在优胜劣汰的过程中,在企业出现破产重组等情况时,由失业保险等构成为相关人员基本生活"托底"的稳定器。

总而言之,"全面依法治国"轨道上的保护产权实现公平竞争,是强国富民之路。面对不时喧闹而混乱的舆论场,我们应坚决反对把民企污名化、把资本污名化,也坚决反对把竞争污名化。以竞争支持的市场经济生机勃勃的发展是"硬道理",以竞争、搞活"做大蛋糕"来带出"分好蛋糕"的走向共同富裕境界,才能在追求社会公平正义、国家昌盛、人民幸福的现代化之路上,取得实实在在的进步。

第五章

房地产：未来新趋势

房地产业在国民经济中究竟扮演什么样的角色[①]

一、房地产业的概念与形态观察

在实际生活中，房地产大体可以分为四类：工业的，商业的，住宅的（实际上我们也可以看到某些被称为综合体或商住房，有跨越类别的特征，但是并不妨碍基本的分类），另外，政府行政、社会团体和国防等所需的房地产也会构成一大类。房地产业，是指以土地和建筑物为对象而进行的开发、建设、经营、管理，以及所派生的装修等形成的综合性产业。一般认为，它属于第三产业。它具有先导性、基础性、带动性，也具有风险性。在概念上，房地产业又被称为不动产业/物业——房和地在实际形态上具有整体性关联，不可能把它们分开，一个房子与其所占的地皮是分不开的。

在一般情况下，房地产业主要指有市场主体介入的房地产事务所形成的业界，在国民经济中它是基础产业，在中国实现现代化战略目标的历史进程中，它注定是支柱产业。因为随着工业化和城镇化、市场化、国际化，在经济起飞和升级发展中，这种基础性的产业是要支撑全局的。它在国民经济中的比重，也有比较

[①] 2020年8月8日，在博鳌21世纪房地产论坛第20届年会上的演讲。

长期的上升过程。改革开放初期，中国的房地产业跟城镇化水平相对应，在整个经济中的比重是相当低的，而这些年城镇化水平不断提高，房地产业在国民经济中所占的比重、在 GDP 中的比例，中国有学者测算，可能均超过 1/7。这种测算不是很精确，但是大类的产业在中国市场上可以分出几十类，而一个房地产业就占了将近 1/7 或者超过 1/7，它对于全局的分量是可想而知的；而且中国的城镇化还有一个相当长期的快速发展空间，当前的真实城镇化水平并不是常住人口城镇化率的 60% 多，而是没有水分的户籍人口城镇化率 44% 这个水平，我认为也就是 50% 左右。比照国际经验，在中国的快速发展中，城镇化水平按照每年增加一个百分点，也还要再发展 20 年。从按照国际一般经验总结的纳瑟姆曲线来看，中国的城镇化水平大概就是在中期快速发展阶段的中部。改革开放初期，我国的城镇化率只有 10% 多，后来增长到了 30%，进入加速期。加速期走到中间纳瑟姆曲线 S 形曲线的中部位置，转入了减速期，但是加速期、减速期合在一起，形成整个快速发展阶段。在未来的十几年里，会有加速期转换为减速期的过程。然后当真实城镇化水平达到 70% 左右时，才会转入后面的稳定发展阶段或者速度上低而平的发展阶段。这是一般经验描述的一个大致曲线。

二、房地产业的重要性、复杂性及其挑战和风险

中国的现代化发展，实际上也是一个弥合二元经济的成长过程，房地产业的重要性，既表现在支撑全局，也表现在它牵动人心，容易积累矛盾，引发争议，因此如何打造健康发展长效机

制，多年来成为热点和难点问题。这里面的风险和挑战，首先来自房地产的自然垄断性。中心区域，比如北上广深是最典型的一线中心区域，还有几十个省会城市，以及中国几百个城镇，都是相对于原来二元经济中另一元的乡村区域的中心区域，其建成区还将不断扩大，未来几十年还会有几亿人从农村转移到这些中心区域的城镇，成为市民。这个中心区域的地皮和上面的一些建筑物，谁占到了谁就自然垄断。自然垄断以后，从地理角度来说，中心区域一定是有限度地供应，总体来说跟不上需求的不断增长。越来越多社会成员要去往中心区域成为市民，这个趋势在未来几十年都不会改变，总体上具有中心区房地产卖方市场趋势和特征。房地产在现实经济生活中，并不是有人所说的"虚拟经济"，它也属于实体经济。虚拟经济主要指金融票据和金融产品交易，它是以金融形态构成并与实体经济相区别的虚拟资本概念。虽然房地产并不属于虚拟经济，但是不可否认，它往往带上了比较强的金融属性，可以通过抵押房产取得贷款，因而房地产在财富管理方面有非常重要的意义，往往表现为迅速增值从而对接到融资炒作，容易出现人们关心的泡沫化问题，甚至在实际生活中，我们也领教过那种"炒房团式"的市场畸形。所以，比较狭义地讲实体经济（主要是谈制造业）的时候，是把房地产排除在外，甚至在某些语境里，把它称为"非实体经济"——我们可以区分广义的实体经济和狭义的实体经济。跟一般所称的制造业这样的实体经济相比，房地产业确实有不同之处，它容易引起和融资炒作合在一起的畸形过热的问题。

另外，房地产相关的风险，其实也来自它对于全社会是托底的，是保障"住有所居"的"权益—伦理型公共产品"供给——

这是中国学者（我与合作者冯俏彬）首先提出的，相关的论文[①]已经发表。按照传统经济学定义，住房当然是在使用价值和价值结合的形态上与私人产品高度一致的——它的效应是可分割的，它的受益是有竞争性的，但为什么它会对接到公共产品的概念上呢？就是在全社会发展过程中，有一种共识，就是弱势群体也得住有所居，这就使房地产变成了一个和公共产品概念打通的、过去学术上没有刻画清楚的产品类型，我们把它称为"权益—伦理型公共产品"（义务教育也属于这样一种类型）。这种给全社会住房供给托底的"住有所居"的保障，在现代社会中已成为一种硬约束，社会必须托起这个底。那么这就又带来了"双轨统筹"的复杂性。说起来，房地产实际上有双轨，一个是保障轨，一个是市场轨。要托起保障轨，同时又不能排除发展社会主义市场经济，还要让房地产的市场轨能够充分健康地发展。所以，双轨统筹的复杂性，就带来实际生活中一系列的挑战：我们的行政手段和经济手段，治标与治本怎么结合好？若处理得不好，则实际表现出来的就是业界所说的"打摆子""过山车式"的循环，一阵儿强调一定要把房价死死摁住，过了一阵儿又变成了要给予刺激，让房地产业回暖。政府在这样一个不良循环中压力是非常大的，老百姓更是有很多怨言，从经济社会生活这个视角来看，呈现了很多不和谐因素。上一轮"打摆子"，是2016年中国人民银行、中国银行业监督管

[①] 《权益—伦理型公共产品：关于扩展的公共产品定义及其阐释》，《经济学动态》2010年第7期；Rights-Ethics Public Goods: Based on the Expanded-Definition of Public Goods, SSRG International Journal of Economics and Management Studies, Volume 6 Issue 5, May 2019。

理委员会《关于进一步做好住房金融服务工作的通知》(简称"930新政")出台以后,将房价从峰顶硬压下来,但在新冠疫情基本得到控制以后,有不少的中心区域,地方政府不得已要放松房地产业的控制。上一轮往下压的过程基本完成了,差不多就是底部了,现在往上升,有的地方想松动一下,马上就被约谈,政府的姿态是控制一下,不要再上升得那么快。实际上对于市场本身的力量来说,仅靠这种行政手段改变不了周期的节奏与轮回,关键是怎么让它更健康地发展。

三、房地产健康发展长效机制的关键,是基础性制度建设

跟房地产相关的"基础性制度建设"的特征,体现着相关改革在深水区"啃硬骨头"的艰巨性。在2016年不得不实行"930新政"以后,2018年中央经济工作会议给出了一个基本引导方针,即"构建房地产市场健康发展长效机制",要依靠基础性制度建设来打造房地产健康发展长效机制。什么是基础性制度建设?学者中间有些探讨,目前官方还没有正面表述,但是这一指导思想是高屋建瓴的。我们认为这个基础性制度实际就是土地制度、住房制度、投融资制度和相关税收制度的"啃硬骨头"的改革。在改革深水区,怎么做好这些"啃硬骨头"的事情?这是对整个社会的考验。所以房地产业既是支柱产业,又是敏感区域和矛盾集中的领域,中国往前要跨越"中等收入陷阱",如何打造出房地产可持续健康发展的形势,是我们面对的历史性的考验。

四、相关的几个热点问题分析

第一，对社会上人们说了很多年的"土地财政"应怎么看？

其实放眼全世界，地方政府靠山吃山，靠水吃水，形成自己财源建设的机制，培养可用财力的来源，有共通性。比如，美国属于发达市场经济，它的地方政府就是靠自己的地皮吃饭，地方辖区的地皮结合不动产源源不断地每年提供财政贡献，就是美国住房保有环节年年都有的税收，即普遍征收的所谓财产税、不动产税。它难道不是土地财政吗？土地和房子是不可分离的。中国的土地财政是什么？恰恰不靠这种有比较常规、有大宗稳定特征的不动产保有环节上缴的现金流作为财政税收来源，中国主要是靠土地批租这个环节：土地一级开发的时候，在任的地方领导者要把钱拿走，在自己可预期的几年任期内要拼命出政绩——出政绩符合他以官员身份追求业绩而支持他的仕途升迁的行为模式，但必然带来的是短期行为：这一届把这一地皮批出去了，一管40年到70年，后面可能还有十几届，从这块地皮上再按这个方式拿钱，一分钱也拿不到，但这跟本届无关，在短期内出政绩升官——这个短期行为从全社会来说，恰恰是不健康、不可持续的因素。那么怎么使地方政府行为短期化得到改变？这是很深刻的改革问题。

还可以从另一个视角进行分析，到底是地价决定房价，还是房价决定地价？我的基本看法是，要说到房，特别是住房的"房"，最终用途就是用来住，"房住不炒"说的就是这个事情。假定有公平竞争的价格形成机制，这个问题根本上就是开发商预期的未来把房子卖出去时可能的价格，决定着他在招拍挂这个环节上的地价，房价和地价的关系，说到底并不是实际生活中人们讨论的"是鸡生蛋还是蛋生鸡"的事情，想到住房最终用途，开发商拿地以后就是要把它变成市场上面对社会成员的商品卖出去，那么这个开发商拿地时挂出的那个价位，一定是他"在商言商"、做了大量的市场调研和按照自己竞争中的实力，愿意出的这个价。但最后谁拿到了——我们可以探索所谓"限地价竞房价"，或者"限房价竞地价"的操作机制，这个机制起多大的作用，通过观察，我们分析，它可能有一定道理。比如说政府面对的社会压力大，这块地皮拍卖时封死地价，但是让开发商进来，最后出手的时候，大概房价是什么水平，价低者得。或者政府说把房价限死，最后一平方米就是两万元或者三万元封顶，不能再高了，那么看开发商现在谁愿意出更高一点儿的价格把地拿到手（未来房价已经在这个环节被限制住），这都是可以探讨的机制。但是这些机制，并不否定其本质是未来的房价决定招拍挂环节的地价。当然，我说的这个条件，是有公平竞争的价格形成机制。如果不是公平竞争，那就另说。我们可以设想：有人说如果政府控制了地价，房价就能应声而落，所以主张政府管住地价就解决问题了，然而政府不能只用行政手段来管控地价，也要让市场起作用。我们必须发展社会主义市场经济，房地产业不可能没有市场轨，如果地价已经被死死摁住了，开发商拿到地皮，开发的成品从市场轨上交易的结果看，卖给谁？还是会随行就市。那这不是政府帮着开发商获取暴利吗？那谁能拿到地皮？如果没有招拍挂竞争机制，只采取行政手段，那么拿地只能采用类似行政划拨的方式。那肯定是靠所谓设租寻租，一定会搞得乌烟瘴气。所以，这个事情是环环相扣的制度安排问题。

第二，房价上涨就是因为货币投放过多吗？

房价上涨的具体情况和货币供应量的变化有关，是货币供应量从总量上影响全局，它间接体现为全局之中的各个部分都会受到影响，其中有一块是房地产的需求——表现为市场上有支付能力的购买力的大小，与整个银根的松紧变化有关，所以货币供应量也会影响房价。但是在很长的时间内，由于中国中心区域的房地产的主要特征是卖方市场，必然表现为在中长期，房地产成交均价是一个上扬曲线。我认为没有什么力量能够根本改变这样一个上扬曲线，但中央所提出的房地产健康发展长效机制，能使这个曲线不那么陡峭，特别是价格不那么容易大起大落。从这个意义上来说，往往还不是因为货币供应量的过多造成了我们所说的房价上涨问题。货币供应量当然要合适，在总量银根松紧的控制中，房地产市场价格的变化和货币供应量总量之间是间接的关系，是在资源配置过程中有货币支付能力的主体寻找它自己认为最合宜的对象出手。因为在很多人看来，房地产是有稳步升值前景的，买来以后自住或者有机会出手做投资，都比别的投资方案更安全，很多人愿意把支付能力放在房地产这个对象上，因而不能简单地说把货币供应量控制住了，房地产市场的价位问题就解决了，不是这样的。许多具体的市场交易门类的均价，更多是由供需关系和结构因素决定，而不是由货币供应总量决定的。比如我们观察电子产品，这些年电子产品总趋势是什么？是非常明显的降价，是它的供需关系造成了这种情况；汽车产业也是这样的，这些年从总体上来看，机动车的价格是往下走的（关税与进口车价的关系需另做专门分析），货币供应量再多，机动车价格的趋势也是往下走的。猪肉价格怎么样？2019—2020年，猪肉价猛涨是什么原因？有人说养猪造成农业面源污染，几乎所有地方政府为出环保政绩把小养猪场和农户散养的猪都通通管控住，不许养了，存栏数、出栏数急剧下降，过了一个临界点，市场上猪肉价格猛升，这跟货币供应量有什么关系呢？没有关系。我们现在还可以设想一下：最稀缺的高端房地产假定是西湖边上的别墅（据说现在西湖边上没有任何地方可以再建别墅了，也就是只有有限的存量），这些别墅一定会成为全球关注杭州且考虑在西湖边上买别墅的顶级富豪争夺的对象，谁愿意出手转卖大家就竞价，别墅的价格和总体的货币供应量有什么直接的关系吗？没多大关系。

第三，我还要再简单说一下大家关心的房地产税。

我认为房地产税实施势在必行，当然要有一个立法过程，不能着急。这个房地产税到底想实现什么目标？我列了四条。首先，是有利于房地产业发展，遏制炒作，防止大起大落，减少房地产特别是住房这方面的空置。其次，房地产税有利于优化收入再分配，促成财产配置优化，而且会带来小户型供需上体现出来的比重提高，促成土地使用集约化。再次，房地产税是中国搞市场经济所必需的积极配套推进地方税体系建设与地方政府职能合理化相内洽的一个制度建设。最后，房地产税会从社区基层促进"公共参与"的法治化、民主化的制度发育。这四条都是房地产税追求的目标。综合在一起形成一个目标束，在实际生活中，一个都不能少。所以，很多学者不断提问，房地产税能够解决什么问题？我认为，要有利于解决所有相关的问题，如果能比较高水平地建立房地产税——住房保有环节的税收制度框架，那么它至少在上述四个方面会形成正面效应，是综合在一起发挥作用的。

第四,也就是我们一开始的切入点:房地产业扮演什么角色?

房地产业扮演着重要的角色,希望它更多地体现为一个正面的角色,客观上存在这个可能性,它是支柱产业,是我们整个全局不可缺少的、服务于中国式现代化的国民经济组成部分。但是它又关联着制度建设的主观作为,而这种制度建设在主观作为上是有可塑性的,考验认知水平和担当水平,落到改革创新的方面,就是改革水平高或低,是空谈改革,还是真的审时度势设计了可操作的高水平的改革方案。我前面所说的房地产业健康发展相关的制度建设是对我们的考验,当然首先是,对政府管理部门和决策机关而言,怎么真正在改革方面交出高水平答卷的一种考验,也是我们全社会成员一起参与,使中国的改革与现代化发展能够持续推进,从而发展为对全体国人的一种考验。

对房地产业发展的一些认识[①]

从全局看中国房地产行业复苏的大趋势,可以做出一个大概率的判断。在2021年的时候,从年初的三条红线开始,作为政策调控的主要取向,各个公共权力环节一起发力,从严从紧防范风险,看起来政策取向都正确,在实践中却引出了"合成谬误"宏观负面效应这样一个结果。毋庸讳言,这和2021年底中央经济工作会议所说的我们面对的"三重压力"的成因有关,在解读2021年中央经济工作会议精神的时候,中财办负责常务工作的韩文秀副主任就言简意赅、直言不讳地指出了这种合成谬误——实际上是在纠偏。决策层在指导纠偏的实际工作中,房地产业界是相当典型地在消除合成谬误。经济工作会议以后,一直到现在,对于房地产业界在政策上可谓"暖风频吹",一直延续到管理部门在金融方面推出的《关于做好当前金融支持房地产市场平稳健康发展工作的通知》(银发〔2022〕254号),以一系列措施具体指导帮助房地产业界进一步回暖。支持发展的政策文件下发后,2023年1月,人民银行、银保监会发布通知,决定建立首套住房贷款利率政策动态调整机制,细化规则。各个地方政府辖区,从统计数据上来看,当地3个月的房地产成交均价是下降

---

① 2023年2月17日,在快手房产2022年度总结大会上的演讲。

的，那么房地产市场里的首贷利率，就可以往下做调整，宽松、优惠的政策依据，已经细化为这样一种可操作的状态。

2023年春节长假期间，房地产业总体的发展态势就是经济回暖，景气回升，消费在很多地方表现为"报复性反弹"，这个反弹之后它的延续性现在看也比较明显，复工复产将会更顺利。估计在2023年的1月以后，经济指标会进一步通过春节长假的景气回升延续到二三月，整个一季度的指标会有极大的提高，而二季度就更值得期待了。为什么呢？2022年二季度由于特殊原因，我国的经济增速只有0.4%，而2023年大概率二季度同比会表现得非常好。这样一来，上半年总体的经济回暖是加速的，二季度在指标上会进一步提振市场信心，而如能提升信心改善预期，就为我们下半年三、四季度乘势把中国经济景气水平继续往上推升，进一步打开2023年经济社会发展的新局面，提供了非常好的客观条件。

在主观方面，我认为中央经济工作会议、政治局会议，到2023年两会，一定会坚持以经济建设为中心的基本路线，鼓励抓发展是硬道理。在人事安排上，党的二十大在年初各地的两会和全国两会之后完全到位的情况之下，后面的工作中最主要的任务，就是得出政绩——企业界的朋友应当注意到这样一个大背景。中国人的一个传统认知就是无论在哪一行业、哪一领域做事情，都要"取势"，即看大势，乘势而上，所以在中国经济社会总体乘势而上这个有极大概率的情况之下，我们要特别注意"机遇偏爱有准备的人"。房地产市场在已经形成的一轮轮的冷热交替中，早已形成了"冰火两重天"的结构特征。在2023年整个经济形势打开新局面、景气回升的大趋势和主基调之下，我认为在中国，将会是房地产业界"火"的一边率先回暖——其实在一些一线城市已经很明显，这样一种以主导的复苏为特征的局面，将会在全局中成为主基调。我们也不排除有些地方还会有困难；"冰"的一边，比如最极端的是鹤岗，正式宣布财政重组，但是鹤岗的最冰冷期已经过去了。有人误打误撞地看到在鹤岗买房子很便宜，有闲钱就买了一套，而后他忽然发现自己可以做中介为其他人提供买卖服务，结果很快就发展出自己的业务来了。这个事情也值得朋友关注。中国发展的机会，在我们实际生活中应与时俱进地注意并把握好它。

接着我想说前面提到的"冰火两重天"的框架不会很快改变，各个具体城市、各个具体的地方政府辖区之内，一定要具体地做考察分析，做专门的讨论，不可能套用一个解决方案。从结构上来看，人们注重所谓"新一线"的概念。过去"一线"是清楚的，现在的"新一线"，人们首先想到的是杭州。二线、三线的概念在逻辑上跟"一线"也有点儿像，就是得有"新二线、新三线"，这应该是中国经济社会成长性的体现，合乎我们经济学研究者非常关注的中国长期潜力，从中期到长期逐渐打开潜力空间。我们继续使城镇化的红利得到释放，相关的重要概念就是"新一线""新二线""新三线"。我觉得可以把它概括成一个概念，就是"有新兴市场发展机会的中心区域"。中国的这些中心区域，比如"建成区"，全中国将近700个建制化的大中小城镇里面，发展机会仍是主要方面。在"冰"的一边，还要逐渐恢复，还要经过阵痛，而新兴的中心区域的发展机会，即"新一线""新二线""新三线"，实际上蕴含着市场机遇、理财机会。三线以下的市县镇，还有农村地区的市场，一般被称为"下沉市场"，据我所知，快手是比较早在下沉市场做出努力的平台，快手用现代信息技术，以短视频这种很多年轻人特别愿意接受的方式，沟通信息，并迅速地对接供需。显然，这也是在快手开拓下沉市场的基础之上，面对全局的发展，进一步结合中央强调的乡村振兴、城乡一体化，以及推进整个经济的回暖，抓住机遇发展，这是我们应该看到的 2023 年的主方向。

房地产投资现象其实是必然存在的，那它形成的不动产到底是投资品还是消费品呢？如果按照中央特别强调的"房住不炒"的政策，那么实际上它是满足人民美好生活需要的住房，从房地产业基础性制度建设、打造长效机制来看，倘若落在尽可能遏制住炒作之后，以住宅为代表的不动产，表现为老百姓、人民群众"大项耐用消费品"的有效供给，那就是落在"房子是用来住的"这个主要目的上。这样就可以按照中央精神更好地防范和抑制市场可能出现的扭曲和泡沫。

任何市场都不可能完美无缺。我们过去见到不少偏差、扭曲，这些年在强调健康发展长效机制过程中，正在努力总结经验，掌握防范这些扭曲的方法，特别是老百姓不满意的泡沫化的一些现象——动不动就"热"得难受。当然，"冷"起来也是问题。其实前些年中国房地产市场在调控方面未能令人满意，主要来说，多轮调控措施治标不治本，"热"了不行，"冷"了也不行，"打摆子""过山车"式地来了几轮。2023 年以后，结合基础性制度建设，贯彻中央的指导方针，我们能够使这个市场越来越带有长期健康发展特征。那么这里的内在逻辑，当然就要弱化住房的金融、投资属性。我们不必否定老百姓有了住房，在可能的情况下，会形成金融上的便利性。他拿住房做抵押，就可以取得贷款，拿了贷款资金，就可以进行下一轮创业，因此房子就有了金融属性。前些年有些人组织炒房团，是要炒什么呢？就是不断倒手获利，拿了很多的房源以后，一方面不愁卖不出好价钱，另一方面可以进一步做抵押取得贷款，收更多的房子，滚雪球式地越做越大，但是这造成了扭曲和泡沫化。我们这些年已经越来越有把握遏制这种恶性炒房，但是真正怎样处理这些问题，形成中央所说的健康发展的长效机制，还有很多问题需要解决。

虽然以后要使住房落在让老百姓过日子的"大项耐用消费品"的有效供给上，但是从房地产市场总体来看，不能理解为房地产市场包括住房会完全失去投资属性。因为在整个房地产有效供给里，必须有商业性的租房市场，我们搞社会主义市场经济，很难设想只有保障性的长租房，只有完全产权的商品房，而没有一个商业性的租房市场与整个市场相配套，形成它必要的多元化的结构特征。全球都是这样，但是这种商业化的租房市场不能过于发达，不能动不动就被人炒起来。我的一个观点是：在房地产越来越多以住房的概念落在"大项耐用消费品"有效供给上的同时，也要注意这个市场必然是多样化的。

从住房供给来说，政府要牵头跟市场主体合作，做好保障房的供给。比如公租房、政策性的长租房，以及共有产权房，这些都属于保障轨，在把保障轨托好，托到年轻白领都能够以共有产权房比较便捷地解决自己"住有所居"问题之后，再往上配套，就是一般商品住宅、中高档商品住宅，还有高档商品住宅，中国社会里不可能不让一些成功人士在市场上挑选自己中意的别墅。当然，在商品房的轨道上，同时存在着商业性的租房市场。租房市场的房源从哪儿来？还是从买主来说，他有自己的刚需，有改善性需求，而后可能还买第三套房，第三套房在自己占有产权的过程中，可以把它租出去，到了老年，他可能把这个房子卖出去，形成他自己的"商业性社会保险"，因为他深信在这几十年中国社会城市化的发展过程中，好地段的房子大概率是不断升值的，这等于投资式地给自己买了一个"商业性社会保险"，这也无可厚非。这种投资行为也契合我们商业性租房市场房源的形成。

在房地产市场上，有必要的经纪人制度。我注意到，在中国买卖双方交易时大多数的情况是找一个中介就行了，这个中介一手托两家，撮合买卖双方成交。但是我后来发现，我国中介市场与国际上相比有明显的区别，比如，在美国房地产市场普遍适用的是单边代理经纪人模式，这个模式对我们也有一定的借鉴意义。多重上市服务系统（Multiple Listing Service，MLS），意思是由买卖双方各自的经纪人展开的。买方和卖方各自挑选自己的经纪人，这种经纪人按照规则，单独代理买卖双方中的一方，再确定必要的律师事务所、各个环节上各种合规认定的主体，要找有专业资质的机构派人员来——认定备案，只有政府最后认为完全合规，才能完成交易。这种单边代理经纪人是各为其主的，成交以后各自收取佣金。我认为，这适合于法治化程度比较高的社会环境，它的好处就是在形成细致服务的同时，可以规避风险和后续可能的纠纷，买卖双方不见面，整个事情就办完了。中国社会如果采用这种模式，可能会发现该模式还有其他好处。买卖双方见面以后，各自的性格都可能带来交易的不确定性：两边若觉得有共同语言，谈得热乎，可能有利于成交；但如果看着就不对付，交易可能就泡汤了。在美国的那种模式下，买卖双方从头到尾不见面，不涉及"印象分"，避免不必要的纠纷，谈不成就各自再去找，谈成了就自然而然一步一步达成交易。所有的问题都是由双方的经纪人解决的，各环节上都有律师把关，对房屋要一一验证，要填写非常复杂的表格——表格上往往有几百项都得填，一一处理到位。中国在法治化的道路上，首先在二手房市场，也不排除由原来的以一个经纪人主体为中心的撮合方式向单边代理演变。我们听说已有这样的方式，被称为经纪人合作网络模式（Agent Cooperate Network），是将房源、客源分开，各有专门的负责者，这种演变已经产生了越来越明显的影响。当前有影响力的"直播带货"方式，对接到现在的"直播带房"（听说还有直播带出来的其他各种各样的供需对接，比如还有职业介绍的直播带岗，还有老年人单身以后互相找新伴侣的直播带寻找配偶，这些都是在适应老百姓美好生活的需要）。这样的一些情况，在创新方面我觉得是非常值得肯定的。直播带房主播者，怎么形成社会上的美誉度，让"粉丝"认可你是值得信任的主播这是最关键的。信任值千金，自然而然它就有一种内在的驱动力，在阳光化、负责到底、不断接受社会评价的情况下，千方百计体现自己对"粉丝"的忠诚和服务的耐心、周到、细致，于是较好地消除信息的不对称，提高服务质量，方方面面形成共存、共荣关系，共同促进社会服务和公共福利环境的优化，这是信息技术支持的一个非常好的演变。这种房产主播在带房过程中直观地看，主要为买方服务的方式，是不是也可以认为带有单边特征呢？这是中国经济在发展中可以进一步认识和总结的。

关于房地产税的访谈[①]

问：在您的思路里，现在实行房地产税的时间表有没有？

贾康：在2021年底中央经济工作会议精神出来以后，中央要求，凡是有收缩效应的政策出台都要审慎，而如果从房地产税试点来说，它肯定是有收缩效应的。所以，具体时机的选择、推进的节奏，确实还得考虑到中央现在部署的稳中求进，怎样在保证大局稳定的同时，处理好以什么方式把消息披露出来，怎样以正式公布的权威信息去指导具体的试点扩围。

问：您感觉这个税种推出之后无论是对消费还是对市场来说都是一个收缩效应吗？

贾康：它对于市场的短期影响肯定是收缩性的。

问：对人的心理呢？

贾康：其实现在已经有一些预期上的、可以推测的收缩效应，试点真正出台以后，还会表现出一个时段的收缩效应，从预期到具体的试点推进过程中的实操方案出来以后，它们每一波的影响会叠加在一起。

问：您指的收缩效应会是什么样？

贾康：那就是房地产市场的表现，在试点的城市里肯定比没

[①] 2022年1月，接受网易访谈。

有试点的时候更低迷一些，成交会更淡一些。当然，如果正好这种试点城市都是房市过热的——我觉得也必然要选择这种过热的地方，那么它正好是个对冲。没有试点的地方，人们可能也有些推测：我们这里会不会也在什么时候加入试点？这就是预期的影响了，社会的心理肯定由此会受到影响，进而传递到行为表现。

问：您觉得哪些城市会成为试点呢？

贾康：这只能是自己作为研究者的建议式的看法，我在别的场合说过，我觉得深圳、海南、浙江这三个地方，都应该积极考虑，因为在这三个地方的辖区之内，这样的一个改革有"解燃眉之急"的效应。深圳是中央寄予厚望的，要打造中国特色社会主义市场经济先行示范区，冲在改革最前沿，那么它这个配套改革面对的房地产市场的表现，却于这一段时间压力极大：深圳市从2016年"930新政"之前就带头热，新冠疫情得到一定控制以后又是它带头热，它的行政手段的控制已经无所不用其极，显然是带来了很多副作用，误伤刚需，打击改善性需求，造成扭曲、弄虚作假，这与其率先打造中国特色社会主义市场经济先行示范区的重任的内在逻辑是南辕北辙的。行政手段不是长效机制的一种可靠的制度安排，必须考虑怎么积极地以经济手段为主，来置换和替代行政手段。深圳的行政手段现在不仅是限购、限贷，而且是直接以政府干预的方式限价——虽然称为指导价、参考价，但是不按指导价成交，根本无法注册。

问：现在一二手房价倒挂。您认为试点还是以省为单位？

贾康：对，省级行政区。比如，说到海南，具体就得考虑在它的本岛范围内选择哪些城市，至少海口、三亚这两个地方都有比较充足的理由加入试点。浙江省内，除了省会杭州，我觉得宁波也有必要加入试点。

问：房地产税方面还有一些要点大家特别关注，比如一个是免不免征，免征的是套数还是面积，包括税率，包括交不起到底会怎么样，不知道细则中关于这些有什么说法？

贾康：我觉得各个试点的地方会允许"一城一策"，将会是差异化的方案设计，但是势必都得安排一个免征的具体办法。

问：免征面积或者免征的套数？

贾康：上海、重庆两地试点，实际上都有这样一个安排，上海是只动增量不动存量，重庆动了最高端的存量，但是对最高端的被称为花园洋房独立别墅，也是有180平方米的免征额的，过了几年，看着没有什么特别的矛盾冲突，又"拧螺丝"收缩到120平方米，但始终是坚持有一个免征部分的。现在这些加入试点的城市怎么设计，确实就涉及到底是按套数还是按人均面积等选择问题。

问：您觉得可能性比较大的是什么？

贾康：我原来觉得比较宽松的办法还是按套数免征，但是网上一个流传的方案也有一定道理，是说按人均面积（比如人均60平方米）。一开始的时候，确定纳税家庭是几个人，家庭成员再发生变化，不调整基数，这也是一个办法。

问：房地产税的税率呢？

贾康：税率就更得"一地一率"了。上海一开始设计的是0.4‰、0.6‰，这两个税率好像差别不大，但是在具体操作上，大家对税率的差别就很敏感。比如上海对浦西和浦东就有区分，在浦东买新房的税率会从低，也就是0.4‰。虽然0.4‰和0.6‰相差仅有0.2‰，但这个差别就很好地改变了上海人买房的倾向——原来叫"宁要浦西一张床，不要浦东一套房"，现在大量新的成交被引导到浦东，这符合上海市级层面考虑的国土开发规划，以及总体上辖区里的不动产布局等想法，很好地证明了经济学所说的利益引导机制，在设计方案上有这种意图，税率做差别化的处理以后，真的就达到了目的。

问：您觉得0.4‰这个税率是比较合理的税率吗？

贾康：不，这只是举个例子，关键是如何确定税基，还有方案里其他的相关参数是怎么组合的。税率纯粹是最后一个加上的技术性的参数。

问：您觉得税基应该按照什么原则定，或者有没有免征，到底是按照评估值，还是按照实际的交易值？

贾康：税基按照原则来讲，应该明确为按照市场评估价，但是上海在上面那一轮因为它只动增量，只涉及增量就没有必要重新评估。重庆的情况就要复杂一点儿，它动了高端存量，市场评估价就有特别的意义了。现在新加入试点的城市，估计也得做这个区分，如果要动存量，我觉得这个评估价的原则需要坚持。

问：您觉得会不会新房新政策、老房老政策，还是应该在试点城市里对所有房子一视同仁？

贾康：比较大的可能性就是这一轮的试点城市，都应该考虑既动增量，又动存量，至少学一学重庆，动最高端的存量。这样一来，只要动存量都会涉及市场评估价，怎么来做评估？怎么让纳税人认可？有了纠纷以后怎么仲裁？这些问题都必须解决。

问：这里面也会有一些极端的情况，有些人住在一线城市，虽然房子很贵，但是可能收入水平一般，当年买的房子价格已经涨了10倍，但现在基本上吃低保，你让他缴纳房地产税，他缴纳不起,每年缴纳很少的一点儿对他来说都承担不了,这种情况怎么处理呢?

贾康:对,最极端的情况是这样的,比如说家里各种原因,可能是父母那一代的房子由后辈继承了,后辈收入很低,甚至吃低保,所以他的财力没法缴纳这个税,这种特殊情况怎么处理?确实需要在方案里规定细则。但毕竟这种极端的情况不太多,如果给了免征额以后,这种情况出现的概率不会太高。

问:但是会有一个心理,这个概率虽不会太高,但很多人的想法仍是我缴纳不起,会想这个税会不会对我的生活产生影响。

贾康:我估计这种心理会很普遍。但是房地产税不是按月缴纳的,一年可能总计缴纳几千元。

问:还有一种说法,当对房地产收税的时候,是不是应该在另一种领域减税,有这种可能吗?

贾康:就试点来说,很难直接在哪个领域减税,我现在还想不出来。以后的配套改革是要有的,因为在住房持有环节或者说保有环节有了这个新的税种,形成税负的同时,前面的开发环节、交易环节的各种税费,应该做一个通盘配套的清理,该减的、该取消的、该归并的等,应该有一个配套改革。现在只是在持有环节开展试点。

问:因为房地产税是开始收的第一个大的直接税,以后所有配套里,比如遗产税、资本利得等,是不是也很快会有相应的方案?

贾康:这得分别讨论。像遗产税它也一定要配合赠与税,我认为,要等房地产税的安排都出台,而且运行起来没有什么特别大的波动以后(可能开始有一些波动但被收敛了以后),再去考虑怎么推出遗产税和赠与税的问题。这个大方向还是要考虑的，但现在不能急于把它摆到桌面上纳入改革日程。

资本利得方面，我觉得最大的可能是要借鉴国际经验网开一面，把直接投资的资本利得处理为一个比例税即可，因为大家都知道直接投资对于整个经济的特殊意义。多少年来发达经济体在这方面反复探索，实际上相对稳定的就是以一个比较低的比例税率来解决。巴菲特之所以说他实际的个人所得税税负比他公司中层人员还轻，就是因为他大量的收益都作为直接投资马上又投出去了，所以可以按较低比例的税率来缴税费。如果不进行直接投资，就是超额累进税率，美国近一轮减税后的超额累进税率最高还是33%，中国的超额累进税率现在最高的边际税率是45%。

问：房地产税讨论这么多年，您觉得为什么实施这么困难？是什么因素在妨碍它更快推出？

贾康：房地产税确实是牵一发而动全身的。这么多年来，多轮的热议，大家已经感受到了公众对这个税普遍的"税收厌恶"，这是非常明显的，可以说大多数人，甚至绝大多数人说到这个税都是皱眉头的，都不愿意看到自己的现在或未来被施加新的税负。虽然决策上是有个一以贯之的态度，改革的方向在正式文件里从来没有动摇过，但实际推进所要求的节奏是变化的。比如党的十八届三中全会非常明确地要求加快房地产税立法，并适时推进改革。以后的年度文件里，改为稳步推进房地产税立法，再往后变成了稳妥推进，稳妥就是又稳又妥，在年度文件里提一下，表明这个方向还在，但实际上不行动了。2021年，中央的说法是"积极稳妥推进立法"，加了"积极"，有按快进键的意思，但具体来看，双管齐下地增加了试点扩围，而试点扩围以5

年为期，估计是试点要先动，5年为期意味着至少在这5年时间里（得过一半或者一大半时间）有相对稳定的可以总结的本土经验，然后再去立法，这可能是比较合乎逻辑的一个推测。也就是说，启动这个房地产税的立法应该是在试点走一段时间以后再有动作。这是最大可能性。大概现在就是这么一个搭配，双管齐下，试点扩围先动，总结比较像样的本土经验，支持一定有激烈争议的立法过程。

问：能不能补充一下，这个过程中比较大的障碍是什么呢？

贾康：说到障碍，除了"税收厌恶"，确实还有不可否认的既得利益的因素，即先富起来的社会成员，可能大多是凭借自己的能力，加上机遇，以及一些理财的技术路线，发展到现在手上有好房子、大房子、多套房，这样的人肯定不愿意承担这个税负。

问：大家担心房地产税会对房价造成重大打击，其实等于财产缩水了，是不是还有这个顾虑？

贾康：对，也有这个心理因素，自己的房子拿在手里，如果市场评估价是节节上升的，就有安慰效应，纸上富贵也是一种安慰。但是对另一些人来说又是另一回事——我就是想买一个我买得起的房子，房价下跌正是我意愿中的政府该给我创造的条件。这就区分了社会上的两种人，已经买房的人和等着买房的人，他们的心态就截然不同了。

问：两方面是"对手"。

贾康：对，这也是社会博弈中不同的取向，要找到各自听着觉得顺耳的论据，来加入立法，以主张自己的建议或者意见。

问：房地产税的好处在哪儿？

贾康：简单说一下，首先对大家关心的房地产市场，房地产税肯定会起到压舱促稳的作用。注意，我说的是压舱促稳，不是说它能把房价压得多么低，但它是通过给不动产的持有环节，包括消费性住房的持有环节增加税收成本，遏制那种肆无忌惮的炒作，使房住不炒得到一个经济手段的调控，然后使房地产市场变得比较沉稳，这是长效机制里一个非常重要的组成部分。房地产税还会由此促进土地在配合提供住房方面的集约化使用，但是有了这个负担以后，需方肯定会调整自己的购买方案，比如原来想买一个大户型的，这时候可能变为买个中小户型。大量这样的需求合在一起，一定会引导开发商拿地以后开发更多的中小户型住房，那正好适应中国在推进城镇化的过程中合理地使房地产匹配着土地集约化利用。在这些好处之外，还得说它显然对应了现在中央特别强调的优化再分配，促进共同富裕。它会是再分配环节直接税的一个主力型税种。这种直接税就是要"抽肥"，然后通过政府的转移支付分配去"补瘦"，促进共同富裕，显然这个功能作用也是现在特别被看重的。我前面说到的浙江应该加入，就是因为浙江已经被确定为共同富裕示范区，建设示范区，就要匹配这样一个机制。除此之外，对于中国来说，真正使社会主义市场经济在分税制这个轨道上，实现省以下体制落地，必须打造地方税体系，然而中国现在地方税体系不成形，省以下没有真正实行分税制，这是影响长治久安的。现在人们说到的地方基层困难、地方的隐性负债、地方的土地财政短期行为，都跟省以下分税制不落地有关。所以，这对全局来说具有非常重要的意义。

从长远来看，中国走向现代化治理的过程中，房地产税会在社区、基层催化和倒逼形成公众参与机制，越来越多的家庭成员交完税后，自然就会追问地方政府收取这个税去做什么了，是怎么为老百姓服务的。公众参与意识的提高，带动的是法治化、民主化的进一步完善。这都是它的正面效应。

问：公共服务方面呢？

贾康：分税制就是对从中央到地方各级的事权、财权、税基进行合理的匹配，如果地方政府知道这个税每年都有，那么自己所做的就是尽心尽力、专心致志地优化本地的投资环境，优化本地的公共服务，而且这个税基因为每隔一段时间会按市场价进行一次重估——我前面强调了要坚持市场价，就与此有关——每隔一段时间进行一次重估，是财源建设的自然机理，地方政府就会意识到，只要尽心尽力地做好职能转换，承担公共职能，财源建设问题就跟着一起解决了。这是一个非常好的内洽机制，也就是经济学上所说的激励兼容。

问：如果直接税也有，大家在这儿只需要把公共服务做好，维持住房价，政府每年固定地拿钱，相对来说这也是一件挺幸福的事儿，虽然各地税基差距甚大。

贾康：是的。也会带来一些区域差异的问题，比如工商业发达的区域税基就比较丰厚，工商业不发达的中部、西部，特别是一些欠发达的西部区域，这个税对财源建设的支撑力是明显较弱的。因而中国还得考虑配套措施，如西部恰恰是资源富集地区，所以地方税体系里中西部的资源税自然而然就成为另一个支柱了。

问：这又谈到整个税制的建立。

贾康：对，它们是个大配套。

问：这是一个最大的配套。如果最后总结一下，您判断伴随着对房地产税的设想，2021年是不是中国房地产业事实上的拐点已经到了？

贾康：您说的刚刚过去这一年，出现了一个中国房地产市场的拐点，是这个意思吧？

问：对。

贾康：对于这个拐点要看怎么理解，我不认为这是个一去不回头的拐点，我认为它是一个在波动中往下调的阶段性的拐点，等到消耗完这一轮的收缩因素以后，中国城镇化的真实水平现在也就是50%左右，会继续往上走，按照国际经验还要有20个点左右的高速发展期。消耗完了这一轮的影响以后，成交均价是全国700个左右城市的均价，价格这条曲线还会上扬。得走完了中国的城镇化高速发展阶段，这条上扬曲线才会改变，那时候可能就会出现一个长期的拐点了。

问：我说的就是这个意思，1.0版终于走完了，该走到2.0版的结构化。

贾康：前面出现"冰火两重天"的分化以后，就有房地产业界人士说，房地产的黄金时代过去了，但这只是一个小阶段。黄金阶段过去以后，还有白银时代，白银时代仍然是含金量很可观的时代，白银时代走完以后可能还有一个相对沉稳的黑铁时代。这样一个阶段一个阶段地走，是把全国放在一起说。现在最主要的就是解决"冰火两重天"的问题：这边深圳"热"得难受，那边鹤岗"冷"得难受。限跌令已陆续出台，从北向南铺开，现在可能涉及二三十个城市了。"冰"的这一面也不可小觑。

关于房地产及相关问题的访谈[①]

问：2021年提出的房地产领域的"新发展模式"，大家都在探讨这个概念，您认为在理解新发展模式方面，大概有哪些要点？

贾康：我觉得这个新发展模式是对接到房地产这个业界的，对新发展模式的诉求，实际上是中央多少年前就强调的，这个业界必须形成健康发展长效机制。所以，新发展模式应该是个系统工程，要把治标治本结合在一起，体现治本为上，形成可以支撑发展的长效机制这样一套健康的制度机制安排。

问：您之前也分析过治标又治本的系统工程问题，可否再说一下相关认识？

贾康：我再强调一下我的认识框架，就是所谓标本兼治而治本为上，最后达到治本的健康发展的长效机制，这一问题的关键在于贯彻落实中央在2016年，推出"930新政"之后在经济工作会议里特别强调的，要以基础性制度建设来解决房地产业界的发展问题，这就对应到这个长效机制里面最实质性的内容了。这样一种基础性制度建设，我觉得至少要包括土地制度、住房制度、投融资制度和房地产税改革四个方面。

[①] 2022年2月21日，发表于"贾康学术平台"。

第一，土地制度，这要从有效供给初始环节的地皮（供地）说起，它怎么对接到整个中国发展战略里的基本农田占补平衡。城镇化推进过程中，让全民共享改革发展成果，需要一系列的制度创新，在这方面，我就特别看重重庆多年前就开展的地票制度改革试点，还匹配上了政府合理发挥作用的土地收储制度。其中有很多可讨论之处，这是一个要点，是基础性的制度建设。不能光讲在需求方面怎样去遏制炒作，还得在源头上解决城镇化发展过程中必然要解决的供地问题，必然要解决基本农田保障这个让中国人把饭碗端在自己手上的长治久安的问题，这是一个非常重要的基础性制度建设。

第二，住房制度，直接对应于房地产业界概念，老百姓最关心的就是住有所居，怎么进一步合理化地形成我说的双轨统筹这样一套制度安排，不光是商品房的问题，必须把保障轨的托底和商品房市场的长期健康发展放在一个住房制度的框架里做统筹安排，其中这个讨论了多年的托底的保障轨，现在已经比较清晰地聚焦在两个概念上。一个是现在所说的公租房，将过去五花八门的经济适用房、廉租房、公租房，统一到一个公租房概念上。另一个叫作共有产权房，在这个基础上，可能还要发展一下，就是有特定政策指向的长租房。公租房、长租房其实也可以纳入一个大的保障性租房概念，但是业界有意把它们区分开来，也有现实工作的必要性、合理性，这是可以进一步探讨的。总体来说，就是不要过于复杂，这样一个托底的保障轨上的有效供给，是为解决低中收入群体住有所居的问题，然后才能从容地处理中等收入群体以上的人怎样在商品房市场上行使消费者权利的问题，在更多遵循市场规则的情况下解决中上层以上社会成员住有所居的条件到位的问题，还有中国社会发展中必然要有的高端住宅，包括以后也不一定不能发展的别墅式的高端供应，都应该纳入这个供应体系。

第三，投融资制度。投融资这方面也大有文章可做，除了这些年发展的商业性住房按揭贷款，还应该有更多结合着政策性金融概念的供给。像有些研究者提出的把住房公积金与更合理的金融政策相对应，再加上商业性按揭这个新的融资支持体系，也包括开发商在提供有效的不动产供给方面，商业性金融和政策性金融的结合，以及我们这些年特别强调的应该大力发展的PPP机制创新，就是政府和社会资本合作——一些住宅小区建设，在PPP的形式之下把商品房和一部分保障房结合，形成有效的供给，甚至可以纳入连片综合开发的方案，即产业新城建设也包括综合开发、连片开发里必不可少的住有所居的条件建设，这是投融资制度里我们觉得需要涉及的一些基本的、应该考虑好的制度安排和机制创新。

第四，就是讨论了多年、现在大家也高度关注，而且中央有新指导精神的房地产税改革。

问：现在房地产税终于有了新进展，开始改革试点了，您觉得房地产税的立法和试点工作还需要克服哪些困难？

贾康：对于中央已经明确给出的、我称为"双管齐下"的这套改革，它到底怎样展开？2022年的两会可能是一个可观察的重要时间窗口，现在我的看法是，考虑到中央经济工作会议上特别明确说到的"三重压力"这个现实问题，对出台有收缩效应的政策会更加审慎，而房地产税无论是试点做扩围，还是明确宣布要考虑怎样积极稳妥推进相关立法，客观上都会产生一定的收缩效应，属于相对审慎处理的事项。但我不同意说因为需要审慎处理，就完全不考虑了，到底怎样权衡，还得等待两会和两会以后官方的态度，我个人感觉这个房产税名义下的房地产税改革试点，并不急于在 2022 年一二季度推出，可再等待时机，等到整个局面按照中央的要求能够对冲下行压力，使经济运行稳定在合理区间之后再推出。具体如何，要等有关部门综合考虑之后形成的具体方案出台方能知晓。我个人的观点始终是，改革的大方向从来没有动摇过，现在是在改革大方向上又有了前所未有的很清晰的"双管齐下"的部署，我们要有一定的耐心来顺应这样的部署，看看怎么建设性地、审慎地，但又要有高度改革意识地来积极推动改革。

问：在已有的众多调控举措之下，房地产真正能够得到的实质性的受益会是什么样的？

贾康：有关管理调控方面的变化，应该是在前一段时间从严运行之后，这种纠偏、优化的特征明显了，这也是贯彻中央经济工作会议的精神。在中央经济工作会议指导之下，有关部门已经进行了很具体的表述，并落实了一些具体措施。比如房地产业界基本的融资原则，强调它的刚需必须得到投融资的有效保证，在满足老百姓美好生活需要方面形成有效供给，春节之前有关管理部门特别强调，应该很好地促进住房市场上的交易行为，那就不只是单向去说怎样画红线，怎样从紧，也就是说更合理了，这是纠偏带来的正面效应。这样的一个调整，当然也符合事物发展中波浪式前进的规律，我们过去看到的房地产市场，就是一松一紧地交替，甚至有人说是"打摆子""过山车"式的，其中也有很多不得已。这一轮的调整在纠偏的同时，我还是强调要看到长远发展，有效供给对应社会中必然要不断增长的人民美好生活需要，伴随着的有效需求的基本面，是中国的城镇化、工业化合在一起的成长性，还相当可观，我们对市场预期还要给予正确的引导，不能简单听信有人说的房地产市场要崩盘，整个运行会出现一个一去不回的拐点……这些说法都有非理性的成分。如果在市场预期方面有更好的理性认识，就是中央说的稳预期。对稳预期，不是空泛地去说它，而是必须让大家觉得有合情合理的依据，这样才能真的把预期稳下来。如果中国在进行政策优化调整的同时，再配上前面强调的打造基础性制度，支撑长效机制的这些制度安排、机制优化方面的实质性的工作，我觉得未来就应该谨慎乐观一些，我们还可以继续观察。按照现在的一些表现来看，实际上整个银根在放松，就是体现保持流动性合理充裕。这个银根如果调松，它不会有非常明显的结构特征，在银根松了以后，必然有大量资金要选择支持房地产业，对应相关的交易。这是合乎经济规律的。我们可以在这方面继续观察。

问：中国房地产业未来还有多大的成长性，我们应该怎么衡量？

贾康：我也简单地从量化概念上说说自己粗线条的认识。房地产在城镇化发展过程中，显然是一个要不断体现出它对于整个经济景气和经济繁荣发展的贡献的一个产业，可以说中国的发展带有超常规特征（现在虽然是中高速，但在主要经济体里仍然带有超出一般水平的更高的速度特征），中国的房地产业一定是国民经济的支柱产业之一。这个带有超常规特征的发展过程，如果从国际经验来看，可以直观地从城镇化率的真实水平来观察。国际上有一个纳瑟姆曲线，是说经济发展中城镇化率从较低阶段,上升到 30% 通常就进入了一个快速发展期,一直达到 70% 左右,它才转入一个比较低水平的发展阶段,即使达到了 70% 以上,城镇化率还是会上升,但纳瑟姆曲线会变得较平缓。30% 到 70% 之间,是 40 个百分点,中国现在就在这个区间之内,这是确信无疑的,但是如果只看常住人口的城镇化率,就会误以为中国城镇化率已经达到了 65% 以上,也就是说离 70% 也就差四五个百分点。但实际上,中国的常住人口城镇化率不准确,实际应该是比 65% 低 20 个百分点以上的,现在只有 44% 出头的户籍人口城镇化率。这个户籍人口城镇化率表明的是中国 14 亿多人里的大多数还没有取得城市户口,这些人或者现在还没有条件离开农村,或者离开农村以后虽然已经在城市工作生活了十几年、二十几年,甚至三十几年,但是城市的发展没有达到那样的有效供给水平,迟迟无法给他们提供城市户口,使他们在基本公共服务均等化待遇上,达不到市民应有的标准。这表明了发展的不足,也表明真实城镇化水平绝对不能看高到 60% 以上,这是我的一个基本观点。当然也在印证如果我们做得好,那么还有相当可观的进一步发展的空间和成长性,这是一个问题的两面。所以,在中国,如果我们把 44% 的真实城镇化水平再调高一卜也是可以的,因为毕竟还有 3 亿人在城里已经具有一定享受基本公共服务均等化的条件,还要继续提高他们的条件。从这个角度来说,真实城镇化水平是不是可以调高到 50% 左右?我觉得这个不可能很精确,但是这本就是一个基本的粗线条判断,可以使我们看到中国的城镇化水平,至少还要有一个提高 15~20 个百分点的快速发展的过程,即使一年提高一个百分点,也还得走 15~20 年才能达到 70% 左右的真实城镇化水平。

这个基本判断非常重要，不能光看现在房地产方面有些问题必须做的矫正，"冰火两重天"之势形成后，越来越多的地方感觉会出现从黄金时代到白银时代再到黑铁时代这样的变化。确实有这个迹象，但从全盘来说，全国700多个城镇，总体成交价格的平均水平一定会在高速发展阶段，体现为一个上扬的曲线。只不过看这个上扬曲线时，我们在看到发展潜力、成长性支撑的同时，千万不要直接对应到自己的投资操作，你想要投资，在成长性背景下，就得讨论"冰火两重天"的形势，看你到底投资于哪一线、哪个城市、哪个地段，大背景之下，分化特征越来越不可忽视。

问：在您的理解当中，这个"黑铁时代"是否对应房企进入了黑铁时代？而不是说整个房地产业。

贾康：黄金时代是改革开放以后，解放生产力带来的一个迅速的超常规的、大家都有发展机会谁进去都赚钱的那个时代。白银时代就开始有分化了，但是总体来说还是一个含金量很高的时代。按我前面的分析，就中国全局来看，现在还不能认为已经落入了更加沉稳的或者说相对成熟的、利润平均化特征已经非常明显、优胜劣汰越来越残酷的黑铁时代，在很多的具体场合里，还有白银时代的特征。但是对于一些企业，确实只能更趋于沉稳，要注意规避风险了。例如，万科始终在这方面以稳健著称，更多强调防范风险，很早就强调要活下来，对应的基本逻辑就是它们在战略思维上认为，应该把整个生产经营战略对应到沉稳的、常规化的、寻求长久活下来可持续发展的黑铁时代这么一个框架下。但我认为这并不意味着所有的房地产企业都应该具有万科这样的战略策略组合的思维，有些企业在三、四线城市，在一些新区还具有一些白银时代的特征，在某些特别的地段上，一些企业的开发行为甚至具有黄金时代的特征。这是火的一面。但千万不要忘了，还有冰的一面，在格局之下，地方政府不得不从另一个方面介入，千方百计维持景气。如果你在冰的那一面，可能连黑铁时代都算不上，盲目地进到那样的领域，可能即使最沉稳的运行，也很难达到作为企业在商言商里面那个"过得去"的目的了。这个分化的特征，我觉得特别值得所有的开发商注意，要冷静地分析自己的偏好和可能的机遇，这决定着怎样设计生产经营战略和策略组合。

问：在新发展模式的主题之上，对于房地产企业和从业人员，您建议他们做一些什么样的改变？

贾康：我觉得需要有一个动态优化的调整。房地产业毕竟已经积累了这么多年的经验，"打摆子""过山车"也走了三轮以上了，现在实际上是第四轮。在这些经验总结的基础上，我觉得企业应该在可持续发展的视角下，回到自己特定的具有相对优势的定制化解决方案里，不同的企业不可能套用一个发展模式。现在整个宏观的房地产业界的新发展模式，我们前面强调的，它是一个要寻求健康发展长效机制的系统工程，顺应这个系统工程建设，寻找企业自己的机遇、空间，发挥自己的相对优势，到底是在哪个领域，一定要明确形成定制化的解决方案，是不可能简单抄作业的。不同的企业有不同的特点，有不同的比较优势，还有不同决策者的行事风格，这符合市场运行的特定规律，也正是由于这种多样性，企业才可以进行你追我赶的竞争，在自担风险、自负盈亏的情况下，真正解放生产力实现升级发展，它是一个不断优胜劣汰的过程。在这个过程中，定制化解决方案就是对每个开发商、每个企业的考验，在某一段时间发展得好，并不表示它就可以一路顺利地发展下去。最近我们也看到了曾经风光无限的一些企业正面临危机，曾经口碑很好的一些企业，现在也是资金链非常紧张，这些经验教训都是不可一概而论的。但是这里面确实有着一些共性，就是要留有一定的防范风险的空间，哪怕正在高歌猛进，也要准备好应对突发情况。企业家所说的从非常好的状态一下滑入濒临破产的深渊，可能也就是三个月到半年时间——这样的风险防范意识要进一步提高，顺应大势，顺应大局，形成长期行为，我觉得那也是一个共性，在防范风险的同时，自己的积极性应落在顺应大势、看清大局上，而实现企业自身的志向和抱负，就需要落在如何设计高水平的定制化解决方案上了。

问：在去金融化属性这一点上，您会给房企一些什么样的建议或者参考？

贾康：我只能说现在观察去金融化，这里面有它合理的成分，但前一段时间在执行过程中，中央直言不讳地批评合成谬误、分解谬误。合成谬误，是说所有的部门在这方面都体现自己的政绩是从严从紧，合在一起却产生了这种问题，即宏观上的负面效应。分解谬误，就是说在具体的执行过程中，把一个个需要渐进式开展的事情做成了突击战，每个环节上自己都要火线立功，这违反了客观规律，整体上却碎片化地处理，将持久战打成突击战，又是事与愿违。针对这样问题的纠偏现在已经在展开。所以，我们应该在看到纠偏的情况之下，重新考虑，一旦这种比较成熟的新局面出现，企业主体能不能抓住机遇？也就是说，你不能盲目地跟着这个潮流走，你还得往前看，有前瞻性的准备。

既然现在中央的指导，已经做出了在去金融化导向之下的更理性的纠偏，和对接到长远发展的一些重要指示，我们就要准备着，一旦认为在合理化推进的过程中机遇出现，就要抓住这个机遇。

参考文献

共同富裕是中国式现代化的鲜明特征：优化三层次分配系统论

［1］贾康，苏京春.共同富裕:"先富共富"的中国梦［M］.广州：广东经济出版社，2022.

［2］贾康.收入分配与政策优化、制度变革［M］.北京：经济科学出版社，2012.

［3］贾康，苏京春.中国的坎：如何跨越"中等收入陷阱"［M］.北京：中信出版社，2016.

［4］诺思.理解经济变迁过程［M］.北京：中国人民大学出版社，2013.

［5］蔡昉.收入分配的新库兹涅茨事实［N］.上海证券报，2015-09-10.

［6］贾康.统一大市场建设的精神实质［J］.中国金融，2022（9）.

［7］贾康.关于"第三次分配"的基本认识［J］.企业观察家，2021（9）.

［8］贾康.调节居民收入分配需要新思路［J］.当代财经，2008（1）.

［9］贾康.全面小康：体现共同富裕的不懈追求［N］.宁波日报，2020-10-15.

国家治理现代化与财政现代化取向下的财政全域国家治理

［1］贾康，龙小燕.财政全域国家治理：现代财政制度构建的基本理论框架［J］.地方财政研究，2015（7）.

［2］楼继伟.明确界定中央地方支出责任［N］.人民日报，2014-12-02.

［3］楼继伟.认真贯彻新预算法，依法加强预算管理［N］.人民日报，2014-09-01.

［4］马洪范.通往现代财政之路［N］.中国财经报，2014-07-05.

［5］施正文.新预算法与建立现代预算制度［J］.中国财政，2014（18）.

中国省以下财政体制改革如何深化

［1］贾康.深入进行财政体制改革的设想［J］.中国经济体制改革，1986（10）.

［2］ 贾康.对财政体制改革方向的思考［J］.财政，1987（2）.

［3］ 贾康.近中期财政体制改革思路的探讨［J］.中国经济体制改革，1988（4）.

［4］ 贾康.美国财政体系的特点及其对我们的启示［J］.改革，1990（2）.

［5］ 贾康.分税制改革与中央、地方政府间关系［J］.改革，1990（4）.

［6］ 贾康.逐步建立以分税制为基础的分级财政［J］.经济导刊，1994（1）.

［7］ 贾康，白景明.中国政府收入来源及完善对策研究［J］.经济研究，1998（6）.

［8］ 贾康.我国财政体制改革的回顾与评析［J］.财经科学，1999（5）.

［9］ 贾康，白景明.县乡财政解困与财政体制创新［J］.经济研究，2002（2）.

［10］ 贾康，白景明.中国地方财政体制安排的基本思路［J］.财政研究，2003（8）.

［11］ 贾康，冯俏彬.中国财政管理体制改革10年回顾［J］.经济研究参考，2004（2）.

［12］ 贾康，白景明.关于中国分税分级财政体制安排的基本思路［J］.经济学动态，2005（2）.

［13］ 贾康，刘军民.非税收入规范化管理研究［J］.税务研究，2005（4）.

［14］ 贾康，阎坤.完善省以下财政体制改革的中长期思考［J］.管理世界，2005（8）.

［15］ 贾康.正确把握大思路配套推进分税制——兼与"纵向分两段，横向分两块"的主张商榷［J］.中央财经大学学报，2005（12）.

［16］ 贾康，刘微.注重民生、优化结构、创新制度、促进发展——中国公共财政的转型之路［J］.经济与管理研究，2007（10）.

［17］ 贾康，赵全厚.财政改革30年的基本经验和未来展望［J］.经济研究参考，2009（2）.

［18］ 贾康，梁季.配套改革取向下的全面审视：再议分税制［J］.中共中央党校学报，2013，17（5）.

［19］ 贾康，梁季.我国地方税体系的现实选择：一个总体架构［J］.改革，2014（7）.

［20］ 贾康.中国财税配套改革的基本问题是什么［N］.证券时报，2016-11-28.

［21］ 贾康.走向"现代国家治理"的财税配套改革［J］.财政监督，2018（2）.

[22] 贾康.中国财税体制改革的经验和愿景展望[J].中国经济报告,2019（1）.

[23] 贾康.财政与国家治理现代化——基于学理和实践的多维认知[J].财政监督,2019（6）.

[24] 楼继伟.中国政府间财政关系再思考[M].北京：中国财政经济出版社,2013.

[25] 贾康,苏京春,梁季,等.全面深化财税体制改革之路：分税制的攻坚克难[M].北京：人民出版社,2015.

[26] 贾康,刘薇.财政体制转型[M].杭州：浙江大学出版社,2015.

[27] 贾康,刘薇.构建现代治理基础：中国财税体制改革40年[M].广州：广东经济出版社,2017.

[28] 贾康.供给侧改革主线上的未来财税[M].北京：商务印书馆,2019.

中国政府预算绩效管理改革：系统化思路与基本要领

[1] 加快建成全方位、全过程、全覆盖的预算绩效管理体系——财政部有关负责人就贯彻落实《中共中央 国务院关于全面实施预算绩效管理的意见》答记者问[J].交通财会,2018（10）.

[2] Schmidle T P. Does the Final Score Truly Count? Performance Report Scorecards and the Government Performance and Results Act of 1993[J]. Public Administration Review, 2012（6）.

[3] Gerrish Ed. The Impact of Performance Management on Performance in Public Organizations: A Meta-Analysis[J].Public Administration Review,2016(1).

[4] Matthews F M. Letting Go and Holding on: The Politics of Performance Management in the United Kingdom[J].Public Policy and Administration, 2016（4）.

[5] Lu Y, Willoughby K, Arnett S. Performance Budgeting in the American States: What's Law Gotto Do with It?[J].State & Local Government Review, 2011（2）.

[6] Gherghina S. Does Government Performance Matter? Electoral Support for Incumbents in Six Post-communist Countries[J].Contemporary Politics, 2011（3）.

［7］刘玉栋.OECD国家的绩效预算改革实践［J］.财务与会计（理财版），2010（5）.

［8］肖捷.全面实施预算绩效管理 提高财政资源配置效率［J］.中国财政，2018（7）.

［9］马国贤，任晓辉.全面实施绩效管理：理论、制度与顶层设计［J］.中国行政管理，2018（4）.

［10］刘尚希.关于预算绩效管理的几点思考［J］.地方财政研究，2019（2）.

［11］白景明.当前我国财政支出预算绩效管理难点分析［J］.财政监督，2020（12）.

［12］王泽彩.预算绩效管理：新时代全面实施绩效管理的实现路径［J］.中国行政管理，2018（4）.

［13］刘江宏.地方政府政绩观扭曲的制度分析［J］.北京行政学院学报，2008（1）.

［14］童伟.提高基本公共服务支出绩效［J］.前线，2013（5）.

［15］马海涛，肖鹏.现代预算制度构建思路探讨［J］.公共财政研究，2015（3）.

［16］马蔡琛.财政支出绩效评价方兴未艾［J］.中国财政，2017（17）.

［17］刘晔.公共财政的制度结构分析［J］.公共财政研究，2017（5）.

［18］李红霞，周全林.中期预算框架下预算绩效改革：逻辑起点与路径选择［J］.当代财经，2019（1）.

［19］陈少强，万琪.大数据时代背景下的预算绩效管理［J］.财政监督，2019（23）.

［20］王会金.国外后新公共管理运动与我国政府绩效审计发展创新研究［J］.会计研究，2014（10）.

［21］颜海娜.评价主体对财政支出绩效评价的影响——以广东省省级财政专项资金为例［J］.中国行政管理，2017（2）.

［22］曹堂哲.以预算绩效管理为抓手 推动全面实施绩效管理［N］.中国财经报，2017-12-19.

［23］杨肃昌.中国公共支出绩效审计发展现状与趋势分析［J］.会计之友，2014（22）.

［24］郑方辉，谢良洲.独立第三方评政府整体绩效与新型智库发展——"广东试验"十年审视［J］.中国行政管理，2017（7）.

"十四五"时期地方财政事权动态调整：现实与展望

［1］赵福昌.财政体制改革的治理逻辑思考［J］.财政监督，2018（24）.

［2］贾康，吴园林.复合单一制下的财政分权格局——对当代中国隐性财政宪法的考察与展望［J］.学术界，2020（6）.

［3］傅志华，赵福昌，李成威，等.地方事权与支出责任划分的改革进程与问题分析——基于东部地区的调研［J］.财政科学，2018（3）.

［4］焦长权.中国地方政府的财政自给能力：历史演变与层级差异（1990—2014）［J］.开放时代，2020（3）.

［5］贾康，苏京春.论财政政策与"六稳"［J］.地方财政研究，2020（6）.

［6］刘冲，乔坤元，周黎安.行政分权与财政分权的不同效应：来自中国县域的经验证据［J］.世界经济，2014，37（10）.

［7］贾康，白景明.县乡财政解困与财政体制创新［J］.经济研究，2002（2）.

［8］付伟，焦长权."协调型"政权：项目制运作下的乡镇政府［J］.社会学研究，2015（2）.

［9］贾康.财税体制改革前瞻［J］.财政监督，2019（8）.

数字经济创新潮流中的高质量发展

［1］张亮亮，刘小凤，陈志.中国数字经济发展的战略思考［J］.现代管理科学，2018（5）.

［2］蓝庆新，窦凯.共享时代数字经济发展趋势与对策［J］.理论导刊，2017（6）.

［3］鲁春丛.发展数字经济的思考［J］.现代电信科技，2017，47（4）.

［4］王春晖.繁荣数字经济的基本方略［J］.中国信息安全，2018（3）.

［5］杨新铭.数字经济：传统经济深度转型的经济学逻辑［J］.深圳大学学报（人文社会科学版），2017，34（4）.

［6］钟春平，刘诚，李勇坚.中美比较视角下我国数字经济发展的对策建议［J］.经济纵横，2017（4）.

［7］贾康.立足制度建设加快提升数字经济治理水平［N］.国际金融报，2022-04-21.

［8］史丹，李晓华.打造数字经济新优势［N］.人民日报，2021-10-15.

［9］林毅夫.什么是数字经济？对中国经济具有怎么样的意义？［N］.人民日

报，2022-03-28.
［10］薛澜.创新驱动发展与政府治理体系建设［EB/OL］.（2021-01-15）［2022-08-03］.https：//www.cssn.cn/skgz/bwyc/202208/t20220803_5461046.shtml.
［11］刘志毅.智能经济：用中国数字经济学思维理解世界［M］.北京：电子工业出版社，2019.
［12］Liu Z Y. Principles of Digital Economics［M］.Berlin：Springer Nature，2022.
［13］Duhaneanu M，Marin F. Digital Agenda for Europe Risks and Opportunities in a Digital Economy［R］.Bucharest：International Conference of the Institute for Business Administration，2014.
［14］中国信息通信研究院.全球数字经济白皮书——疫情冲击下的复苏新曙光［R］.北京：中国信息通信研究院，2021.
［15］贾康，张晶晶.当前经济形势和数字经济与实体经济融合发展的战略思考［J］.上海商学院学报，2022（3）.

发展中的股份制：以"重建个人所有制"的资本社会化达成资本私有制的积极扬弃

［1］董辅礽.消灭私有制还是扬弃私有制？［J］.经济导刊，2002（2）.
［2］哲不解（张明明）.不疯魔，不哲学［M］.北京：人民出版社，2018.
［3］马克思，恩格斯.马克思恩格斯全集：第二十三卷［M］.北京：人民出版社，1972.
［4］马克思，恩格斯.马克思恩格斯选集：第二卷［M］.北京：人民出版社，1995.
［5］马克思.资本论：第三卷［M］.北京：人民出版社，2004.
［6］马克思.资本论：第一卷［M］.北京：人民出版社，2004.
［7］贾康.供给侧改革及相关基本学理的认识框架［J］.经济与管理研究，2018（1）.
［8］吴海山.资本社会化论［M］.北京：中国社会科学出版社，2006.
［9］何盛明.财经大辞典［M］.北京：中国财政经济出版社，1990.
［10］马克思，恩格斯.共产党宣言（英文版）［M］.北京：中央编译出版社，2022.

[11] 马克思,恩格斯.共产党宣言(纪念版)[M].北京:中央编译出版社,2005.

[12] 贾康.于思想解放中认识股份制对私有制的扬弃[N].第一财经日报,2018-06-03.

[13] 贾康,苏京春.论供给侧改革[J].管理世界,2016(3).

依基本原理扩展的"剩余价值"认知框架及"管理劳动"的相关辨析

[1] 孟奎.经济学三大价值理论的比较[J].经济纵横,2013(4).

[2] 裴小革.当代国外经济学家剩余价值理论评述[J].经济研究,2001(9).

[3] 王庆丰.剩余价值理论新释——马克思《资本论》的柄谷行人解读[J].学习与实践,2013(4).

[4] 杨玉生.评西方经济学界关于劳动价值论的争论[J].广播电视大学学报(哲学社会科学版),2002(1).

[5] 徐光春.马克思主义大辞典[M].武汉:崇文书局,2017.

[6] 张大增,郭利平,杨晓明.关于剩余价值的来源问题[J].学术研究,1988(5).

[7] 柳昌清.试论知识参与创造剩余价值[J].中州学刊,2003(6).

[8] 李光玉.剩余价值理论的三大现实挑战及回应[J].湖北社会科学,2018(2).

[9] 熊彼特.资本主义、社会主义和民主主义[M].北京:商务印书馆,1979.

[10] 马克思,恩格斯.马克思恩格斯文集:第五卷[M].北京:人民出版社,2009.

[11] 马克思,恩格斯.马克思恩格斯全集:第四十四卷[M].北京:人民出版社,2001.

[12] 大卫·李嘉图.政治经济学及赋税原理[M].丰俊功,译.北京:光明日报出版社,2009.

[13] 柄谷行人.马克思,其可能性的中心[M].中田友美,译.北京:中央编译出版社,2006.

[14] 李光玉.非物质劳动理论可以解构马克思剩余价值理论吗?[J].理论月刊,2021(3).

[15] 阿尔都塞，巴里巴尔.读《资本论》第二版[M].李其庆，冯友光，译.北京：中央编译出版社，2017.

[16] 刘永佶，王郁芬.剩余价值发现史[M].北京：北京大学出版社，1992.

[17] 亚当·斯密.国民财富的性质和原因的研究[M].北京：商务印书馆，1972.

[18] 马克思，恩格斯.马克思恩格斯全集：第四十二卷[M].北京：人民出版社，2016.

[19] 胡罡，楚建波.价值分配理论与人力资本定价[J].经济论坛，2003（16）.

[20] 冯海波，张峰.马克思理解的"剥削"和"资本家"[J].科学社会主义，2011（1）.

[21] 朱富强.社会化大生产中的劳动性质辨识——提高劳动有效性的两套劳动[J].东北财经大学学报，2022（5）.